mafalda

todas las tiras

Quino

Lumen

H41876B Impreso en Lavel Industrias Gráficas, S.A. (Humanes de Madrid, Madrid) ISBN: 978-84-264-1876-0

a Mafalda, Felipe, Manolito, Susanita, Miguelito, Guille y Libertad

QUINO

¿EL JARDÍN DE INFANTES ES UNA CARRERA MAMÁ?
¡NO! ¡QUÉ VA A SER UNA CARRERA!
ENTONCES CUANDO LO TERMINE NO TENDRÉ QUE.... ¡MENOS MAL!
¡TE JURO QUE SIENDO TAN CHIQUITA NO QUERÍA, MAMÁ! ¡NO QUERÍA!
¡TE JURO!
¿NO QUERÍAS QUÉ?
¡TENER QUE IRME DEL PAÍS, COMO TODO EL QUE TERMINA UNA CARRERA!

¿PORQUÉ TODOS LOS QUE TERMINAN UNA CARRERA SE VAN AL EXTRANJERO?
¡SONAMOS!
BUENO, TAL VEZ PORQUE AQUÍ NO TIENEN SUFICIENTE CAMPO
PERO DECIME...
¡CON TODO EL CAMPO QUE TIENEN AQUÍ LAS VACAS!...¿PORQUÉ DEMONIOS TAMBIÉN ELLAS SE VAN AL EXTRANJERO?

¡ES HORRIBLE! ¡LA GENTE ESTUDIA, TERMINA SU CARRERA Y...¡ZAS! SE VA AL EXTRANJERO!
¡COMO SIGAMOS ASÍ, ESTE PAÍS SE VA IR A...
...A...
.. ¡AL EXTRANJERO!

¿A VOS TE PARECE BIEN QUE LA GENTE DEJE EL PAÍS PARA TRABAJAR EN EL EXTRANJERO?
¡POR SUPUESTO!
¿ACASO CUANDO MI PAPÁ VINO AQUÍ NO DEJÓ SU PATRIA POR UN PAÍS EXTRANJERO?
PERO ¿SOS TONTO? ¡ÉSTE **NO ES** UN PAÍS EXTRANJERO!
¡HAY GENTE TONTA!
©QUINO

¡EXAGERACIONES TUYAS! ¡NO TODO EL QUE TIENE UN TÍTULO SE VA AL EXTRANJERO!
¿VOS, CREÉS?
¡MIRÁ A LOS POLÍTICOS!.. ¡EL QUE NO ES ABOGADO ES INGENIERO, O MÉDICO,
..O ARQUITECTO!...¡Y NO POR ESO SE VAN AL EXTRANJERO!
¡QUÉ LÁSTIMA!..
©QUINO

¿CÓMO ES QUE NO VAS AL JARDÍN DE INFANTES, MANOLITO?
PORQUE SOY MÁS ÚTIL EN EL ALMACÉN DE MI PAPÁ
¿Y A LA ESCUELA **TAMPOCO** PENSÁS IR?
AHÍ SÍ, PORQUE APRENDERÉ ARITMÉTICA. SERÁ UN PROGRESO PARA EL ALMACÉN DE MI PAPÁ
"**¡PROGRESO!**"... ¡PROGRESO SON LOS VIAJES ESPACIALES Y **NO** EL ALMACÉN DE TU PAPÁ!
¡PERO SI EL COSMOS TAMBIÉN ME INTERESA!
TENGO EN VISTA SUCURSALES
©QUINO

DICCIONA-RIO
©QUINO
¡ASÍ NUNCA VAS A TERMINAR DE LEER UN LIBRO TAN GORDO!

HACER PINTAR LIBREMENTE A LOS CHICOS AYUDA A CONOCER A CADA UNO
PORQUE LA PINTURA DESCUBRE LA PERSONALIDAD...
¡YO DIRÍA QUE LA CUBRE!
©QUINO

¡PTUAJ!
©QUINO
CREO QUE DEJÉ EL POMO DE TÉMPERA Y TRAJE EL DE DENTÍFRICO

¿ESTÁ TU MAMÁ?
¿DÓNDE LO PONE, SEÑORA?
EN EL LIVING, POR FAVOR
¿Y A LA NENA?

ASÍ QUE TELEVISOR, ¿EH? ¡POR FIN!...
¡TENÉS QUE VERLO! ¡ES FANTÁSTICO!
¿Y TE DEJA VER TELEVISIÓN TU PAPÁ?
Y... TRATA DE NO DEJARME VER...
PERO EMPLEA RECURSOS..., ¿CÓMO PODRÍA DECIRTE?
... ALGO INGENUOS.

SI LE DIGO QUE NO VEA TANTA TELEVISIÓN VA A TERMINAR POR ODIARME. ¿POR QUÉ NO LE DECÍS VOS?
MAFALDA, SERÍA CONVENIENTE QUE VIERAS UN...
¿QUÉ?...
¿QUÉ QUÉ, HIJITA?

¿HAS PENSADO QUÉ VAS A SER CUANDO GRANDE?
¡UF!..HAY TIEMPO PARA ESO
¿HAY TIEMPO?...¿Y SI CUALQUIER DÍA SE ARMA UNA GUERRA ATÓMICA Y ESPICHAMOS TODOS?
¡LA HUMANIDAD DESPACHURRADA!
¡HORROR!
EN ESE CASO NO LLEGAREMOS A GRANDES
¡MIRÁ QUE SOS MACABRO, ¿EH?..
©QUINO
13

DECIME, MANOLITO: ¿VOS QUÉ PENSÁS DE LA GUERRA ATÓMICA?
PUES QUE NO HABRÁ
LA GUERRA ES UN NEGOCIO. Y LOS QUE LA HACEN SON BUENOS COMERCIANTES
MI PAPÁ TAMBIÉN ES BUEN COMERCIANTE
?
ASÍ QUE LOS OTROS NO VAN A TIRAR BOMBAS PARA ROMPERLE EL ALMACÉN A MI PAPÁ
PODÉS ESTAR TRANQUILA. ENTRE BUEYES NO HAY CORNADAS
©QUINO
14

¿DÓNDE ESTAMOS NOSOTROS?
AQUÍ, ¿VES?
PERO ENTONCES... ¡VIVIMOS CABEZA ABAJO!
Y...SÍ.
¡DIOS MÍO! ¡CREO QUE A PARTIR DE HOY SENTIRÉ MÁS APEGO POR ESTE SUELO!
©QUINO
15

16
¿QUE VIVIMOS CABEZA ABAJO? ¿DE DÓNDE SACASTE ESA ESTUPIDEZ?
BASTA MIRAR UN GLOBO TERRÁQUEO
LOS DEL HEMISFERIO NORTE VIVEN CABEZA ARRIBA. Y NOSOTROS CABEZA ABAJO
¡ABSURDO!
¡NO!...¿NO VES QUE LOS PAÍSES DESARROLLADOS SON **JUSTAMENTE** LOS QUE VIVEN CABEZA ARRIBA?
¿Y ESO QUÉ PRUEBA?
QUE POR VIVIR CABEZA ABAJO, A NOSOTROS LAS IDEAS SE NOS CAEN!.
©QUINO

17
¡VAMOS A REFUTARLE A MAFALDA SU TEORÍA DE QUE SOMOS SUBDESARROLLADOS POR VIVIR CABEZA ABAJO!
¡SI AL PAPÁ DE MANOLITO SE LE CAYERAN LAS IDEAS DESARROLLISTAS, NO TENDRÍA UN ALMACÉN TAN PRÓSPERO!
¡CLARO!
PORQUE NACIÓ EN ESPAÑA, CABEZA ARRIBA
¡PERO MANOLITO NACIÓ AQUÍ. Y A ÉL TAMPOCO SE LE CAEN LAS IDEAS!
TOC
TOC
SE EXPLICA PERFECTAMENTE
©QUINO

18
¿VES, FELIPE? EN REALIDAD NO ES QUE LOS ADULTOS CREZCAN
?
SIMPLEMENTE LLEVAN MÁS TIEMPO QUE NOSOTROS VIVIENDO CABEZA ABAJO
©QUINO
Y, LÓGICAMENTE, EL PESO DE LA CABEZA LOS VA ESTIRANDO

19
!
?
©QUINO

20
¿LOS GATOS A QUÉ SECTOR DE LA DEMOCRACIA REPRESEN-TAN?
©QUINO

¿A QUÉ JUEGAN, CHICOS?
AL GOBIERNO
21
BUENO, A NO HACER LÍO, ¿EH?
DESCUIDÁ, **NO VAMOS A HACER ABSOLUTAMENTE NADA**
©QUINO

¿ASÍ QUE LOS CHICOS HAN FORMADO UN GOBIERNO?
SÍ, Y MAFALDA ES EL PRESIDENTE
SOSPECHO QUE AHORA DEBE ESTAR JUGANDO A CUALQUIER OTRA COSA

¡MAFALDA, LEVANTÁ LA TRICOTA QUE DEJASTE TIRADA!
¡NO TENGO POR QUÉ OBEDECER A NADIE, MAMÁ; YO SOY UN PRESIDENTE!
¡Y YO SOY EL BANCO MUNDIAL, EL CLUB DE PARÍS Y EL FONDO MONETARIO INTERNACIONAL!
HAY QUE RECONOCER QUE ESTUVO ASTUTA

¡ARRORRÓ MI NEEENE, ¡ARRORRÓ MI SOOOOL...
¡EH! ¿YA NO SOS MÁS PRESIDENTE, MAFALD
¡SSSHHH!.. ¿CÓMO QUE NO?
¿NO VES QUE ACÁ DUERMEN TODOS LOS PROYECTOS DE GOBIERNO?

25
PERO MAMÁ, ¿DÓNDE HAS VISTO UN ACTO OFICIAL SIN ALFOMBRA?
©QUINO

VENIMOS A HACERTE UN PLANTEO, PRESIDENTE.
26
¡FUERA!
©QUINO
¡ESTÁS MAL INFORMADA! ¡ASÍ NUNCA ES LA COSA!

¡NO SÉ QUÉ ME PASA HOY! ¡ANDO CON EL ÁNIMO POR EL SUELO!
27
©QUINO
¡QUÉ TRISTE DESTINO PARA UN ÁNIMO!

¡TENÉS QUE TOMARLA! ¡LOS QUE NO TOMAN LA SOPA NO CRECEN NUNCA!
¡Y SE QUEDAN SIEMPRE NIÑITOS, Y NUNCA LLEGAN A SER GRANDES!
¡QUÉ TRANQUILIDAD REINARÍA HOY EN ESTE MUNDO SI MARX NO HUBIERA TOMADO LA SOPA!
28
©QUINO

¡QUIERO TOMAR SODA! ¡Y NO VOY A ANDAR SEDIENTO POR CULPA DE TU TRAJE ESPACIAL!
¡NO ES POSIBLE!
29
©QUINO
EN LA ERA ESPACIAL **TODO** ES POSIBLE

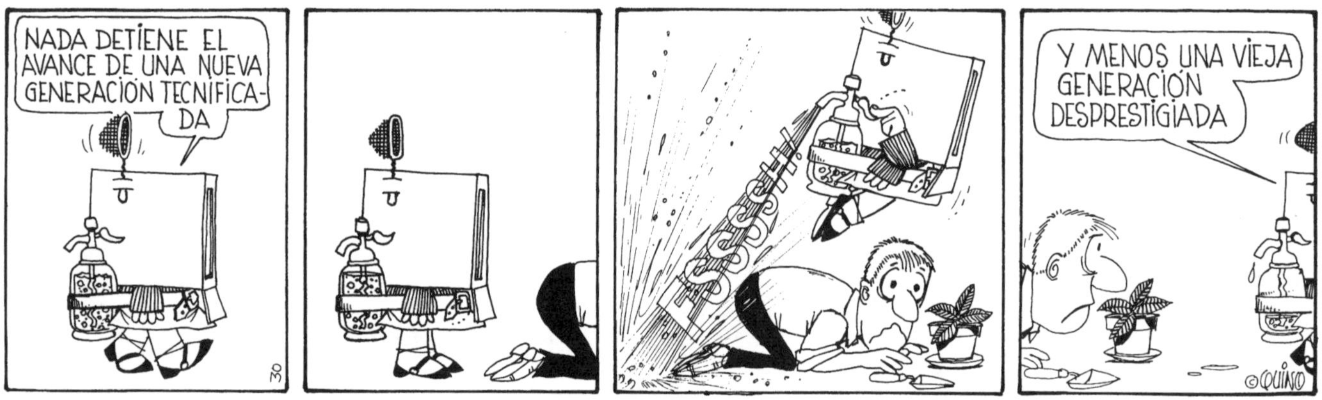
NADA DETIENE EL AVANCE DE UNA NUEVA GENERACIÓN TECNIFICA-DA
30
Y MENOS UNA VIEJA GENERACIÓN DESPRESTIGIADA
©QUINO

¡SORPRENDENTE!
FSSSH
31
¡NUNCA PENSÉ QUE UN SIFÓN BRINDARA ESTAS POSIBILIDADES TÉCNICAS!
¡Y COMERCIALES!.. ¡ESTO PUEDE LLEVAR LA COTIZACIÓN DEL ARTÍCULO A NIVELES MUY INTERESANTES!
¿! ?!
¡LAS GENERACIONES SON TUERTAS SI LES FALTA EL OJO COMERCIAL!
©QUINO

¡VAS A VER!..¡CON ESTA IDEA MÍA, EL LANZAMIENTO SERÁ ESTUPENDO.
32
..CUATRO,... ...TRES,.. ...DOS,.. ...UNO,..
¡CERO!
FSSH!
©QUINO
SERÉ CURIOSA, FELIPE... ¿QUÉ SIGNIFICA PARA VOS LA PALABRA ESTUPENDO?

¡VOS Y TUS VUELOS A CHORRO! ¡COMO SI NO HUBIERA YA BASTANTE QUE FREGAR EN LA CASA!
¿NO SOS FELIZ FREGANDO?
33
¡NO!
ESTÁ BIEN. NO DARÉ MAS SIFONAZOS...
SIN SENTIR UN REMORDIMIENTO TERRIBLE POR HACERLO.
¡PARECE QUE LA SOLIDARIDAD MORAL YA NO CONVENCE A NADIE!
©QUINO

¡ALLÁ VOY! ¡RUMBO AL INFINITO!
GGGGGGG
?
¡ALLÁ VOY! ¡RUMBO AL INFINITO!...
©QUINO
¡TE AVISO, MAFALDA: MI PACIENCIA TIENE UN LÍMITE!...
EL INFINITO TAMBIÉN...
34

35
FSSSHH! FSSSSH!..
¿!
©QUINO

NO, MANOLITO. YA TE DIJE QUE NO
36
NO SEAS ASÍ, MAFALDA, ACEPTÁ EL CARAMELO QUE MANOLITO TE OFRECE
ESTÁ BIEN, LO ACEPTO
PERO A FIN DE MES TE ARREGLÁS **VOS** CON ÉL, ¿EH?
©QUINO

¿PORQUÉ LA T.V. Y LA RADIO HABLARÁN TANTO DEL VIETNAM?
¡QUÉ SÉ YO!..
ES UNO DE ESOS LÍOS QUE ARMA LA GENTE GRANDE, ASÍ QUE DEJÁ QUE LO SOLUCIONE LA GENTE GRANDE.
VOS QUE SOS GRANDE, MAMÁ, DECIME: ¿QUÉ LÍO ES ESE DEL VIETNAM?
Y...ESTEE...BUENO...¡JÉ-JÉ!.. ES ...¡UN LÍO!...¡CUANDO LLEGUE PAPÁ PREGUNTALE A ÉL!
TOMÁ, FELIPE. PARA QUE ESPERÉS LAS SOLUCIONES DE LA GENTE GRANDE, ¿EH?

¡QUÉ DÍA MALDITO! ¡CON EL MALHUMOR DEL JEFE Y ESE CONDENADO BALANCE, ESTOY QUE EXPLOTO!
¡MENOS MAL QUE UNO LLEGA A CASA Y SE OLVIDA DEL MUNDO!
¡HOL....
¡TE ESPERABA, PAPÁ! QUIERO SABER QUÉ LÍO ES ESE DEL VIETNAM ¡EXPLICAME!
DELE QUINCE GOTAS EN UNA TAZA DE TILO BIEN CARGADO Y SI NO SE LE PASA VUELVA A VERME
NERVO CALM

¡PERO MAFALDA, AUNQUE YO TE EXPLICARA LO DEL VIETNAM, VOS NO LO ENTENDERIAS!
¡CLARO!..¡COMO SOY OPA!..
¡NO ES QUE SEAS OPA! ¡ES QUE NO ES UN PROBLEMA PARA NIÑOS!
¿AH, NO?
¡NO!
¿Y SI ME LO EXPLICÁS SIN LAS PARTES PORNOGRÁFICAS?

¿QUE NO?...¡ANDÁ Y HACÉ LA PRUEBA, ENTONCES!
40
PEDÍ EN TU CASA QUE TE EXPLIQUEN QUÉ PASA EN VIETNAM...¡VAS A VER CÓMO TE SALEN HABLANDO DE LA CIGÜEÑA!
¡PERO QUÉ DEMONIOS TIENE QUE VER LA CIGÜEÑA CON VIETNAM?
NO SÉ..
©QUINO
¡PERO CUANDO LOS PADRES NO SABEN CÓMO EXPLICARTE ALGO, SEGURO QUE HAY UNA CIGÜEÑA DE POR MEDIO!

41
ESCUCHANDO LA RADIO SE ME HA ACLARADO ALGO EL LÍO DE VIETNAM
¿AH, SÍ?
¡SÍ! PARECE QUE POR UN LADO ESTÁN "LOS NORTEAMERICANOS", ¿NO?, Y POR EL OTRO LOS "NORVIETNAMITAS". DESPUÉS ESTÁN LOS "SURVIETNAMITAS", QUE...
..LUCHAN CONTRA EL "VIETCONG"; ÉSTE PELEA CONTRA LOS "ESTADOUNIDENSES", LOS QUE, A SU VEZ, ESTÁN CONTRA LOS "COMUNISTAS" TAMBIÉN ESTÁ "LA UNIÓN", Y LUEGO "LOS ROJOS" QUE...
¡SOCORRO!..
¿?
©QUINO

¿VOS ME DIJISTE AYER QUE EN VIETNAM LUCHAN LOS NORTEAMERICANOS?
SÍ
42
¡QUÉ CASUALIDAD! EN MIS REVISTAS DE HISTORIETAS TAMBIÉN LUCHAN SIEMPRE ELLOS
¿LUCHAN CONTRA LOS ROJOS?
BUENO,....CONTRA LOS PIELES ROJAS
¡MIRÁ POR DÓNDE VIENE A ENTERARSE UNO DE QUE LOS INDIOS SON COMUNISTAS!
©QUINO

¡ES TERRIBLE VER QUE A LA GENTE LE IMPORTA MÁS CUALQUIER SERIE DE T.V. QUE EL LÍO DE VIETNAM!
Y BUENO..
43
SERÁ TERRIBLE, PERO TAMBIÉN ES LÓGICO.
¿PORQUÉ?
PORQUE A LA GENTE EN REALIDAD NO LE INTERESA UNA LUCHA ENTRE MALOS Y BUENOS..
..SI NO SABE CÓMO SE LLAMA "EL MUCHACHO".
©QUINO

¿TE PUEDO HACER UNA PREGUNTA, PAPÁ?
44
¡NO!
¡TUS PREGUNTAS SIEMPRE TRAEN PROBLEMAS! ¡YA LAS CONOZCO!
¡BUENO, BUENO!... ¡ESTÁ BIEN!...
¡TE QUEDARÁS CON LA DUDA DE **QUÉ** ES LO QUE QUERÍA PREGUNTARTE!
¡SIEMPRE SERÁ MEJOR!
¿MAFALDITA? ¿DORMÍS?
©QUINO

¡CÓMO, MANOLITO!...¿EN ESTA ÉPOCA Y CON SANDALIAS?
45
ES QUE EN EL ALMACÉN ESTAMOS DE INVENTARIO
Y COMO PARA TODO LO QUE HAY QUE CONTAR NO ME BASTAN LOS DEDOS DE LAS MANOS, ME PONGO...
...ÉSTAS, QUE MÁS QUE SANDALIAS PARA MÍ SON UNA I.B.M.
©QUINO

..."DEBEMOS PROTEGER A LA NIÑEZ, PORQUE LOS NIÑOS SON EL FUTURO DE LA PATRIA"
46
¡PUES ESTÁ FRITA LA PATRIA CON UN FUTURO TAN CHIQUITO!...
©QUINO

¡ES UNA BARBARIDAD!... ¡UN ESCÁNDALO!...
47
¡CON ESTOS PRECIOS NO HAY DINERO QUE ALCANCE!... ¡¡YO NO SÉ ADÓNDE VAMOS A PARAR!!
¡IR AL MERCADO TE INSPIRA, MAMÁ! ¿CÓMO SE TE OCURREN ESAS FRASES TAN, PERO TAN ORIGINALES?
LA INFLACIÓN VUELVE SUSCEPTIBLE A LA GENTE
©QUINO

BUEEEEEENOOO....... ME VOY A HACER LOS DEBEEEERES...
48
¿QUÉ ESPERÁS? ¡TENÉS QUE HACERLOS ¿NO?!
LA VOLUNTAD DEBE SER LA ÚNICA COSA DEL MUNDO QUE CUANDO ESTÁ DESINFLADA NECESITA QUE LA PINCHEN
©QUINO

49
¡SIEMPRE CON ESOS CHICOS!..¡A MAFALDA LE CONVENDRÍA TENER AMIGUITAS!..
¡CLARO!...¡HAY QUE VER SI A LAS AMIGUITAS LES CONVENDRÍA TENER A MAFALDA
©QUINO

50
¿HABLAN DE PLANTAS EN ESE PROGRAMA?
SÍ
PERO DE PLANTAS FABRILES
¿QUIÉN PUEDE SENTIR SIMPATÍA POR PLANTAS QUE SE RIEGAN CON DINERO?
©QUINO

¿QUÉ DEMONIOS ES ESO, FELIPE?
UN YÓ-YÓ
51
¿UN VOS-VOS?
¡NO!¡UN "YÓ-YÓ"!
¡AH!..¿UN FELIPE-FELIPE?
¡NO!¡NO ES YO DE "YO"!¡SE LLAMA "YÓ-YÓ"!¿ENTENDÉS? ¡"YÓ-YÓ", "YÓ-YÓ"!
¡EGOCÉNTRICO!
©QUINO

¡ASÍ VA A PROGRESAR MUCHO, ESTE PAÍS!
¡OTRO!..
¿VOS TAMBIÉN DALE QUE DALE AL CHIRIMBOLO ESE? ¿QUÉ SENTIDO TIENE? ¿EH?
SENTIDO COMERCIAL
¡CHICOS!: SU YO-YO ESTÁ EN ALMACEN "DON MANOLO"

....¡Y ADEMÁS ES NO TENER PERSONALIDAD, PORQUE **TODO EL MUNDO** ANDA CON UN YO-YO!
¡SÍ, PERO CADA CUAL LO USA DE ACUERDO A **SU** PERSONALIDAD!
¿AH SÍ? ¡UN EJEMPLO! ¡A VER UN EJEMPLO!
BUENAS...

MIRÁ, FELIPE. AL FINAL YO TAMBIÉN ME COMPRÉ UN YO-YO. ¿QUERÉS PROBARLO?
¿A VER?...
!
BUP!
¡CAÍSTE! ¡CAÍSTE!..
¿ASÍ QUE FUISTE VOS EL QUE LE VENDIÓ UN ALFAJOR A MAFALDA?

DECIME, CUANDO VOS ERAS CHICO, ¿TAMBIÉN JUGABAS AL YO-YO?
¡POR SUPUESTO, Y NO HABÍA QUIÉN ME GANARA!
55
¡BUAAAA!...
¡MAFALDITA! ¿QUÉ TENÉS? ¿POR QUÉ LLORÁS?
¡PORQUE SI ESTA GENERACIÓN SALE COMO LA TUYA, ESTAMOS FRITOS!
¡BUAAAA!...
©QUINO

¿CÓMO PUEDE GUSTARTE JUGAR AL YÓ-YÓ, MANOLITO?
NO JUEGO AL YÓ-YÓ
56
¿VES? ESTO NO ES UN YÓ-YÓ. ES LA BOLSA. MIRÁ CÓMO SUBEN Y BAJAN LAS ACCIONES
Y LO BUENO ES QUE UNO MANEJA EL ASUNTO SEGÚN LE DA LA GANA. COMO VERÁS, NO JUEGO AL YÓ-YÓ
SINO A QUE SOY «ROQUE FÉLER»
©QUINO

¡QUÉ CUADRO LAMENTABLE!
57
TIC!
¿
TIC!
¡DIOS MÍO! ¡CREO QUE HE CONTRAÍDO LA TELEPATÍA!
©QUINO

MANOLITO, TE NECESITAMOS PARA UN EXPERIMENTO TELEPÁTICO
¿UN EXPERIMENTO QUÉ?
TELEPÁTICO. SE TRATA DE SABER SI MAFALDA LOGRA CAPTAR EL PENSAMIENTO.
DALE, PENSÁ ALGO
BUENO..
...YO PIENSO QUE EL
¡PERO NO!... ¡NO TENÉS QUE DECIR QUÉ PENSÁS!..
¿Y PORQUÉ NO? ¡ESTAMOS EN UNA DEMOCRACIA, ¿NO? ¿PORQUÉ NO PUEDO DECIR LO QUE PIENSO, EEH?
¡CUANDO HAY LIBERTAD DE PENSAMIENTO HAY DEMOCRACIA, Y LAS IDEAS NO SE MATAN, Y....
¡DIOS MÍO!
©QUINO

¿Y SI EN UNA DE ÉSAS RESULTA QUE YO TENGO PODERES TELEPÁTICOS?
VEAMOS: ¿EN QUÉ IRÁ PENSANDO ESE PERRITO?
©QUINO

PENSÁ EN ALGO, FELIPE, A VER SI PUEDO CAPTARLO TELEPÁTICAMENTE
VEAMOS...
¿ESTÁS PENSANDO NADA MÁS QUE EN UN RAQUÍTICO PUNTITO?
NO ES UN PUNTITO, SINO UN LEÓN.... CLARO QUE VISTO DE LEJOS, POR LAS DUDAS.
©QUINO

ES MUY SIMPLE, MANOLITO. SÓLO TENÉS QUE PENSAR EN ALGO, A VER SI NOSOTROS PODEMOS CAPTARLO TELEPÁTICAMENTE
BIEN, INTENTARÉ
61
?
?
¡AH! OLVIDÉ ADVERTIRLES QUE YO LAS COSAS LAS PIENSO PRIMERO EN BORRADOR
©QUINO

¡FUERZA, MANOLITO! ¡FUERZA!... ¡A VER SI LOGRÁS PENSAR ALGO!
¡ÑÑÑÑÑUFF!.. ¡NO HAY CASO!..
62
¡AHÍ ESTÁ! ¡AHÍ ESTÁ!..
ES TRISTE, PERO TENDRÉ QUE LLAMAR AL "SERVICE"
©QUINO

¡MAFALDA!... ¿QUÉ SIGNIFICA ESE TENEDOR EN LA CABEZA?
TELEPATÍA SIN HILOS
63
CON ESTA ANTENA TELEPÁTICA SERÁ FÁCIL CAPTAR TU PENSAMIENTO. INTENTÁ PENSAR ALGO, ¿EH?
PROCURARÉ. A VER...
¡AHÍ ESTÁ!.. ¡PENSÁS EN UN PLATO DE FIDEOS!
¿YOOO? ¡PERO SI NO PENSÉ EN NADA!
ENTONCES ÉSTE PIENSA POR SU CUENTA
©QUINO

¡FELIPE!...¡MIRÁ LO QUE ENCONTRÉ EN ESTA REVISTA!
¿Y ÉSE QUIÉN ES?
¡CÓMO!..
¡EL DIOS DE LA TELEPATÍA, HOMBRE!
¡AAAAAAH!..
©QUINO

¡NO PUEDE SER, FELIPE! ¡NO PUEDE SER!
¡Y DALE!..¡TE LEO LA LISTA, ASÍ TE CONVENCÉS!
"ASOCIACIÓN PRO AYUDA AL LACTANTE"-"LIGA PRO AYUDA AL DESVALIDO"-"ASOCIACIÓN PRO AYUDA A LA ANCIANIDAD"-"ASOCIACIÓN PRO AYUDA AL...
¡BASTA! ¡TE CREO! ¿O SEA QUE NO HAY NINGUNA?
ASÍ ES...
...NO EXISTE NINGUNA "ASOCIACIÓN PRO AYUDA AL TELEPÁTICO".
¡QUÉ INSENSIBILIDAD SOCIAL!
©QUINO

"THE BOYS ARE IN THE CLASSROOM. TELL ME, JOHN: ARE THE BOYS IN THE LIVING-ROOM? —NO, SIR. THE BOYS ARE IN THE CLASSROOM"
¡TROPAS EXTRANJERAS HAN INVADIDO EL PAÍS Y OCUPADO LAS RADIOS!
"Y ASÍ TERMINA UNA LECCIÓN MÁS DE NUESTRO CURSO RADIAL: "APRENDAMOS INGLÉS".
¡ALARMISTAS!
©QUINO

¿VES? PONEMOS LA SEMILLITA, LA TAPAMOS...
TUP TUP
... LA REGAMOS UN POQUITO...
... Y DENTRO DE UNOS DÍAS TENEMOS UNA HERMOSA PLANTA
¡YA TUVISTE QUE CONTARME EL FINAL!
67
©QUINO

¿QUÉ QUISIERAS SER CUANDO GRANDE, MAFALDA?
68.
¿QUÉ TE GUSTARÍA SER? ¿EH?
"WASH AND WEAR"
©QUINO

¿SABÉS PORQUÉ LOS BILLETES VIENEN TAN PLANCHADITOS ÚLTIMAMENTE? ¡PORQUE SON "WASH AND WEAR"!
69
¿"WASH AND WEAR"? LOS BILLETES NO SON "WASH AND WEAR"; SON "BEST-SELLERS"
¡BEST-SELLERS SON LOS LIBROS, HOMBRE!
¿Y PORQUÉ NO LOS BILLETES? ¡SI SON DE LO QUE MÁS EJEMPLARES SE IMPRIMEN Y LAS EDICIONES QUE MÁS PRONTO SE AGOTAN!
©QUINO

¿SABÍAS QUE SE IMPRIMEN MÁS EJEMPLARES DE BILLETES QUE DE CUALQUIER OTRA COSA?
NO
PUES ASÍ ES LA COSA. LOS BILLETES SON EL "BEST-SELLER" DEL AÑO
ENTONCES ESE SEÑOR QUE APARECE EN LOS BILLETES...
¿ES JAMES BOND?
70
©QUINO
PENSÁNDOLO BIEN, ES MONSTRUOSO QUE SE IMPRIMAN MÁS BILLETES QUE LIBROS
¡ALGÚN DÍA SE DARÁ MÁS VALOR A LA CULTURA QUE AL DINERO!
¿NO SON ALGO INGENUAS TUS IDEAS, FELIPE?
¡INGENUAS NO! ¡SON PELIGROSAS!
71
©QUINO
TUS IDEAS SON MUY LOABLES, FELIPE, PERO UN POCO INGENUAS
¿ES INGENUO PRETENDER QUE LA GENTE APRECIE MÁS LA CULTURA QUE EL DINERO?
¿NO SERÍA HERMOSO EL MUNDO SI LAS BIBLIOTECAS FUERAN MÁS IMPORTANTES QUE LOS BANCOS?
¡NO! ¡PEDAZO DE EXTREMISTA!
72
©QUINO

PAPÁ, ¿QUÉ QUIERE DECIR ESO DE QUE EL MUNDO ES DE LOS AUDACES?
QUE QUIENES ENCARAN LA VIDA CON INTREPIDEZ Y VALOR SON DUEÑOS DEL MUNDO
¡SALUTE! ¡DUEÑOS DEL MUNDO!
Y VOS NUNCA ESCRITURASTE, ¿NO?
©QUINO

¿EN SERIO, FELIPE? ¿DE VERDAD TU PAPÁ TE REGALÓ UN JUEGO DE AJEDREZ?
SÍ
¿Y SABÉS JUGAR?
¡JHA!... ¡LA PREGUNTA! ¡CLARO!
NO JUEGO TAN BIEN COMO NAJDORF, POR SUPUESTO
ÉL DEBE TENER MUCHO MEJOR PUNTERÍA
©QUINO

¡HICO! ¡HICO!
¡ARRE!
¡ÑK! ¡ÑK!
¡CLOP-CLOP! ¡CLOP-CLOP!
¡SOOOOOOOO!
¡QUIET-TOOO!
¡SSSHHHHHH!
¡TOMÁ, YO NO VEO QUE TU JUEGO DE AJEDREZ TENGA NADA DE CIENTÍFICO!
SIN EMBARGO, A MÍ ME DIJERON
©QUINO

MI PAPÁ ME EXPLICÓ CÓMO ES ESTO DEL AJEDREZ. PRIMERO VAN LOS PEONES, EN ESTA LÍNEA...
AJHÁ
...DESPUÉS, EN ESTA OTRA, VAN EL REY, LA REINA Y.....
¡CÓMO!... ¡NO, NO, NO!... DEBE SER AL REVÉS
PRIMERO EL REY Y LA REINA, Y DESPUÉS LOS PEONES
¡NO, MI PAPÁ ME DIJO QUE PRIMERO LOS PEONES!
¿ES SOCIALISTA TU PAPÁ? ¿EHÉ? ¡A QUE ES SOCIALISTA!...... ¿NO?... ¡ES!... ¿EHÉ? ¡ES SOCIALISTA! ¿NO ES VERDAD? ¿EHÉ?

¡TE EXPLICO CÓMO SE JUEGA; PERO NADA DE INTERRUPCIONES! ¿PROMETIDO?
PROMETIDO
BUENO, ÉSTA ES LA REINA ¿VES?. LA REINA SE MUEVE PARA TODOS LADOS
¡DESCOCADA! ¡SEXY DE PORQUERÍA!
NO, FELIPE... ..NO ABRIRÉ LA BOCA.. ....LO JURO...FELIPE.. ...FELIPITO...

¡NO, NO!...¡A VOS NO! ¡ME HARÉ MENOS MALA SANGRE EXPLICÁNDOLE A MANOLITO!
...Y LOS ALFILES SE MUEVEN ASÍ Y ASÍ, Y LOS CABALLOS SE MUEVEN ASÍ, Y LAS TORRES SE MUEVEN ASÍ, Y LOS PEONES SE MUEVEN ASÍ.
¿
¿Y POR DÓNDE SE LES COLOCAN LAS PILAS?

NO SEAS ASÍ, FELIPITO. EXPLÍCAME. JURO NO INTERRUMPIRTE
¡ASÍ LO ESPERO!
BIEN. ÉSTE ES EL REY. EL REY PUEDE COMER PARA ADELANTE, PARA ATRÁS, PARA LOS COSTADOS...¡EN FIN!, COME PARA TODAS PARTES.
LOS PEONES, EN CAMBIO, SÓLO PUEDEN COMER NADA MÁS QUE
¿VES?¿VES?
¡DESPUÉS SE EXTRAÑAN DE QUE AVANCE EL COMUNISMO!

..."RESPONDER SENCILLA Y CLARAMENTE A LAS PREGUNTAS DE LOS HIJOS ACRECIENTA LA COMUNICACIÓN Y LA CONFIANZA DE ESTOS HACIA SUS PADRES"
¡"SENCILLA Y CLARAMENTE"!... ¡ASÍ RESPONDERÉ DESDE HOY A LAS PREGUNTAS DE MAFALDA!
PEDAGOGIA
PAPÁ, ¿PODRÍAS EXPLICARME POR QUÉ FUNCIONA TAN MAL LA HUMANIDAD?
¿SE HA DORMIDO?

¡AAAH!...¡EL AJEDREZ!... ¡ANTES, CUANDO YO LO JUGABA, NO HABÍA QUIEN ME GANARA!
¿LOS PADRES DIRÁN ESAS COSAS PARA QUE UNO LOS ADMIRE CON RETROACTIVIDAD?

…"NO, JULIA. LO NUESTRO NO PUEDE SER. UN ABISMO NOS SEPARA"
…"TU POSICIÓN…. TU FORTUNA. LA GENTE DIRÍA QUE ME CASO CONTIGO POR TU DINERO."
"¡NO, FERNANDO, NO! ¡SÓLO QUIENES SON UNOS CANALLAS PODRÍAN PENSAR ASÍ!."
¡ES LA PRIMERA VEZ QUE ME INSULTAN POR RADIO!
82
©QUINO

¡HORMIGAS!
¡DIOS MÍO!… ¡ESTO SÍ QUE ES TRÁGICO!… ¡NO HAY PEOR DESGRACIA QUE LAS HORMIGAS!…
…"MÁS VÍCTIMAS DE LA LUCHA EN VIETNAM. ASIMISMO, UNA MANIFESTACIÓN EN ARGEL DEJÓ COMO TRÁGICO SALDO DOS MUERTOS Y VARIOS…"
¡ANTIPÁTICAS!…
83
©QUINO

MI PAPÁ HA DECIDIDO ERRADICAR LAS HORMIGAS DE SUS PLANTAS
¿Y CON QUÉ PIENSA MATARLAS?
!
¡PAF-PAF! TOC
TOC-TOC TO
¡PAF! ¡PAF!
¡YA ME PARECÍA QUE TU PAPÁ NO PODÍA SER TAN BRUTO!
¿"TAN"?
84
©QUINO

EL ASUNTO ES DESCUBRIR DÓNDE ESTÁ ESE HORMIGUERO
ASÍ QUE SI VES UNA HORMIGA NO LA MATES ¿EH? ¡SEGUILA!
HASTA LUEGO. Y YA SABÉS, SI VES UNA HORMIGA: ¡SEGUILA!
© QUINO

¿Y? ¿PUDO ELIMINAR LAS HORMIGAS TU PAPÁ?
SÍ
CONSIGUIÓ UN HORMIGUICIDA FANTÁSTICO
ESTARÁ CONTENTO, ¿NO?
¡UF!...
ESTÁ HECHO UNAS PASCUAS
© QUINO

¡PAPÁ! ¡SE ESTÁN LLEVANDO EL HORMIGUICIDA QUE LES PUSISTE!
¡AL HORMIGUERO!... ¡LO LLEVAN AL HORMIGUERO!...
¡FANTÁSTICO!... UNA VEZ QUE LO METAN ALLÍ...
...¡LA SORPRESA QUE LES ESPERA!...
© QUINO

88
ESTE GRANULADO SE LO LLEVAN ELLAS MISMAS AL HORMIGUERO Y UNA VEZ ALLÍ,...¡JHÉ-JHÉ-JHÉ!...
¿SNIF SNIF?
¿
©QUINO

ADELANTE, SUSANITA. ME ALEGRA QUE VENGAS A CONOCER MI CASA
89
ESTE ES MI PAPÁ, ¿VES?
¿ESTÁ ARREGLANDO EL TOMACORRIENTE, SEÑOR?
NO. LO LLENO DE AZÚCAR, ASÍ LAS HORMIGAS VIENEN Y..... ¡¡FFSSSGG!!... ¡SE ELECTROCUTAN!
¡BAM!
¿CÓMO ALGUIEN PUEDE ASUSTARSE DE UNA IDEA TAN BUENA?
©QUINO

¿SIGUE TU PAPÁ LUCHANDO CONTRA LAS HORMIGAS?
SÍ, PERO NO PERSONALMENTE
90
¿PIDIÓ AYUDA A UNA COMPAÑÍA FUMIGADORA?
NO EXACTAMENTE
©QUINO

PLATOS VOLADORES. ¡DIOS MÍO!
¿Y PORQUÉ HABIENDO MUNDOS MÁS EVOLUCIONADOS **YO** TENÍA QUE NACER EN **ÉSTE**?
©QUINO

¿ASÍ QUE HAY MUNDOS QUE TIENEN PLATOS VOLADORES, Y TODO!...
¡ASÍ QUE HAY MUNDOS MÁS EVOLUCIONADOS QUE EL NUESTRO!..
©QUINO
¡ÑÑÑÑÑ!

¿DE DÓNDE VENDRÁN LOS PLATOS VOLADORES?
NO SÉ...
¡PERO PARECE QUE LOS CIENTÍFICOS TAMPOCO LO SABEN!
¿Y ESO PORQUÉ TE ALEGRA TANTO?
¡PORQUE ME SIENTO IMPORTANTE COMPARTIENDO LA IGNORANCIA CON LOS CIENTÍFICOS!
©QUINO

SÍ ES CIERTO QUE LOS PLATOS VOLADORES VIENEN DE UN MUNDO MÁS AVANZADO QUE ÉSTE...
...YA NADIE PODRÁ DECIRNOS QUE VIVIMOS EN UN PAÍS SUBDESARROLLADO!
¡PORQUE RESULTA QUE TODO ESTE PLANETA ES SUBDESARROLLADO!
?
¡GRACIAS, POR SALVAR NUESTRO PRESTIGIO INTERNACIONAL!
©QUINO

SI LLEGA A SER CIERTO QUE EN OTROS PLANETAS EXISTEN SERES SUPERIORES, ESTAMOS FRITOS.
¡BAH, TONTERÍAS!
¿ACASO NO ES EL HOMBRE EL REY DE LA CREACIÓN?
SÍ. PERO EN ESTE SIGLO LAS MONARQUÍAS HAN TENIDO TAN MALA PATA!...
©QUINO

..."HIZO EL PAPA UN NUEVO LLAMADO A LA PAZ"...
Y LE DIO OCUPADO, COMO SIEMPRE, ¿NO?
©QUINO

MI MUÑECO ES MUY INTELIGENTE; APRETÁNDOLE LA BARRIGA DICE "MAMÁ"
DEBE SER EXTRANJERO ¿NO?
NO SÉ. ¿POR?
PORQUE SI FUERA DEL PAÍS, AL APRETARLE LA BARRIGA....
...GRITARÍA: ¡HUELGA!"
97
©QUINO

¿QUÉ VAS A SER CUANDO LLEGUES A GRANDE, SUSANITA?
¡VOY A SER MADRE!
TU PAPÁ ES MUY ORIGINAL PARA ECHARSE A DESCANSAR
98
©QUINO

¡LÍOS EN TODAS PARTES!...¡QUÉ MAL ANDA EL MUNDO!
¿Y QUIÉN ES EL CULPABLE, EH? ¡QUE APAREZCA EL CULPABLE Y VERÁ LA QUE LE DOY!
¡EL MUNDO HACE SIGLOS QUE ANDA MAL! ¿OÍSTE? ¡SIGLOS!
¡ENTONCES EL CULPABLE DEBE HABERSE MUERTO! ¡¡EL MUY COBARDE!!..
99
©QUINO

¿NO TE PARECE, SUSANITA, QUE VIVIMOS EN UN MUNDO MUY COMPLICADO?
A MÍ ME RESULTA MUY SENCILLO, ES UN MUNDO DE PADRES E HIJOS
TODOS LOS HABITANTES DEL GLOBO SON PADRES O HIJOS DE ALGUIEN ¡Y ESO ES TODO!
ESTA NENA ME HACE SENTIR VIEJA

CUANDO VOS ERAS CHICO, ¿QUÉ PROGRAMA DE TELEVISIÓN TE GUSTABA MÁS?
LAS PLANTAS
CUANDO YO ERA CHICO NO HABÍA TELEVISIÓN
¿NOO?
LAS PLANTAS
¿Y ENTONCES **PARA QUÉ** ERAS CHICO? ¡QUÉ TONTO!..

¡APURATE, FELIPE! NO QUIERO PERDER EL NOTICIOSO. ¡SEGURO DIRÁN ALGO DEL "MARINER" Y LAS FOTOS DE MARTE!
¡VIDA EN MARTE! ¿NO ES SORPRENDENTE QUE HAYA VIDA EN OTROS PLANETAS?
TIC
"...Y BOMBARDEARON INTENSAMENTE VIET-NAM DEL NORTE.- -GINEBRA: NO SE LLEGA A UN ACUERDO SOBRE DESARME NUCLEAR.- JORDANIA: UN NUEVO TIROTEO CON TROPAS DE ISRAEL."....
LO SORPRENDENTE ES QUE HAYA VIDA EN **ESTE** PLANETA

SAQUÉ ENTRADAS PARA IR LOS TRES A UN TEATRO INFANTIL
¡FANTÁSTICO!
103
YO CREO QUE A MAFALDA LE VA A GUSTAR. SON TODOS BUENOS ACTORES, Y DICEN QUE EL ESPECTÁCULO ES MUY DIVERTIDO
¡EH, MAFALDA! ¡ADIVINÁ ADÓNDE TE VAMOS A LLEVAR!
YA OÍ: AL CONGRESO
©QUINO

¡QUÉ FOTOGÉNICO HABÍA RESULTADO MARTE! ¿EH? ¡MUY FOTOGÉNICO!
104
¡Y LOS O.V.N.I.S TAMBIÉN, POR SUPUESTO! ¡MUY LINDOS!
¿TE HAS VUELTO TONTO, FELIPE?
¡SSSHH!
CONVIENE IR CAYÉNDOLES SIMPÁTICOS
©QUINO

¿HAS VISTO ALGUNA VEZ UN MUÑECO TAN INTELIGENTE COMO EL MÍO, MANOLITO?
MA-MÁ
105
$
©QUINO

¡MAMÁ, ESTA LECHE TIENE NATA!
¡SIEMPRE IGUAL! ¿AL SERVIRLA NUNCA TE FIJÁS SI TIENE NATA?
¿O ESTÁS CONTRA EL CONTROL DE LA **NATALIDAD**?

¡ES ABSURDO! ¡LAS PALANGANAS VOLADORAS NO EXISTEN!
¡YA LO SÉ!
¿ENTONCES PORQUÉ NO JUGÁS A LOS PLATOS VOLADORES?
¡PORQUE EN UN PLATO NO QUEPO, PAPANATAS!

SUSANITA OLVIDÓ AQUÍ A SU HIJITO
MA-MÁ
Y SI NO FUNCIONA, ¿DE QUÉ SIRVE TENER HECHA LA INSTALACIÓN?

¡ME REVIENTA ESTO DE TENER AL CAPITALISMO POR UN LADO Y AL COMUNISMO POR OTRO!
¡UNO SE SIENTE SÁNDWICH!.... ¡Y, YA SE SABE **QUÉ LES OCURRE** A LOS SÁNDWICHES!
¡GRUMF! ¡CROF!
¡IMPERIALISTA!
?

¡ESTOY HARTA DE COMUNISMO Y CAPITALISMO! ¿PORQUÉ NO PODREMOS VIVIR EN UN MUNDO SIN OPCIONES? ¡DETESTO LAS OPCIONES!
HOLA
HOLA
¿VOS A QUIÉN QUERÉS MÁS; A TU MAMÁ O A TU PAPÁ?

¡FANTÁSTICO! ¡ESTOY ¡GUALITO! ¡ME EMOCIONA QUE TE ACORDÉS TAN BIEN DE MÍ!
PORQUE... LO HICISTE DE MEMORIA, ¿NO?
NO...
LO HICE CON ESTE MODELO
HOY HE APRENDIDO QUE LA VERDAD DESILUSIONA A LA GENTE

FELIPE SE ENOJÓ PORQUE LE HICE NOTAR QUE SU CABEZA TIENE FORMA DE ZAPATO
ES TONTO ENOJARSE POR UNA COSA ASÍ
¡CLARO! ES COMO SI VOS TE ENOJARAS PORQUE TU CABEZA PARECE UN CEPILLO
¡CLARO! ¿CÓMO IBA A ENOJARME YO POR ESO?
¿UN CEPILLO?

PRIMERO VOY A SER UNA SEÑORA,¿NO?, DESPUÉS VOY A TENER HIJITOS
LUEGO COMPRARÉ UNA CASA GRANDE,GRANDE, GRANDE Y UN AUTO MUY LINDO Y DESPUÉS JOYAS Y LUEGO TENDRÉ NIETITOS
Y ÉSA SERÁ MI VIDA.¿TE GUSTA?
SÍ; EL ÚNICO DEFECTO....
....ES QUE ESO NO ES UNA VIDA; ¡ES UN ESCALAFÓN!

TENER HIJITOS ESTÁ MUY BIEN,SUSANITA, PERO LOS TIEMPOS CAMBIAN
ADEMÁS DE SER MADRE,HOY LA MUJER DEBE CONTRIBUIR AL PROGRESO, HACER COSAS IMPORTANTES!
¡TENÉS RAZÓN!
¡DESDE MAÑANA MISMO APRENDERÉ A JUGAR AL BRIDGE!
¿QUÉ PASA?...¿ACASO NO JUEGAN AL BRIDGE LAS SEÑORAS IMPORTANTES?
¡DIOS MÍO!

¿DÓNDE NACIÓ TU PAPÁ, MAFALDA?
ESPERÁ...A VER...
ÉL ME DIJO QUE DE CHICO, NO CONOCIÓ LA TELEVISIÓN, NI EL NYLON, NI LA ENERGÍA ATÓMICA, NI LOS ANTIBIÓTICOS, NI LOS TRANSISTORES,..
....NI LOS AVIONES A REACCIÓN, NI LOS SATÉLITES ARTIFICIALES, NI LOS COHETES TELEDIRIGIDOS, NI LOS LENTES DE CONTACTO
ASÍ QUE DEBE HABER NACIDO EN EL MATTO GROSSO

¡PARECE INCREÍBLE! LA TIERRA DA VUELTAS Y VUELTAS..
....Y NOSOTROS, PARADOS ENCIMA, NI NOS DAMOS CUENTA
ES UNA SUERTE, PORQUE SI LA GENTE NOTARA QUE LA TIERRA DA VUELTAS..
...LAS CALESITAS IRÍAN A LA QUIEBRA

¿A CUÁNTO VENDÉS LOS CARAMELOS, MANOLITO?
A DOS PESOS CADA UNO
$10
¿Y NO HAY DESCUENTO PARA UNA FUTURA MADRE?
¿FUTURA MADRE? ¿DÓNDE ESTÁ LA FUTURA MADRE?
¡LO MALO DE ESTE PAÍS ES QUE LA GENTE NO TIENE VISIÓN PARA IMAGINAR EL FUTURO!
?

118
¡EJHÉM!
¡¡DESDE ESTA HUMILDE SILLITA FORMULO UN EMOTIVO LLAMADO A LA PAZ MUNDIAL!!
¡TOTAL!... PARECE QUE HOY EN DÍA, EL VATICANO, LA UN. Y MI SILLITA TIENEN EL MISMO PODER DE CONVICCIÓN
©QUINO

¿QUÉ ES ESE RECORTE DE DIARIO, MAFALDA?
LA FOTO DE UN COHETE ATLAS
119
¿NO TE EMOCIONA? ¡ES COMO TENER EL FUTURO EN LA MANO!
¡ES CIERTO, SÍ!
¡ES REALMENTE EMOCIONANTE! ¡PARECE UN LÁPIZ DE LABIOS!
¿QUÉ PASA? ¿NO VAS A USAR LÁPIZ DE LABIOS CUANDO SEAS GRANDE? ¿NO TE EMOCIONA **ESE** FUTURO?
¡DIOS MIO!
©QUINO

¿USTED ES BUENO, SEÑOR?
120
¡POR SUPUESTO NENITA!
¿USTED ES BUENA, SEÑORA?
¿YO? ¡SÍ, M'HIJITA, SÍ!
¿USTED ES BUENO, DON?
¡EH! ¡SEGURO, NENA!
¡VAYA! ¡POR FIN UN RUBRO EN EL QUE HEMOS LOGRADO EL AUTOABASTECIMIENTO!
©QUINO

121
¿USTED ES BUENO, DON POLICÍA?
LOS POLICÍAS SOMOS TODOS BUENOS
EMPIEZO A COMPRENDER CÓMO FUNCIONA LA BONDAD
©QUINO

122
¿USTED ES BUENO, DON MANOLO?
¡VAYA PREGUNTA, HIJA!¡PUES CLARO!
¡ES SORPRENDENTE! A TODO EL QUE LE PREGUNTO SI ES UNA BUENA PERSONA RESPONDE QUE SÍ. ¡AL FINAL RESULTA QUE TODO EL MUNDO ES BUENO!
©QUINO
BASTA de HAMBRE Y DESPIDOS!!
¡¡Fidel al paredón!!
VIVA LA DEMOCRACIA
¡no!
¡ASESINOS YANQUIS FUERA DE VIET-
EL GOBIERNO
PAZ
IDAD
¡ JUSTICIA A LOS MAES
y unos cerdos!!
LA INDUSTRIA NO TOLERARÁ LA SUBVERSIÓN OBRERA!
POR ESO DENUNCIA:
SALVAREMOS A LA DEMOCRACIA
¡¡ESTAMOS HARTOS
¿Y UDS. QUÉ HICIERON EN HUNGRÍA?
¡RECONFORTA SABERLO!...
¡Vagos!
AHORCAREMOS A LOS VENDEPATRIAS

123
¿VOS SOS BUENO, GATITO?
MIAOUU
ES LA RESPUESTA MÁS HONESTA QUE HE ESCUCHADO ÚLTIMAMENTE
©QUINO

¡TOMÁ!...¡Y A VER CUÁNDO APRENDÉS A ESCRIBIR!
GRACIAS, FELIPE
124
¿QUÉ TE ESCRIBIÓ FELIPE EN ESE PAPELITO?
UNA DE LAS COSAS QUE TENGO QUE HACER EN MI VIDA
COMO NO QUIERO OLVIDAR TODAS LAS COSAS QUE TENGO QUE HACER EN MI VIDA, A MEDIDA QUE SE ME VAN OCURRIENDO LE PIDO A FELIPE QUE ME LAS ANOTE
¿Y ESO LO ENOJA?
SÍ
©QUINO

¿SABÍAS, MAFALDA? ¡MI HIJITO SERÁ MÉDICO!
125
Y CUANDO YO PASE LA GENTE DIRÁ: "¡AHÍ VA DOÑA SUSANITA, LA MADRE DEL DOCTOR HIJO DE DOÑA SUSANITA!"
¡Y TODO EL MUNDO SE ENFERMARÁ DE ENVIDIA...Y MI HIJITO SE HARÁ MUY RICO CURANDO LA ENVIDIA!
¿CUÁNTO CREES QUE PUEDE LLEGAR A GANAR POR MES UN BUEN ENVIDIÓLOGO?
©QUINO

¡DECIDIDO!
¿DECIDIDO QUÉ?
126
¡SERÉ INGENIERO!
¿Y PARA ESO TENÍAS QUE SUBIRTE A LA SILLA?
¡ES QUE SERÉ UN GRAN INGENIERO!
©QUINO

¿QUÉ ESTÁS HACIENDO, MAFALDA?
ESTOY PLANIFICANDO MI VIDA
127
PARA NO VIVIR A TONTAS Y A LOCAS ESTOY TRAZANDO UN PLAN QUE ME AYUDE A ORGANIZAR MI VIDA CON CLARIDAD
TEÓRICAMENTE HABLANDO, POR SUPUESTO
©QUINO

¡CUIDADO, MAMÁ! ¡NO ME PISES LA VIDA!
!
128
¡¿NO VES QUE ESTOY TRAZANDO UN ESQUEMA DE CÓMO SERÁ MI VIDA!?
©QUINO
¡HAS ARRUINADO MI VIAJE DE ESTUDIOS AL JAPÓN!

QUIZÁS YO TAMBIÉN DEBERÍA PLANIFICAR MI VIDA
129
VEAMOS: LA SEMANA QUE VIENE COMPRARÉ DOS NUEVAS REVISTAS DE HISTORIETAS
PERO....¿LAS COMPRARÉ? NO HAY QUE OLVIDAR QUE EL DESTINO NOS MANEJA A SU CAPRICHO
¿CÓMO DIABLOS HARÁ EL DESTINO PARA ADELANTAR SUS CAPRICHOS UNA SEMANA? ¿TENDRÁ UNA I.B.M.?
©QUINO

¿TE CONTÉ QUE MI HIJITO SERÁ MÉDICO?
¡DIOS MÍO! ¡ÉSTA Y SU HIJITO!.... ¡NO LA AGUANTO!
¿TE LO IMAGINÁS CUANDO PASE EN SU AMBULANCIA "ALFA-GIULIA" SÚPER SPORT?
¡ESO YA ES DEMASIADO!.. ¡ES EL COLMO!
¿DEMASIADO? ¡AAAH!, PARA LOS ENFERMOS POBRES ES DEMASIADO, ¡SÍ! PARA ELLOS DEBERÁ TENER OTRA, MÁS ORDINARIA...

NO. EL DICCIONARIO NO DICE QUE SEA MALA PALABRA
¿NOOOO?
¿Y QUE ES UNA ASQUEROSIDAD INMUNDA? ¿EÉH? ¿NO DICE QUE ES UNA ASQUEROSIDAD INMUNDA?
NO, TAMPOCO
¡NO PUEDE SER!... LEÉ, A VER
"SOPA: (del alemán, suppe) PLATO DE CALDO CON PAN, PASTAS, FÉCULAS, ETC."
?

¡NO ES POSIBLE QUE TU ÚNICA AMBICIÓN SEA SER MADRE, SUSANITA! ¿NO PENSÁS SEGUIR NINGUNA CARRERA?
NO SE ME HABÍA OCURRIDO, PERO AHORA QUE ME LO DECÍS VEO QUE NO ES MALA IDEA
DA MUCHO PRESTIGIO ESO DE HACERSE VER DE VEZ EN CUANDO POR EL HIPÓDROMO Y SALIR LUEGO EN LAS FOTOS DE LOS DIARIOS
?
"LA SEÑORA DOÑA SUSANITA CLOTILDE, EN COMPAÑÍA DE SU HIJITO, SIGUIÓ CON SUMO INTERÉS LA 7ª CARRERA."
¡ÉSTA ES PEOR QUE LA SOPA!

¿QUIÉN ES ESTE TIPO, FELIPE?
EL LLANERO SOLITARIO
133
¿POR QUÉ SOLITARIO?
PORQUE LUCHA ÉL SOLO CONTRA LOS MALOS
¡CÓMO! ¿EL BORRICO ESTE NO SABE QUE ES MUCHO MÁS POSITIVO TRABAJAR EN EQUIPO?
¡HAY TIPOS IGNORANTES!...
© QUINO

¿TE GUSTA, SUSANITA? ¡ME LO REGALÓ MI MAMÁ!
¡AH! ¿UN NEGRITO?
134
SÍ, ¿POR QUÉ? ¡NO VAS A DECIRME QUE TENÉS PREJUICIOS RACIALES!...
¿YO? ¡POR SUPUESTO QUE NO!
SI SOMOS TODOS IGUALES, ¿CÓMO VOY A TENER PREJUICIOS RACIALES?
¿ADÓNDE TE VAS?
A LAVARME EL DEDO
© QUINO

¡BUEN DÍA, MUNDO! ¡BUEN DÍA, GENTE BUENA DE TODA LA TIERRA!
135
¡ÑUEN ÑIA!
SI UNO NO LA SALUDA, LA GENTE MALA ES CAPAZ DE OFENDERSE
© QUINO

ÉSTE ES JOE CRANE, UN MALVADO QUE LES VENDE ARMAS A LOS APACHES
PERO *EL LLANERO SOLITARIO* ESTÁ AL TANTO DE TODO ¿VES?
¡IMPEDIRÉ QUE JOE CRANE CONTINÚE VENDIENDO ESOS FUSILES A LOS APACHES!
¿Y QUIÉN SE CREE QUE ES EL MASCARUDO ESE PARA VENIR A COARTAR LA LIBERTAD DE COMERCIO?

A CONTINUACIÓN PRESENTAMOS....
EL PANORAMA INTERNACIONAL, CON NOTICIAS
?
¿SE HABRÁN ACABADO LAS PILAS?....¿O LOS PROBLEMAS INTERNACIONALES?

¡SOPA!....¡CUANDO A ÉSTA SE LE ACABA LA PILA YA NO SUELTA PALABRA!
¿POR QUÉ NO TENÉS UN CABLE CON UN ENCHUFE? ¿EÉH?
¡CLARO!...¡A LA SEÑORITA NO LE GUSTA CONECTARSE CON LOS DEMÁS!
¡INTROVERTIDA!

BUENO, YA ESTÁ. ¿VISTE QUÉ FÁCIL ES COLOCAR UNA PILA NUEVA EN LA RADIO?
¡GRACIAS, PAPÁ!
139
CLIK
...Y TRIIIIISTE, EL JIBARITO VA, PENSANDO ASÍ, DICIENDO ASÍ, LLORANDO ASÍ POR EL CAMINO...
...¿QUÉ SERÁ DE BORINQUEN MI DIOS QUERIDO? ¿QUÉ SERÁ DE MIS HIJOS Y DE MI HOGAR?
TE VENDIERON UNA PILA CARGADA DE AMARGURA
© QUINO

¡MAFALDA!...
VOOOY...
140
YA QUE ME ESTÁS AYUDANDO, PASALE EL PLUMERO AL GLOBO TERRÁQUEO, ¿EH?
?
© QUINO
¿LIMPIO TODOS LOS PAÍSES O SOLO LOS QUE TIENEN MALOS GOBIERNOS?

¿HACIA DÓNDE CREEN USTEDES QUE SE DIRIGE LA HUMANIDAD?
141
HACIA ADELANTE, POR SUPUEST....
¡ADELANTE ES PARA ALLÁ!
!
¡ALLÁ NO ES "ADELANTE"!
¡PERO ES MI "ADELANTE"!
¡TU "ADELANTE" NO ES MI "ADELANTE"!
¡NO!
EMPIEZO A COMPRENDER PORQUÉ A LA HUMANIDAD LE CUESTA TANTO IR HACIA ADELANTE
© QUINO

¿ADÓNDE VAS, FELIPE?
AL ALMACÉN DE MANOLITO
ESTOY AHORRANDO PARA COMPRARME UN MECANO
¿ENTONCES POR QUÉ NO GUARDÁS ESA MONEDA EN TU CHANCHITO?
?
PORQUE APARTE DEL DE MANOLITO, NO CONOZCO NINGÚN OTRO CHANCHITO QUE PAGUE INTERESES ACUMULATIVOS

¡QUÉ CALAMIDAD!
ME HE ENTERADO DE QUE CUANDO AQUÍ ES MEDIODÍA, EN EUROPA YA ES MEDIATARDE Y EN ASIA MEDIANOCHE
¿Y?
¡Y!...¡QUE NO VEO CÓMO PUEDE ADELANTAR UN PAÍS AL QUE LAS HORAS LE LLEGAN YA USADAS POR MÁS DE MEDIO MUNDO!

¡CLARO! ¿CÓMO NO VA A ANDAR MAL EL MUNDO?
SI CUANDO EN NORTEAMÉRICA ES MEDIANOCHE, EN CHINA ES MEDIODÍA
Y CUANDO EN CHINA ES MEDIANOCHE, EN NORTEAMÉRICA ES MEDIODÍA
¿CÓMO DEMONIOS PUEDEN LLEGAR A ENTENDERSE DOSCIENTOS MILLONES DE TIPOS ALMORZANDO CON SEISCIENTOS MILLONES DE TIPOS DURMIENDO?
PUMBI

ES UNA CARTA IMPORTANTE, FELIPE. ¡POR FAVOR, ESCRIBÍMELA!
BUENO, ESTÁ BIEN. DAME
"AL SR. SECRETARIO GENERAL DE LA UN: CONSIDERANDO QUE CUANDO EN WASHINGTON Y LONDRES ES DE DÍA,...."
!
"....EN MOSCÚ Y PEKÍN ES DE NOCHE,...¿HA PENSADO USTED QUE TAL VEZ...."
"...LO QUE DIVIDE AL MUNDO, NO ES LA POLÍTICA, SINO LA CAMA?"
©QUINO

PAPÁ...
¿HÚH?
LOS CHINOS SON UN PELIGRO PARA EL MUNDO OCCIDENTAL, ¿NO?
SSSÍ
Y AHORA QUE PARA NOSOTROS ES DE NOCHE Y ESTAMOS DESCANSANDO,..
..PARA ELLOS ES DE DÍA Y ESTÁN TRABAJANDO, ¿NO?
SÍ, CLAR....!
©QUINO

¡HAY QUE VER LO POCO QUE DURA UN MINUTO!
TIC-TAC TIC-TAC TIC-
¡QUÉ DESPERDICIO!
TAC-TIC TAC-TIC TAC-..
MINUTOS EN BUEN USO, Y PORQUE APARECEN OTROS NUEVOS YA NO SE PUEDEN VOLVER A EMPLEAR
TIC-TAC TIC-TAC TIC-..
©QUINO
TAC-TIC TAC-TIC TAC-..
¡IGUAL QUE LOS NORTEAMERICANOS CON LAS HELADERAS
TIC-TAC TIC-TAC TIC-

¿SE TE HA OCURRIDO PENSAR EN LA CANTIDAD DE MINUTOS QUE ESPERAN TURNO PARA SALIR DE LOS RELOJES?
¡TENEMOS POR DELANTE MILLONES DE MINUTOS SIN USAR! ¡MINUTOS RELUCIENTES, NUEVITOS!
¡MINUTOS QUE, SOBRE TODO, TENDREMOS QUE SABER EMPLEAR POSITIVAMENTE!
¡DIOS MÍO! ¡QUÉ RESPONSABILIDAD!

¿QUÉ TE PREOCUPA, SUSANITA?
EL CONTROL DE LA NATALIDAD
BUENO, PERO ESO...
¡"PERO ESO" UN PEPINO!
¡YO QUIERO SER UNA MADRE DESCONTROLADA!

ES LA ÚNICA MANERA DE SOBRELLEVAR ESTA INMENSA Y BLANCA SOLEDAD DE LA BAÑADERA

151
PARECE QUE A MAFALDA LE HA GUSTADO MUCHO TU BEBÉ, ROSITA
AP-BBBB, GUGH-DÁ, DÁ-ZZS, NNGUIG
¡TAN CHIQUITO, Y YA DICE INCONGRUENCIAS!
©QUINO

152
¿UN CARAMELO?
GRACIAS, MANOLITO
¡HMMM! ¡QUÉ RICO!
ES UNA ATENCIÓN DEL ALMACÉN DE MI PAPÁ, QUE VENDE MUY BARATO
¡AHORA COMPRENDO! ¡ESO SE LLAMA INTERÉS!
¡PERO EN LENGUAJE POÉTICO-COMERCIAL, ESO SE LLAMA *RELACIONES PÚBLICAS*!
©QUINO

153
LA FUNCIÓN DE LAS RELACIONES PÚBLICAS ES MOSTRAR A LA GENTE QUE LOS EMPRESARIOS SOMOS HUMANOS....
SERVITE, SUSANITA. EL ALMACÉN DE MI PAPÁ TE INVITA A SABOREAR UN RICO CARAMELO
¡OH! ¡GRACIAS!
¡UN RICO CARAMELO!
©QUINO
......Y QUE LOS EMPRESARIOS NO SOMOS TONTOS

154
...¡NESTABLE...
.....Y EMPEORANDO LUEGO
HA SIDO EL PRONÓSTICO METEOROLÓGICO
¡CREÍ QUE HABLABAS DEL GOBIERNO!... ¡MALDITO ALARMISTA!
©QUINO

POR RADIO DIJERON NO SÉ QUÉ DE MILIBARES. ¿QUÉ SON LOS MILIBARES, PAPÁ?
155
TE EXPLICARÉ: LOS MILIBARES SON UNA MEDIDA DE PRESIÓN
SEGÚN ESTÉ LA ATMÓSFERA, SE DICE QUE HAY UNA PRESIÓN DE TANTOS MILI
PERDÓN, PAPÁ
YO TE PREGUNTÉ POR LOS MILIBARES; NO POR LOS MILITARES
©QUINO

¿QUÉ RICA COMIDA HAS HECHO HOY, MAMITA?
156
SOPA
¡CHST! ¡NO SE DICEN MALAS PALABRAS EN LA MESA!
¡SOPA NO ES MALA PALABRA!
©QUINO
¡TAMPOCO SE DICEN MENTIRAS EN LA MESA!

¡BUENAS NOCHES, MUNDO! SERÁ HASTA MAÑANA
157
PERO ¡OJO!, QUE QUEDAN MUCHOS IRRESPONSABLES DESPIERTOS, ¿EH?
©QUINO

158
¡ESTÁS FRITA! ¡JAQUE!
¿PUEDO EMPLEAR LA "DEFENSA SICILIANA"?
EMPLEALA
¡MASCALZONE!
¡GRACIAS!
©QUINO

159
VEAMOS: SI YO COMO ÉSA, ÉL ME COME ÉSTA. ¡AJHÁ! ¿Y SI COMO ESA OTRA?...
¡NO! MEJOR COMO AQUÉLLA, PORQUE SI COMO, ÉL NO ME COME. ¿Y SI COMO....
....
?
©QUINO
VEAMOS: SI YO.....

160
¿QUIÉN ES ESTE MUCHACHO?
YO
LA VERDAD ES QUE SOS MÁS LINDO AHORA
¿Y ÉSE, TAN CONTENTO?
¡ALGÚN MASOQUISTA!
©QUINO

161
¿POR QUÉ HAY GENTE POBRE, MAMÁ?
Y... BUENO... PUES... ...ESTEEE... EN FÍN...
¡ESPERÁ, ESPERÁ!
NO SOSPECHÉ QUE MÍ PREGUNTA FUERA TAN ÍNTERESANTE
©QUINO

...TODAS SE PROBABAN EL ZAPATITO, PERO A LA QUE NO LE QUEDABA CORTO, LE APRETABA DE ACÁ, O DE ALLÁ...
162
...ENTONCES EL PRÍNCIPE, VIENDO QUE NADIE PODÍA CALZAR AQUEL DELICADO ZAPATITO...
¡ABRIÓ UNA SUCURSAL DEL DR. SCHOLL!
¡QUÉ POCA VISIÓN COMERCIAL!
©QUINO

¿Y SI ANTES DE EMPEZAR LO QUE HAY QUE HACER EMPEZAMOS LO QUE TENDRÍAMOS QUE HABER HECHO?

LA POBRE HA CONTRAÍDO EL TEMOR DE TENER PELOS EN LA LENGUA

¡ESTA NO FLORECIÓ! Y TUVO RIEGO, LUZ, ABONO.....NO SÉ QUÉ PUEDE HABERLE FALTADO
163
¡LLEGÓ LA PRIMAVERA!
¡
©QUINO
INFORMACIÓN

¿PARA MÍ? ¿EN SERIO?
REGALITO DE PRIMAVERA
164
¡QUÉ LINDA FLOR! ¡GRACIAS, FELIPE!
¿DÓNDE TE PARECE QUE LA PONGA?
HA SIDO COMO REGALARLE UN TERRÓN DE AZÚCAR A FIDEL CASTRO
©QUINO

165
¡...Y CUANDO SEA GRANDE VOY A TENER UNA CADENA DE SUPER-MERCADOS, QUE VA A CORTAR EL HIPO!
©QUINO
¡HIP!
?

¿QUÉ PODRÍAMOS HACER POR MANOLITO Y SU HIPO?
PRIMERO PODEMOS VER QUÉ NOS EXPLICA EL DICCIONARIO SOBRE EL HIPO
¡HÍP!
¡HÍP!
166
"HIPO: MOVIMIENTO CONVULSIVO, PROVOCADO POR CONTRACCIONES INVOLUNTARIAS DEL DIAFRAGMA".
¡HÍP!
?
¿
?
¡HÍP!
¿NO TE SENTÍS, AL MENOS, UN POQUITO MÁS IMPORTANTE?
¡HÍP!

¡HÍP!
OÍ QUE PARA CORTAR EL HIPO HAY QUE TOMAR SIETE SORBOS DE AGUA, SIN RESPIRAR
167
¡ESO YA ME LO RECOMENDÓ TODO EL MUNDO!
¡HÍP!
¿Y HAS HECHO CASO?
¡A TODO EL MUNDO!
¡HÍP!

¿CREÉS QUE UN SUSTO LE CORTARÁ EL HIPO A MANOLITO?
PROBEMOS
¡HIC!
168
¡REVOLUCIÓN!.. ¡LOS TANQUES!
16$
$68
JABÓN
¡GUERRA CIVIL!
¡HIC!
$91
89$
JABÓN

NO TE PREOCUPÉS, YA SE TE PASARÁ ESE HIPO. ADEMÁS EL HIPO NO DESMERECE A NADIE, ¿NO HAS OÍDO HABLAR DE LAS HIPOTECAS?
¡HIP!
169
LAS HIPOTECAS SON UNOS LUGARES EN LOS QUE SE GUARDAN HIPOS. LOS HIPOS MÁS FAMOSOS DE LA HISTORIA SE ENCUENTRAN ALLÍ: HIPOS DE COLÓN, DE VERDI,....
...HAY UN CURIOSO HIPO, QUE CONTRAJO NAPOLEÓN, DE TANTO DECIR: "EGIPTO". LUEGO HAY UN HIPO DE "CHÉSPIR", Y OTROS DE.....
¿Y TU HIPO, MANOLITO?
¡SUSANITA ACABA DE CORTÁRMELO!
©QUINO

¡TRABAJÁS COMO UNA NEGRA EN LA COCINA!... ¿Y, PARA HACER QUÉ?...
¡SOPA!
170
PARA ESO NO TUVE QUE TRABAJAR NADA; ES SOPA EN CUBITOS
¿EN CUBITOS?
¡QUÉ BAJO HA CAÍDO LA GEOMETRÍA, SEÑOR!
©QUINO

¿ESTÁ TU MAMÁ, NENITA?
E
SE ESTÁ BAÑANDO, ¿QUÉ DESEA?
171
OFRECERLE LA EXTRAORDINARIA MÁQUINA DE LAVAR "WHASHEX-70"
NUEVA!
¿SIRVE PARA LAVAR CONCIENCIAS?
¿QUIÉN ERA, MAFALDA?
NADIE ORIGINAL, MAMÁ
©QUINO

...SEÑALANDO QUE LOS AGENTES DEL COMUNISMO SE HALLAN INFILTRADOS EN TODOS LADOS; ANTE EL REQUERIMIENTO...
...PERIODÍSTICO, DE SI PODÍA ESPECIFICAR EN QUÉ LADOS, EL SR. MINISTRO SE LIMITÓ A RECALCAR:...
-"EN TODOS."

¿QUÉ HACÉS, MAFALDA?
SOY UNA CÁPSULA ESPACIAL
¿LLEVÁS ALGÚN TRIPULANTE DE ESOS QUE ABREN LA ESCOTILLA Y SALEN AL ESPACIO?
¡A QUE NUNCA VISTE UN TRIPULANTE TAN HÚMEDO!..

¿CUÁNTO GANA TU PAPÁ?
NO SÉ, ¿Y EL TUYO?
TAMPOCO SÉ; PERO GANA MÁS QUE TU PAPÁ
¡SI NO SABÉS CUÁNTO GANA NINGUNO DE LOS DOS, NO PODÉS AFIRMAR ESO!
¡NO ES CUESTIÓN DE AFIRMAR NADA, SINO DE NO ESTROPEAR MI ESQUEMA!

.....Y SI SUSANITA VUELVE A PREGUNTARTE, CONTESTALE QUE..
..TU PAPÁ GANA LO BASTANTE COMO PARA QUE PODAMOS VIVIR DECENTEMENTE
¡ESO LE DIRÉ! ¡SÍ SEÑOR! "¡MI PAPÁ GANA LO BASTANTE COMO PARA QUE PODAMOS VIVIR DECENTEMENTE!
¡QUÉ PAPELÓN!..
175
©QUINO

DECIME, MANOLITO, ¿CUÁNTO GANA TU PAPÁ?
Y..., PUES..., BUENO..., ... EL ALMACÉN NO DEJA MUCHO MARGEN..., ¡EN FIN!... TODO ANDA TAN MAL HOY EN DÍA...
¡YA ME PARECÍA!... ¡ENTONCES **MI** PAPÁ GANA **MÁS** QUE TU PAPÁ!
¡JHÁ!
176
©QUINO

¿TE MOLESTA QUE TE PREGUNTE CUÁNTO GANA TU PAPÁ, FELIPE?
¡NO, POR SUPUESTO!
¡NO VOY A MOLESTARME PORQUE ME PREGUNTES ESO!...
¿CUÁNTO GANA?
¡TAMPOCO VOY A MOLESTARME EN CONTESTARTE ESO!...
LLANERO
177
©QUINO

¿HAS VISTO EL FARDO DE PROBLEMAS QUE HAY EN EL MUNDO, FELIPE? ¡HUMM, NO SÉ!... PERO ME PARECE QUE LOS ADULTOS ANDAN CON GANAS
¿CON GANAS?
¿CON GANAS DE QUÉ?
...UUMMMMLUMML...
¡DE ENDILGARNOS ESE FARDO A LAS GENERACIONES JÓVENES!

¡MAFALDA! ¿VOS TENÉS EL DIARIO DE HOY?
¿NO PODÍAS HABER USADO UN DIARIO VIEJO?

¿QUÉ RECORTÁS DEL DIARIO, MAMITA?
UNA RECETA
¿ALGO RICO?
SOPA DE PESCADO
¡MALDITA SEA LA LIBERTAD DE PRENSA!

¡CUANDO SEA GRANDE QUIERO TENER MUCHOS VESTIDOS!
¡Y YO MUCHA CULTURA!
¿TE LLEVAN PRESA POR SALIR A LA CALLE SIN CULTURA?
NO
¡PROBÁ SALIR SIN VESTIDO!...
ES MUY TRISTE TENER QUE PEGARLE A ALGUIEN QUE TIENE RAZÓN

¡SE ACERCA EL DÍA DE LA MADRE Y NO SÉ QUÉ REGALARLE A MI MAMÁ!...
¡QUÉ HIJISMO FLOTA EN EL AMBIENTE!...

¡ES TERRIBLE!... ¡SE VIENE ENCIMA EL DÍA DE LA MADRE Y NO SÉ QUÉ REGALARLE A MI MAMÁ!
YO TAMPOCO
HAY CANTIDAD DE COSAS LINDAS PARA REGALAR: UN FRASCO DE BUENAS ACEITUNAS, MARISCOS EN LATA, UN QUESITO, FIAMBRES, GARBANZOS, FIDEOS, DULCES...
¿CÓMO VAMOS A REGALAR A NUESTRAS MADRES COSAS DE ALMACÉN?
¡HOMBRE!... ¡SI LES DA POR HACERSE LOS INTELECTUALES!...

QUERIDA MAMITA: EN TU DÍA DE LA MADRE TE REGALO TODOS ESTOS BESITOS: CHUIC!-CHUIC!-CHUIC! CHUIC!-CHUIIIIC!
184
BUENO, AHORA VEAMOS SI AL DESTAPARLA SE ESCUCHA
¡NO RESULTÓ!
¡CLARO!... ¡SI RESULTARA, EL SEÑOR GRUNDIG FABRICARÍA BOTELLAS!
©QUINO

¡DIOS MÍO! ¡PASADO MAÑANA ES EL DÍA DE LA MADRE Y YO NO SÉ QUÉ REGALARLE A MI MAMÁ!
YO A LA MÍA LE REGALARÉ UN PAÑUELITO
185
¡DICHOSA VOS, QUE TENÉS EL PROBLEMA RESUELTO!
GRACIAS POR TU OPTIMISMO
©QUINO

¡FELIPE! ¡FELIPE!
186
¿SABÉS QUÉ SE ME OCURRIÓ REGALARLE A MI MAMÁ? ¡UN LIBRO!
¡FANTÁSTICO! ¿CÓMO HICISTE?
¡Y!... PENSÉ QUÉ ME GUSTARÍA QUE ME REGALARAN A MÍ SI YO FUERA MI MAMÁ
¡CLARO! ¡ESE ES EL SISTEMA! ¡A VER!... ¡YA ESTÁ!...
AUNQUE NO SÉ PARA QUÉ DIABLOS QUIERE MI MAMÁ LA COLECCIÓN COMPLETA DE "EL LLANERO SOLITARIO"
©QUINO

¡FELIZ DÍA, MAMITA!
187
¡OH!...¡UN LIBRO! ¡GRACIAS, MAFALDA!
PLATERO Y YO
¡HOY ES UN DÍA HERMOSO!
SÍ... ¡LÁSTIMA LA HUMEDAD!...
©QUINO

TIC!
188
¡FIIIIIIIIIZ-FIIIIIIIZ!
¡GOOOK!
¡DOINNG!
¡ZÁS! ¡ESTÁ DESCOMPUESTA LA RADIO!...
SE HA ESCUCHADO, MÚSICA ELECTRÓNICA
¡ZÁS! ¡ESTÁ DESCOMPUESTO EL ARTE!..
©QUINO

¡PORRR FINNN!... ¡SALIÓÓÓÓ LA NNNNUEVA SOPA CONNNCENTRADA, MARRRRCA....
189
¡CUANDO ALGUIEN ES TAN IDIOTA!...
CLIC!
¡IDIOTA!
...MERECE SER INSULTADO EN CINERAMA!
©QUINO

AYER ESTUVE EN PENITENCIA POR COMER BOMBONES SIN PERMISO
190
CUANDO A MÍ ME PONEN EN PENITENCIA PIENSO QUE SE VA A **QUEMAR** LA CASA Y YO VOY A SALVAR A MIS PAPÁS, Y ELLOS VAN A PEDIRME PERDÓN LLORANDO
MAFALDA, ¿NO VISTE POR AQUÍ UNA CAJA DE FÓSF
SÍ, TOMÁ, LA TENGO YO
¿DE QUÉ HABLÁBAMOS?

ES MUY GRACIOSO LO QUE SE ME OCURRE PENSAR A MÍ CUANDO ME PONEN EN PENITENCIA
191
PIENSO QUE ME VOY A MORIR... ¡JHÁ!... Y QUE MIS PAPÁS LLORARÁN ARREPENTIDOS POR HABERME PUESTO EN PENITENCIA, SIENDO YO TAN BUENO
"¡ERA TAN BUENO!... ¡Y SE MURIÓ!... ¡Y ESTABA EN PENITENCIA!... ¡Y... .... Y......" ....
¡SÑÍG!...

DECIME, MANOLITO: ¿NUNCA TE PUSIERON TODO UN DÍA EN PENITENCIA POR ALGUNA TRAVESURA?
¡NUNCA!
192
MI PAPÁ DICE QUE ESO DE LA PENITENCIA ES UN CASTIGO ALARGADO, COMO UN CHEQUE...
...Y ÉL PREFIERE DAR BOFETONES AL CONTADO

¡PERO, MAFALDA!... ¡SOLO SÍ TOMÁS LA SOPA PODRÁS LLEGAR A SER GRANDE!...
¿GRANDE COMO QUIÉN?
193
¡Y!... COMO MAMITA...
... COMO YO......
©QUINO
¡ASÍ QUE ENCIMA.....
¡ESO!....

¿QUÉ DECÍS, PREMIO NOBEL DE LA MACETA?
194
¿DÓNDE ESTÁ EL RESPETO QUE DEBÉS GUARDAR A TU PADRE?
©QUINO
¿EN LA HELADERA?

¡BUEN DÍA, PAPÁ! ¿CÓMO ES QUE NO HAS IDO A TRABAJAR?
¡PORQUE TENGO DOLOR DE MUELAS!
195
¡AH! ¿CUANDO UNO TIENE DOLOR DE MUELAS NO VA A TRABAJAR?
ASÍ ES
¡POBRES!... ¡QUÉ MAL DEBEN ANDAR DE LAS MUELAS ÚLTIMAMENTE ALGUNOS GREMIOS!
©QUINO

¡MALDITA MUELA!
TENDRÁS QUE IR AL DENTISTA
¡CÓMO!...¿TENEMOS ALGÚN DENTISTA EN EL PAÍS?
¡¡POR SUPUESTO, MAFALDA!!...... ¡¡O QUÉ CREÍAS!!...
QUE TODOS, TODOS, TODOS SE HABÍAN IDO A NORTEAMÉRICA
196
©QUINO

197
?
¿QUÉ OCURRE? ¿ARRANCÓ LA HELADERA?
NO; MI PAPÁ COMENZÓ A VESTIRSE PARA IR AL DENTISTA
©QUINO

MI PAPÁ ME CONTÓ SU VISITA AL DENTISTA
¡SIEMPRE QUISE SABER CÓMO ES UN CONSULTORIO DE ÉSOS!
198
BUENO, TE DIRÉ,.... NO ES NADA ORIGINAL.
ES UNO DE ESOS TANTOS LUGARES A LOS QUE LA GENTE VA, SE SIENTA,...
....Y ABRE LA BOCA PARA NO DECIR NADA
©QUINO

¡CONTAME, MAFALDA, CONTAME!...¿SUFRIÓ MUCHO TU PAPÁ EN EL SILLÓN DEL DENTISTA?
NO,....PORQUE EL DENTISTA TIENE TORNO ULTRASÓNICO, QUE NO HACE DOLER
ASÍ QUE NO SINTIÓ ABSOLUTAM
?
¿A QUIÉN PUEDE INTERESARLE UNA HISTORIA EN LA QUE EL PROTAGONISTA NO SUFRE?

...EL QUE TRABAJA SABE QUE EL QUE ESTÁ SIN HACER NADA PASA UN MAL MOMENTO
...Y EL QUE ESTÁ SIN HACER NADA, SE QUEJA
¡PORQUE VIVIMOS UNA CRISIS SOCIAL Y GREMIAL! ¡ESO ES LO QUE OCURRE EN EL PAÍS!
PERO NOSOTROS HABLÁBAMOS DE LO QUE OCURRE EN LO DEL DENTISTA

¡SUSANITA HA CONTADO TANTAS VECES SU GASTADO CUENTO!...
...Y EL PRÍNCIPE TOMÓ EN SUS BRAZOS A CENICIENTA Y BAILÓ CON ELLA TODA LA NOCHE,...
....LÓ CON ELLA TODA LA NOCHE, ...LÓ CON ELLA TODA LA NOCHE, ...LÓ CON ELLA TODA LA NOCHE, ...LÓ CON ELLA TODA LA NOCHE,
TIC
TIC
...HASTA QUE EL RELOJ DIO LAS DOCE, ENTONCES CENICIENTA..........
¡HA CONTADO TANTÍSIMAS VECES SU **RAYADO** CUENTO!...

¿ASÍ QUE ÉSTA ES TU NENA, QUERIDA? ¡QUÉ RICURITA!
202
¿A QUIÉN QUERÉS MÁS, TESORO, A TU MAMÁ O A TU PAPÁ?
¿USTED QUIERE LA RESPUESTA "STANDARD", O UNA EXPLICACIÓN MÁS COMPLETA DE LO QUE SIENTO POR CADA UNO?
©QUINO

203
©QUINO
¡LA SOPA ES A LA NIÑEZ LO QUE EL COMUNISMO ES A LA DEMOCRACIA!

ADIÓS, CHICAS
ADIÓS, FELIPE
204
ESTE FELIPE ES MUY BUENO, ¿NO?
¿ES DE GRAN ACEPTACIÓN EN EUROPA Y ESTADOS UNIDOS?
¿Y ESO?
¿A QUÉ VIENE?
A QUE NADA ES BUENO, SI NO ES DE GRAN ACEPTACIÓN EN EUROPA Y ESTADOS UNIDOS
©QUINO

¡NO ES POSIBLE QUE SÓLO TE INTERESE SER MADRE Y AMA DE CASA, SUSANITA!
HOY EN DÍA, LA MUJER ESTÁ LLAMADA A OCUPAR UN LUGAR CADA VEZ MÁS IMPORTANTE
MAÑANA MISMO COMIENZO UN RÉGIMEN CONTRA LA IMPORTANCIA
©QUINO

¡TENGO UN CUENTO GRACIOSÍSIMO!
¡CONTALO!
UN SUBMARINO SE SUMERGIÓ; Y BAJÓ TANTO, TANTO, PERO TANTO, QUE LOS PECES SE PREGUNTABAN: "¿SERÁ UN SUBMARINO MONEDA NACIONAL?"
JHÁ-JHÁ JHÁ-JHÁ..
LO QUE PASA ES QUE ES DE UN HUMOR MUY PROFUNDO
©QUINO

CUANDO SEA GRANDE, TRABAJARÉ COMO INTÉRPRETE EN LA UN
ASÍ CONTRIBUIRÉ A QUE LOS PUEBLOS SE ENTIENDAN
ESTUDIARÉ INGLÉS, RUSO,.....
¡DÍGALE QUE SE VAYA A
E.E.U.U.
INTÉRPRETE
U.R.S.S.
....Y ALGO DE YUDO, POR LAS DUDAS
©QUINO

VEO QUE SOS BUENA PERDEDORA, SUSANITA
OTROS, CUANDO PIERDEN..., ¡HAY QUE VER CÓMO SE PONEN!
¡SÑIG!..
¡MALDITO SEA!... ¡CON LO BIEN QUE ME ESTABA SALIENDO LA HIPOCRESÍA!...

¡MAFALDA, YA NO SOS MÁS LA HIJITA DE UNA MEDIOCRE!
!
¡ESTUDIÉ UNA CARRERA! ¡TENGO UN DIPLOMA!
¡MAMÁ!.. ¡ANOCHE SOÑÉ QUE TENÍAS UN DIPL.......
?

ANOCHE SOÑÉ QUE MI MAMÁ HABÍA ESTUDIADO UNA CARRERA
¿Y HABÍA IDO A LA FACULTAD, Y TODO?
CLARO
¿Y HABÍA CONSEGUIDO NOVIO, Y TODO?
¿NOVIO? ¡NO!
¿ASÍ QUE HABÍA IDO A LA FACULTAD, Y NADA!

¿VOS SOÑÁS MUY A MENUDO, MANOLITO?
SÍ; JUSTAMENTE ANOCHE TUVE UN SUEÑO
SOÑÉ QUE YO ESTABA EN EL ALMACÉN DE MI PAPÁ; Y VEÍA QUE LOS PRECIOS DE TODA LA MERCADERÍA SUBÍAN, SUBÍAN Y SUBÍAN
¿Y?
Y NADA MÁS
¡PODRÍAS CONSEGUIR LIBRETOS ALGO MÁS ORIGINALES, PARA TUS SUEÑOS!

ME HE ENTERADO QUE TE INTERESA EL TEMA DE LOS SUEÑOS, MAFALDA
LAS OTRAS NOCHES TUVE UN SUEÑO QUE ENFOCABA EL PROBLEMA DE LA SOLEDAD DEL INDIVIDUO
¡SALUTE!
¡SÍ SEÑOR! ¡EL TERRIBLE Y ANGUSTIOSO PROBLEMA DE LA SOLEDAD DEL INDIVIDUO! ¡NO TE EXAGERO!...
BUENO,... TAL VEZ SÍ TE EXAGERO,... PORQUE EN REALIDAD, SOÑÉ CON "EL LLANERO SOLITARIO"

¿LES HE DICHO ALGUNA VEZ QUE CUANDO SEA GRANDE VOY A TENER HIJITOS?
¡NOS LO HAS DICHO MIL VECES!
¡ME ENCANTA HABLAR DEL ASUNTO CON GENTE TAN BIEN INFORMADA!

PAPÁ....
¿HÚH?
NO ME PUEDO DORMIR
CONTÁ OVEJITAS
PAPÁ....
¿MMH?
DECIME, ¿VENDERÁN COMPUTADORAS ELECTRÓNICAS EN CUOTAS?

ESCUCHEN ESTO: "EN EL AÑO 1900, LOS HABITANTES DE LA TIERRA SUMABAN MIL SEISCIENTOS MILLONES. EN LA ACTUALIDAD, SOMOS TRES MIL MILLONES,..."
"...Y SE CALCULA QUE EN LOS PRÓXIMOS 30 AÑOS LLEGAREMOS A SER **SIETE MIL MILLONES**."
POR FAVOR, MANOLITO, ¿QUERÉS **NO** ADELANTARTE TREINTA AÑOS, Y SACAR TU CODO DE MIS COSTILLAS?

¿TE HAS ENTERADO, SUSANITA? ¡DENTRO DE TREINTA AÑOS LOS HABITANTES DE LA TIERRA VAMOS A SER SIETE MIL MILLONES!
¡SANTO DIOS! ¿Y MIS HIJITOS?
TUS HIJITOS, ¿QUÉ?..
¿CABRÁN?...

¡O SEA, QUE, SEGÚN LAS ESTADÍSTICAS, DENTRO DE TREINTA AÑOS LA POBLACIÓN MUNDIAL SERÁ DE SIETE MIL MILLONES!... ¡DIOS MÍO!
¡ME PREGUNTO CUÁL SERÁ LA SOLUCIÓN A LOS PROBLEMAS QUE VA A ACARREAR SEMEJANTE CANTIDAD DE GENTE!
¿UNA ESCOPETA?...
217
©QUINO

¡ES HORRIBLE SABER QUE DE AQUÍ A 30 AÑOS EL MUNDO VA A ESTAR SÚPER-REQUETEPOBLADO POR SIETEMIL MILLONES DE PERSONAS!
218
SÍ,... Y PARA ESE ENTONCES VAMOS A TENER LA EDAD QUE TIENEN AHORA NUESTROS PAPÁS
©QUINO
¡¿ASÍ QUE ADEMÁS DE APRETADOS,... ...¡VIEJOS!....

...Y CUANDO LA POBLACIÓN MUNDIAL LLEGUE A SIETE MIL MILLONES, ¡VAMOS A VIVIR TODOS APRETADOS COMO PEREJIL EN MACETA!
219
¡VAMOS, MAFALDA!... ¡NO HAY QUE TOMAR EL ASUNTO TAN A LA TREMENDA! ¡NO ES PROBLEMA LA CANTIDAD DE GENTE!
¡LO ESENCIAL ES QUE NO AUMENTE EL PORCENTAJE DE TONTOS!... ¡Y ESO NO TIENE POR QUÉ OCURRIR!
TENÉS RAZÓN, FELIPE. NO LO HABÍA PENSADO. ¡GRACIAS POR TRANQUILIZARME!
SE ME OCURRE QUE EL DÍA DE MAÑANA NO VOY A SER MAL PADRE
©QUINO

¡SOPA!
¿POR QUÉ DECÍS MALAS PALABRAS, SUSANITA?
¡POR EL MALDITO ASUNTO DE LA SUPERPOBLACIÓN!
¡¿AHORA VOS CON ESA CUESTIÓN?! PERO ¿QUÉ DIABLOS TIENE DE MALO QUE DENTRO DE UNOS AÑOS EL MUNDO TENGA MÁS HABITANTES?... ¿EH?
¡QUE ENTRE TANTA GENTE, LOS INDIVIDUALISTAS VAMOS A ANDAR DE PARAMALES!

¡TRAIDORA! ¡ME METISTE EN LA CABEZA EL PROBLEMA DE LA SUPERPOBLACIÓN MUNDIAL, Y AHORA TE DESPREOCUPÁS DEL ASUNTO!
¡QUÉ LATOSA! ¡DIOS MÍO!
¡PARA QUE SEPAS: CUANDO EL MUNDO ESTÉ SUPERPOBLADO VAN A FALTAR LOS ALIMENTOS!
EL DIARIO
ESCASEZ MUNDIAL DE SOPA
TRATOSE EL PROBLEMA EN LA UN
?
¡ÚÚÚJHUU

¿Y ESE PITO?
¡CON ESTE MALDITO CALOR, TENGO QUE USARLO, POR MI PAPÁ!
¿POR TU PAPÁ? ¿Y QUÉ TIENE QUE VER TU PAPÁ?...
¡PRRRIIIP!
¡EL CAMINO!
¡CRECEN MUCHO LAS PLANTAS, CON ESTE MALDITO CALOR!...

223
MIRÁ, PAPÁ; SE TE HA CAÍDO UNA SEMILLA
¿Y ESO DE SEÑALAR CON EL MEÑIQUE? ¿ES UNA NOVEDAD?
Y,.... ME DIO NO SÉ QUÉ SEÑALAR A UNA INOCENTE SEMILLITA CON EL ÍNDICE
¡EL ÍNDICE ESTÁ TAN USADO EN POLÍTICA!......
©QUINO

224
REALMENTE, EL ÍNDICE ES UN DEDO FANTÁSTICO
DISCA EL TELÉFONO,..... PASA LAS HOJAS DE LOS LIBROS,....
...HACE CALLAR A LA GENTE,..... OPRIME MUY IMPORTANTES BOTONES,..
©QUINO
¡SOS TODO UN EJECUTIVO!

¡ES INCREÍBLE LA IMPORTANCIA DEL DEDO ÍNDICE!
225
UN PATRÓN PONE SU ÍNDICE ASÍ,....¡Y TRESMIL OBREROS QUEDAN EN LA CALLE!
¡AAAAAH!...
¡ESTE DEBE SER EL MALDITO ÍNDICE DE DESOCUPACIÓN CON EL QUE ESCORCHAN TANTO!.
©QUINO

AQUÍ DONDE LO VES, DE UN DEDO COMO ÉSTE DEPENDE EL DESTINO DE LA HUMANIDAD
BASTA QUE ALGUIEN LO APOYE SOBRE EL BOTÓN DE DISPARO DE UN COHETE NUCLEAR, PARA QUE EL MUNDO SALTE EN PEDAZOS
¿HAY ALGO CAPAZ DE SUPERAR EL PODER DE SEMEJANTE DEDO?
¡UNA PUERTA!
226

LO MALO DEL DEDO ÍNDICE ES QUE NO SIRVE PARA LLEVAR ANILLO
ADEMÁS, ES ÚTIL PARA DECIR "NO",...
...PERO MIRÁ LO RIDÍCULO QUE RESULTA PARA DECIR "SÍ"
¡NI PARA ANILLO, NI PARA DECIR "SÍ"! ¡NO ES UN DEDO MUY CASAMENTERO, QUE DIGAMOS!....
227

¡OH!...¡QUÉ PLANTA MÁS DIVINA!.....
TU PAPÁ TIENE MUY LINDAS PLANTAS, MAFALDA
SON TODAS DE PLÁSTICO, ¿VERDAD?
DEME ALGO EFICAZ CONTRA "SHOCKS" HEPÁTICOS
228

PAPÁ...
¿MMM? ¿QUÉ PASA?
QUE NO PUEDO DORMIRME
¿OTRA VEZ? CONTÁ OVEJITAS, MAFALDA
229
¡PST!...
¿QUÉ HACÉS AQUÍ? ¡ANDÁ A TU CAMA A CONTAR OVEJAS!
¿ESTÁS LOCO? ¡ECHÉ UN VISTAZO Y HAY COMO SIETEMIL!
©QUINO

¡QUE A MANOLITO, CON LO BESTIA QUE ES, LE GUSTE LA SOPA, NO ME EXTRAÑA! ¡LO QUE ME REVIENTA ES QUE LOS GRANDES NOS QUIERAN HACER CREER QUE SI UNO NO LA TOMA, NO CRECE!
230 ©QUINO
ALMACEN
!
¿SABEN QUE POR FIN LARGARON A MI HERMANO DEL SERVICIO MILITAR?
¡SÍ!... ¡Y ES UNO DE LOS SUSTOS MÁS GRANDES QUE NOS HAN DADO LOS MILITARES!
?

¿ASÍ QUE TU HERMANO ACABA DE DEJAR LA VIDA MILITAR? ¡CONTAME ALGO DE ÉL, MANOLITO, QUERIDO!
231
¿LAS CHICAS DE LA SOCIEDAD LO INVITABAN A SUS FIESTAS DE 15 AÑOS, Y ÉL BAILABA, CON SU HERMOSO UNIFORME DE CADETE?
MI HERMANO NO ERA CADETE, ¡ERA CONSCRIPTO!
¡QUÉ ASCO!...
©QUINO

¡TAN CONTENTO QUE ESTABA MANOLITO PORQUE SU HERMANO SALIÓ DEL SERVICIO MILITAR!...
¿Y QUÉ PASÓ?
QUE SUSANITA LE DIJO QUE ERA UN ASCO TENER UN HERMANO QUE FUE CONSCRIPTO
¡LA TARADITA!...
¿QUÉ HARÍA ENTONCES SUSANITA EN ISRAEL, DONDE LAS MUJERES HACEN EL SERVICIO MILITAR?
¡SERÍA ANTISEMITA!
232
©QUINO

PAPÁ, ¿VOS HICISTE EL SERVICIO MILIT......
?
¿EL SERVICIO MILITAR? ¡POR SUPUESTO! ¡NUNCA VOY A OLVIDAR AQUELLA VEZ QUE EL CABO SIRACUSSA ME PRIVÓ DE FRANCO POR SALUDAR SIN EL BIRRETE PUESTO!
...Y LA NOCHE ANTES DE SALIR DE MANIOBRAS, EL RUBIO MONDINO, QUE ESTABA DE IMAGINARIA EN LOS CORRALES, SE DURMIÓ Y.. ¡JÍ-JÍ!.. SE SOLTARON TODAS LAS MULAS.. ¡JÁ! ¡QUÉ BAILE LE DIO LUEGO EL "PRINCIPAL" AZANZA! ¡ERA BRAVO, EL "PRINCIPAL" AZANZA! ¡RECUERDO UNA VEZ QUE..
¡EL QUE NO ERA MAL TIPO, ERA EL GORDITO PERUZZI! RESULTA QUE UNA VEZ, VA EL GORDITO PERUZZI A LA GUARDIA Y SE....
HASTA MAÑANA, MAFALDITA
PERDONAME MAMÁ, ¡YO QUÉ SABÍA!...
233
©QUINO

LA VERDAD..., ME ATERRA UN POCO PENSAR QUE ALGÚN DÍA TENDRÉ QUE HACER EL SERVICIO MILITAR
¡TE MANDARÉ AL CALABOZO, POR INÚTIL!
LE CONVIENE NO HACERLO, SARGENTO
¡CIELOS! ¡EL LLANERO SOLITARIO!
¿OÍSTE ANOCHE AL IDIOTA QUE NO SÉ A QUÉ HORA SE PUSO A DAR HURRAS?
NNN... NO, NO
234
©QUINO

TU HERMANO HABRÁ SIDO BUEN CONSCRIPTO, PERO... ¿QUÉ QUERÉS? ¡A MÍ NO ME GUSTAN LOS CONSCRIPTOS!
(NO LE HAGÁS CASO, MANOLITO. NOSOTROS TE APOYAMOS)
235
¡LOS CONSCRIPTOS SON PELADOS Y FEOS!
¡AAAAAAAAAAAH!
¡CLARO! ¡A ELLA LE GUSTAN ESOS TARADOS PELUDOS DE LOS BEATLES!
¡¡EPA!!....
©QUINO

¿ASÍ QUE NO TE GUSTAN "LOS BEATLES", MANOLITO?
¡ME LOS NOMBRAN, Y ME DA UNA FIEBRE DE CUARENTA GRADOS!
236
¡¿PERO CÓMO?! ¿VOS NO ADMIRÁS A LOS MILLONARIOS?....¡"LOS BEATLES" SON MILLONARIOS!
¡BUENO!...¡Y QUÉ!.. ¿TE CREES QUE ESO CAMBIA EN ALGO MI OPINIÓN SOBRE "LOS BEATLES"? ¿EEEH?
¿QUÉ PASA CON "LOS BEATLES?
¡QUE ME LOS NOMBRAN, Y ME DA UNA FIEBRE DE TREINTAYSIETE GRADOS!
©QUINO

¡SI CREEN QUE ME VAN A GUSTAR "LOS BEATLES" PORQUE SON MILLONARIOS, SE EQUIVOCAN!
237
¡LOS DE WALL-STREET!...¡ÉSOS SON MILLONARIOS! ¡A ÉSOS SÍ LOS ADMIRO!
¡PORQUE "LOS BEATLES" HACEN BAILAR SÓLO A LA JUVENTUD!
¡EN CAMBIO LOS DE WALL-STREET HACEN BAILAR A TODO EL MUNDO!
©QUINO
¡Y SIN GUITARRITAS!

¿DENTRO DE CUÁNTOS DÍAS ES NAVIDAD?
VEAMOS; HOY ES 13 DE DICIEMBRE
238
ASÍ QUE NAVIDAD VIENE A SER DENTRO DE
MÑSB-SSÑM BSST-MÑÑG SSMÑÑBS...
ÉSTEEE,...DENTRO DE..
¡MALDITO SEA! ¡NECESITARÍA MÁS DEDOS!
¿DENTRO DE?...
¡DENTRO DEL ZAPATO!
©QUINO

VEINTICINCO
239
VEINTIZZZZ..
..ZZZZZZ..
¡BÉEEEE!..
©QUINO
..SEIS!..
ZZZZ

240
¡STUP!
¡STUP!
¡BUENO!.. ¡A VER!...
¿POR DÓNDE HAY QUE EMPEZAR A EMPUJAR ESTE PAÍS PARA LLEVARLO ADELANTE?
©QUINO

¡AH! VEO QUE TU RADIO TAMBIÉN TIENE EL SELLITO "MADE IN JAPAN"
¿CÓMO "TAMBIÉN"?
SÍ, ¿VES? AHÍ DICE "MADE IN JAPAN".
MI LINTERNA TAMBIÉN ES "MADE IN JAPAN"
EL ENCENDEDOR DE MI PAPÁ TAMBIÉN, LA CÁMARA FOTOGRÁFICA, LOS PRISMÁTICOS, MIS JUGUETES A PILA,...¡TODO TIENE EL MISMO SELLITO "MADE IN JAPAN"!
?
¡ES DISTINTO! ¡QUÉ SUSTO!...
©QUINO

CUANDO SEA GRANDE VOY A CONSEGUIRME UNA BECA PARA CONOCER EL JAPÓN
UN PAÍS QUE FABRICA TANTAS COSAS LINDAS DEBE SER ALGO FANTÁSTICO, ¡SÍ SEÑOR!
¡ADEMÁS, LOS JAPONESES TIENEN SIEMPRE MUCHOS HIJITOS!
¡YA SALIÓ ÉSTA CON LOS HIJITOS!...
¡PARA QUE SEPAS: EL JAPÓN ES LO QUE ES, GRACIAS A SU PRODUCCIÓN HIJÍCOLA!
©QUINO

¿NO TE RESULTAN APASIONANTES LOS JAPONESES, MANOLITO?
¡YA LO CREO! HE OÍDO ALGUNAS COSAS SOBRE ELLOS
POR EJEMPLO, QUE PARA SUICIDARSE, AGARRAN UN CUCHILLO Y...
¡FFGGGGGSS!..
¡SE HACEN EL IKEBANA!
¡ANDA!....¡EL IKEBANA ES EL ARREGLO DE LAS FLORES!
¿EL ARREGLO DE LAS FLORES?
¡ESO ES EL VELORIO, ¡BESTIA!
©QUINO

244
DECIME, ¿CÓMO SE LLAMA ESO QUE ¡FFGGGSS!, HACEN LOS JAPONESES PARA SUICIDARSE?
"HARAKIRI" ¿POR QUÉ?
PORQUE YO LE DISCUTÍ A MAFALDA QUE SE LLAMABA "IKEBANA"
Y BUENO,... VAS Y LE DECÍS: "MAFALDA, RECONOZCO QUE ESTABA EQUIVOCADO"
COMPRENDO; ES DURO TENER QUE ADMITIR QUE UNO ESTABA EQUIVOCADO
¡OTRA QUE DURO!...
¡ES EL HARAKIRI DEL ORGULLO!
©QUINO

245
¿KIMONO HITACHI FUJI-YAMA HARAKIRI MINOLTA HIROHITO?
?
¡KÁRATE, HIROSHIMA GEISHA! ¿SAMURÁI IKEBANA?
¡Y DESPUÉS HABLAN DE UNA MAYOR COMPRENSIÓN ENTRE ORIENTE Y OCCIDENTE!...
©QUINO

246
SE ACERCA NAVIDAD Y HAY QUE IR PENSANDO EN REGALOS
YO, A MI PAPÁ LE VOY A REGALAR UNOS TIRADORES
©QUINO
ESO VA A DAR ELASTICIDAD A MIS RELACIONES CON ÉL
PORQUE MI PAPÁ, CUANDO SE ENOJA CONMIGO, SE PONE MUY,... ¿CÓMO PODRÍA DECIRTE?.... MUY...
¿RÍGIDO?
NO,... ¡CORREOSO!

¡POR FIN, DIOS MÍO, POR FIN!...
247
¿QUÉ TE PASA, MAFALDA?
¡QUE LLEGA LA NAVIDAD! ¡Y LLEGA PARA TODOS! ¿TE DAS CUENTA? ¡PARA TODOS!
¿Y?
¡CÓMO!... ¿NO TE DAS CUENTA?
¿DE QUÉ?
¡DE QUE POR FIN LLEGA ALGO QUE NO ES SÓLO PARA EJECUTIVOS, HOMBRE!...
©QUINO

¡VAYA MI SALUDO DE NAVIDAD PARA TODOS LOS PUEBLOS DE OCCIDENTE!
248
¡Y VAYA MI SALUDO DE NAVIDAD PARA TODOS LOS PUEBLOS DE ORIENTE!
.....ODOS LOS PUEBLOS DE ORIENTEEEEE
¡REBOTÓ EN LA MALDITA CORTINA DE HIERRO!
©QUINO

¡ZÁS!...¡MAFALDA ANDA PENSANDO ALGO!...¡YA ME LA VEO VENIR CON UNA DE SUS PREGUNTAS!
249
"PAPÁ, ¿POR QUÉ TAL COSA?"
¡AAAAAH!...
ESTOY EMPEZANDO A NOTAR QUE JUEGO UN PAPEL IMPORTANTE EN EL METABOLISMO DE ESTA FAMILIA
NERVO CALM
FARMACIA
©QUINO

250
DECIME, PAPÁ, ¿EXISTE EL AÑO QUE VIENE?
¿EXISTE QUEÉ?
¡EL AÑO QUE VIENE! ¿EXISTE REALMENTE? ¿O SERÁ UNA DE LAS TANTAS COSAS QUE SE DICE QUE VIENEN Y LUEGO NO VIENEN!...
¿EEÉH?
¡PERO MAFALDA!... ¡¿CÓMO NO VA A EXISTIR EL AÑO QUE VIENE?!...
¿VOS LO VISTE?
©QUINO

251
ME PREGUNTO CUÁNTOS MESES MEDIRÁ EL AÑO QUE VIENE
¡DOCE,...COMO TODOS! ¿O QUÉ ESPERABAS?
©QUINO
UN AÑO ¡COMPACTO!

252
¡SE ME OCURRE QUE EL AÑO QUE VIENE DEBE SER MÁS MALO QUE NO SÉ QUÉ!...
¿POR QUÉ SE TE OCURRE ESO?
¿HAS VISTO POR AHÍ ALGÚN AVISO, O ESCUCHADO ALGÚN "JINGLE" PONDERANDO LA CALIDAD DEL AÑO QUE VIENE?
LA VERDAD, NO
¡Y BUENO! ¿QUÉ PUEDE ESPERARSE DE UN AÑO TAN POCO PUBLICITADO?
©QUINO

253
UNA FRASE TAN GASTADA COMO "FELIZ AÑO NUEVO" NO CONVENCE A NADIE DE QUE EL AÑO QUE VIENE SERÁ MEJOR QUE ÉSTE.
¿Y QUÉ HABRÍA QUE DECIR, ENTONCES?
¡¡PORRR FINNN!! ¡¡YA LLEGAAAAA!!.. ¡¡"AÑO NUEVO"!! ¡ÚNICO CON "F-K-66"!
¿NO CREÉS QUE ESO LEVANTARÍA LA MORAL DE LA GENTE?
¡NO!
FRANCAMENTE, YO TAMPOCO

254
¡LA CALIDAD DE SUS MESES, HACE QUE "AÑO QUE VIENE" SEA MÁS AÑO QUE NINGÚN OTRO AÑO! RECUERDE: "AÑO QUE VIE-NEEE"
¡NO!
LOS ALMANAQUES QUE SABEN LO QUE ES DISTINCIÓN USAN SOLAMENTE "AÑO QUE VIENE"
¡TAMPOCO!
¡NO HAY CASO!..
ESTÁ VISTO QUE LO ÚNICO BUENO QUE SE PUEDE DECIR DEL AÑO QUE VIENE ES "¡FELIZ AÑO NUEVO!"

255
¿SE HAN ACABADO EL HAMBRE Y LA POBREZA EN EL MUNDO?
¿SE SUPRIMIERON LAS ARMAS NUCLEARES?
¿SÍ?
ÉSTEEE,..BUENO, CREO QUE NO, HIJITA
¡¿Y ENTONCES PARA QUÉ CUERNOS CAMBIAMOS DE AÑO?!

256
TIC!
... Y AHORA EL PANORAMA DEL EXTERIOR: BOMBAS DE GRAN PODER ARROJÓ HOY LA AVIACIÓN DE...
TIC!
¡NO SE LES PUEDE DAR UN AÑO NUEVO, QUE ENSEGUIDA LO ROMPEN!
©QUINO

257
X
©QUINO
XXX
XXX
¡MENOS MAL QUE LOS REYES SON MAGOS, PORQUE SI NO JAMÁS SABRÍAN QUÉ LES PEDIMOS LOS ANALFABETOS!

258
¡ESTA NOCHE LLEGAN LOS REYES!
¡TENGO UNOS NERVIOS!.... ¿Y VOS? ¿EÉH?
¡EH! ¿Y VOS? ¿TENÉS NERVIOS, O QUÉ TENÉS?
"NERVO-CALM" -GRAGEAS-
©QUINO

¡¡LOS REYES!! ¡¡LLEGARON LOS REYES!!
259
©QUINO
¡LA REVOLUCIÓN FRANCESA FUE UN POROTO, COMPARADA CON LO QUE EN ESTE MOMENTO PIENSO DE LA MONARQUÍA!

¡QUÉ LINDO CAMIÓN! ¿TE LO TRAJERON LOS REYES?
SÍ
260
CUMPLIERON CON SU COMETIDO DE REYES
¡SÍ, LÁSTIMA QUE YO YA CUMPLÍ CON MI COMETIDO DE CHICO!
©QUINO
GGGGGG

¡ES MUY LINDO!...¿ME LO PRESTÁS?
261
©QUINO
¡PEATONA!

262
?
¿QUÉ?
¿QUÉ?
¡QUE SÍ TE GUSTA EL CASCO ESPACIAL QUE ME TRAJERON LOS REYES!
©QUINO

263
NADIE ME OYE CUANDO HABLO CON MÍ CASCO ESPACIAL
©QUINO
¡ES INÚTIL!... LA GENTE NUNCA ESCUCHA AL QUE VIENE CON ALGO PROGRESISTA EN LA CABEZA

264
?
TUP!
¡BONK!
©QUINO
¿SOS VOS, GORDON COOPER?

265
¿QUÉ PASÓ?
TE ATROPELLÉ CON MI TRICICLO
Y SALISTE POR EL AIRE
¡FUUUiiiiiiiiiiiiiiiiiiiiiiT!
Y ¡BONK!,
VOLVISTE A TIERRA
NO DIRÉ QUE HEMOS ESCRITO LA PRIMERA PÁGINA, PERO SÍ LOS PRIMEROS RENGLONES DE LA COSMONÁUTICA NACIONAL
©QUINO

266
....Y LO ATROPELLÉ CON MI TRICICLO, Y SALIÓ POR EL AIRE
¡FUUUiiiiiiiiiiiiiiT! Y ¡BONK!
VOLVIÓ A TIERRA
¿QUÉ SE TE OCURRE QUE PODEMOS HACER POR ÉL, MANOLITO?
©QUINO
¿GESTIONARLE UNA BECA EN LA N.A.S.A.?

267
¿TE ENTERASTE? ¡MAFALDA ATROPELLÓ CON SU TRICICLO A FELIPE Y LO TIRÓ DE CABEZA!
©QUINO
¡CÓMO!..¿LLEGUÉ TARDE? ¿NO ESTABAS TIRADO EN EL SUELO, DESANGRÁNDOTE?
¡NO, YA ME LEVANTÉ Y ESTOY LO MÁS BIEN!
¡ESTO ES BURLARSE DE LA HONESTA MORBOSIDAD DE UNO!

268
¡NO SÉ QUIÉN ME MANDA A EMBARCARME EN ESTAS COSAS CON ÉL!...
¡COMO SI NO SUPIERA QUE SIEMPRE PASA LO MISMO!
¡SOY MÁS ESTÚPIDA QUE NO SÉ QUÉ!
¿MOVISTE DE UNA VEZ, MANOLITO?
¡EEEEEEH!
¡NO SOY UNA IBM!
¡NO SÉ QUIÉN ME MANDA A EMBARCARME EN ESTAS COSAS CON ÉL!...

269
LOS PRÓCERES DEBEN HABER SIDO TODOS GENTE MUY EQUILIBRADA

270
¿QUIEREN QUE LES CUENTE "LA CENICIENTA"?
¡NO!
¡NO!
BASTABA UNO SOLO. ¡NO HABÍA PORQUÉ HACÉRMELO ESCUCHAR EN "ESTÉREO"!

271
¡BANG! ¡BANG! ¡OOUUG!
BUEN "TRABAJO", JOE
¡BANG! ¡BANG! ¡AAAAY!
?
BUEN TRABAJO, JOE
©QUINO

¡¿DÓNDE FUE EL GOLPE?! ¡¿DÓNDE?!
¡AQUÍ, AQUÍ!
272
...¿Y USTEDES ESTABAN AL LADO DE ÉL?
¡SÍIIIIIII
TAL VEZ DEMASIADO LARGO EL HILO
©QUINO

273
SOSPECHO QUE HE CREADO UNA PSICOSIS DE GOLPE
©QUINO

274
TE AVISO QUE MANOLITO ESTÁ APRENDIENDO A JUGAR AL BALERO Y ES UN DESASTRE
¡MIRÁ!
¡AH! ¡QUÉ BONITO!... ¡LINDA MANERA DE QUERER A TUS AMIGOS! ¡SI QUISIERAS A TUS AMIGOS, LOS DEFENDERÍAS!
¡PORQUE A LOS AMIGOS HAY QUE DEFENDERLOS, ¿ENTENDÉS?!
... Y NO VENIR A AVISARLES CUANDO YA ES TARDE, ¡ESTÚPIDA!
©QUINO

275
¡¡UN OVNI!!!... ¡¡UN OVNI!!!...
¡UN OV.....
¡TOC!
ALMACEN
©QUINO

276
¡TOC!
¡TOC!
¡@ # ~~ *!
¡DESPUÉS DICEN QUE ES LA TELEVISIÓN LA QUE NOS DEFORMA!
©QUINO

HOLA, MAFALDA. VENGO A PRESTARTE ALGUNAS REVISTAS
277
¡GRACIAS POR TU AMABILIDAD, SUSANITA! ¡SON MUY LINDAS!
¡PST!
¿NO TE AMARGA UN POQUITO SABER QUE NO SON TUYAS?
©QUINO

VEAMOS: DIEZ DÍAS DE VACACIONES EN UN HOTEL SIN COMIDA, VIENEN A SALIR...
MÑBS, BSÑB..
278
¡SALUTE!
¿Y A VER CUÁNTO SALE CON COMIDA?
¿QUIÉN SE HA COMIDO MI LÁPIZ?
©QUINO

¿CUÁNTOS DÍAS TE VAS DE VACACIONES?
UNOS DIEZ, CREO; DEPENDE DE MI PAPÁ
279
ÉL DICE QUE LOS PASAJES CUESTAN UNA BARBARIDAD, QUE LOS HOTELES CUESTAN UNA BARBARIDAD Y QUE ¡TODO CUESTA UNA BARBARIDAD!
©QUINO
¿Y VOS?... ¿CUÁNTOS DÍAS TE VAS DE BARBARIDAD?

NOS ENTERAMOS QUE ESTA NOCHE TE VAS DE VACACIONES Y VENIMOS A TRAERTE ALGO PARA EL VIAJE
280
¡HASTA LA VUELTA, FELIPE; Y GRACIAS POR LOS BOMBONES!
TE VAMOS A ECHAR DE MENOS
¡HASTA LA VUELTA, SUSANITA; Y GRACIAS POR LAS GALLETITAS!
TE VAMOS A ECHAR DE MENOS
¡HASTA LA VUELTA, MANOLITO; Y GRACIAS POR LOS CARAMELOS!
MI PAPÁ LOS VA A ECHAR DE MENOS

281
¿Y, MAFALDA? ¿QUÉ TE PARECE EL MAR?
HASTA AHORA, UN INDECISO

¡ES LINDO, EL MAR!
282
¡ZAS!.. ¡SE VA!
¡EH, VOLVÉ!
¡GUASSH!
¡DEMONIOS CON LA OBEDIENCIA!..

283
FRANCAMENTE, AQUÍ EL GÉNERO HUMANO NO TIENE NADA NI DE HUMANO NI DE GÉNERO
©QUINO

284
¡PENSAR QUE EN ESTE MISMO INSTANTE HAY MILLONES DE PERSONAS TRABAJANDO COMO NEGROS, Y UNO AQUÍ, DE VACACIONES!...
¡JÍ-JÍ!
¡QUÉ BÁRBARO! ¿CÓMO SE ME OCURRE PENSAR SEMEJANTE COSA? ¡SOY UN EGOÍSTA!
¡JÍ-JÍ!..
¡Y LO PEOR ES QUE NI SIQUIERA SOY UN EGOÍSTA ORIGINAL!
©QUINO

285
¡EL FUTURO QUEDA HACIA ADELANTE!
©QUINO

¿NO ME OÍSTE?
¡EL FUTURO QUEDA HACIA ADELANTE!
¡REACCIONARIO!
286

¡Y DALE CON LA MANÍA DE CAMINAR PARA ATRÁS! ¡QUÉ BICHO SIN PORVENIR!
¡SOS UN ESTÚPIDO BICHO SIN PORVENIR!
¿O SERÁ TAN MALO EL PORVENIR QUE ÉSTE SE VUELVE?
287

HOLA, ¿CÓMO TE LLAMÁS?
MIGUELITO
288
¿VAMOS A BAÑARNOS, MIGUELIT
¡NO! ¡ODIO EL MAR!
¡LO ODIO DESDE QUE UN DÍA ME IMAGINÉ QUE TODO ESO ERA SOPA!
NO...NO COMÍ NADA... .....DÉJENME......... YA LES EXPLICARÉ...

VAMOS, MIGUELITO; TENÉS QUE SACARTE ESA IDEA DE QUE EL MAR PARECE SOPA
¿VES? ¿NO ES LINDO CÓMO SE BAÑA TODA ESA GENTE? ¿EHÉ? ¿QUÉ TE PARECE? ¿EHÉE?
¡FIDEOS!
©QUINO
289

¡POBRE MIGUELITO!
¿QUÉ LE PASA?
QUE DESDE EL DÍA EN QUE SE IMAGINÓ QUE EL MAR ERA SOPA, NO PUEDE VERLO SIN DESCOMPONERSE DEL ESTÓMAGO
PERO...
¡AHÍ ESTÁ!
¡EN EL MAR!..
¡BRAVO, MIGUELITO! ¡TOMASTE CORAJE!
NO
TOMÉ ALKA-SELTZER
©QUINO
290

¡MAFALDA DE VACACIONES, FELIPE DE VACACIONES, SUSANITA DE VACACIONES Y TODO EL MUNDO DE VACACIONES!
Y YO AQUÍ, TRABAJANDO. MIENTRAS LAS CIGARRAS DESCANSAN, YO PIENSO EN EL FUTURO Y TRABAJO, COMO LA HORMIGA DE LA FÁBULA
¡MALDITOS SEAN ESOPO, SAMANIEGO, IRIARTE Y TODOS ÉSOS!
©QUINO
291

292
¿LO ENCONTRASTE AQUÍ?
AJHÁ
¿A VER?
¿HABRÁ TAMBIÉN DE LA ESSO?
©QUINO

¡ZÁS!..¡AHÍ VIENE EL NEURÓTICO!
293
¿EL NEURÓTICO? ¿QUIÉN ES EL NEURÓTICO?
¡SPLASH!...
©QUINO
AH...

MAMÁ..
¿HÚH?..
294
¿ESTE SOL ES EL MISMO QUE ALUMBRÓ A NAPOLEÓN, A BEETHOVEN, A NEWTON?....... ¿O ES OTRO?
ES EL MISMO, MAFALDA, ¡CÓMO VA A SER OTRO!..
¡PAVADA DE SOL ESTAMOS TOMANDO!....
©QUINO

¡PENSAR QUE ESTE SOL, ESTE MISMO SOL, ALUMBRÓ A SHAKESPEARE!..
295
¡A PASTEUR!.
¡A SAN MARTÍN!..
¡A BACH!.
¡CONTAGIAME!
©QUINO

¿TE DAS CUENTA, MIGUELITO? ¡ESE SOL QUE AHORA NOS ALUMBRA ES EL MISMO SOL QUE ALUMBRÓ A LINCOLN, A REMBRANDT!...
296
¡A BOLÍVAR!...
¡A CERVANTES!
¡A MUSSOLINI!...
MI ABUELITO HABLA MARAVILLAS DE MUSSOLINI
©QUINO

REALMENTE, ESTE SOL ES VIEJO. ¡MIRÁ QUE SER EL MISMO SOL QUE ALUMBRÓ A LOS ANTIGUOS ROMANOS!..
297
¡Y A LOS ANTIGUOS EGIPCIOS!...
¡Y A COLÓN!..
¡EEEEEEHH!.. ¡TANTO NO!
©QUINO

¡OLÉ, OLA!
298
¡OLÉ!OOOO
HOLA
¡ESTÚPIDO!
?

299
¡SGLÚSH!
NO TE GASTÉS;.... NO RESULTA

A PESAR DEL DESBARAJUSTE QUE HAY EN EL MUNDO, YO TENGO MUCHA FE EN EL FUTURO ¿Y VOS?
¡MUCHÍSIMA!
300
AL FIN DE CUENTAS EL FUTURO SOMOS NOSOTROS,... ¡LAS NUEVAS GENERACIONES!
Y ESTOY SEGURA QUE HAREMOS UN MUNDO MEJOR, SIN AGRESIONES NI LÍOS!
POR ESO TENGO TANTA FE EN EL FUTURO ¿VOS NO?
SÍ,... BASTANTE

¿HAS VISTO, PEPE, QUÉ LINDA VECINITA DE CARPA TENEMOS?
MSÉ..
¡ZÁS!..
¿SABÉS, TESORO? SE ME OCURRE QUE NOS VAMOS A ENTENDER MUCHO
¿SÍ? ¿A USTED TAMBIÉN LE GUSTAN "LOS BEATLES"?
JHÉ-JHÉ...
"JHÉ-JHÉ"... SE ME OCURRE QUE NO NOS VAMOS A ENTENDER NADA

¡SALUTE!..

¡ASÍ QUE ES UNA ESTRELLA DE MAR!.. ENTONCES,...¿NO CAYÓ DEL CIELO?
NO
¿ESTÁS BIEN SEGURO?
REQUETESEGURO

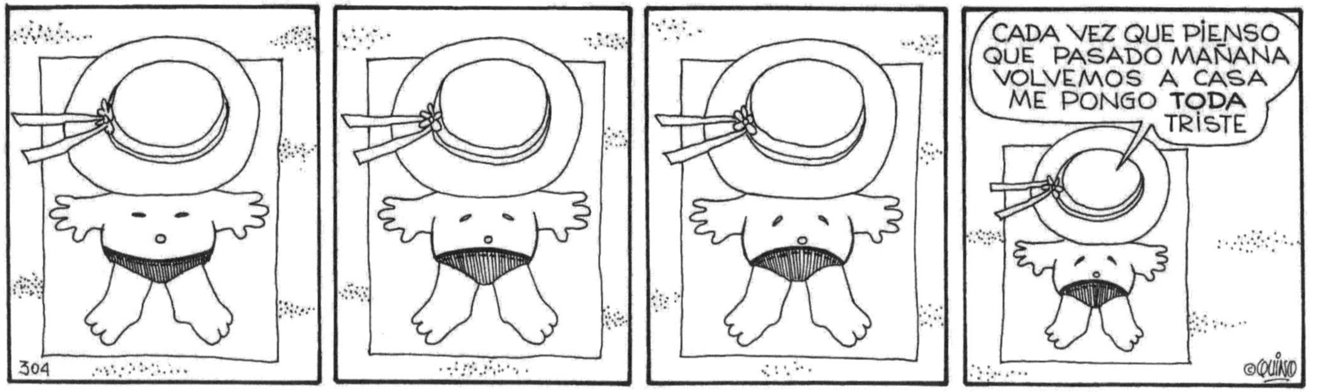
304
CADA VEZ QUE PIENSO QUE PASADO MAÑANA VOLVEMOS A CASA ME PONGO **TODA** TRISTE
©QUINO

305
HOY ES MI ÚLTIMO DÍA DE PLAYA, MIGUELITO. LO ÚNICO QUE ME ALEGRA ES SABER QUE VIVÍS CERCA DE MI CASA, ASÍ QUE NOS VEREMOS POR ALLÍ
CLARO
Y TE PRESENTARÉ A MIS AMIGOS
¡CÓMO!.. ¡TIENE AMIGOS!
YO CREÍ QUE ERA **SU** AMIGO ¡Y RESULTA QUE SÓLO SOY **UN** AMIGO MÁS!
¡SOS IGUAL QUE TODAS!
©QUINO

306
¡Y SE ACABARON LAS VACACIONES, NOMÁS!
MIRAR POR LA VENTANILLA DEL TREN ES COMO VER AL PAÍS POR TELEVISIÓN
©QUINO
¡LÁSTIMA QUE LA TELEVISIÓN TENGA MEJORES PROGRAMAS QUE EL PAÍS!

307
¡MANOLITO!
¡MAFALDA! ¿QUÉ TAL TE TRATARON LAS OLAS?
¡CALLATE; NO HICIERON MÁS QUE DARME PALIZAS! ¿Y A VOS, POR AQUÍ CÓMO TE FUE?
¡IGUAL!
©QUINO

308
UNOS DÍAS MÁS Y EMPEZAREMOS A IR A LA ESCUELA
¿TE DAS CUENTA, SUSANITA? ¡APRENDEREMOS A LEER, A ESCRIBIR, A HACER CUENTAS!...
¿NO TE PARECE MARAVILLOSO?
SÍ,... POR UNA PARTE SÍ...
PERO POR OTRA, ES TRISTE ECHAR AHORA POR LA BORDA TODA UNA VIDA DEDICADA AL ANALFABETISMO
©QUINO

309
VOS QUE YA HICISTE EL PRIMER GRADO, CONTAME, FELIPE, ¿CÓMO ES IR A LA ESCUELA?
¡LA PUCHA!...
©QUINO

310
¿CABRÁ AQUÍ **TODO** LO QUE EN LA ESCUELA ME VAN A METER EN LA CABEZA?
©QUINO

311
ME CONTÓ MI PAPÁ QUE CUANDO ÉL IBA A LA ESCUELA, A LOS CHICOS QUE ERAN BRUTOS PARA APRENDER, EL MAESTRO LES PEGABA.
...Y A LOS QUE NO QUERÍAN IR A CLASE, LOS PADRES LES DABAN UNAS PALIZAS TREMENDAS!...
©QUINO
ASÍ QUE LA INFANCIA DE MI PAPÁ FUE UN LARGO ROUND

312
DECIME, FELIPE, ¿ES CIERTO QUE EN LA ESCUELA LOS MAESTROS PEGAN A LOS CHICOS?
NO, ESO ERA ANTES; HOY LAS COSAS HAN CAMBIADO MUCHO
¿AHORA SON LOS CHICOS LOS **QUE** PEGAN A LOS MAESTROS?
¡NO, HOMBRE!.. ¡TAMPOCO!
©QUINO
¡COMO SIEMPRE!.. ¡AQUÍ LOS CAMBIOS NUNCA SON DE FONDO!

NO ES CIERTO QUE TODO TIEMPO PASADO FUE MEJOR. LO QUE PASABA ERA QUE LOS QUE ESTABAN PEOR TODAVÍA NO SE HABÍAN DADO CUENTA

LO IMPORTANTE ES SER UNO MISMO

313
AL FIN DE CUENTAS NO SÉ PARA QUÉ HAY QUE IR A LA ESCUELA..
¡SI TODO EL MUNDO DICE QUE LA VIDA ES LA MEJOR ESCUELA!...¿PARA QUÉ IR A OTRA, DIGO YO?...¿NO APRENDEMOS **TODO**, EN LA VIDA? ¿QUÉ TIENE DE MALO ESTA ESCUELA DE LA VIDA?
¡QUE LAS FIESTAS DE LOS EGRESADOS SON SIEMPRE UN VELORIO!

314
¡DICHOSAS LAS MOSCAS, QUE NO TIENEN QUE IR A LA ESCUELA! ¡ME GUSTARÍA SER UNA MOSCA!
¡Y VOLAR, LIBRE! Y NO TENER QUE REPASAR LAS TABLAS DE MULTIPLICAR, NI AGUANTAR A LA MAESTRA, NI.....
¡PAF!
TRES POR UNO, TRES. TRES POR **DOS**, SEIS. TRES POR **TRES**, NUEVE TRES POR CUATRO,...

MI PAPÁ ME DIJO QUE HAY QUE VER LO QUE GASTÓ EN MIS ÚTILES DE ESCUELA
...Y QUE SI ESA PLATA LA HUBIERA INVERTIDO EN EL ALMACÉN, LE HUBIERA DEJADO UN 30% DE GANANCIA
ENTONCES YO LE DIJE QUE MI INSTRUCCIÓN Y MI CULTURA, CON EL TIEMPO, SERÍAN TAMBIÉN UN CAPITAL
¡MUY BIEN! ¿Y QUÉ TE CONTESTÓ?
QUE SÍ..., SI NO FUERA POR LA CARA DE DÉFICIT QUE TENGO
315

316
¡QUÉ ALEGRÍA ES QUE MAFALDA COMIENCE A IR A LA ESCUELA!
¡CIERTO, ES MARAVILLOSO: TENEMOS UNA HIJA QUE YA VA A LA ESCUELA!
©QUINO
¡TENEMOS UNA HIJA QUE YA VA A LA ESCUELA!

¡DIOS MÍO!..¿QUÉ SUCEDE?
!
NADA...
317
©QUINO
....QUE NO VAYAMOS A LLEGAR TARDE EL PRIMER DÍA DE ESCUELA

318
... Y A VOSOTROS, LOS MÁS PEQUEÑUELOS, QUE POR VEZ PRIMERA ACUDÍS A ESTE TEMPLO DEL SABER, OS ASEGURO QUE AQUÍ HALLARÉIS UN SEGUNDO HOGAR...
... EN EL QUE CADA MAESTRA OS BRINDARÁ AQUELLO QUE TODA MADRE OFRECE A SUS HIJOS: AMOR.
©QUINO
¡MENOS MAL; CREÍ QUE IBA A DECIR SOPA!

319
¡QUÉ BARBARIDAD, MANOLITO! ¿DÓNDE TE HAS ENSUCIADO ASÍ?
AQUÍ, EN LA ESCUELA
LA ESCUELA DEPENDE DEL MINISTERIO DE EDUCACIÓN, ¿NO?
SÍ
¡VAYA!...
¡ES LA PRIMERA VEZ QUE CONSIGO MUGRE EN UN NIVEL MINISTERIAL!

320
¡ESTOY TAN CONTENTO CON MI MAESTRA!... ES UNA MUJER BONDADOSA, SIMPÁTICA... ¡QUÉ SÉ YO!... ¡ES EXTRAORDINARIA!
ES UNA SUERTE QUE TE HAYA TOCADO UNA MAESTRA ASÍ, PORQUE A LA MAESTRA UNO TIENE QUE VERLA TODOS LOS DÍAS...
... Y TODAS LAS SEMANAS..., ¡Y TODOS LOS MESES DE TODO UN LARGO AÑO!
¡QUÉ VIEJA INSOPORTABLE!

¿HICISTE LA PÁGINA DE PALOTES QUE PIDIÓ LA MAESTRA PARA MAÑANA, SUSANITA?
¡NO! ¡LA MAESTRA ESTÁ LOCA!
321
¡O SORDA!..... ¡PARECE QUE ELLA NO OYE DECIR A TODO EL MUNDO QUE EN ESTE PAÍS NADIE QUIERE TRABAJAR!
¡UN RENGLÓN, VAYA Y PASE!... ¿PERO A QUIÉN SE LE OCURRE PEDIR UNA PÁGINA ENTERA DE PALOTES EN UN PAÍS DONDE LA GENTE NO QUIERE TRABAJAR?
¡CON MAESTROS ASÍ JAMÁS VA A ADELANTAR ESTE PAÍS!

322
1171
1171
1171
©QUINO
1171

MAÑANA CUMPLO YA SEIS AÑOS. ¡CÓMO PASA EL TIEMPO!
©QUINO
323
RETROCEDO UN POCO EN MI PASADO Y AHÍ ESTÁN MIS CINCO AÑOS; Y OTRO POCO MÁS ALLÁ, MIS CUATRO AÑOS...
...Y LUEGO MIS TRES AÑOS... Y MIS DOS AÑOS... Y MI UN AÑO..... Y MI.......
?
¿MI, QUÉ?

324
MI MAMÁ ME MIMA
mi mamá me mima
mi mamá me ama
MI MAMÁ ME AMA
LA FELICITO, SEÑORITA; VEO QUE TIENE USTED UNA MAMÁ EXCELENTE
Y AHORA, POR FAVOR, ENSÉÑENOS COSAS REALMENTE IMPORTANTES
©QUINO

325
¿QUÉ DIFERENCIA HAY ENTRE DECIR "PAPÁ" Y DECIR "PADRE"?
NINGUNA
SOLO QUE "PAPÁ" ES MÁS FAMILIAR; Y "PADRE" MÁS RESPETUOSO
¿¡O SEA QUE NUNCA PODRÉ DECIRTE "PADRE"!?

326
¡MIRÁ, SUSANITA, SI TENÉS ALGO CONMIGO DECÍMELO DIRECTAMENTE Y LISTO!
¡¡TE LO DIGO, SÍ SEÑOR!!¡¡CLARO QUE TE LO DIGO!! ¿SABÉS QUÉ PASA CON VOS?
¡QUE SOS UN BESTIA!
¡JHA!... ¿SUTILEZAS A MÍ?

327
HE SABIDO QUE TUS RELACIONES CON MANOLITO NO ANDAN MUY BIEN, SUSANITA
¡AH! ¿YA TE FUE ÉSE CON EL CHISME? ¡QUÉ TIPO CHISMOSO!... ¡CLARO, NO ME EXTRAÑA!
¿CÓMO ME VA A EXTRAÑAR? SI ME CONTÓ LA DE LA LECHERÍA QUE EL PAPÁ DE MANOLITO ANDUVO EN UN ASUNTO MEDIO FEO, POR UNOS PESOS, EN EL CENTRO DE ALMACENEROS Y A RAÍZ DE ESO TUVO UN LÍO CON LA MAMÁ DE MANOLITO. ¡Y YA SABEMOS LO QUE ES ESA SEÑORA!
...QUE AL HERMANO DE MANOLITO, QUE SEGÚN SUPE, EN MAYO CUMPLE 23 AÑOS, LO CONTROLA EN TODOS LOS GASTOS; ¡Y EL MUY GRANDULÓN, LA NOVIA QUE SE BUSCÓ!.. ESA MOROCHITA, QUE EL PADRE VENDE TERRENOS Y VIVIÓ DOS AÑOS EN BRASIL Y QUE ES PARIENTE DE UN TÍO DE MANOLITO QUE EN 1925....
¿CON QUIÉN ESTUVISTE, MAFALDA?
CON EL F.B.I.

¡ZÁS!¡AHÍ VIENE SUSANITA! DESDE QUE ANDA PELEADA CON MANOLITO, ESTAR CON ELLOS ES COMO ESTAR EN LA U.N.
328
HOLA, MAFALDA ¿HAS OÍDO HABLAR DEL CORCHOANÁLISIS? ES COMO EL PSICOANÁLISIS, PERO SÓLO PARA **AQUELLOS** QUE TIENEN CEREBRO DE CORCHO. ¿SABÉS? YO CONOZCO A **UNO** QUE DEBERÍA IR AL CORCHOANALISTA
¡VAYA!.. YO CREÍA QUE HOY HABÍA HUELGA DE IDIOTAS, PERO PARECE QUE SALIERON A TRABAJAR
AUNQUE DUDO QUE U-THANT DEBA AGUANTAR LO QUE YO TENGO QUE AGUANTAR
©QUINO

¡ES ABSURDO QUE ESTÉS ENOJADO CON SUSANITA! ELLA TENDRÁ SUS COSAS, PERO ES BUENA AMIGA. Y UNO NO PUEDE ENOJARSE CON BUENOS AMIGOS. Y ADEMÁS....
329
...Y ADEMÁS, ¡CLARO! SI TUVIÉRAMOS A UN JUGADOR COMO PELÉ, NO ANDARÍA ASÍ NUESTRO FÚTBOL. PORQUE CON UN PELÉ NOS COMERÍAMOS CRUDOS AL INTER Y AL REAL MADRID Y AL.....
©QUINO

¿ADÓNDE VAS, MANOLITO?
A LLEVAR ESTE PEDIDO A CASA DE SUSANITA
330
¡CÓMO!..¿NO ESTABAS ENOJADO CON ELLA?
¿Y QUÉ? LOS NORTEAMERICANOS Y LOS RUSOS TAMBIÉN ESTÁN ENOJADOS Y SIN EMBARGO COMERCIAN ENTRE ELLOS ¿NO?
©QUINO
BUENO, PUES EN ESTE CASO OCURRE LO MISMO
CON LA SOLA DIFERENCIA DE QUE LA HUMANIDAD NO ESTÁ HARTA NI DE SUSANITA, NI DE VOS

331
Mi mamá me mima.
Amo a mi mamá
SNIF SNIF
¡UNA DE DOS, MAMÁ:...
¡O VOS DEJÁS DE HACER SOPA O YO DEJO DE ESCRIBIR HIPOCRESÍAS!

332
Mi mamá amasa
¿Amasa sola?
Si, amasa sola y sala la masa
La masa se amasa en la mesa
La masa es sana
Si, esa masa es sana
LO BUENO DE IR A LA ESCUELA ES QUE UNO YA PUEDE CONVERSAR EN UN NIVEL LITERARIO

333
FEDERACIÓN OBRERA DE LA CONSTRUCCIÓN. BUENAS TARRRDESSS
BUENAS TARDES, SEÑOR POR FAVOR ¿ME PODRÍA INFORMAR SI EL GREMIO ESTÁ EN HUELGA?
NO, POR EL MOMENTO NO ESTÁ EN HUELGA
¡CRETINOS!
¡ENTONCES TENDRÉ QUE RESOLVER ESE MALDITO ASUNTO PARA MAÑANA MISMO!
¡CLACK!
"SI UN ALBAÑIL COLOCA 100 LADRILLOS EN 1 HORA, ¿CUÁNTOS LADRILLOS COLOCARÁ EN 2½ HORAS?"

¡ANDÁ, CONDENADO! ¡HAZ LOS DEBERES!
BONK!
¡YA VAS A VER, PAPÁ! ¡CUANDO YO TENGA UNA CADENA DE SUPERMERCADOS Y SEA MILLONARIO, MI BIOGRAFÍA SALDRÁ PUBLICADA EN "SELECCIONES"!....
...¡Y TODO EL MUNDO SABRÁ CÓMO ME MALTRATABAS, PORQUE ENTRE LAS AMARGAS ANÉCDOTAS DE MI NIÑEZ FIGURARÁ ESTA!
BONK!
¡DALE!... ¡SEGUÍ A LOS ANECDOTAZOS, NOMÁS!...

Ema se asoma. Ve la mesa de la sala.
MAMÁ, ¿LA SALA QUÉ PIEZA VIENE A SER?
EL "LIVING"
AH
¡¿POR QUÉ DEMONIOS NO ESCRIBIRÁN ESTOS LIBROS EN CASTELLANO?!

¡ES INÚTIL! TODAVÍA NO SÉ LEER EL DIARIO
LO ÚNICO QUE ME HAN ENSEÑADO HASTA AHORA EN LA ESCUELA ES QUE A FULANITO LO MIMA SU MAMÁ, O QUE MENGANITA ASEA SU MOÑO
¡Y YO QUIERO SABER QUÉ PASA CON JOHNSON, O CON FIDEL CASTRO!
PERO PARECE QUE NI A JOHNSON LO MIMA SU MAMÁ, NI FIDEL CASTRO ASEA SU MOÑO

¡HAGO UN LLAMADO EN FAVOR DEL DESARME MUNDIAL!
ESE LLAMADO LO VIENEN HACIENDO A CADA RATO GRANDES PERSONALIDADES ¿Y QUIÉN LES LLEVA EL APUNTE?
NADIE
PERO TOTAL, ES GRATIS,.......Y ESAS PERSONALIDADES Y YO QUEDAMOS COMO REYES
337
©QUINO

...Y ESTAS HAN SIDO LAS NOTICIAS DEL PANORAMA MUNDIAL.
338
¡AAAAAAY!
?
AH,...CREÍ QUE ERA EL MUNDO EL QUE SE HABÍA QUEJADO
©QUINO

pa
pe
pi
po
pu
A VER, MANOLITO; UNA PALABRA QUE EMPIECE CON "P"
339
©QUINO
¡ZAS!... ÉSTE ES CAPAZ DE DECIR ESA MALA PALABRA
"POLÍTICA"
¡Y LA DIJO, NOMÁS!

¡LA TRACCIÓN TRASERA ES MEJOR QUE LA TRACCIÓN DELANTERA!
¡PERO NO TENÉS MARCHA ATRÁS!
340
¡Y ADEMÁS EL MÍO GASTA MENOS COMBUSTIBLE; YO CON UNA TAZA DE CAFÉ CON LECHE TENGO PARA ANDAR TODA LA MAÑANA ENTERA!
¡EN CAMBIO VOS, CON ESA CATRAMINA, A MEDIA MAÑANA: ¡ZÁS, UN SÁNDWICH!
¿NO?
¡BUENO, BASTA! ¡ESTAS COSAS DE MECÁNICA NO ME GUSTA DISCUTIRLAS CON MUJERES!
©QUINO

341
HOLA
¡NO!
¿CÓMO TE LLAMÁS?
¡NO!
TENGO UNA GALLETITA ¿LA QUERÉS?
CRUNCH
¡GULP!
¡NO!
¡AL PRIMERO QUE ME VENGA A HABLAR DE COMUNICACIÓN HUMANA LE ROMPO EL ALMA!
©QUINO

342
¡LISTO!..
YIP! YIP! YIP!
HE BORRADO DEL MAPA A PEKÍN, AL PENTÁGONO Y AL KREMLIN; ¡POR FIN PODREMOS VIVIR TRANQUILOS!
©QUINO
YIP! YIP!
ME OLVIDABA DE JAMES BOND

Señorita Mafalda(punto) De mi mayor estima(dos puntos) En vista y considerando.......
343
...que la sopa es(coma)tal cual sabemos(coma) una porquería(coma) vería con sumo agrado que no la tomáramos(punto) Sin otro particular..
¡MAFALDA, TOMÁ ESA SOPA DE UNA BUENA VEZ!
¡YA TUVISTE QUE INTERRUMPIR EL DICTADO DE MI CONCIENCIA!...
©QUINO

ME HE ENTERADO DE QUE MÁS DE LA MITAD DE LA POBLACIÓN MUNDIAL SOMOS NIÑOS
¿Y ESO DE QUÉ NOS SIRVE?
344
AHORA, DE NADA; PERO DENTRO DE TREINTA AÑOS VAMOS A SER **NOSOTROS** LOS QUE HAREMOS COSAS Y OCUPAREMOS CARGOS Y EL MUNDO VA A ESTAR EN MANOS DE **NOSOTROS** LOS NIÑOS
¡PERO HOMBRE! ¡DENTRO DE TREINTA AÑOS YA NO VAMOS A SER NIÑOS!
¡VOS SIEMPRE TRATANDO DE AMARGARLE LA VIDA A UNO!
©QUINO

¡QUÉ FANTÁSTICO! AQUÍ DICE QUE DENTRO DE DIEZ AÑOS, LOS RUSOS Y LOS NORTEAMERICANOS YA VAN A ESTAR INSTALADOS EN LA LUNA
345
¡QUÉ SUERTE PARA LOS SELENITAS!
LOS SELENITAS NO EXISTEN
JUSTAMENTE.......... ¡QUÉ SUERTE PARA LOS SELENITAS!
©QUINO

¿QUÉ HACÉS, MAFALDA?
VOY A ENVIAR UN NUEVO MENSAJE PRO DESARME MUNDIAL
346
¿OTRO? ¿PARA QUÉ, SI NADIE SE DA POR ENTERADO?
EXIJO INMEDIATA PROSCRIPCIÓN ARMAS NUCLEARES
¡COLACIÓNESE!
©QUINO
ESTA VEZ TIENEN QUE ENTERARSE

¡ESTO NO ES VIDA! ¡SIEMPRE METIDO AQUÍ EN LA CIUDAD!
347
¡CÓMO QUISIERA ESTAR EN EL CAMPO, TODO RODEADO DE VERDE!....
?
....Y DE VAQUITAS MUGIENDO DULCEMENTE.....
"MUUUUU,...QUEREMOS LA REFORMA AGRAAAARIAA"
©QUINO
NO HAY CASO; ESTE MUNDO MATERIALISTA DE HOY NO ES PARA VOS, FELIPE
NERVOCALM

HOLA, SUSANITA. ¿HICISTE LOS DEBERES QUE NOS PIDIÓ LA MAESTRA PARA MAÑANA?
348
NO, PORQUE DESGRACIADAMENTE EN ESTE PAÍS LA GENTE NO QUIERE TRABAJAR, MAFALDA
LA GENTE NO QUIERE HACER NADA; LA GENTE ES ASÍ. ¿TE DAS CUENTA DE CUÁL ES MI DRAMA?
NO. ¿CUÁL ES?
QUE YO SOY MUY GENTE
©QUINO

FRANCAMENTE, YO CREO QUE SI LOS NORTEAMERICANOS Y LOS RUSOS DICEN QUE QUIEREN EL DESARME, ES PORQUE REALMENTE LO QUIEREN
¡SEGURO, FELIPE!... SI TE DICEN QUE LAS VACAS VUELAN, TAMBIÉN LO CREÉS, ¿NO?
¡ANDÁ!... ¡VOS SIEMPRE LA MISMA!
349
©QUINO

Papá fuma su pipa
¿ESO HAY QUE ESCRIBIR?
¿Y PARA QUÉ DIABLOS TENEMOS QUE APRENDER A ESCRIBIR ESO, DIGO YO? ¿EHÉ?
¿DE QUÉ NOS SIRVE SABER ESCRIBIR QUE ALGUIEN FUMA EN PIPA, SI EN ESTE PAÍS CASI NADIE FUMA EN PIPA?
¡ASÍ ES COMO LOS QUE ESTUDIAMOS TENEMOS QUE IRNOS LUEGO AL EXTRANJERO A APLICAR ALLÍ NUESTROS CONOCIMIENTOS!...
350
©QUINO

351
¿QUÉ DICE AQUÍ, MANOLITO?
no sé
"NO SÉ"
¿NO? BUENO, NO ME EXTRAÑA; SIEMPRE PENSÉ QUE ERAS UN POQUITO BESTIA
©QUINO

352
LOS ESTIMADOS OYENTES DESEAN CONOCER SU OPINIÓN SOBRE LA SITUACIÓN NACIONAL
© QUINO

¡HOLA!
¡SHHH!... EN VOZ BAJA, QUE TENGO UN ENFERMO EN CASA
353
¿ESTÁ ENFERMO TU PAPÁ?
NO
¿TU MAMÁ, ENTONCES?
TAMPOCO
© QUINO

VAMOS A ESCUCHAR EL NOTICIOSO, A VER CÓMO SIGUE EL ENFERMO
354
EL ENFERMO SIGUE MAL
SANA, SANA, COLITA DE RANA, SI NO SANA HOY, SANARÁ MAÑANA
© QUINO

SÍ, REALMENTE, A ESTE MUNDO SE LO VE ALGO DEMACRADO. ¿CREÉS QUE DE VERDAD ESTÁ ENFERMO?
¡UF!...
355
¿QUÉ SÍNTOMAS TIENE?
LE DUELE EL ASIA
©QUINO

¿QUÉ LE OCURRE AL MUNDO, MAFALDA?
ESTÁ ENFERMO
356
¿ENFERMO?... ¿Y TIENE FIEBRE?
¡TIENE UN COMUNISMO QUE VUELA!
©QUINO

ADIÓS, MAFALDA, QUE SE MEJORE EL MUNDO
GRACIAS
357
¡EL MUNDO ENFERMO! ¡ESTA MAFALDA TIENE CADA OCURRENCIAS!..
JA-JA JA
J...
¿CÓMO?
¿EL MUNDO ESTÁ QUÉ?
©QUINO

358
¡BESTIA!
¡MALA ENTRAÑA!
¡OTRA VEZ!
¡PELEAR!... ¡LO ÚNICO QUE SABEN ES PELEAR! ¿PARA USTEDES NO HAY NADA MÁS POSITIVO QUE PELEAR?
SEGURO QUE NO, ¿QUÉ TENDRÍA DE POSITIVO JAMES BOND SI NO SE LA PASARA PELEANDO?
¿Y CASSIUS CLAY? ¿QUÉ MÉRITO TENDRÍA CASSIUS CLAY SI NO PELEARA? ¿EHÉ?
¡MARMOTA!
¡PEDAZO DE CRETINA!
¡ASÍ AVANZA LA HUMANIDAD!
©QUINO

359
NO ENTIENDO QUÉ GUSTO LE SACÁS A PELEARTE CADA DOS POR TRES CON MANOLITO
SI GIUSEPPE GARIBALDI NO HUBIERA PELEADO NUNCA, ¿QUIÉN LO CONOCERÍA? ¡NADIE! ¡ABSOLUTAMENTE NADIE!
¡PRIMERA NOTICIA QUE TENGO DE QUE LOS PRÓCERES PELEABAN PARA PROMOCIONARSE!
©QUINO

360
¡UNA TUERCA!
¡OXIDADA! ¿PARA QUÉ DEMONIOS SIRVE?
TODO SIRVE PARA ALGO
PERO NADA SIRVE PARA TODO
©QUINO

....YA LO DIJO ORTEGA Y GASSET, AMIGOS; EL NUESTRO ES UN PUEBLO TRISTE...
¡PUES SI CON ESO QUISO DÁRSELAS DE ALEGRE, PODRÍA HABER DICHO ALGO MÁS DIVERTIDO!
©QUINO

¿HAS PENSADO EN LO QUE OCURRIRÍA SI NO EXISTIERA LA DISTANCIA, FELIPE?
¿SI NO EXISTIERA LA DISTANCIA? NO. ¿QUÉ OCURRIRÍA?
QUE **TODO** ESTARÍA **AQUÍ** ¿TE DAS CUENTA DE LO QUE SERÍA QUE **TODO** ESTUVIERA **AQUÍ**?
EL KREMLIN
EL LLANERO SOLITARIO
LOS BEATLES
ÁFRICA
CUBA
TODO AQUÍ
EL MURO DE BERLÍN
DISNEYLANDIA
VIETNAM
Jerry Lewis
PELÉ
EL KU-KLUX-KLAN
¿TE DAS REALMENTE CUENTA, FELIP.....
SÍ, SE DA REALMENTE CUENTA
©QUINO

NO PUEDO TOMAR LA SOPA, PORQUE SOY UNA VIEJITA DE PULSO TEMBLEQUE Y SE ME CAE TODA, ¿VES?
ESTÁ BIEN; VENGA LA CUCHARA. YO TE DOY LA SOPA
¿Y? ¿QUÉ PASA?
PASA QUE SOY VIEJITA, PERO NO ESTÚPIDA
©QUINO

364
¿TE HAS PREGUNTADO ALGUNA VEZ PARA QUÉ ESTAMOS EN ESTE MUNDO, FELIPE?
NO; NO ME LO HE PREGUNTADO NUNCA, PERO ME LO PREGUNTO AHORA MISMO: ¿PARA QUÉ ESTAMOS EN ESTE MUNDO?
Y ME CONTESTO TAMBIÉN AHORA MISMO: ¡QUÉ SÉ YO PARA QUÉ DIABLOS ESTAMOS EN ESTE MUNDO!
ESTE TIPO DE PROBLEMAS, CUANTO ANTES SE LOS SAQUE UNO DE ENCIMA, MEJOR
©QUINO

365
MILLONES Y MILLONES DE PERSONAS VIVIMOS EN EL MUNDO Y ALFIN DE CUENTAS, ¿PARA QUÉ?
¿PARA QUÉ ESTAMOS TODOS EN ESTE MUNDO, DIGO YO?
AHORA VOY ALGO APURADO, PERO SI QUERÉS PUEDO AVERIGUÁRTELO PARA MAÑANA
©QUINO

366
MAMÁ, ¿PARA QUÉ ESTAMOS TODOS EN ESTE MUNDO?
PARA TRABAJAR, PARA AMARNOS, PARA HACER DE ESTE UN MUNDO MEJOR
¡PICARONA! ¡SOS BUENA HUMORISTA Y NUNCA ME LO HABÍAS DICHO!...
©QUINO

¿PARA QUÉ CREÉS VOS QUE ESTAMOS EN ESTE MUNDO, SUSANITA?
BUENO..., FRANCAMENTE, NO SÉ.........
SOLO RECUERDO QUE LA CIGÜEÑA QUE ME TRAJO A ESTE MUNDO DESPEGÓ DE ORLY A LAS 17.22, HORA DE PARÍS, POR SUPUESTO. LUEGO...
...HICIMOS UNA ESCALA EN DAKAR, OTRA EN RÍO, DONDE LE CAMBIARON UNA PLUMA QUE NO VENÍA BIEN, Y FINALMENTE ME DEJÓ AQUÍ
PERO NO SE ME OCURRIÓ PREGUNTARLE PARA QUÉ ME TRAJO

¿Y? ¿QUÉ ME DICEN DE LO DE AYER? ¿VIERON? ¿EHÉÉÉ? ¿VIERON?
¿QUÉ PASÓ AYER?
¿QUÉ PASÓ? ¡LO DE SIEMPRE: QUE EN ESTE PAÍS LO ÚNICO QUE SABE HACER LA GENTE ES NO TRABAJAR! ¿QUIÉN TRABAJÓ AYER?
¡NADIE!
¡PARA QUE SEPAS, AYER FUE EL DÍA MUNDIAL DEL TRABAJO Y NO TRABAJÓ NADIE NI AQUÍ NI EN NINGÚN OTRO PAÍS! ¡Y CONSTE QUE ESE DÍA NO LO INVENTAMOS AQUÍ!
¿NO?
¡NO!
¡COMO DE COSTUMBRE! ¡EN ESTE PAÍS LO ÚNICO QUE SABE HACER LA GENTE ES COPIAR COSAS DEL EXTRANJERO!

"NUEVAMENTE SE HALLA REUNIDA EN GINEBRA LA COMISIÓN QUE TRATA DE LOGRAR UN ACUERDO SOBRE DESARME NUCLEAR"
¿GINEBRA ES LA CAPITAL DE SUIZA?
NO. ES LA CAPITAL DEL FRACASO

¿CONOCEN EL CUENTO DE LA HORMIGUITA Y EL ELEFANTE? ¡ES GRACIOSÍSIMO! ¡JÁ-JA!.
CONTALO
¡DALE!
370
RESULTA QUE VA UN ELEFAN..¡JÁ-JÁ!.. ..FANTE POR..¡JÁ-JÁ-JÁ!...POR LA SELVA Y SE...¡JÁ-JÁ-JÁ-JÁ!. ..SE ENCUENTRA CON UNA...¡JÁ-JÁJÁ-JÁJÁ-JÁ!..CON UNA JÁJÁJÁ!...
PENSÁ EN TODOS LOS DÍAS QUE FALTAN PARA QUE SE ACABEN LAS CLASES, Y EN LOS EXÁMENES DE FIN DE AÑO, Y EN TODO ESO
BIEN, ¿CÓMO ERA ESE CUENTO?
RESULTA QUE VA UN ELEFANTE POR LA SELVA Y SE ENCUENTRA CON UNA HORMIGUITA Y ENTONCES LA MIRA Y LE DICE CON SU VOZ DE ELEFANTE "¡QUÉ CHIQUITA SOS", ENTONCES...
©QUINO

¡BANG!
¡LA PUCHA!
371
¡¡"LA PUCHA" ¡NO! ¡TENÉS QUE DECIR "¡AAUUGH!," COMO EN LAS HISTORIETAS DE COW-BOYS.!!
¿DÓNDE HAS VISTO QUE UN COW-BOY DIGA "¡LA PUCHA!" CUANDO LE PEGAN UN TIRO?!
¿POR QUÉ NO TE VAS UN POCO AL CUERNO CON TUS MUERTES EXTRANJERIZANTES, FELIPE?
©QUINO

372
©QUINO

TENGO QUE IRME A HACER LOS DEBERES
YO, A LLEVAR UN PEDIDO DEL ALMACÉN
Y YO, A VER MI PROGRAMA DE T.V.
373
ESTÁ VISTO QUE SÓLO TENEMOS TIEMPO DE JUGAR A LA GUERRA NUCLEAR, ¿NO?
SÍ
¡BOOOM!
ESTA VIDA MODERNA EXIGE JUEGOS CADA VEZ MÁS BREVES
©QUINO

¡ÉSA ES LA PREGUNTA MÁS ESTÚPIDA QUE HE OÍDO EN TODA MI VIDA, SUSANITA!
374
¡AH! ¿Y CUÁNDO A VOS SE TE DA POR PREGUNTAR POR QUÉ EL MUNDO TAL COSA Y POR QUÉ LA GUERRA TAL OTRA?
¿EHÉ?
¿ACASO SÓLO VOS PODÉS PREGUNTAR? ¿ACASO SOS LA VEDETTE? ¿EHÉ? ¿ACASO NO PUEDO YO TENER **MI** PREGUNTA? ¿EHÉÉÉ?
¿CUÁL ES TU PREGUNTA, SUSANITA?
©QUINO
¿POR QUÉ EN ESTE PAÍS LOS OBREROS SON MOROCHOS POBRES Y NO RUBIOS, LINDOS Y CON AUTO, COMO EN NORTEAMÉRICA?

¡ESTA MAFALDA!..... ¡DICE QUE MI PREGUNTA ES ESTÚPIDA!
¿CUÁL ES TU PREGUNTA?
375
¿POR QUÉ EN ESTE PAÍS LOS OBREROS SON MOROCHOS POBRES Y NO RUBIOS, LINDOS Y CON AUTO, COMO EN NORTEAMÉRICA?
¿A VOS TE PARECE UNA PREGUNTA ESTÚPIDA?
NO. SI UNO LA PIENSA BIEN, NO ES UNA PREGUNTA ESTÚPIDA
REALMENTE, SI UNO LA PIENSA **MUY** BIEN, ¡ES UNA PREGUNTA PELIGROSA!
©QUINO

"¡Mal!"... ¡OTRA VEZ LA MAESTRA ME PUSO: "Mal"!
¿PARA ESO VIENE UNO TODOS LOS DÍAS A LA ESCUELA?
¡PORQUE SI UNO VINIERA DE VEZ EN CUANDO, VAYA Y PASE!..
¡PERO HACERLE ESTO A UN CLIENTE!..
376
©QUINO

377
¡DIOS MIO! ¿ÉSTOS SON DAMNIFICADOS DE UNA INUNDACIÓN, O ALGO ASÍ?
¡PERO NO, MAFALDA! ¡ÉSTOS SON AVISOS DE CINE!..
BUENO, NO IMPORTA; ¡IGUAL HABRÍA QUE ENVIARLE ROPA A ESA POBRE GENTE
©QUINO

"...QUE LAS RONDAS NO SON BUENAS,"
"...QUE HACEN DAÑO, QUE DAN PENA..."
"...QUE SE ACABA POR LLOOORAAAR."
LAS RONDAS SE PARECEN ASOMBROSAMENTE AL CINTURÓN DE MI PAPÁ
378
©QUINO

CHA-CHÁÁNN
CHA-CHÁÁÁÁNN...
AQUÍ VIENE NADA MENOS QUE...
379
¡EL LLANERO SOLTERÓN!
¡SOLITARIO!
VIENE A SER LO MISMO, FELIPE; EN EL FONDO, TODO SOLTERÓN ES UN SOLITARIO
HAY GENTE CAPAZ DE ESTROPEARLE LA FANTASÍA AL MÁS PINTADO
©QUINO

¿NO CREÉS QUE CADA DÍA ESTÁN MÁS TORCIDOS?
SÍ, EN REALIDAD NO TIENEN NADA DE DERECHOS
380
NO TE GASTÉS, MANOLITO; ESTAMOS HABLANDO DE LOS DERECHOS HUMANOS
©QUINO

PAPÁ, ¿EN ESTE MUNDO SOMOS TODOS IGUALES?
381
SÍ, MAFALDA, SOMOS TODOS IGUALES. PERO ¿POR QUÉ NO TE DORMÍS, EN VEZ DE ANDAR PREOCUPÁNDOTE POR ESAS COSAS?
SI NO ME PREOCUPO; SOLO PREGUNTABA, NOMÁS
BUENO, HASTA MAÑANA
©QUINO
¡PST!..... ¿IGUALES A QUIÉN?

¿VOS CREÉS EN LA IGUALDAD HUMANA, MANOLITO?
¡POR SUPUESTO QUE NO!
382
¡ESO DE QUE LOS HOMBRES SON TO-DOS IGUALES ES UNA ESTUPIDEZ!
¡NO HAY DOS PERSONAS IGUALES, NI NADIE ES IGUAL A NADIE! ¿QUIÉN TE HABLÓ DE ESA TONTERÍA DE LA IGUALDAD?
MI PAPÁ
¡CUÁNDO NO!... ¡ESTOS PADRES SON TODOS IGUALES!
©QUINO

¿TE GUSTA MI NUEVO PAÑUELO "JAMES BOND"?
383
¿QUERÉS? SON PASTILLAS MENTOLADAS "JAMES BOND"
¡IRRESISTIBLEMENTE VARONIL!...LOCIÓN COLONIA "JAMES BOND"!
©QUINO
¡SOCORRO!

Y EL QUE NO HAYA ENTENDIDO, QUE LEVANTE LA MANO
384
VEAMOS, MANOLITO, ¿QUÉ ES LO QUE NO HAS ENTENDIDO?
DESDE MARZO HASTA AHORA, ¡NADA!
©QUINO

¿POR QUÉ DEMONIOS LOS ADULTOS SE LA PASAN HACIENDO Y DICIENDO COSAS QUE UNO NO ENTIENDE?
ES MUY SENCILLO, SUSANITA
CUANDO LLEGÁS AL CINE Y RESULTA QUE YA ESTÁN DANDO LA PELÍCULA, ¿LA ENTENDÉS?
NO
BUENO, CON LOS ADULTOS OCURRE LO MISMO ¿CÓMO VAMOS A ENTENDERLOS?
¡SI CUANDO NOSOTROS LLEGAMOS, ELLOS YA ESTABAN TODOS EMPEZADOS!
385
©QUINO

¿CONOCEN EL CUENTO DEL JAPONÉS QUE VA AL DENTISTA?
NO
¡CONTALO!
BUENO, RESULTA QUE UN JAPONÉS ~*COMPRE EN ALMACÉN "DON MANOLO"*~ VA AL DENTISTA.....
...ENTRA AL CONSULTORIO, ~*ALMACÉN "DON MANOLO" VENDE BARATÍSIMO*~ Y ENTONCES EL DENTISTA....
....
ACABA DE FRACASAR UN INGENIOSÍSIMO ARDID PUBLICITARIO
386
©QUINO

¡ASÍ QUE OTRA VEZ SACASTE MALA NOTA POR NO HACER BIEN LOS DEBERES!....¡CÓMO ES POSIBLE QUE SEAS TAN PICHIRUCHI, MANOLITO?
387
¿PICHIRUCHI YO? ¿QUIÉN PICHIRUCHI? ¿YO PICHIRUCHI?
¡MÁS PICHIRUCHI SERÁS VOS! ¿ENTENDÉS? ¡VOS SÍ QUE SOS PICHIRUCHI! ¡VOS SÍ QUE.....
A PROPÓSITO MAFALDA, ¿QUÉ QUIERE DECIR PICHIRUCHI?
©QUINO

¿CÓMO ERA ESA ESPECIE DE INSULTO QUE ME DIJISTE AYER, MAFALDA?
"PICHIRUCHI" ¿POR QUÉ?
¡AH!
PORQUE ES IDEAL PARA IR Y DECÍRSELO A SUSANITA ¡YA VERÁ ÉSA!
HOLA, SUSANITA ¿QUERÉS QUE TE DIGA LO QUE SOS? ¿EHÉE? ¿QUERÉS?
¡DECÍLO!.. ¡A VER!... ¡DECÍLO!
¡SOS UNA MACHU PICCHU!
©QUINO
388

¿PERO QUÉ DIABLOS SIGNIFICA ESA PALABRA "PICHIRUCHI"?
NO SÉ EXPLICÁRTELO. PICHIRUCHI PUEDE USARSE PARA DEFINIR MUCHAS COSAS
NO ENTIENDO CÓMO PODÉS USAR UNA PALABRA SIN SABER EXPLICAR QUÉ QUIERE DECIR. LO SIENTO EN EL ALMA PERO NO ENTIENDO
¿LO SENTÍS DÓNDE?
EN EL ALMA
¿Y QUÉ ES EL ALMA, FELIPE? EXPLICAME
Y... PUEEES... BUENO, ¿EL ALMA?... ES ESA COSA QUE ES UNO... PERO NO ES UNO, SINO QUE... ¡CLARO!... ES... ¿NO? ES... MÁS BIEN.. ¡EN FIN!.... ES... .. ES... ES...
¡ESTUVISTE CLARÍSIMO, FELIPE! ¡CLARÍSIMO!
HE QUEDADO COMO UN VULGAR PICHIRUCHI
©QUINO
389

¿ADÓNDE VAS, MAFALDA? ¡EL DESAYUNO!
DESPUÉS
¡CHUIIC!
¡¡FELIZ CUMPLEAÑOS, CHE, TIERRA PATRIA!!
©QUINO
390

¡ME CONTARON UN CUENTO BUENÍSIMO! RESULTA QUE EL CAPITÁN PREGUNTA AL RECLUTA: "¿SABE NADAR?" -"¡SÍ, MI CAPITÁN!"- RESPONDE EL RECLUTA; ENTONCES...
391
¡AH, SÍ! ¡LO CONOZCO! LUEGO EL CAPITÁN LE PREGUNTA: "¿Y DÓNDE APRENDIÓ?" -"EN EL AGUA"- CONTESTA EL OTRO. ¿ES ÉSE, FELIPE? ¿EHÉ? ¿ES ÉSE? ¿ES ÉSE! ¿NO? ¿ES ÉSE? ¿EHÉ?
¡¡TE REQUETE-CONTRAODIO, SUSANITA!!
Y AL FINAL, NO NOS ENTERAMOS SI ERA O NO ÉSE
©QUINO

392
FIJADOR
HOY TE NOTO ALGO CAMBIADO, MANOLITO ¿QUÉ TIENE TU PELO?
©QUINO
AUTODETERMINACIÓN

©QUINO
TIC
393
"...AUMENTAN LAS RESERVAS DE ARMAS NUCLEARES.- CRECE EL PROBLEMA DEL HAMBRE.- VIOLENTOS CHOQUES RACIALES EN..."
FFFFST
ASÍ LA POBRE NO LAMENTARÁ MUCHO HABER DEJADO ESTE MUNDO

UNA AYUDA PARA LOS NIÑOS DESVALIDOS
OH, ¡GRACIAS!
UNA AYUDA PARA LOS NIÑOS DESVALIDOS
©QUINO

¡HOP-DÓ-TRIÉE CUATRO!... ¡HOP-DÓ-TRIÉE CUATRO!...
395
¡AAAAL-TÓ!
¡TRAC!
DESCANSEN, ¡ARRRRR!
¡POC!
BASURA, ¡ARRRRRR!
¡CLANK!
¡TEEEERRRR-MINADO!
©QUINO
¡QUÉ GINEBRA NI GINEBRA!... ¡ASÍ HABRÍA QUE LOGRAR EL DESARME!

396
CHIF - CHIF - CHIF
©QUINO
¡TOC! ¡TOC!
?
ESTÁ BIEN: ADMITO QUE SOY UN POCO BESTIA

397
¡FFFHÚ!
¡YA TUVO QUE DEJAR SU OPINIÓN SOBRE ESTE MUNDO!
©QUINO

398
¡ES FANTÁSTICO!
ENCONTRARON RESTOS FÓSILES DE UN ANIMAL MUERTO HACE CIEN MIL AÑOS
¡SALUTE! ¡CIEN MIL AÑOS!
¡SNÍG!
¿A QUÉ HORA MURIÓ EL POBRECITO?
©QUINO

399
¡TENGO UN CUENTO GRACIOSÍSIMO!.... ¿QUIEREN OÍRLO?
POR SUPUESTO
BIEN, PERO ANTES, UNAS PALABRAS EN NOMBRE DE LA FIRMA ANUNCIADORA
ES UN PLACER PARA ALMACÉN "DON MANOLO" AUSPICIAR ESTE CUENTO QUE.....
....
¡NO ENTIENDO! ¿O SERÁ QUE PARA ESTO DE LA PUBLICIDAD ME FALTA "ÁNGEL"?
©QUINO

TENÉS RAZÓN, MAFALDA; NO PUEDO SER UNA MUJER COMO NUESTRAS MADRES, QUE SE CONFORMABAN CON APRENDER CORTE Y CONFECCIÓN
LA NUESTRA ES UNA GENERACIÓN *DIFERENTE* ¡SOMOS LA GENERACIÓN DE LA TÉCNICA, DE LA ERA ESPACIAL, DE LA ELECTRÓNICA Y TODO ESO!
POR LO TANTO, **NO** ME QUEDARÉ EN LA GRIS MEDIOCRIDAD DEL CORTE Y CONFECCIÓN ¡JAMÁS! ¡LA CIENCIA ME LLAMA!
¡CUANDO SEA GRANDE ME COMPRARÉ UNA MÁQUINA DE TEJER! ¡ME APASIONA, ESO DE LA CIBERNÉTICA!
©QUINO

¡NO SE DEJA ASÍ TIRADA POR AHÍ LA BUFANDA!
©QUINO

"OCULTÉMONOS ACÁ. DEBEMOS INTERCEPTAR A LA MUJER QUE TRAE EL MENSAJE"
"SÍ, ASÍ DESBARATAREMOS EL PLAN DE "EL LLANERO SOLITARIO""
"¡CHIST! ¡ATENCIÓN, QUE AQUÍ VIENE LA MUJER!"
¡Y ENCIMA LO PROCLAMAN POR LA CALLE!... ¡QUÉ ASCO DE GENERACIÓN!
©QUINO

¡VIVA LA PATRIA!
403
¡VIVA!
¡QUE VIVA LA PATRIA!
¡VIVA LA PATRIA!
¿QUÉ TE PASA, MAFALDA? MIRÁ QUE HOY NO SE CELEBRA NINGUNA FECHA PATRIA, ¿EH?
¿Y A MÍ QUÉ CUERNOS ME IMPORTA? ¡YO A LA PATRIA LA QUIERO TODOS LOS DÍAS, Y NO CUANDO LE DA LA GANA AL ALMANAQUE!
©QUINO

¡HOY ESTOY CON UN HUMOR DE LOS MIL DEMONIOS!
SIN EMBARGO PARECÉS MUY CONTENTA, SUSANITA
404
ES QUE NO QUIERO QUE NADIE SE DÉ CUENTA QUE ESTOY DE MAL HUMOR
¡ENTONCES NO TENDRÍAS QUE DECIRLO!
ESO SERÍA SER HIPÓCRITA
ME EXTRAÑA QUE DEFENDÁS LA HIPOCRESÍA, MAFALDA
©QUINO
ALGÚN DÍA ME SENTARÉ A ANALIZAR QUIÉN ME ENFERMA MÁS: SI SUSANITA O LA SOPA

NO FUNCIONA
405
NO FUNCIONA
BAR
TELÉFONO PÚBLICO
NO FUNCIONA
CREÍ QUE IBA A COLGÁRSELO A LA HUMANIDAD
©QUINO

¡BANG!
¡PAPÁ! ¡ME SALVASTE DEL MONSTRUO!
FIN
CARAMELOS, BOMBONES, CHOCOLATINES, PASTILLAS...

"AL QUE MADRUGA, DIOS LO AYUDA"
¡PAVADA DE AYUDANTE VAMOS A TENER MAÑANA!

MIRÁ, ELLA ESTÁ TEJIENDO
...Y AHÍ ENTRA EL ESPOSO, PERO ELLA NO LO HA VISTO
¡¡CÓMO, QUERIDA!! ¡¿ESTÁS TEJIEND...?! ¡¡¡ QUERIDA!!!...¡¡VAMOS A TENER UN BEBÉ!!!
¡ESO ES ABSURDO! ¡MI MAMÁ SE MATA TEJIENDO Y TODO LO QUE CONSIGUE SON PULLÓVERES!

para PAPÁ
NO
409
para PAPÁ
¡MENOS!
para PAPÁ
¡NO!
¡NO!
para PAPÁ
¡TAMPOCO!
¡MIRÁ QUE SOS COMPLICADO, ¿EHÉ?!
?
©QUINO

PASADO MAÑANA ES EL DÍA DEL PADRE Y YO AQUÍ, HECHA UNA POBRE NENA, QUE NO SABE QUÉ REGALARLE A SU PAPÁ
410
Y EL DÍA DEL PADRE SE ACERCA, ¡SE ACERCA!...
¡Y LA POBRE NENA NO SABE QUÉ REGALARLE A SU PAPÁ! ¡Y EL DÍA YA ESTÁ ENCIMA... Y LA NENA NO SABE!... ¡¡Y...!!
¡QUÉ TEMA PARA HITCHCOCK!
©QUINO

AQUÍ TENÉS EL VUELTO. Y CON ESTA BOLETA RETIRÁS EL LIBRO EN EL EMPAQUE
CIENCIA FICCION
GRACIAS
411
¡ESTO SÍ QUE ESTÁ BUENO!...
LOS PADRES NOS METEN EN ESTE DESQUICIO DE MUNDO, SIN CONSULTARNOS... ¡Y, **ENCIMA**, HAY QUE HACERLES UN REGALO!
TE LO ENVUELVO COMO PARA REGALAR A TU PAPÁ ¿NO?
EMPA
©QUINO
NO; COMO PARA PERDONARLO

412
¡FELIZ DÍA PAPÁ!
LA VOZ DE LA SANGRE, QUE LE DICEN

413
?
¿A QUE YA SE HA CORRIDO LA VOZ DE QUE NO ME GUSTAN LOS BEATLES?...

414
¿ESCUCHASTE EL ÚLTIMO DISCO DE LOS BEATLES, MANOLITO?
¡NO!
¡NO ME GUSTAN ESOS TIPOS!
¡A TU EDAD, TIENEN QUE GUSTARTE!... ¡A TODOS LOS CHICOS DEL MUNDO NOS GUSTAN LOS BEATLES!
¡PUES A MÍ NO ME GUSTAN Y LISTO!
¿QUÉ PASA CON MANOLITO?
QUE NO RESPONDE A SUS MANDOS NATURALES

¡LOS BEATLES!... ¿CÓMO PUEDEN GUSTARLE A LA GENTE UNOS INFRADOTADOS DÁNDOLE TODO EL TIEMPO A LA GUITARRITA?
415
¡YEAH! ¡YEAH!
¡QUÉ ASCO DE GENERACIÓN!
©QUINO

HOLA, ¿SOS LA PALOMA DE LA PAZ?
416
¡VIVAN LA AGRESIÓN Y LA BOMBA H!
SPLIT!
¡ES!
©QUINO

AHÍ ESTÁ;..... ESA PALOMITA NO SABE LO QUE ES EL DINERO Y SIN EMBARGO ES FELIZ
417
¿VOS CREÉS QUE EL DINERO ES TODO EN ESTA VIDA, MANOLITO?
NO; POR SUPUESTO QUE EL DINERO NO ES TODO
...TAMBIÉN ESTÁN LOS CHEQUES
©QUINO

418
ME PARTE EL ALMA VER GENTE POBRE
A MÍ TAMBIÉN
¡HABRÍA QUE DAR TECHO, TRABAJO, PROTECCIÓN Y BIENESTAR A LOS POBRES!
¿PARA QUÉ TANTO? BASTARÍA CON ESCONDERLOS
© QUINO

¡OTRA VEZ SE DESCOMPUSO EL TELÉFONO DE MI CASA! ¡YA ESTOY HARTA DE VIVIR EN UN PAÍS SUBDESARROLLADO!
419
¿NO TE DUELE UN POCO DECIRLE "SUBDESARROLLADO" AL PAÍS, SUSANITA?
¡Y SI ES UN PAÍS SUBDESARROLLADO! ¿CÓMO QUERÉS QUE LE DIGA? ¿EHÉ? ¿UN, PAÍS QUÉ?
© QUINO
UN PAÍS "AMATEUR"

ES CURIOSO, LAS CATEGORÍAS DEL BOXEO SIRVEN TAMBIÉN PARA CLASIFICAR A LOS PAÍSES
420
POR EJEMPLO, LOS PAÍSES CHIQUITOS Y MUY SUBDESARROLLADOS SON PAÍSES PESO MOSCA; OTROS, COMO EL NUESTRO, SON PESO GALLO O MEDIO-MEDIANOS....
AJHÁ; Y SEGÚN ESO, ¿QUÉ SON NORTEAMÉRICA, O RUSIA?
PESADOS...
¡MUY PESADOS!...
© QUINO

¡ESTE MALDITO ME ESTÁ GANANDO!
421
SEGÚN EL REGLAMENTO, ¿HAY ALGÚN CASO EN QUE SE PUEDA MOVER **MÁS** DE **UNA** PIEZA POR VEZ?
SÓLO EN EL ENROQUE
©QUINO
¡TOC!
EL REGLAMENTO DEBIERA CONTEMPLAR **OTROS** CASOS

¡MAFALDA... TENÉS "PULGARCITO"! ¿PUEDO LEERLO?
POR SUPUESTO
422
En una modesta casita vivía una familia muy pero muy pobre.........
¡PAF!
?
©QUINO
¡ME REVIENTA LA LITERATURA TESTIMONIAL!

¡LO QUE NECESITAMOS EN ESTE PAÍS ES SABER APROVECHAR LOS RECURSOS NATURALES!
423
¡TENEMOS A LA VISTA *INSOSPECHADOS* RECURSOS NATURALES!...
....Y ES HORA DE QUE LOS APROVECHEMOS!
?
BRILLANTE IDEA, MANOLITO
©QUINO

Mi querido Diario Íntimo: Hoy me levanté muy contenta,.....
424
.....por lo que creo que durante el día mi estado de ánimo será bueno.......
SNIF
SNIF
.....desmejorando hacia el mediodía, con probabilidades de sopa.
©QUINO

hoy jugué un partido de ping-pong con Felipe, pero....
425
....estuve hecha una pichiruchi y perdí por 9 a 20.
ÚNICO DIARIO ÍNTIMO CON SUPLEMENTO DEPORTIVO
©QUINO

¿QUÉ ES ESA LIBRETITA, MAFALDA?
NADA,... MI DIARIO ÍNTIMO
426
¿TU DIARIO ÍNTIMO? ¡QUÉ BUENO! ¡ME IMAGINO LAS "COSITAS" QUE DIRÁS AHÍ SOBRE MANOLITO, FELIPE Y ETCÉTERA! ¿NO? ¡CONFESÁ! ¿NOOO?
¡PARA QUE SEPAS; EN MI DIARIO NO DIGO NINGUNA "COSITA" SOBRE MANOLITO, NI FELIPE, NI ETCÉTERA!
¿NO?
¡NO!
©QUINO
¿Y NO ACEPTARÍAS COLABORACIONES ESPONTÁNEAS?

ESO QUE A UD. NO LE SIRVE,...¡EMAÚS LO NECESITA!... LLÁMENOS A 00-4849 Y SE LO AGRADECE-REMOS
427
©QUINO
NO, NO CREO QUE EMAÚS NECESITE DIRIGENTES POLÍTICOS

ME PREOCUPA MI MAMÁ
DICE QUE ESTÁ CANSADA DE FREGAR TODO EL DÍA EN LA CASA.
428
PERDÓN, MIGUELITO, ¿NO DIRÁ: "TODO EL SANTO DÍA"?
SÍ, ES VERDAD; DICE: "TODO EL SANTO DÍA" ¿CÓMO SABÉS?
BUENO, TENGO CIERTOS CONOCIMIENTOS SOBRE FOLKLORE MATERNO
©QUINO

NO DEBÉS AMARGARTE POR LAS PROTESTAS DOMÉSTICAS DE TU MAMÁ, MIGUELITO. TODAS LAS MADRES SE LA PASAN DICIENDO SIEMPRE LO MISMO....
429
"¡AL FINAL UNA SE CASÓ PARA HACER DE SIRVIENTA! ¡PARA ESO SE CASÓ UNA!"
"¡PERO YA VERÁN!... ¡EL DÍA MENOS PENSADO ME CANSO Y NO SÉ QUÉ ES LO QUE HAGO! ¿EHÉ? ¡NO LO SÉ!"
©QUINO
SI ALGUIEN HUBIERA REGISTRADO TODO ESO, GANARÍA MILLONES POR DERECHOS DE AUTOR

CON MOTIVO DE CELEBRARSE HOY EL DÍA DE LA INDEPENDENCIA NACIONAL, TODAS LAS HISTORIETAS DEL PAÍS CONECTAN SUS CUADRITOS EN CADENA CON ESTA HISTORIETA
430
¡VIVA LA PATRIA!
A PARTIR DE ESTE INSTANTE, LAS HISTORIETAS INTEGRANTES DE ESTA CADENA, CONTINÚAN CON SUS RESPECTIVOS CUADRITOS
GRACIAS
©QUINO

EL PROBLEMA DE MUCHOS PAÍSES ES HABER TENIDO CASI SIEMPRE GOBIERNOS-CARAMELO
431
¿GOBIERNOS-CARAMELO? ¿Y QUÉ DEMONIOS ES UN GOBIERNO-CARAMELO?
¿A VOS CUÁNTO TE DURA UN CARAMELO, MIGUELITO?
©QUINO
COMPRENDO

(¿NO ES SORPRENDENTE QUE MANOLITO, CON LO BESTIA QUE ES, HAYA ASIMILADO TAN BIEN LOS SECRETOS DEL AJEDREZ?)
¿QUÉ?
432
¡TE COMO EL PEÓN, FELIPE!
¡GOOOOL!
¡GOOOOOOOOOOOOOOOOLLL!
¿QUÉ?
¡NADA!
©QUINO

Querido Diario Íntimo:
hoy hice renegar a mi mamá. Reconozco que me porté muy mal y que.....
433
...mi mamá es buena y que yo la hago rabiar mucho y que toda la culpa es mía y nada más que mía.
©QUINO
(La Dirección de este Diario Íntimo aclara que sólo se limita a publicar estas notas, sin compartir por eso el criterio de su autora.)

REINA LA MÁS ABSOLUTA TRANQUILIDAD
434
LOS MANDOS ESTÁN ABOCADOS A SUS TAREAS ESPECÍFICAS
©QUINO
ERA UNA PENA NO DARLE UN GOLPE DE ESTADO A LOS BOMBONES

¡BANG! ¡BANG! ¡Y BANG!
435
¿CÓMO "Y" BANG? ¿DÓNDE VISTE QUE UN REVÓLVER DIGA "Y"?
¡UN REVÓLVER PUEDE DECIR "¡BANG!", "¡PANG!" E, INCLUSIVE, "¡PÚNG!", PERO NUNCA "Y"!
©QUINO
¿A QUIÉN PUEDE INTERESARLE JUGAR A LOS "COW-BOYS" CON DON JOSÉ MARÍA PEMÁN?

CUANDO UNO SE MUERE, ¿ADÓNDE IRÁ?
436
MI MAMÁ ME DIJO QUE AL CIELO
¿TE CONTÓ DETALLES DEL LANZAMIENTO?
©QUINO

HAY ALGO QUE NO ENTIENDO
437
SI CUANDO UNO SE MUERE SE VA AL CIELO....
©QUINO
¿QUÉ DEMONIOS VIENE A SER EL CEMENTERIO?
¡¿UNA ESPECIE DE CABO KENNEDY?!

VOS ME DIJISTE QUE CUANDO UNO SE MUERE SE VA AL CIELO, ¿NO?
SÍ, ¿POR?
438
PORQUE HAY ALGO QUE NO ENTIENDO; POR EJEMPLO: ¿CÓMO HACEN LOS GORDOS PARA TOMAR SEMEJANTE ENVIÓN?
¡PERO NO, MIGUELITO!... EL ASUNTO ES ASÍ: AL CIELO SUBE NADA MÁS QUE EL ALMA; EL CUERPO LO DEJAMOS AQUÍ!
©QUINO
¡CÓMO!...¡¿O SEA QUE EL ENVASE HAY QUE DEVOLVERLO?!

¡AJAJHAÁÁÁ! ¡JAQUE!
¡GANÉ! ¡JAQUE AL REY!
EL REY HA MUERTO ¡VIVA EL REY!
ANTE TANTA DIGNIDAD, ¿QUIÉN PUEDE ALEGRARSE DE HABER GANADO?

?
¿QUÉ DIABLOS TE PASA, MAFALDA, TE HAS VUELTO LOCA?
HAY QUE AVANZAR CON LA HUMANIDAD, MIGUELITO, HAY QUE AVANZAR CON LA HUMANIDAD

...¡LLEVA LA PELOTA POR EL MEDIO CAMPO!....
¡ESO ME GUSTARÍA!... ¡SER JUGADOR DE FÚTBOL, PARA NO TENER QUE IR A LA ESCUELA!
442
....¡SIGUE AVANZANDO PELIGROSAMENTE, ELUDE A UN HOMBRE, SE VA ACERCANDO AL ÁREA, ¡VA A **REMATAAAR** Y....
...¡¡**FOUL**!!...... ¡VIOLENTÍSIMO EL FOUL, MIS AMIGOS!....¡¡LO **BARRRRR**IERON AHÍ AL HOMBRE!!¡¡LE **HACHARON** LA PIERNA!!...
EL CONTINENTE AMERICANO ESTÁ FORMADO, A SABER, POR: AMÉRICA DEL NORTE, AMÉRICA CENTRAL, O CENTROAMÉRICA, Y AMÉRICA DEL SUR, O SUDAMÉRICA; SIENDO SUS PRINCIPALES RÍOS.....
©QUINO

¿QUÉ LE OCURRE A MANOLITO?
443
COMETIÓ UNA DE SUS BESTIALIDADES EN LA ESCUELA Y SACÓ MALA NOTA
NO DEBERÍA AFLIGIRSE POR ESO. TODOS TENEMOS NUESTRAS BESTIALIDADES DE VEZ EN CUANDO
SÍ, PERO LO MALO DE MANOLITO ES QUE PARECE SER UN BESTIA *FULL-TIME*
©QUINO

FFFFF
444
¡BANG!
©QUINO

"BIENVENIDO"
¡QUÉ LINDO FELPUDO, MIGUELITO!
YO LO ODIO
¿LO ODIÁS?
¿POR QUÉ?
¿LLEGASTE, MIGUELITO? ¡A QUE YA ESTÁS CAMINANDO SIN PATINES!... ¿NO? ¡CLARO!... ¡TOTAL, LA QUE SE DESLOMA TODO EL SANTO DÍA ENCERANDO LOS PISOS SOY YO: ¡LA ESTÚPIDA!
¡PORQUE ES EL FELPUDO MÁS HIPÓCRITA QUE VI EN MI VIDA!

HE OÍDO POR AHÍ QUE NACEMOS DENTRO DE UN REPOLLO. ¿VOS QUÉ OPINÁS?
QUE NOS TRAE LA CIGÜEÑA, MIGUELITO. ESO DEL REPOLLO ES UNA PATRAÑA SIN PIES NI CABEZA
SERÁ COMO VOS DECÍS, PERO LO QUE ES YO..., ¡EN MI VIDA VUELVO A PROBAR CHUCRUT!

¿VOS QUÉ OPINÁS, MANOLITO: NACIMOS DENTRO DE UN REPOLLO O NOS TRAJO LA CIGÜEÑA?
¡JHÁ! ¡PERO MIRÁ LO QUE LE VENÍS A PREGUNTAR A ESTE ADOQUÍN!..... ¡ESOS TEMAS SON DEMASIADO PROFUNDOS PARA ESTE BESTIA!
ES VERDAD, MIGUELITO. ESO DE NACER Y MORIR NO ME PREOCUPA. A MÍ ME INTERESA LA VIDA, NO LAS PUNTAS DE LA VIDA
¡JHÁ!

¿Y SI FUERA VERDAD QUE NACEMOS DENTRO DE UN REPOLLO?
448
¿POR QUÉ TIENE QUE SER **CIERTO** LO DE LA CIGÜEÑA Y **FALSO** LO DEL REPOLLO?
¡A FIN DE CUENTAS, UN REPOLLO TIENE TANTA O MÁS VALIDEZ CIENTÍFICA QUE UNA CIGÜEÑA!
©QUINO
¿Y DE DÓNDE SACAN REPOLLOS PARA NACER LOS ESQUIMALES, MIGUELITO?

LOS ESQUIMALES SON LA MEJOR PRUEBA DE QUE NOS TRAE LA CIGÜEÑA, MIGUELITO
449
SI NACIÉRAMOS DENTRO DE UN REPOLLO, LOS ESQUIMALES NO EXISTIRÍAN, PORQUE, DECIME, ¿VOS CREÉS QUE EN EL POLO HAY REPOLLOS?
©QUINO
¡Y QUÉ SÉ YO! ¡CON TANTO MERCADO COMÚN!...

¡NO SÉ PARA QUÉ CUERNOS VENGO A LA PELUQUERÍA!
450
¡NO SÉ PARA QUÉ RECUERNOS VOY A LA PELUQUERÍA!
©QUINO

451
?
VEO MUCHAS REVISTAS DE FOTONOVELAS,...
...Y VEO BAILES EN UN CLUB DE BARRIO Y LUEGO UN CASAMIENTO,..
...Y DESPUÉS VEO FREGAR Y FREGAR EN LA CASA HASTA SER UNA VIEJITA
© QUINO
¡PENSAR QUE ESO ES TODO LO QUE VEN LAS MUJERES QUE MIRAN LA VIDA A TRAVÉS DE UN RULERO!..

DECIME, MAFALDA, ¿VOS CREÉS QUE EL HAMBRE EN EL MUNDO SE SOLUCIONARÍA DÁNDOLE UN CARAMELO A CADA PERSONA HAMBRIENTA?
452
A MÍ SE ME OCURRE QUE NO. ¿POR QUÉ LO PREGUNTÁS?
© QUINO
BUENO..., ¡PORQUE TE IMAGINÁS QUÉ LINDO CARGO DE CONCIENCIA, ¿NO?

UN PRIMO MÍO QUE SABE INGLÉS ME TRADUJO ALGUNAS CANCIONES DE "LOS BEATLES"
¿A VER?
453
¿TENÉS UN LÁPIZ? AQUÍ HAY UNA FRASE QUE QUISIERA COPIAR
¡SEGURO!
"CUANDO TE VI CON ÉL, SENTÍ QUE MI FUTURO SE DERRUMBABA"
© QUINO
SÓLO UNOS GENIOS COMO "LOS BEATLES" PODÍAN INTERPRETAR TAN BIEN LO QUE SENTÍ LA PRIMERA VEZ QUE VI A MI MAMÁ CON UN PLATO DE SOPA

SE REUNIERON HOY EL PRIMER MINISTRO INGLÉS Y EL SECRETARIO GENERAL DE LA **UN**
ME IMAGINO QUE TRATARÍAN EL PROBLEMA DEL DESARME
AMBOS FUNCIONARIOS TRATARON EL PROBLEMA DEL DESARME
DESPUÉS DICEN QUE LA **TV** NOS ATROFIA LA IMAGINACIÓN

DECIME, FELIPE, ¿VOS CREÉS REALMENTE QUE LA **TV** NOS ATROFIA LA IMAGINACIÓN A LOS CHICOS?
BUENO, NO SÉ; NUNCA HE PENSADO EN EL ASUNTO

¿Y SI FUERA CIERTO QUE LA **TV** NOS ATROFIA LA IMAGINACIÓN A LOS CHICOS?
¿EEH?
¿EEH? ¿Y SI FUERA CIERTO?

!
¡ACABO DE DESCUBRIR QUE EN EL ESPEJO LAS COSAS SE VEN AL REVÉS! ¡ES TERRIBLE!
¿POR QUÉ ES TERRIBLE?
PORQUE ESO QUIERE DECIR QUE CUANDO UNO SE MIRA AL ESPEJO,... ¡SE VE AL REVÉS DE COMO REALMENTE ES!
¡VAMOS, MIGUELITO!... ¡PARA ESO NO HACE FALTA MIRARSE AL ESPEJO!

MIGUELITO TIENE RAZÓN: EN EL ESPEJO LAS COSAS SE VEN AL REVÉS
LA DERECHA VIENE A SER LA IZQUIERDA...
...Y LA IZQUIERDA VIENE A SER LA DERECHA
¡QUÉ CONTUBERNIO!

¡¿DE DÓNDE CUERNOS SACASTE ESO DE QUE EN EL ESPEJO UNO SE VE AL REVÉS DE COMO ES?!

HOA, BAFADDA ¿CÓHO E VA? ¿UÁNDO COD E AUDIDO?
460
BE USDAÍA EDADBE A UAD COD VOS, PEO BI BABÁ BE BANDÓ A DA ECHEÍA
HASDA UÉO
AÚN ESTÁ POR ESCRIBIRSE UN DICCIONARIO "CARAMELO-ESPAÑOL ESPAÑOL-CARAMELO"
©QUINO

¿HAS LEÍDO ESTO? AQUÍ DICE QUE LA **TV** ES UN VEHÍCULO DE CULTURA
461
¿UN VEHÍCULO DE CULTURA?
AJHÁ
¡TOMA!
¡BANG! ¡BANG!
¡AUGGH!
©QUINO
¡YO QUE LA CULTURA, ME BAJABA Y SEGUÍA DE A PIE!

462
ZAPATERÍA
boutique
Sastrería
©QUINO
DECIME, MAMÁ ¿VOS ESTÁS SEGURA DE QUE ESTAMOS CAMINANDO PARA ADELANTE?
TEJIDOS

TIC!
463
"UNA ANTIGUA COSTUMBRE QUE SIEMPRE ESTÁ DE MODA,....."
¿MATAR GENTE?
"...BEBER WHISKY BLACK-GROG"
AH...
©QUINO

¡MUY BIEN! ¡ME VOY! ¡PERO BAJO PROTESTA!
464
ESTÁN HABLANDO DE TENER CHICOS... ¡Y ME ECHAN!
¡AHORA RESULTA QUE LOS **CHICOS** NO PODEMOS OÍR HABLAR DE TENER **CHICOS**! ¡Y ENTONCES NOS ECHAN!
¡ESO ES TAN ABSURDO COMO HABLAR DE TENER MÉDICO Y ECHAR A BEN CASEY!
©QUINO

FRANCAMENTE, TU PAPÁ ES BASTANTE TONTO. ¿NO SABE QUE HAY MEJORES NEGOCIOS QUE ESTE DE LAS PLANTAS?
465
¿NEGOCIO? PARA MI PAPÁ LAS PLANTAS NO SON UN NEGOCIO, MANOLITO, SINO UN ENTRETENIMIENTO
¡CÓMO!... ¿NO LAS VENDE?
¡PERO NO, HOMBRE!
©QUINO
¡DIOS MÍO! ¡¿CÓMO SE PUEDE SER TONTO Y, ENCIMA, AD-HONOREM?!

GOLOSINAS
HOLA, MIGUELITO. ¿CÓMO TE VA?
ÑIEN, AMGHÍ ESFOY, OMENDO CAAMFELHO
MGÜÉS TEFOEONTU HASA, ¿MMFFÍ? ZSCHAO
ES RARO QUE NADIE HAYA SEÑALADO LA IMPORTANCIA DE LOS CARAMELOS EN EL PROBLEMA DE LA INCOMUNICACIÓN HUMANA

¡TRAJE A MAFALDA PARA JUGAR AQUÍ, MAMÁ!
¡LOS PATIIIIINES!.. ¡A QUE ESTÁN CAMINANDO SIN PATINES Y ESTROPEANDO EL PARQUET!..
¡NO JUEGUEN NI EN EL LIVING NI EN EL COMEDOR, ¿EH?
¡AH! Y OTRA COSA.......
¡NO DEJEN LUEGO TODOS LOS JUGUETES TIRADOS POR AHÍ! ¡GUÁRDENLOS! ¡YA LO SABEN!
MI ÚNICA ESPERANZA ES QUE EN EL SERVICIO MILITAR ME COMPUTEN TODO ESTO Y ME LARGUEN ENSEGUIDA

"La Bondad es algo natural en el hombre"
¿Y LA MALDAD? ¿NO ES TAMBIÉN NATURAL?
NO. DEBE DE SER DE ALGUNA DE ESAS FIBRAS ARTIFICIALES QUE ESTÁN TAN DE MODA EN TODO EL MUNDO

¡ATCHIÍÍSS!
¡RESFRIARME!... ¡ESO ES LO ÚNICO QUE ME FALTA!...
... ADEMÁS DE INTELIGENCIA, GRACIA, SENSIBILIDAD, INGENIO, TACTO, ELEGANCIA, HABILIDAD, FINEZA, BUEN GUSTO, SENSATEZ, IMAGINACIÓN, CULTURA, ETCÉTERA

LE HE PRESTADO MIS REVISTAS A MANOLITO, PARA QUE SE DISTRAIGA UN POCO DE SU GRIPE
AT... AAAT...
¡¡NO ESTORNUDES DELANTE DE LA...
...CHIÍÍSSS!
REV...
¡TARDE!

¡MALDITA GRIPE!... ¡TENÍA QUE DARME JUSTO A MÍ!
¡VAMOS, MANOLITO!... LA GRIPE LES DA A GRANDES Y CHICOS, A GORDOS Y FLACOS, A POBRES Y RICOS, A NEGROS Y BLANCOS... ¡A TODOS!
PUES PODRÍA IRSE AL CUERNO CON SU DEMOCRACIA

ALMACÉN "DON MANOLO"
472
¿CÓMO VA LA GRIPE, MANOLITO?
AL SALIR DE LA ESCUELA SE NOS OCURRIÓ VENIR A VISITARTE Y VER SI NECESITÁS ALGO
©QUINO
SÍ, QUISIERA PEDIRLES UN UN FAVOR
¿CUÁL ES? LO HAREMOS CON MUCHO GUSTO
NO SE VAYAN SIN COMPRAR ALGO. ¡ALMACÉN "DON MANOLO" VENDE BARATÍSIMO!

¡MANOLITO ESTÁ EN CAMA CON GRIPE, DE ACUERDO! PERO,... ¿PARA QUÉ VAS A VISITARLO CON ESE CASCO ESPACIAL?
PARA EVITAR EL CONTAGIO
473
¿QUÉ PASA SI VOY SIN CASCO Y ME CONTAGIA?
¡SI TE CONTAGIA, MALA SUERTE! ¡LA AMISTAD EXIGE CIERTOS SACRIFICIOS!
©QUINO
NO VEO QUE TENGA NADA DE MALO DARLES UN TOQUE MODERNO A LOS SACRIFICIOS

¡LO CONTENTOS QUE SE VAN A PONER FELIPE, SUSANITA Y MAFALDA CUANDO ME VEAN LEVANTADO!
474
¡AMIGOS!... ¡ME HE SACADO ESA MALDITA GRIPE DE ENCIMA!.... ¿DÓNDE ESTÁN TODOS?
©QUINO

¿CUÁNTA GENTE ENGRIPADA COMO NOSOTROS CREÉS QUE HABRÁ EN EL MUNDO, MAFALDA?
NO SÉ. SUPONGO QUE MUCHA ¿POR QUÉ?
Y,... QUÉ SÉ YO.... SIEMPRE CONSUELA UN POCO SABER QUE UNO NO ESTÁ SOLO ¿NO TE PARECE?
SÍ; AUNQUE FRANCAMENTE, EN ESTE CASO NO SÉ PARA QUÉ CUERNOS PUEDE SERVIRNOS EL SINDICALISMO

A MÍ, LO QUE ME GUSTA DE LA GRIPE ES NO TENER QUE IR A LA ESCUELA
QUÉ QUERÉS QUE TE DIGA, FELIPE...
YO PREFIERO IR A LA ESCUELA, ESTUDIAR Y HACER DEBERES...
...EN LUGAR DE TENER QUE SOBRELLEVAR ESTA INCULTURA A VIRUS

ME ENTERÉ QUE ESTUVISTE EN CAMA CON GRIPE PERO MI MAMÁ NO ME DEJÓ IR A VISITARTE POR MIEDO A QUE ME CONTAGIARA
Y YO, CON MIS AHORROS, HABÍA COMPRADO UNA CAJA DE GALLETITAS PARA LLEVARTE..., ¡ASÍ QUE ME PESQUE UNA RABIETA..., PERO UNA RABIETA!...
SOS MUY AMABLE, MIGUELITO, PERO NO TE HUBIERAS MOLESTADO EN COMPRARME ESAS GALLETITAS
BUENO..., NO..., SÍ... ¡EN FIN!...
... ¡HAY QUE VER EL HAMBRE QUE ME DAN A MÍ LAS RABIETAS!

Fa-Fe-Fi-Fo-Fu fama-febo-fino foca-fuego
478
Ese roble es fuerte Esa niña es Felisa Ese niño es Fidel
©QUINO
¡ESE NIÑO ES ANTIDEMOCRÁTICO!

MAMÁ, ¿PUEDO DECIRTE QUE ESTA SOPA ES UN BREBAJE ESPANTOSO?
¿EHÉ?
479
¿Y QUE ES LA PORQUERÍA MÁS INMUNDA QUE HE PROBADO EN MI VIDA?
©QUINO
¿O TE MOLESTA LA CRÍTICA CONSTRUCTIVA?

MIRÁ, ESTO ES EL MUNDO, ¿VES?
480
¿SABÉS POR QUÉ ES LINDO ESTE MUNDO? ¿EHEÉ?
PORQUE ES UNA MAQUETA
¡EL ORIGINAL ES UN DESASTRE!
©QUINO

¿A USTEDES NUNCA LES PASA SENTIRSE MEDIO INDEFINIDOS?

¡CHINOS GO HOM....
...¿O ERA AL REVÉS?

VOY AL MERCADO Y VUELVO, ¡NO LE ABRAS LA PUERTA A NADIE, POR MÁS QUE LLAME, ¿EH?
BUENO
481
©QUINO
¡MAMÁ!..
¿Y SI ES LA FELICIDAD?

PAPÁ, ¿DÓNDE VIVE LA GENTE QUE TODAVÍA NO NACIÓ?
482
ES GENTE QUE NO EXISTE, MAFALDA. ASÍ QUE NO VIVE EN NINGÚN LADO. ¿POR QUÉ?
AAAH... NO, POR NADA
Antes de venir, ¡piénsenlo!
©QUINO

LO QUE NOS HACE FALTA EN ESTE ALMACÉN ES UNA INVESTIGACIÓN DE MERCADO
483
YA MISMO VOY A PREGUNTAR A LA GENTE POR LA CALLE: "¿COMPRA UD. EN ALMACÉN DON MANOLO, SÍ O NO?"
A LOS QUE CONTESTEN SÍ, LOS ANOTO EN ESTA COLUMNA; Y A LOS QUE CONTESTEN NO.....
©QUINO

484
¿QUÉ HACÉS AHÍ SENTADO, MIGUELITO?
PUES AQUÍ ESTOY, ESPERANDO ALGO DE LA VIDA
©QUINO

NO ENTIENDO, MIGUELITO ¿QUÉ QUIERE DECIR ESO DE QUE VAS A QUEDARTE AHÍ SENTADO ESPERANDO ALGO DE LA VIDA?
485
PUES ESO: QUE VOY A QUEDARME AQUÍ SENTADO, ESPERANDO QUE LA VIDA ME DÉ ALGO
©QUINO
¿Y NO SERÁ QUE EL MUNDO ESTÁ LLENO DE MIGUELITOS Y POR ESO ANDA COMO ANDA?

¡ES ABSURDO, MIGUELITO! ¿PENSÁS SEGUIR AHÍ SENTADO ESPERANDO ALGO DE LA VIDA?
SÍ
486
PERO, DECIME, ¿QUÉ ES LO QUE ESPERÁS DE LA VIDA? ¿EHÉ?
Y,...¡ALGO!...¡QUÉ SÉ YO!...NO TENGO PRETENSIONES. CUALQUIER COSA QUE ME DÉ LA VIDA ESTARÁ BIEN
¡AMARRETA!
©QUINO

¿QUÉ HACE MIGUELITO AHÍ SENTADO?
DICE QUE ESTÁ ESPERANDO ALGO DE LA VIDA
¡MIRÁ QUE SOS TONTO! ¿VOS CREÉS QUE TODO ES CUESTIÓN DE QUE UNO SE SIENTE A ESPERAR, PARA QUE LA VIDA LE DÉ ALGO? ¿EHEEE?
SÍ
¿Y CUÁNTO TE PARECE QUE TENDREMOS QUE ESPERAR?
487
©QUINO

¡BANG! ¡BANG! ¡BANG! ¡BANG!
488
¡BANG! ¡BANG!
¡PÚM!
¡NO, NO Y NO! ¡PUM NO SE USA MÁS! ¿QUIÉN ES EL OBSOLETO QUE DIJO PUM?
©QUINO

"SÍ UNA PERSONA NACE HOY, ¿CUÁNTOS AÑOS TENDRÁ DENTRO DE MEDIO SIGLO?"
489
50 años
©QUINO
ESO DE QUE ALGUIEN QUE NACE DESPUÉS QUE UNO SEA TAN VIEJO, DEPRIME A CUALQUIERA

490
?
CREMA de Belleza
©QUINO
¿Y?

491
CUANDO SEA GRANDE VOY A TRABAJAR DE INTÉRPRETE EN LA U.N.
Y CUANDO UN DELEGADO LE DIGA A OTRO: "¡SU PAÍS ES UN ASCO!," YO VOY A TRADUCIR: "SU PAÍS ES UN ENCANTO" Y...¡CLARO!, NADIE PODRÁ PELEARSE
©QUINO
¡Y SE ACABARÁN LOS LÍOS Y LAS GUERRAS Y EL MUNDO ESTARÁ A SALVO!
ESO SÍ; VOS PROMETEME QUE VAS A DURAR HASTA QUE YO SEA GRANDE, ¿EHÉ?

492
A MÍ LO QUE ME ENFERMA ES QUE UNO NACE, ¿Y QUÉ ES? ¡HIJO!... ¡UNO TIENE CINCO AÑOS ¿Y QUÉ ES? ¡HIJO!
¡UNO TIENE OCHO, DOCE, QUINCE, DIECINUEVE AÑOS, ¿Y QUÉ ES? ¡HIJO! ¡¡HIJO!! ¡SIEMPRE HIJO!!
¡RECIÉN COMO A LOS VEINTE AÑOS PARECE QUE UNO PUEDE LLEGAR A SER ¿QUÉ? ¡PADRE!
¿EN QUÉ ESCALAFÓN SE HA VISTO QUE UNO TENGA QUE TRAGARSE VEINTE AÑOS PARA ASCENDER AL GRADO INMEDIATO SUPERIOR?!
©QUINO

493
INDUDABLEMENTE, LA PRIMAVERA ES LO MÁS PUBLICITARIO QUE TIENE LA VIDA
©QUINO

¡MMMMMMMHHH! YA SE RESPIRA LA PRIMAVERA EN EL AIRE, MANOLITO. ¿SENTÍS?
494
?
¡SNIIIIIIIIFF!
NO
©QUINO

495
¿TE GUSTA LA PRIMAVERA, PAJARITO?
¡PIT PIT!
©QUINO
DECIME, ¿TE GUSTA LA SITUACIÓN MUNDIAL?
¡PIT PIT!
POR UN MOMENTO PENSÉ QUE PIT PIT QUERÍA DECIR **SÍ**

HE OÍDO DECIR POR AHÍ QUE LA PRIMAVERA ES LA ESTACIÓN DEL AMOR ¿VOS CREÉS QUE REALMENTE ES ASÍ?
496
SÍ, YO CREO QUE LA PRIMAVERA ES LA ESTACIÓN DEL AMOR
¿VALE DECIR QUE TENDREMOS QUE ARCHIVAR NUESTROS ODIOS HASTA EL VERANO?
©QUINO

...ES INNEGABLE QUE EL IMPULSO QUE ROCKEFELLER DIO A LAS....
497
©QUINO
¡OIGO NOMBRAR A ROCKEFELLER Y SE ME LLENAN LOS BOLSILLOS DE ENVIDIA!

¡QUÉ CASUALIDAD!.. MI MAMÁ TIENE UN GOMERO IGUAL, IGUAL A ÉSTE, PERO DE PLÁSTICO
498
¡DE PLÁSTICO!
¡ENTONCES NO ES IGUAL, MIGUELITO!... ¡EL PLÁSTICO ES FRÍO, SIN VIDA, SIN GRACIA Y NUNCA SE LO PUEDE COMPARAR A ALGO NATURAL!
©QUINO
UD. MUÉSTREME UN AUTITO HECHO CON UN GOMERO Y LUEGO HABLAMOS

¡QUÉ MALA PATA! ¡TENÍAMOS QUE VIVIR JUSTO EN ESTA ÉPOCA EN QUE EXISTEN ESTOS CHINOS!..
499
PERO MAFALDA, LOS CHINOS HAN EXISTIDO EN TODAS LAS ÉPOCAS
SÍ, BUENO...
..PERO A LOS CHINOS DE ANTES SÓLO LES DABA POR HACER PROVERBIOS
©QUINO

¡NO SÉ PARA QUÉ DIABLOS ESCUCHÉ ESE NOTICIOSO!
500
¿POR QUÉ? ¿QUÉ DIJERON EN EL NOTICIOSO?
¡QUE EL PELIGRO DE UN LÍO NUCLEAR NOS AMENAZA A **TODOS**! ¿TE DAS CUENTA? ¡ABSOLUTAMENTE A TODOS!
¡HOMBRE!..
¡ES LA PRIMERA VEZ QUE HABLAN DE MÍ POR RADIO!
©QUINO

¡UDS. CREEN QUE LO ÚNICO QUE ME INTERESA ES EL ALMACÉN DE MI PAPÁ Y QUE SOY UN BESTIA SIN SENSIBILIDAD! ¿NO?
501
PUES PARA QUE SEPAN: ¡YO NO SOY LO QUE UDS. CREEN!
QUEDATE TRANQUILO, MANOLITO; AQUÍ NADIE CREE QUE VOS SEAS ALGO
©QUINO

CUANDO SEA GRANDE VOY A SER ASTRONAUTA ¡SÍ SEÑOR!.....UN BUEN ASTRONAUTA DEBE GANAR UN SUELDAZO
PUPI
502
Y ADEMÁS,....¡ESO DE FLOTAR!...¡Y DE SENTIRSE SUSPENDIDO EN EL ESPACIO!....¡Y.....
¡BONK!
¿CUÁNTO CREÉS QUE PUEDE GANAR UN BUEN COLCHONERO, MAFALDA?
©QUINO

¡LA PRIMAVERA, MANOLITO!.... ¡LLEGÓ LA PRIMAVERA!
503
¿Y?
©QUINO
¿QUIÉN PODÍA ESTAR PREPARADO PARA SEMEJANTE PREGUNTA?

¿QUÉ PLANES TENÉS PARA ESTA PRIMAVERA, MIGUELITO?
504
VIVIR
TAN CHIQUITO,... ¡Y YA TAN ORGANIZADO!...
©QUINO

"No dejes para mañana lo que puedes hacer hoy"
¡DIOS MÍO!... ¡SI LOS CHINOS LLEGAN A LEER ESTO!...
505
©QUINO

¡BANG!
506
¡AUUUGH!
¡RAT-TA'TA'TA'TAT!
¡OUUUG!
¡AYYYJ!
¡UUUCH!
¡BAING! ¡BAING!
¡HEEEY!
¡AAAUGH!
¿Y CÓMO DIABLOS NO VIO MI PAPÁ QUE EL NEGOCIO NO ES PONER UN ALMACÉN, SINO UNA POMPA FÚNEBRE?
©QUINO

VOY A DIVERTIRME UN RATO ASUSTANDO A MAFALDA CON ESTA ARAÑA DE GOMA
507
¿SABÉS QUÉ TENGO PARA VOS?
BUENO, NUNCA HABÍA QUERIDO DECÍRTELO, PERO PARA MÍ TENÉS LOS DIENTES MUY SALIDOS Y LA CARA DEMASIADO LARGA Y POCO CARÁCTER...
©QUINO

¡MCHUIIIIK!
508
TOMÁ, MAFALDA; LEÉ "PULGARCITO", QUE PARA TU EDAD ES MUCHO MEJOR, ¿EHÉ?
¡TIC!
PULGARCITO
"...y en la oscuridad, creyendo dar cuenta de Pulgarcito y sus hermanos, el Ogro mató a sus propias hijas..."
PULGARCITO
¡ESTO SÍ QUE ESTÁ BUENO! YO CREÍA QUE PARA LA EDAD DE CUALQUIERA, ERA MUCHO MEJOR UN BESITO QUE UN CRIMEN
©QUINO

"...QUIEN APLICÓ UN RECIO GOLPE DE PUÑO AL GUARDAVALLA, ANTE LA IMPASIBILIDAD DEL ÁRBITRO, QUE NO SANCIONÓ EL FOUL...."
509
¿CÓMO ALGUIEN PUEDE QUEDARSE IMPASIBLE ANTE UNA COSA ASÍ? ¡ES INDIGNANTE!
"ES CADA VEZ MAYOR EL NÚMERO DE NIÑOS ABANDONADOS Y DESNUTRIDOS"
ES BUENO VER QUE TE PREOCUPA ALGO TAN IMPORTANTE, PAPÁ ¡TODO EL MUNDO DEBIERA SER COMO VOS!
©QUINO

¿Y VOS, QUÉ TAL, MANOLITO? ¿SACASTE MEJORES O PEORES NOTAS QUE LA VEZ PASADA?
510
BUENO, ¿QUÉ TE DIRÉ? PARECE QUE YO A LA MAESTRA LE DESPIERTO UNA ESPECIE DE SIMPATÍA COMERCIAL
¿SIMPATÍA COMERCIAL? ¿Y, ESO QUÉ QUIERE DECIR?
©QUINO
QUIERE DECIR QUE MIENTRAS MÁS ME CONOCE, MÁS DESCUENTO ME HACE

¿QUÉ TE OCURRE, FELIPE?
¡ALGO TERRIBLE! ¡SE ME ESTÁ AFLOJANDO UN DIENTE; MIRA
¡UY! ¿A VER?
¿QUÉ TE PARECE?
QUE EN ESTE MOMENTO SOS UNA PÉSIMA PROPAGANDA PARA CUALQUIER PEGATODO

NO TE AMARGUES POR ESE DIENTE FLOJO, FELIPE; CUANDO SE TE CAIGA, LO PONÉS BAJO LA ALMOHADA, Y A LA MAÑANA SIGUIENTE TE ENCONTRÁS CON QUE LOS RATONES TE HAN DEJADO UNA MONEDA
¿ME DEJARÁN UNA MONEDA? ¿A MÍÍÍÍ? ¿LOS RATONES?
AJHÁ
¡QUÉ BICHOS SIMPÁTICOS RESULTARON SER LOS RAT...
¿NO ES ESPANTOSO? ACABO DE APRENDER A ODIAR POR CUESTIONES ECONÓMICAS

TENGO UN DIENTE FLOJO, ¿VES? CUANDO SE ME CAIGA, LO PONDRÉ BAJO LA ALMOHADA Y LOS RATONES ME DEJARÁN UNA MONEDA
¿UNA MONEDA? ¿EN SERIO? ¿Y CUÁNTO TARDARÁ EN CAERSE EL DIENTE?
Y..., NO SÉ; UNOS DÍAS
¿DÍAS? ¡HOMBRE!... ¡CUANTO ANTES LO BAJEMOS, MENOS DEVALUADA ESTARÁ ESA MONEDA!
¡ES INÚTIL!... LOS COBARDES NUNCA HARÁN BUENOS NEGOCIOS

ESTE ASUNTO DE LOS DIENTES DE LECHE NO LO ENTIENDO
514
¿ACASO NO ESTÁN BUENOS? ¿QUÉ NECESIDAD HAY DE CAMBIARLOS?
¡ME REVIENTA TENER QUE CAMBIAR ALGO CUANDO TODAVÍA SIRVE!
¡Y ADEMÁS....
¡NO ESTÁN LAS COSAS COMO PARA ANDAR DESPILFARRANDO DIENTES!
©QUINO

EXPLICAME CÓMO ES ESO DE LOS DIENTES DE LECHE, MAMÁ; ¿A UNO SE LE CAEN TODOS DE GOLPE?
¿POM?
515
NO, MAFALDA; PRIMERO SE TE CAE UNO......
VARIOS DÍAS DESPUÉS, OTRO...
UN TIEMPO MÁS ADELANTE, OTRO....
¡DIOS MÍO!...¿SABRÉ SOBRELLEVAR ESE LENTO STRIP-TEASE DE MIS ENCÍAS?
©QUINO

516
¡ASÍ ES LA COSA! AL FINAL SE ME CAYÓ EL DICHOSO DIENTE DE LECHE
LO QUE NO SABE EL POBRE ES QUE ADEMÁS SE LE HA CAÍDO MEDIA PERSONALIDAD
©QUINO

ESCUCHÁ QUÉ LINDO LO QUE ENCONTRÉ EN ESTE LIBRO, MANOLITO
517
"SI DE NOCHE LLORAS POR EL SOL, LAS LÁGRIMAS TE IMPEDIRÁN VER LAS ESTRELLAS"
¿Y CUANDO LA PALIZA ES AL MEDIODÍA?... ¡¿QUÉ?!...
©QUINO

¡MANOS ARRIBA, EN NOMBRE DE LA LEY!
518
..¡UN DESASTRE DE LEY; ESO ES LO QUE TENEMOS!....¡QUE SI NOS DAN LA JUBILACIÓN, QUE SI NO NOS LA DAN!...... ¡VAYA UNA LEY!..
¡SÍ, HOMBRE, VAYA UNA PORQUERÍA DE LEY!...
PODÉS BAJARLAS; YA ME ARRUINARON EL CLIMA
©QUINO

TENGO QUE HACER UNA COMPOSICIÓN SOBRE LA VACA, ¿QUÉ SE TE OCURRE QUE PUEDO DECIR, MIGUELITO?
519
LA VACA VIVE EN EL CAMPO. ALLÍ COME PASTO Y PASTO Y MÁS PASTO. ¡MUCHO PASTO!
LUEGO LA VACA VIENE A LA CIUDAD Y NOSOTROS NOS LA COMEMOS. Y YA ESTÁ
O SEA QUE PARA VOS, LA VACA NO ES OTRA COSA QUE UN INTERMEDIARIO ENTRE EL PASTO Y NOSOTROS
©QUINO

¿HICISTE EL DIBUJO DE LA VACA, QUE NOS PIDIÓ LA MAESTRA, MANOLITO?
SEGURO
520
¿ESTÁ PARECIDA?
BUENO,..... LA VERDAD......
SÍ, YA SÉ. LO QUE PASA ES QUE COMO NO TENÍA UNA VACA A MANO, NO ME SALIÓ EXACTAMENTE UNA VACA, SINO MÁS BIEN..
...EL "IDENTI-KIT" DE UNA VACA
© QUINO

SIN EMBARGO YO CREO QUE A LA MAESTRA LE VA A GUSTAR MI DIBUJO DE LA VACA. TAN MAL NO ESTÁ. Y SE NOTA BIEN QUE ES UNA VACA, ¿NO?
521
VISTO ASÍ.. ¿EHÉÉ? ¿QUÉ TAL?
¡QUÉ LINDO!..¿ES TUYO ESTO TAN LINDO, MANOLITO?
¡SEP!
© QUINO
¿Y ALGUIEN TE DIO LA IDEA, O SE TE OCURRIÓ A VOS SOLO ESTO DE PROYECTAR EL MONUMENTO A LA MEDIALUNA?

¡CHICOS! ¿QUÉ REGALAR A MAMÁ EN SU DÍA?
522
¡HAY QUE IR PENSANDO! ALMACÉN DON MANOLO SUGIERE SU AMPLIO SURTIDO DE JABÓN DE LAVAR, TRAPOS DE PISO, ETC.
© QUINO
PUES NO OLVIDEN QUE UNA MADRE CANSADA PEGA MENOS FUERTE

¿QUIÉN HAY AQUÍ EN ESTA NIEBLA?
YO, QUE ME ESTOY BAÑANDO
¿QUIÉN ES "YO"? ¡AH!... ¿SOS VOS, MAMÁ?
¡CLARO!.. ¿A QUIÉN ESPERABAS ENCONTRAR ACÁ, SI NO?
A SCOTLAND YARD

....Y PESE A LAS BURLAS Y A LA INCOMPRENSIÓN DE TODOS, COLÓN SEGUÍA AFIRMANDO QUE LA TIERRA ERA REDONDA
REDONDA...¡QUÉ BRUTO!

?
MUÉSTREME QUÉ TALLAS TIENE EN PAÑUELOS PARA REGALAR A UNA MADRE

526
HOLA, FELIPE;...ESTEEEE,..... DECIME, ¿HAS PENSADO YA QUÉ REGALITO VAS A HACERME PARA EL DÍA DE LA MADRE?
¿REGALITO? ¿A VOS? ¿POR QUÉ?
BUENO,... ES ALGO DIFÍCIL DE EXPLICAR; NO SÉ SI ESTÁS PREPARADO PARA OÍRLO,... PERO **YA** NO PUEDO SEGUIR OCULTÁNDOLO;... TENDRÁS QUE HACERME UN REGALITO PORQUE YO,....ESTEE,...YO....
¿VOS, QUÉ?
YO, HIJO MÍO,... ¡SOY TU MADRE!
SIN EMBARGO EN LOS TELETEATROS SIEMPRE DA RESULTADO
©QUINO

SUSANITA QUISO HACERME CREER QUE ELLA ES MI MAMÁ, ASÍ MAÑANA YO TENÍA QUE HACERLE UN REGALITO
¿Y VOS QUÉ LE DIJISTE?
527
Y,....YO TAMPOCO LE DIJE NADA
©QUINO

¡EN ESTE DÍA DE LA MADRE, UN BESOTE PARA MI MAMÁ Y PARA TODAS LAS MAMÁS DEL MUNDO!
528
Y POR FAVOR,..... NO VAYAN A COMETER HOY *LA GAFFE* DE HACER SOPA
©QUINO

¿DE NUEVO AHÍ TIRADO SIN HACER NADA Y ESPERANDO ALGO DE LA VIDA COMO LA OTRA VEZ, MIGUELITO?
NO, MAFALDA. ESTA VEZ HE PENSADO EN TODAS LAS INDUSTRIAS, EN TODOS LOS SEMBRADOS, LOS DIQUES, LAS TIENDAS, LOS CAMINOS,.....
....LOS HOSPITALES, LAS BIBLIOTECAS, LOS MUSEOS, LOS LABORATORIOS, LAS OFICINAS, LOS TEATROS,..
¿Y?
Y HE LLEGADO A LA CONCLUSIÓN DE QUE POR EL MOMENTO ESTÁ TODO HECHO Y PUEDO DESCANSAR

¿QUÉ TE PASA, MIGUELITO? ¿ESTÁS ENFERMO?
¿ENFERMO? NO...
¿NUNCA OÍSTE ESO DE "*CREA FAMA Y ÉCHATE A DORMIR*"?
SÍ
BUENO, LA FAMA LA HE DEJADO PARA MÁS ADELANTE

¿SABE USTED DÓNDE COMPRAN LOS EJECUTIVOS SUS LENTEJAS? ¡PUES, EN ALMACÉN...
..."DON MAN...
¡BONK!

532
MIGUELITO VA A TOMAR HOY SU DOSIS DE VACUNA SABIN ORAL Y QUIERE SABER ALGO, MAMÁ
©QUINO
ES COMO YO TE DECÍA, MIGUELITO; LA VACUNA SABIN TE PROTEGE DE LA POLIO,....
...PERO NO DEL COMUNISMO
¡LÁSTIMA!... HUBIERA SIDO BUENO MATAR DOS PÁJAROS DE UN TIRO

533
HABRÍA QUE EMPEZAR DE NUEVO, A VER SI SALE MEJOR
DE ACUERDO
¿A QUÉ SE JUEGA?
¡A NADA, HOMBRE!.. HABLÁBAMOS DE LA HUMANIDAD
©QUINO

534
?
¡PAF!
PODRÍAN DECIRSE MUCHAS SUTILEZAS, PERO HOY NO TENGO GANAS
©QUINO

535
BUEN DÍA, MAMÁ. ¿NO SABÉS SI PROSCRIBIERON YA LAS ARMAS NUCLEARES?
NO SÉ, MAFALDA, PERO CREO QUE NO. ¿POR QUÉ?
BUENO, POR NADA EN ESPECIAL
SOLO QUE SERÍA LINDO LEVANTARSE UN DÍA Y ENCONTRARSE CON QUE POR FIN LA VIDA DE UNO DEPENDE DE UNO
©QUINO

536
LA VERDAD ES QUE MANOLITO TIENE UNA CARA HONESTA, ¡SÍ SEÑOR! CUANDO LO VEA SE LO VOY A DECIR
PORQUE MIRÁ QUE HAY CARAS HIPÓCRITAS, ¿EH? LA DE MANOLITO, EN CAMBIO, ES UNA CARA FRANCA, ABIERTA, SINCERA....
...QUE DICE SIN TAPUJOS LO BESTIA QUE ES...
©QUINO

537
AQUÍ DICE QUE EN EL FUTURO LA HUMANIDAD PADECERÁ UN HAMBRE ESPANTOSA
¡ZÁS!..
SIENTO UN AMAGO FUTURISTA ¿TENDRÍAS PAN CON MANTECA?
©QUINO

LOS DIARIOS ESTÁN LLENOS DE MALAS NOTICIAS Y NADIE LOS DEVUELVE POR ESO;...
LA VIDA ESTÁ LLENA DE COSAS MALAS Y TODOS LA ACEPTAN
Y USTED PRETENDE DEVOLVER UN SIMPLE SALAMÍN PORQUE ESTÁ MALO EL RELLENO ¡VAMOS, SEÑORA!...
538
©QUINO

¡TIC!
539
"...SU DESAPARICIÓN PRIVA A LA PANTALLA DE UNA DE SUS MÁS GRANDES FIGURAS..."
¿QUIÉN?
"...CUYO ARTE INIGUALABLE NO OLVIDAREMOS JAMÁS"
¿PERO QUIÉN? ¿QUIÉN?
Y POR HOY, AMIGOS, NADA MÁS. SERÁ HASTA MAÑANA
¡Y NO DIJO!
¡DIOS MÍO!..
¡QUE NO HAYA MUERTO EL PÁJARO LOCO!
©QUINO

¡NO ME SIGAS LEYENDO! ¡NO SOPORTO PENSAR QUE EL LOBO VA A COMERSE A LA ABUELA DE CAPERUCITA!
¡BUENO, BUENO, ESTÁ BIEN!...
540
MEJOR JUGAMOS UN POCO AL BOWLING, ¿EH?
¡DALE!
©QUINO
DECIME, ¿LE ECHÓ MAYONESA, O SE LA COMIÓ ASÍ NOMÁS?

PLÍNK
PLÍN
PLÍNK
541
PLÍNK
PLÉN
PLÍN
PLÍN
DESPUÉS DE TODO, NO QUIERO NI PENSAR EL PAPELÓN QUE HARÍA EDUARDO FALÚ EN TRICICLO
©QUINO

PIENSO QUE DEBE DARTE UN POQUITO DE ENVIDIA SABER QUE MÍ PAPÁ GANA MÁS QUE TU PAPÁ, MIGUELITO ¿NO PENSÁS LO MISMO?
542
BUENO, NO LO HABÍA PENSADO, PERO PIENSO QUE AL LADO DE LO QUE GANAN LOS BEATLES, NUESTROS PAPÁS GANAN UNA MISERIA
¡QUE SEA LA ÚLTIMA VEZ QUE ME VENÍS CON TUS MALDITOS PENSAMIENTOS!
©QUINO

LO SIENTO, PERO LAS HORMIGUITAS NO DEBEN VIVIR EN LAS CASAS DE LA GENTE
SUBÍ
543
¡ADIÓS!....
¡ADIÓS!....
¡SGLUB!
AL MENOS, RESULTA MÁS POÉTICO QUE ECHARLES GAMMEXANE
©QUINO

HOLA, SUSANITA, VENÍA A VER SI PODÍAS PRESTARME TU AGUJA DE ENHEBRAR COLLARES
544
PODRÍA HABERME COMPRADO UNA, PERO LA NECESITO POR ESTA SOLA VEZ Y ME ACORDÉ QUE VOS TENÍAS
ASÍ QUE ME DIJE: *BUENO, AL FINAL, ¿PARA QUÉ ESTÁN LOS AMIGOS?*
©QUINO
¿PARA QUÉ ERA QUE ESTABAN?

NO SE ADMITEN MOSCAS
545
¡PAF!
NO SE ADMITEN MOSCAS
©QUINO
NO SE ADMITEN MOSCAS
¡ANALFABETA!

I'M LOOKING THROUGH YOU, WHERE DID YOU GO...
¡LOS BEATLES!
546
¿CÓMO PUEDEN GUSTARTE, SI NO ENTENDÉS LO QUE DICEN?
¿Y?
A MEDIO MUNDO LE GUSTAN LOS PERROS; Y HASTA EL DÍA DE HOY NADIE SABE QUÉ QUIERE DECIR *GUAU*
©QUINO

547
"SE OTORGÓ EL PREMIO NOBEL DE FÍSICA AL PROFESOR ALFRED KASTLER"
¿POR QUÉ SE LO DIERON?
"POR EL DESCUBRIMIENTO Y DESARROLLO DE MÉTODOS ÓPTICOS PARA EL ESTUDIO DE LAS RESONANCIAS HERTZIANAS EN LOS ÁTOMOS"
¡HOMBRE!... ¡ME LO SACASTE DE LA BOCA!
©QUINO

RRRRRRRRR
548
RRRRRR
RRRRR
NO SÉ SI ELEGÍ UN MAL MOMENTO, O UN MAL SIGLO PARA TRATAR DE COMUNICARME CON MI MAMÁ
RRR
©QUINO

549
ASÍ ES LA COSA, MIGUELITO
HE ESTADO PENSANDO MUCHO EN LAS FUNCIONES DEL HOMBRE
Y LLEGUÉ A LA CONCLUSIÓN DE QUE NOSOTROS ESTAMOS RECIÉN EN LA MATINÉE DE LA VIDA
©QUINO

EL MUNDO ES COMO EL CINE, MIGUELITO; Y NOSOTROS RECIÉN ESTAMOS EN LA MATINÉE DE LA VIDA
550
AHÍ PASÓ UN PREESTRENO

TOMÁ, MAFALDA, ANDÁ A COMPRAR FIDEOS
551
PERO FIJATE BIEN, ¿EH? QUE SEAN SEMOLADOS; Y NI MUY GRUESOS, NI MUY FINOS
TAMPOCO MUY AMARILLOS, PORQUE ENTONCES ES QUE TIENEN COLORANTE. Y SI SON MUY BLANCUZCOS ES PORQUE TIENEN POCO HUEVO
¿VENÍS A JUGAR, MAFALDA?
NO PUEDO, ACABAN DE DARME UNA BECA PARA EL ESTUDIO DE LA FIDEOLOGÍA

552
¡OH-OH! ¡UNA CANA!
¡QUÉ EMOCIÓN! ¡SEGURO QUE ES DE UN EJECUTIVO! ¡LOS EJECUTIVOS TIENEN CANAS EN LAS SIENES!
BUENO,....¿POR QUÉ NO PODRÍA SER TAMBIÉN DE UN POBRE VIEJITO JUBILADO?
PORQUE LA VIDA ES LINDA PARA ARRIBA Y NO PARA ABAJO ¡ZANAHORIA!

VEAMOS ESTE NUEVO LIBRO DE CUENTOS
553
En un lejano país vivía un ogro que se comía a los niños
¡Y DALE!...
¡SIEMPRE NOS COMEN!
©QUINO
¿HASTA CUÁNDO VAMOS A SER LOS POLLOS DE LA LITERATURA?

¡YA ME TIENEN CANSADA ESTOS CUENTOS EN QUE LOS LOBOS Y LOS OGROS SE COMEN A LOS CHICOS!
554
¿NO ES QUE SOMOS EL FUTURO DE LA HUMANIDAD Y QUÉ SÉ YO?
¿EHÉÉÉ?
¿SOMOS O NO SOMOS?
¡CARNE DE IMPRENTA! ¡ESO ES LO QUE SOMOS!
©QUINO

¡BANG!
555
¡FFFFFFFF!
©QUINO
¡PAT! ¡PAT!
PERDONÁ QUE NO ME MURIERA ANTES, PERO ES QUE EN CASA ESTÁ DESCOMPUESTO EL LAVARROPAS

¿QUÉ ES ESE RECORTE DE DIARIO, MANOLITO?
LA COTIZACIÓN DEL MERCADO DE VALORES
¿DE VALORES MORALES? ¿ESPIRITUALES? ¿ARTÍSTICOS? ¿HUMANOS?
NO, NO; DE LOS QUE SIRVEN
556
©QUINO

...Y EL AUTO VENÍA Y ¡PÓM!, CHOCÓ A LA VACA, QUE ¡BOOOOOOOP!, CAYÓ SENTADA EN LA LUNA
¡NO, EN UN SATÉLITE ARTIFICIAL!
¡LOS CHICOS TIENEN UNA IMAGINACIÓN REALMENTE INSUPERABLE! ¡NO HAY QUIÉN LES GANE A INVENTAR FANTASÍAS!
"SE AFIRMÓ EN GINEBRA QUE UNA VEZ QUE SE LOGRE EL DESARME NUCLEAR, LA PAZ MUNDIAL SE VERÁ ASEGURADA"
557
©QUINO

¡TOC!
558
¡NI UNO!... ¡MALDITO SEA!
¡SOY UN TORPE! ¡ESO ES LO QUE SOY! ¡UN TORPE Y UN ZANAHORIA!
PLAP-PLAP-PLAP
PLAP-PLAP-PLAP
PLAP-PLAP-PLAP
PLAP-PLAP-PLAP
PLAP-PLAP-PLAP
©QUINO

¡ALTO AHÍ! ¡SOY *EL LLANERO SOLITARIO*!
¡HMM!.. NO ME PARECE; *EL LLANERO SOLITARIO* ES MAYOR, ADEMÁS ES MOROCHO, USA BOTAS Y NO TIENE ESA CARA
¡ES QUE SOY *EL LLANERO SOLITARIO* PARALELO!

?
¿QUIÉN ES ESTA NENA, MAMÁ?
YO
¡¿POR QUÉ ME HAS OCULTADO QUE FUISTE MI HERMANA?!

BUEN DÍA, ¿SE HAN ABOLIDO YA LAS INJUSTICIAS TERRESTRES?
AH, ¿NO?
DESPIÉRTENME PARA EL ALMUERZO, ENTONCES

562
A VER CÓMO TE PORTÁS, MANOLITO
?
¡CRASH!
BUENO, LAS COSAS SUELEN ROMPERSE ¿O NO HAN OÍDO HABLAR DE LA FATIGA DE LOS MATERIALES?

¡ES UNA BARBARIDAD!.. ¡ME PREGUNTO DÓNDE VAMOS A PARAR!
563
¿Y NO SERÍA MUCHO MÁS PROGRESISTA PREGUNTARSE DÓNDE VAMOS A SEGUIR?

¡AJHAJHÁÁ!..¡ALTO AHÍ! ¡SOY EL LLANERO SOLITARIO!
564
¿EL LLANERO SOLITARIO? ¡MUCHO GUSTO! MI NOMBRE ES ROCKEFELLER, A SUS ÓRDENES
SIEMPRE HAY UN SARCÁSTICO MATERIALISTA DISPUESTO A ESTROPEARNOS LA FANTASÍA

565
¿QUÉ HACÉS, MIGUELITO?
TRATO DE VER A MI TATARABUELO. SEGÚN ME CONTÓ MI MAMÁ, MI TATARABUELO SE FUE AL CIELO A LOS NOVENTA AÑOS
¡PERO HOMBRE! ¿CÓMO VAS A VERLO?; EL CIELO ES ENORME Y QUIÉN SABE POR DÓNDE ANDA TU TATARABUELO!
¡BAH!... POR AQUÍ NO MÁS
A LOS NOVENTA AÑOS NADIE PUEDE TENER MUCHA AUTONOMÍA DE VUELO
©QUINO

SEGÚN ESTADÍSTICAS, EN LA INDIA NACEN CUARENTA PERSONAS POR MINUTO
566
¡DIOS MÍO!
¡QUÉ DESPOBLADO ME RESULTA AHORA UN MINUTO NACIONAL!
©QUINO

MAFALDA, ¿PODRÍAS FIJARTE SI UN DIARIO QUE HAY POR AHÍ ES VIEJO O ES EL DE HOY?
567
27 de Noviembre
"RECHAZÓ LA URSS UNA PROPUESTA NORTEMERICANA"
LAS DOS COSAS, PAPÁ
©QUINO

...TENEMOS ENTONCES QUE LA TIERRA PRESENTA LA FORMA DE UN ¿QUÉ?
DE UN...ÉSTE... ¡AH!, DE UN ESFEROIDE
¡UN ESFEROIDE!¡CORRECTO! AHORA BIEN, NUESTRO PLANETA TIENE TAMBIÉN UN LIGERO ACHATAMIENTO EN ¿DÓNDE?
¿EN EL ÁNIMO?
568
©QUINO

AYER SE ME VOLCÓ EL TINTERO SOBRE LA HOJA Y TUVE QUE HACER TODO EL DEBER DE NUEVO
¡ME DIO TANTA RABIA, QUE EMPECÉ A DECIRME DE TODO: ¡ZANAHORIA!, ¡IDIOTA! ¡BOBALICONA!....
¡ESTÚPIDA! ¡IMBÉCIL! ¡¡GAZNÁPIRA!! ¡¡TONTARRONA!! ¡¡INFELIZ!!
¿ES PECADO ENTUSIASMARSE?
569
©QUINO

EN REALIDAD, LOS GRANDES HOMBRES SE HICIERON FAMOSOS POR HABER HECHO COSAS FUERA DE LO COMÚN
ASÍ QUE UN DÍA DE ÉSTOS ME PONGO A HACER ALGO FUERA DE LO COMÚN Y ¡LISTO; ME HAGO FAMOSO!...¿NO ES FANTÁSTICAMENTE SENCILLO?
¿ME LLEVARÁN ESTE DOMINGO A LO DE MI ABUELITO? ¡LA PASO DE BIEN CON ÉL!.....
570
©QUINO

¡VI UNA AMETRALLADORA FANTÁSTICA!... ¡A PILAS!.. ¡Y ECHA UNAS CHISPAS Y SE LE ENCIENDE UNA LUZ ROJA Y TODO!... LE PEDÍ A MI MAMÁ QUE ME LA COMPRARA
571
PERO ME SALIÓ CONQUE "¡NO SEÑOR, USTED YA TIENE EL REVÓLVER ESE QUE TIRA BALITAS DE PLÁSTICO! ¿ACASO NO LE SIRVE LO MISMO?"
"¡LO MISMO!..."
DECIME SI NO PODRÍA HABER INVENTADO MEJOR EXCUSA QUE ESA DE HACERSE LA INCULTA
©QUINO

572
¡BUENO,..¿QUIÉN FUE EL GRACIOSO?!
LOS BEATLES
©QUINO

MIRE UD., DON COSME, QUÉ NIÑITA ALEGRE Y FELIZ
¡EH!... ¡TAMBIÉN!... TIENE TODA LA VIDA POR DELANTE
573
¿Y POR LOS COSTADOS, QUÉ?
©QUINO

574
¡QUÉ FORMIDABLE!
UN OBSERVATORIO METEOROLÓGICO DE INGLATERRA TIENE MÁQUINAS ELECTRÓNICAS PARA PRONOSTICAR EL ESTADO DEL TIEMPO
¡BUENO!... ¡POR FIN HAN LOGRADO AUTOMATIZAR LOS PAPELONES!

575
¡DIOS MIO, MANOLITO! ¿TE CAISTE?
¡NO, ES QUE AHORA ME DA POR HACER *HAPPENINGS*!

¿TENÉS ALGUNA NUEVA REVISTA DE HISTORIETAS PARA PRESTARME, MAFALDA?
576
TENGO ÉSTA, QUE ME TRAJO MI PAPÁ
"*VIDAS EJEMPLARES*" ¿Y ESO QUÉ ES?
ES LA VIDA, EN FORMA DE HISTORIETA, DE GENTE QUE HIZO GRANDES COSAS POR EL BIEN DE LA HUMANIDAD
GRACIAS. YO QUIERO ENTRETENERME; **NO** SENTIRME INTRASCENDENTE

TÚ TÚ TÚ TÚ
577
TÚ TÚ ¡TÚT!
TÚT TÚ TÚ TÚT
©QUINO
¡ES CURIOSO!..., SIEMPRE PENSÉ QUE EL JAZZ ERA MÁS INTERESANTE

....Y CUANDO EL SOL ILUMINA UNA MITAD, EN LA OTRA ES DE NOCHE, ¿ENTENDÉS AHORA CÓMO ES LA COSA?
AAAAAAH...
578
¿O SEA QUE MIENTRAS LOS DE ESTA MITAD DEL MUNDO ESTAMOS DESPIERTOS, LOS DE LA OTRA MITAD ESTÁN DURMIENDO.?
CLARO
©QUINO
?

579
¿QUÉ PASA, MIGUELITO? ¿POR QUÉ CAMINÁS ASÍ?
¡SSSHHH!... EN LA OTRA MITAD DEL MUNDO ES DE NOCHE,... Y DUERMEN
EL POBRE AÚN NO SABE QUE EN ESTE MUNDO, UNA MITAD ES INCAPAZ DE ESCUCHAR A LA OTRA
©QUINO

¿QUÉ LE PASA A TU AMIGO MIGUELITO, MAFALDA? ¿POR QUÉ CAMINA ASÍ?
¿ASÍ CÓMO? ¡AH!...
PORQUE DICE QUE EN LA OTRA MITAD DEL MUNDO ES DE NOCHE, Y NO HAY QUE DESPERTAR A LOS QUE DUERMEN
¡JÁ! ESTO ME RECUERDA AQUELLA VEZ QUE MAO TSÉ-TUNG DIJO QUE SI LOS 700 MILLONES DE CHINOS SE PONÍAN DE ACUERDO Y DABAN AL MISMO TIEMPO UNA PATADA EN EL SUELO, EL RESTO DEL MUNDO IBA A PASARLA MAL, ¿NO ES GRACIOSO?
NO; NO ES GRACIOSO

ESTOY SOLO Y ABURRIDO, ¿PODÉS VENIR A MI CASA?
LO SIENTO, MIGUELITO, VOY A SALIR CON MI MAMÁ, PERO ¿NO TENÉS ALGÚN LIBRO? UN LIBRO ES UN BUEN AMIGO
BUENO, ¿A QUÉ QUERÉS QUE JUGUEMOS?

QUE LLUEVA, QUE LLUEVA, LA VIEJA ESTÁ EN LA CUEVA...
¿QUIÉN IBA A IMAGINARSE ESTA DERIVACIÓN SOCIAL?

♫ WE ALL LIVE ♫ IN A YELLOW SUBMARINE... ♫
¡LOS BEATLES!... ¿POR QUÉ NO ESCUCHÁS ALGO NUESTRO, EN VEZ DE A ÉSTOS QUE NO SE LES ENTIENDE LO QUE DICEN?
583
...STRO HABITUAL PROGRAMA DE MÚSICA NATIVA
¡ESO! ¡AHÍ ESTÁ!
¡Y EN PRIMER LUGAR, AMIGOS, UNA VIDALA, QUE ES GRITO HECHO PIEDRA! ¡RAÍZ ANCESTRAL, MADURADA EN EL VIENTRE MINERAL DE LA MADERA!... ¡CANTO FUNDAMENTAL QUE DESBORDA...
...SU SANGRE DE TORO MILENARIO TREPANDO POR EL VINO HACIA LA NOCHE, LEYÉNDOLE LAS VENAS AL SALITRE,....
?
?
BUENO, ¿Y A TU PAPÁ CÓMO LE VAN LAS COSAS EN LA OFICINA?
CLIK!

584
"VEO-VEO"
¿QUÉ VES?
UNA COSA
¿DE QUÉ COLOR?
NEGRO
¿EL FUTURO?

"ESTADOS UNIDOS, RUSIA Y OTROS PAÍSES LLEGARON A UN ACUERDO SOBRE UN TRATADO MEDIANTE EL CUAL, EL COSMOS SE VERÁ LIBRE DE PRUEBAS NUCLEARES, ASÍ COMO DEL USO DE ARMAS ATÓMICAS"
585
¡SUERTUDOS!

¡NO ME HAGAS ACORDAR!... ¡QUÉ TAJO, DIOS MÍO!.... ¡QUÉ ESPANTO!...¡CADA VEZ QUE ME ACUERDO ME ENTRA UNA COSA!...
586
¡UN TAJO TERRIBLE!.... ¡ME ACUERDO Y ME DESCOMPONGO!...¡UNA MASACRE EN EL DEDO!... ¡TE JURO QUE ME DESCOMPONGO AL RECORD
BUENO, NO PENSÉS...
©QUINO
¡NO ME INTERRUMPAS!
¡Y LA SANGRE!.. ¡PREFIERO NO ACORDARME!...¡QUÉ MANERA DE PERDER SANGRE!.. ¡NO QUIERO RECORDAR LA DE SANGRE QUE....

¿QUÉ TE PASÓ EN EL DEDO, SUSANITA?
587
¡AH!, ¿VOS NO TE ENTERASTE?
NO
¡SI VIERAS, FELIPE!.... ¡ANTEAYER ME HICE UN TAJO QUE PARA QUÉ TE VOY A CONTAR!¡SI SUPIERAS!...PERO NO, NO; MEJOR NO HABLAR DEL ASUNTO
SÍ, EN REALIDAD, DE ESAS COSAS ES MEJOR NO HABLAR
¡MALDICIÓN!
©QUINO

¿POR QUÉ LA MATASTE? ¿QUÉ MAL TE HABÍA HECHO ESA POBRE HORMIGUITA?
588
¡ES TRISTE!, PERO A CIERTOS BICHOS NO HAY MÁS REMEDIO QUE MATARLOS. Y SI VOS PENSÁS LO CONTRARIO, ¿POR QUÉ COMÉS POLLO, O PESCADO, O CARNE?...
©QUINO
¡A LOS BUENOS NOS TIENEN AGARRADOS CON ESE MALDITO ARGUMENTO!

¡PUEBLOS DEL MUNDO: LES TRAIGO UNA IDEA SENSACIONAL!....
589
"¡NO HAGAMOS CASO A LAS ADVERTENCIAS PACIFISTAS DEL PAPA, NI DE U-THANT!"
¿EHÉ? ¿QUÉ TAL?
¿EH?
¡AH!,...¿YA SE LES HABÍA OCURRIDO?
©QUINO

¡OOOOOOOOYH!.. ¡QUÉ LINDO!.. ¿ME LO PRESTÁS?
FFFFFFF
590
¿PARA QUÉ? ¿PARA QUE LO ROMPAS? ¡NO SEÑOR!
¡EEEEH!...¿QUÉ CLASE DE AMIGA SOS?
AMIGA CLASE "B"
¡CADA DÍA UNA NOVEDAD!
©QUINO

"SEGÚN ALGUNOS OBSERVADORES, LA SITUACIÓN INTERNACIONAL ES SUMAMENTE CRÍTICA"
¿AJHÁ?
591
"LAS PROBABILIDADES DE UN CONFLICTO BÉLICO GENERALIZADO AUMENTAN DÍA A DÍA"
¡MIRÁ VOS!...
"EL ARMAMENTISMO CRECE EN FORMA ALARMANTE"
¡SLURP!
PERDÓN, FELIPE; PERO MIENTRAS TOMO UN HELADO SE ME DESDIBUJA EL MUNDO ¿VOS ME HABLABAS?
©QUINO

592
...Y EN LO ALTO DE TODO, LA ESTRELLA QUE GUIÓ A LOS REYES, HASTA BELÉN
¿SABÉS QUÉ LLEVABAN LOS REYES EN SUS ALFORJAS?
©QUINO
¡SÍ; FUSIBLES!

593
¡PUEBLOS DEL MUNDO: ESCUCHEN!...
TIC TIC TIC TIC
NOOOOOCHE DE PAZ, NOOOOCHE DE AMOR..
©QUINO
ANTES DE CONTINUAR ME GUSTARÍA SABER SI SE ENTIENDE LA LETRA

594
Y SE NOS VA ACABANDO EL AÑO, NO MÁS
ASÍ ES
¿CÓMO SERÁ EL AÑO QUE VIENE?
¡MUY VALIENTE, PORQUE COMO ANDA LA COSA, ANIMARSE A VENIR!....
©QUINO

JUSTAMENTE IBA PARA TU CASA A LLEVARTE UN ALMANAQUE DE LOS QUE REGALA EL ALMACÉN DE MI PAPÁ
¡OH, GRACIAS MANOLITO!
VAS A VER QUÉ LINDO PAISAJE TIENE ¡CON UNOS COLORES!... Y UNA LUNA, UN LAGO CON BOTECITOS, Y VACAS EN LA ORILLA, Y CERROS NEVADOS, Y EN PRIMER PLANO UN CORTINADO, Y UN JARRÓN CON FLORES, Y MARIPOSAS..
TOMÁ
GRACIAS, MANOLITO
LA POBRE SE HA EMOCIONADO

TENGO ALGO PARA VOS, FELIPE: UN ALMANAQUE DE LOS QUE REGALA EL ALMACÉN DE MI PAPÁ
¡QUÉ BUENO!
TIENE UN PAISAJE MUY BONITO, CON LA LUNA, Y UN LAGO CON BOTES, Y VACAS, Y CERROS NEVADOS, Y EN PRIMER PLANO UN CORTINADO, Y UN JARRÓN CON FLORES, Y MARIPOSAS. ¡VERÁS QUÉ LINDO!..
¿Y? ¡QUÉ ME DECÍS!...
¡GRAP!....
......CIAS, MANOLITO
¿"GRAPCIAS"?

VEAMOS, HASTA AHORA HE REGALADO DOS ALMANAQUES DE ALMACÉN "DON MANOLO": UNO A MAFALDA Y OTRO A FELIPE
QUE LES DEBE HABER GUSTADO MUCHÍSIMO, PORQUE EL PAISAJE ES MUY BONITO ¡Y QUÉ COLORES!....
BIEN, ENTONCES AHORA LE TOCA EL TURNO A SUSANITA
AH, ¿OTRO, MÁS DE TU ALMACÉN? MAFALDA Y FELIPE YA ME REGALARON DOS

598
EL AÑO QUE VIENE LLEGA DE AQUEL LADO, MIGUELITO
AH, GRACIAS
HAY QUE ESTAR EN TODO

599
¡ADIÓS, ADIÓS AÑO VIEJO! ¡YA NO VOLVEREMOS A VERTE NUNCA MÁS!
NO, FELIPE; EN VEZ DE MIRAR HACIA LO VIEJO CON PENA, HAY QUE MIRAR HACIA LO NUEVO CON ALEGRÍA Y OPTIMISMO!
ASÍ, ¿VES? "¡HOLA, HOLA, AÑO NUEVO! ¡QUÉ ALEGRÓN TENERTE CON NOSOTROS!"
¡Y A VER SI EN JULIO PODEMOS DECIR LO MISMO, ¿ESTAMOS?

600
¿QUÉ VAS A PEDIRLES A LOS REYES, SUSANITA?
BUENO,.... NO SÉ..... LOS REYES SON TAN BUENOS, QUE ME CONFORMARÉ CON LO POCO QUE ELLOS QUIERAN TRAERME
¡PERO VERDE, CON BOCINA A PILAS EN EL MANUBRIO Y RUEDITAS A LOS COSTADOS PARA NO CAERME!

HOLA, MAFALDA, ¿TENDRÍAS UN MARTILLO PARA PRESTARME, POR FAVOR?
CÓMO NO, MIGUELITO, ADELANTE
601
¿TE SIRVE ÉSTE?
¡FANTÁSTICO! APENAS TERMINE TE LO TRAIGO
¿ALGÚN ARREGLO EN TU CASA?
NO, NO...
QUIERO EMPEZAR DE CERO MI PEDIDO A LOS REYES

¡MAÑANA A LA NOCHE PASAN LOS REYES, MANOLITO!
LOS REYES, SÍ
602
TE DIRÉ, MAFALDA: ESTE ASUNTO DE LOS REYES... ¡EN FIN!... UNO VA CRECIENDO.....
¿Y?
¡ZAS!
Y... PUES... EMPIEZA A DARSE CUENTA
¿A DARSE CUENTA? ¿DE QUÉ?
DE QUE COMO FINANCISTAS SON UN DESASTRE. ¡¿DÓNDE SE HA VISTO, REGALAR LA MERCADERÍA UN AÑO, Y OTRO, Y OTRO, Y OTRO?!... ¡EEEEEEEEEH!......

BUENO, ¿Y QUÉ LES PEDISTE A LOS REYES, MAFALDA?
603
LA PROSCRIPCIÓN DE LAS ARMAS ATÓMICAS, O ALGO ASÍ; ¡SEGURO!... ¡ÉSTA ANDA SIEMPRE CON ESAS ESTUPIDECES!
UN LIBRO DE CUENTOS, UNA MUÑECA Y UN JUEGO DE ARMAR CASITAS, FELIPE
¿QUÉ HAY, SUSANITA? ¿POR QUÉ CORRÉS?
INTUICIÓN FEMENINA

604
¡AHORA ES EL MOMENTO!
UNO SE SIENTE COMO UN TERRORISTA DE LA FELICIDAD

¡QUÉ LINDO! ¿SUBE MUY ALTO?
¡UF!
605
¡HASTA EL CIELO!
¿A VER? ¡DALE!
TIC!
¡LO QUE PASA ES QUE PARA ESO DE LA ALTURA, EL CIELO ES UN EXAGERADO!

606
Y A CONTINUACIÓN PRESENTAMOS NUESTRO INFORMATIVO, CON NOTICIAS NACIONALES E...
... INTERNACIONALES DE LAS AGEN
HOY QUIERO VIVIR SIN DARME CUENTA

¿Y SUBE COMO LOS COHETES DE VERDAD?
¡CLARO!
¿A VER? ¡DALE!
607
¡TIC!
ESTÁ MUY BIEN, MIGUELITO, TAMPOCO ES CUESTIÓN DE QUE VAYA Y LE SAQUE UN OJO A ALGÚN ÁNGEL
©QUINO
¡GRAN TIPO, ESTE FELIPE!

608
TIC!
¡SÑIF!...
©QUINO

¿QUÉ? ¿QUE EL COHETUCHO ESE FUNCIONA? ¿COMO LOS DE VERDAD? ¡VAMOS!...
AH, ¿NO? ¡MIRÁ!
609
TIC!
¡JHÁ! ¿Y?
TOC!!
©QUINO
?

¡PERO, MAMÁ!... ¡ESTOY JUGANDO!
¡NO IMPORTA! ¡TENÉS QUE IR A SALUDAR A LA TÍA PACA!
¡OOOOOOOOY!... ¡LA REGALONA DE LA CAAAAAAASA!... ¡QUÉ TESORO!... ¡VENGA CON PAQUITA!... ¡VENGA!
¿MMMMCÓMO ESTÁS? ¡RICA, HERMOSA! ¿A QUIÉN QUERÉS MÁS, A TU MAMÁ O A TU PAPÁ? ¡PICARONA! ¿Y A LA TÍA PACA? ¿EHÉ? ¿LA QUERÉS? ¡CHUIIIK! ¡MMMMCHUIIIIK!
LA TÍA PACA ES UN PUNTO EN CONTRA PARA LA HUMANIDAD
610
©QUINO

¡ESTÚPIDA!
611
¿QUÉ FUE?
¡UNA HORMIGA! ¡ME DA UNA RABIA CUANDO ME PICA UN BICHO DE ÉSTOS!...
SÍ, ES MUY MOLESTO. A MÍ ANOCHE ME PICÓ UN MOSQUITO
¡NO VAS A COMPARAR!... ¡EL MOSQUITO PICA PARA GANARSE EL PAN!
©QUINO

TENÍA QUE PASARME JUSTO AHORA QUE MI MARIDO ESTÁ POR PERDER SU EMPLEO
612
¡LOS PLATINOS!... ¡SIEMPRE LOS MALDITOS PLATINOS!
¡UN ABOGADO ME DICE ESTO, OTRO AQUELLO!.... ¡QUÉ SÉ YO, MIRÁ!...¡ESTOY DESESPERADO!
NO PUEDO QUITARME DE LA CABEZA LA DUDA DE SI LOS ÁNGELES PUEDEN VOLAR PARA ATRÁS, O NO
©QUINO
EN ESTE MUNDO, CADA CUAL TIENE SU PEQUEÑA O GRAN PREOCUPACIÓN

613
DECIME, PAPÁ, ¿CUANDO VOS ERAS CHICO, LA GENTE LE TENÍA MIEDO A LA GUERRA Y A LA BOMBA ATÓMICA?
POR SUPUESTO QUE MIEDO A LA GUERRA SÍ; PERO EN AQUEL ENTONCES NO HABÍA BOMBAS ATÓMICAS
¡VAYA UN MIEDO DE MORONDANGA, ENTONCES!
©QUINO

614
VEAMOS, LA 9 VERTICAL DICE: "SE TRASLADAN DESDE AQUÍ HACIA ALLÁ"
¡YA LA TENGO, FELIPE!
TRES LETRAS, ¿EH?
AH....
©QUINO
NO; ENTONCES "TÉCNICOS NACIONALES" ES MUY LARGA

¿MAFALDA? ¡NO SABÉS EL CALOR QUE HACE HOY EN MI CASA!...
615
LO SÉ, MIGUELITO; EL MISMO QUE HACE EN LA MÍA
AH... ¿AHÍ TAMBIÉN?
¡SÍ, HOMBRE, AQUÍ Y EN LA CALLE Y EN TODAS PARTES HACE UN CALOR BÁRBARO!
¡CLAC!
?
¡Y YO QUE CREÍ QUE ERA CALOR DE HOGAR!
©QUINO

¿MMMH?
¡NO, NO! ¡A MÍ DEJAME DE BOWLING!.... ¡O HACEMOS EL CRUCIGRAMA, O ME VOY A MI CASA!
¡BUÉH!... ¡HAGAMOS EL CRUCIGRAMA! ¡DALE!
HORIZONTALES 1- "LABRAN LA TIERRA CON EL ARADO"
¡POBRES!.. ¿Y PARA QUÉ? ¡PARA QUE SE ENRIQUEZCA EL INTERMEDIARIO! ¡ÉSA ES LA TRISTE VIDA DEL HOMBRE DE CAMPO!
¿QUIÉN TE ENTIENDE, FELIPE?
¡YO!

¿Y LA FRUTA? ¿VIO EL PRECIO DE LA FRUTA?
¡LA FRUTA!.. ¿Y LO DEMÁS? ¡QUÉ ROBO!
BUENO, DESPUÉS DE TODO, ESTOS PEQUEÑOS MISTERIOS SON LOS QUE HACEN VARIADA LA VIDA

FARMAC
FARM
HOMEO
NO FUNCIONA
¡QUÉ SUSTO, DIOS MÍO!..... ¡CREÍ QUE ESTABA HUECA!

"ESTOCOLMO: SUECIA TIENE CONSTRUIDOS YA REFUGIOS ANTIATÓMICOS COMO PARA ALBERGAR A LA MITAD DE SU POBLACIÓN"
"ASIMISMO, GRAN CANTIDAD DE FÁBRICAS HAN SIDO INSTALADAS BAJO TIERRA"
¡QUÉ DILEMA CON ESTOS SUECOS!
UNO NO SABE SI ADMIRARLES LA INGENIERÍA, O EL PESIMISMO
619
© QUINO

"GRANDES ONDAS QUE SE PRODUCEN EN LA SUPERFICIE DEL MAR"
OLAS
OLAS..¡MUY BIEN!... ESTE CRUCIGRAMA PROMETE. VEAMOS LA SIGUIENTE...
"HIJO DE SATURNO Y HERMANO DE JÚPITER, CASADO CON PROSERPINA"
EL HIJO DE LA DEL 4º D SE CASÓ CON LA NOVIA DEL HERMANO Y HAY QUE VER LA QUE SE ARMÓ
620
© QUINO

¡NUNCA EL LLANERO SE SINTIÓ MÁS SOLITARIO!
?
621
© QUINO

HOLA, SUSANITA. VENÍA POR AQUELLAS REVISTAS QUE TE PRESTÉ
AH, SÍ. VENÍ, VAMOS A MI PIEZA QUE LAS BUSCO
10 nov. 66
17 jul. 66
3 ene. 67
¿QUÉ TENÉS EN ESTOS FRASQUITOS CON FECHA, SUSANITA?
LÁGRIMAS; ES MI COLECCIÓN DE MALOS RATOS

HAY UNA PALABRA DE ESTE CRUCIGRAMA QUE NO ME SALE, MANOLITO. ¿VOS NO SABRÍAS CUÁL ES EL SÍMBOLO QUÍMICO DEL URANIO?
ESPERÁ,.... DEL URANIO..... A VER..... DEL URANIO.... DEL URANIO..... DEL URANIO....
¿PUM?

FELIPE ME HA ENTUSIASMADO CON ESTO DE LAS PALABRAS CRUZADAS ¿ME AYUDAN EN MI PRIMERA EXPERIENCIA?
POR SUPUESTO
BUENO, PRIMERO LAS HORIZONTALES. A VER....
1- "SERES FABULOSOS QUE
¿FABULOSOS? ¡LOS BEATLES!
?

¿TENDRÍAS UN PAPELITO PARA DARME, MAFALDA?
CREO QUE SÍ, MIGUELITO
625
AQUÍ TENÉS. SON LOS ÚNICOS QUE TENGO, ¿TE SIRVE ALGUNO?
AH,...... NO, DE ÉSTOS NO
YO QUERÍA DE LOS OTROS. DE LOS QUE SIRVEN PARA COMPRAR COSAS
¡PERO ESO ES **PLATA** Y NO *"UN PAPELITO"*!
¡BUENO, COMO SE LLAME!
¿CÓMO HARÁ PARA VIVIR SIN CONTAMINARSE?
©QUINO

626
FIN
TIC
¡¿PERO CÓMO ES POSIBLE QUE NO LE HAYAN DADO TODAVÍA EL OSCAR AL PÁJARO LOCO?!
©QUINO

...Y ÉSTAS HAN SIDO LAS NOTICIA
¡LO DE SIEMPRE!... ¡EL MUNDO HECHO UN LÍO!
TIC
627
¡CARRERA ARMAMENTISTA!..¡PAÍSES QUE NO SE ENTIENDEN!..¡VIOLENCIA!..¡DISTURBIOS!.. ¿QUÉ NOS ESPERA?
¡YO LO ÚNICO QUE SÉ ES QUE LOS PAJARITOS NO PRECISAN ESCALERAS PARA SUBIR A NINGUNA PARTE!
¡PAVADA DE MAÑA PARA DESANGUSTIAR!..
©QUINO

TODO HA CAMBIADO Y EL MUNDO ES HERMOSO
628
¿QUÉ HA OCURRIDO, SUSANITA? ¿NO MÁS INFLACIÓN? ¿PROSCRIPCIÓN DE ARMAS ATÓMICAS? ¿COMIDA EN LA INDIA? ¿DIJERON ALGO LOS NOTICIOSOS?
¿LOS NOTICIOSOS?
NO, NO CREO QUE ASSOCIATED PRESS, REUTER O ANSA SEPAN TODAVÍA LO DE MIS ZAPATOS NUEVOS
©QUINO

¡EH, MAFALDA! ¿TE MOSTRÉ MIS ZAPATOS NUEVOS?
ME LOS MOSTRASTE AYER, SUSANITA ¡MUY LINDOS!
629
A VOS LA CUESTIÓN *MODAS* NO DEBE INTERESARTE GRAN COSA, ¿NO?
SÍ QUE ME INTERESA, ¿POR QUÉ CREÉS QUE NO?
BUENO,... NO SÉ,... ...POR NADA,... ...¡EN FIN!... HASTA LUEGUITO, ¿EH?
HASTA LUEGO
¡LA POBRE TIENE TAN POCA PRESTANCIA MUJERIL!...
©QUINO

630
¡ANSELMO!
¡ESTEBAN!
¡HOMBRE, VOS POR AQUÍ!
¡PERO MIRÁ COMO VENIMOS A ENCONTRARNOS!
¡ES QUE EL MUNDO ES UN PAÑUELO!
HABRÁ QUE QUEJARSE AL LAVADERO, ENTONCES
©QUINO

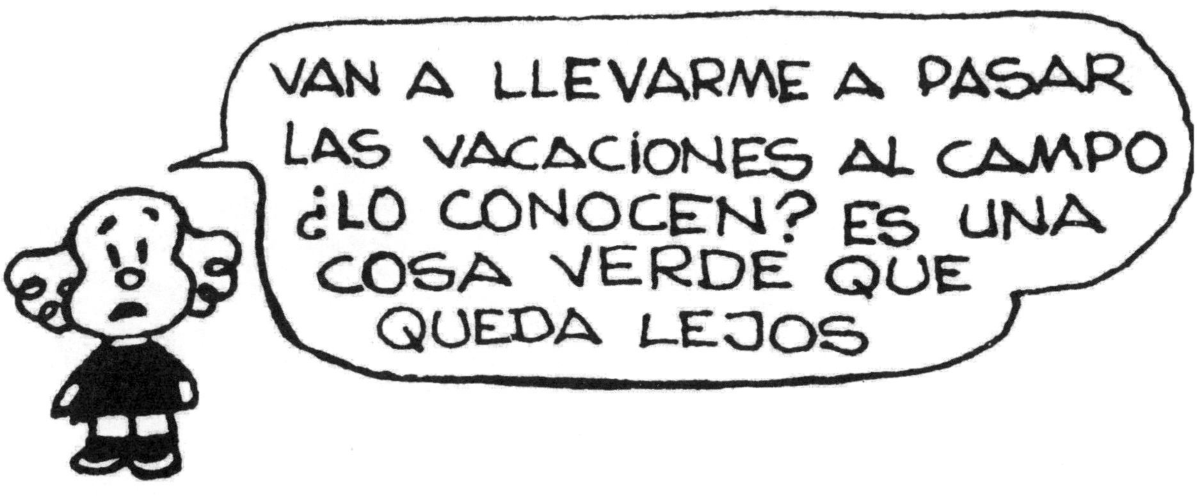
VAN A LLEVARME A PASAR LAS VACACIONES AL CAMPO ¿LO CONOCEN? ES UNA COSA VERDE QUE QUEDA LEJOS

MUY SALUDABLES, LOS NUEVOS VIENTOS QUE SOPLAN ¡LÁSTIMA ESE MALDITO OLOR A NAFTALINA!

¿CÓMO ANDA EL ALMACÉN DE TU PAPÁ, MANOLITO?
¡EH!... ¡TIRANDO!... HAY MUCHA GENTE DE VACACIONES Y POCA VENTA
631
¿Y POR QUÉ NO CIERRAN POR UNOS DÍAS Y SE VAN UDS. TAMBIÉN DE VERANEO? ¿NO SE TE OCURRIÓ PROPONÉRSELO A TU PAPÁ?
AH

DE **TODO** ESTE TURRÓN, LA MITAD PARA CADA UNA ¿EHÉ?
BUENO, PERO ¿NO TE VAS A ARREPENTIR?
632
¿ARREPENTIRME? ¡POR FAVOR!...
¡TROC!
¡EN FIN!.... BIEN DICEN QUE PARTIR ES MORIR UN POCO

633
¿A CUÁNTO ESTÁ HOY LA LECHUGA, MIGUELITO?
¡Y PENSAR QUE EN ESTE MISMO MOMENTO, EN ALGÚN LUGAR DEL MUNDO, SE ESTÁN DISPARANDO BALAS QUE NO VAN A PEGARLE A NADIE! ¡QUÉ DESPERDICIO!

634
¡TUMP!
¡ZÁS!... ¡CÓMO ME PUSE!...
¡TAMBIÉN!...
¡NO SÉ A QUIÉN SE LE OCURRE VIVIR EN UN PLANETA QUE DESTIÑE!
©QUINO

635
MAFALDA TIENE RAZÓN; ESTE PLANETA EN QUE VIVIMOS....¡DESTIÑE!
LO MALO DE ANDAR SIEMPRE CON LAS OREJAS PUESTAS ES QUE UNO SE EXPONE A OÍR COSAS COMO ÉSTA
©QUINO

636
VAS A VER, MANOLITO
¿VES? LO QUE TE DIJE: ¡DESTIÑE!
AHÍ TENÉS; NUESTRO PLANETA, NUESTRA VIEJA TIERRA, NUESTRO CACAREADO MUNDO, RESULTA QUE DESTIÑE ¿QUÉ ME DECÍS!...
QUE HABRÁ QUE AGUANTARLO ASÍ, PORQUE VAYA UNO A SABER EN QUÉ SIGLO CADUCÓ LA GARANTÍA
©QUINO

¡QUIÉN DIRÍA!... HACE YA UN MES Y PICO QUE EMPEZÓ EL AÑO Y PARECE QUE FUE AYER
637
¡CÓMO PASA EL TIEMPO, MIGUELITO, CÓMO PASA EL TIEMPO!
BBBBZZZZZZZZZZZZZZZZZZ
¡PUCHA!.... ¡NO ALCANCÉ A VER SI ERA UN MOSCARDÓN O UN MINUTO!
©QUINO

"SEGÚN UN INFORME DE LA UNESCO, SE ESTIMA QUE EN EL MUNDO HAY MÁS DE 700 MILLONES DE ADULTOS ANALFABETOS"
638
SETECIENTOS MILLONES ¡DIOS MÍO!
¡QUÉ ATRASADO ESTÁ EL PROGRESO!
©QUINO

¡BOTARATE!
639
NO TE ENOJES, MANOLITO, ¿ACASO CUANDO SEAS GRANDE NO VAS A TENER UNA CADENA DE SUPERMERCADOS Y A SER TODO UN EJECUTIVO?
¡SÍ! ¿Y?
Y BUENO, UN EJECUTIVO DEBE TENER SENTIDO AUTOCRÍTICO. Y SI YO TE INSULTO ES PARA AYUDARTE A AMPLIAR TU VOCABULARIO. ASÍ PODRÁS AUTOCRITICARTE MEJOR, ¿COMPRENDÉS?
COMPRENDO
¿COMPRENDO?
©QUINO

¡HE DESCUBIERTO ALGO FANTÁSTICO,.... MIRÁ!
¿QUÉ?
640
¿NO VES? ¡LA ESPALDA!... MIRÁ CUANDO UNO SE VA
¿NO ES SORPRENDENTE LO ÚTIL QUE RESULTA LA ESPALDA PARA IRSE? NO SÉ CÓMO HARÍA LA GENTE PARA IRSE SI NO TUVIERA ESPALDA
©QUINO

641
TIC...
©QUINO
DEBIERA HABER UN DÍA A LA SEMANA EN QUE LOS INFORMATIVOS NOS ENGAÑARAN UN POCO DANDO BUENAS NOTICIAS

642
¿NOSOTROS VAMOS A SALIR A VERANEAR?
?
©QUINO
AH...
¿VERANEAR NOS VA A SALIR A NOSOTROS?...

¡HABLEMOS DE VERANEO, MAFALDA! ¡ME ENCANTA HABLAR DE SALIR A VERANEAR!... ¡CHARLAR DE LOS PREPARATIVOS!...
643
¡COMENTAR LAS EMOCIONES DEL VIAJE!... ¡ME PASARÍA LA VIDA HABLANDO DE TODO ESO Y DE NADA MÁS QUE DE TODO ESO!
PORQUE, ¿SABÉS? ¡LA SEMANA QUE VIENE ME VOY DE VERANEO!
¡QUÉ CASUALIDAD!
YO TAMBIÉN, SUSANITA
¿AH, SÍ?
MI TÍA CLARITA SE QUEDÓ SIN MUCHACHA, ADEMÁS TIENE REUMA Y UN HIJO EN VENEZUELA Y HOY EN CASA SE DESCOMPUSO LA TV ¿AUMENTÓ EL PAN? LEÍ QUE DORIS DAY.....

644
CONTAME, MAMÁ: ¿CÓMO ES EL LUGAR DONDE VAMOS A VERANEAR?
¡AH..., ESTUPENDO!... ¡CON MARAVILLOSOS LAGOS RODEADOS DE MONTAÑAS Y BOSQUES HERMOSÍSIMOS!
¿Y QUIÉN HIZO TODO ESO TAN LINDO?
TODO ESO TAN LINDO LO HIZO DIOS
¡QUÉ LÁSTIMA QUE AQUÍ LE DIERAN LA LICITACIÓN A OTROS!

VOS, A LOS LAGOS DEL SUR; YO, A LA PLAYA.....¿NO ES MARAVILLOSO ESO DE IRSE POR AHÍ A VERANEAR?
645
PORQUE,..... HAY QUE VER QUE NO CUALQUIERA PUEDE PAGARSE UN VERANEO ¡¡NNO-NNO-NNO!!
¡AH! ¿Y ESO TE PARECE MARAVILLOSO? ¡PENSALO! ¿ES PARA ALEGRARSE? ¿EHÉ?
¡QUÉ QUERÉS!... ¡YO LO PIENSO...¡¡ Y TE JURO QUE ME AGARRA TODO POR AQUÍ UN STATUS!!....

¿ASÍ QUE MAÑANA SALÍS DE VERANEO PARA LOS LAGOS DEL SUR? ¡QUÉ BUENO!
SÍ, MI MAMÁ FUE ALLÁ CUANDO SE CASÓ Y DICE QUE ES MUY LINDO
646
¡¡ES QUE CUANDO UNO SE CASA, DEBE SER TODO TAN HERMOSO!!... ¿¿EHÉÉÉ, FELIPE??
¡¡NOOOOOOOOO
¡TUMP!
¡JAH!... ¡ESTE FELIPE!... ESTUVO GRACIOSO, ¿NO? ¡EL MUY BOBO NO SE DIO CUENTA QUE LO DIJE EN BROMA!
©QUINO

¡PERDEMOS EL TREN, MAFALDA! ¿QUÉ HACÉS AHÍ CON ESO?
647
QUERÍA QUE QUEDARA GUARDADO MIENTRAS ESTAMOS DE VACACIONES
¡MAH!... ¡DEJALO ASÍ COMO ESTÁ Y VAMOS, QUE NO LE VA A PASAR NADA!
¡DIOS LO OIGA!
©QUINO

¡LÁSTIMA QUE MAMÁ DUERMA, PAPÁ! ¡ES TODO TAN LINDO!... ¡SEMBRADOS Y SEMBRADOS!...
648
¡EH!... ¡Y VAQUITAS!
¡OH!... Y ESA POBRE GENTE!... ¡QUÉ RANCHITO MISERABLE!...
©QUINO
"PINTORESCO", NENA, "PINTORESCO"

POR ESTA ZONA EL PANORAMA SE PUSO UN POCO TRISTE, ¿NO, PAPÁ?
SÍ, LA TIERRA NO ES MUY FÉRTIL, AUNQUE HAY MUCHA RIQUEZA; OÍSTE HABLAR DEL PETRÓLEO, SUPONGO
¿PETRÓLEO? SÍ, CLARO. Y MÁS DE UNA VEZ......
... POR ESTA ZONA EL PANORAMA SE PUSO UN POCO ESPESO, ¿NO, PAPÁ?

ZAPALA
¡BUENO!
¿POR QUÉ BAJAMOS ACÁ?
PORQUE DESDE AQUÍ EMPEZAMOS A RECORRER EN ÓMNIBUS LA ZONA DE LOS LAGOS
¡AH! ¿NO SEGUIMOS MÁS EN EL TREN?
NO
ENTONCES ESPEREN
?
ADIÓS... Y PERDONÁ EL DÉFICIT

¿Y, MAFALDA? ¿QUÉ TE PARECE?
¡¡DIOS MÍO!! ¡ESTO ES TAN HERMOSO QUE LOS HOMBRES SE LAS VAN A VER EN FIGURILLAS PARA ECHARLO A PERDER!

652
¿POR QUÉ HAY TANTAS FLORES? ¿POR QUÉ ES TODO TAN LINDO ACÁ?
SEGÚN CUENTA UNA LEYENDA, CUANDO DIOS ESTABA HACIENDO EL MUNDO SE SENTÓ A DESCANSAR POR AQUÍ, SE QUEDÓ DORMIDO... Y SIN QUE SE DIERA CUENTA SE LE CAYERON TODAS ESTAS COSAS HERMOSAS
ESA LEYENDA... ¿NO ADVIERTE NADA SOBRE RECLAMOS PASADAS 48 HORAS?
©QUINO

653
HOSTERÍA
¡OH-OH! ¡ESTO ES PARA UNA FOTO!
¿Y?
NO PUEDO... ME PARTE EL ALMA **VERME** CUANDO SE ME ACABEN LAS VACACIONES
©QUINO

654
A VOS LA MODESTIA DEBE IMPORTARTE UN PITO, ¿NO?
©QUINO

655
¿Y NUNCA SE TE OCURRIÓ CONSULTAR A UN PSICOANALISTA?
©QUINO

656
PENSAR QUE ESTOS ARBOLAZOS COMENZARON SIENDO ASÍ DE CHIQUITOS
DE AQUÍ A QUE ESTA PLANTITA HAYA ALCANZADO SEMEJANTE TAMAÑO, ¿QUÉ HABRÁ OCURRIDO CON LA HUMANIDAD?
TIC!
©QUINO
¡VAYA HORÓSCOPO!

657
WOW! IT'S BEAUTIFUL!
LOOK OVER THERE!
BOY, WHAT A VIEW!
GEE!...THAT'S THE MOST EXCITING MOUNTAIN I'VE SEEN IN ALL MY LIFE!
YEAP!
AND WHAT ABOUT THAT WATERFALL, THERE?
THE LITTLE ISLAND, DAD! WATCH THE LITTLE ISLAND!
IT'S LIKE A PANORAMIC VISION FILM, ISN'T IT?
LET'S CATCH SOME TYPICAL TREES
¡PRONTO, POR FAVOR!... ¡DÍGANME LO MÁS GAUCHESCO QUE SE LES OCURRA!
©QUINO

PROHIBIDO HACER FUEGO
658
PROHIBIDO HACER FUEGO
DIRECCIÓN DE PARQUES NACIONALES
¡CÓMO!..
¿NO FUE U-THANT QUIEN LO DIJO?

¿Y SI EN VEZ DE VOLVER A CASA NOS QUEDÁRAMOS A VIVIR AQUÍ? ¡ES TODO TAN LINDO!...
659
NO PODEMOS, MAFALDA. A PAPÁ SE LE ACABAN LAS VACACIONES Y DEBE VOLVER A LA OFICINA; Y VOS A LA ESCUELA Y YO A OCUPARME DE LA CASA
BUENO, PERO LA IDEA DE MAFALDA, PENSÁNDOLA BIEN..., ¿EHÉÉÉ?
¿EHÉÉ?

¡FUERON UNAS VACACIONES MARAVILLOSAS, MIGUELITO! AQUÍ ESTOY JUNTO A UNO DE ESOS ÁRBOLES QUE TE CONTABA
660
ES ASOMBROSO QUE UN ÁRBOL PUEDA CRECER TANTO, ¿NO?
BUENO, DESPUÉS DE TODO, ¿EN QUÉ OTRA COSA PUEDE EMPLEAR SU TIEMPO UN ÁRBOL?

HOLA, ¿QUÉ LES PASA A TODOS?
QUE DENTRO DE UNA SEMANA EMPIEZAN LAS CLASES
661
YA VEO QUE SERÁ UNA LARGA SEMANA DE EXTREMAR PRECAUCIONES PARA NO ANDAR PISANDO ÁNIMOS
© QUINO

NO ES POSIBLE QUE PORQUE EL LUNES EMPEZAMOS A IR A LA ESCUELA ESTEMOS TAN ALICAÍDOS, FELIPE
662
HAY QUE SOBREPONERSE Y COMPRENDER QUE, DESPUÉS DE TODO, VAMOS POR NUESTRO BIEN ¡SÍ, SEÑOR!
¡SI YA LO SÉ!...¡SI A MÍ LO QUE ME AMARGA NO ES IR DURANTE EL AÑO ENTERO A LA ESCUELA,... NI EL ESTUDIO, NI LA MAESTRA, NI LOS DEBERES, NI NADA DE ESO!
© QUINO
¡SINO TODOS ESOS MALDITOS DÍAS DE CLASE!

¿Y POR QUÉ JUSTAMENTE YO TENGO QUE IR A LA ESCUELA?¡SI LO ÚNICO QUE PRETENDO DE LA VIDA ES CASARME Y TENER HIJITOS!
663
SI SÓLO ME ENSEÑARAN A LEER Y SACAR CUENTAS,...¡BUENO!.. ES ÚTIL PARA CUANDO VAYA A HACER LAS COMPRAS
PERO ¿Y TODO LO DEMÁS? ¡DÍGANME! ¿DE QUÉ ME SIRVE TODO LO DEMÁS? ¡A VER!
© QUINO
¡ALGUIEN QUE ME EXPLIQUE CÓMO CONGENIAR PRÓCERES CON RAVIOLES!

NO HAY QUE AMARGARSE PORQUE EMPIEZAN LAS CLASES, MANOLITO. ES POR NUESTRO BIEN QUE DEBEMOS ESTUDIAR
¡SERÁ, PERO CUESTA!
664
CUESTA, SÍ; PERO ESO ES LO BUENO: LIBRAR LA BATALLA CONTRA LA IGNORANCIA...¡Y VENCERLA!
BUENO, PERO LA POSICIÓN DE MANOLITO ES BASTANTE PECULIAR EN ESA BATALLA
©QUINO
HAY QUE COMPRENDER QUE EL POBRE LLEVA EL ENEMIGO SOBRE LOS HOMBROS
¡TOC! ¡TOC!

GUARDAPOLVOS Y DELANTALES
BIEN, LLEVO ÉSTE
¿ÉSTE?
665
P-PE-PERO....
¿ÉSTE?
SÍ, MAFALDA, ÉSE. LEVANTÁNDOLE EL DOBLADILLO Y ACORTÁNDOLE LAS MANGAS TE SERVIRÁ TAMBIÉN PARA EL AÑO QUE VIENE
¡ME NIEGO A QUE ME ANDEN COSIENDO Y DESCOSIENDO EL PORVENIR!
©QUINO

BUEEEENO,.... DOS DÍAS MÁS Y.... ¡A CLASE!
666
¿QUÉ SENTIRÁ UN PARACAIDISTA DOS METROS ANTES DE LLEGAR AL SUELO CON EL PARACAÍDAS CERRADO?
©QUINO

CUANDO VOS ERAS CHICO, ¿TE ANGUSTIABAS MUCHO PORQUE EMPEZABAN LAS CLASES?
¿ANGUSTIARME, YO?
¿CÓMO SE TE OCURRE?
¡JHÁ! ¿YO ANGUSTIARM
"COMIENZAN EL LUNES LAS CLASES EN TODO EL PAÍS"
TIT-BITS
BUENO..., ¿POR QUÉ NO VAS A JUGAR UN POCO POR AHÍ?

?
ESCUELA

eme-a: ma
ASÍ, MUUUUY BIEN
m-a
¿ENTIENDES, MIGUELITO?
ma
CAPISCO

670
VIMOS QUE TE TOCÓ UNA MAESTRA JOVEN, FELIPE. ¿QUÉ TAL ES?
¿MMMHH?
704
¡TU MAESTRA! ¿QUÉ TAL ES TU MAESTRA?
¡MMMMMMMHHH!
¡LO QUE NOS FALTABA! ¡¡QUE ESTE ESTÚPIDO SE PASE AL SECTOR PATRONAL!!
©QUINO

¡SOS UN PAPANATAS, FELIPE!... ¡MIRÁ QUE ENAMORARTE DE TU MAESTRA!... ¡ESA ES DE LAS QUE SON LINDAS POR FUERA!
¡PORQUE LA GENTE SE DIVIDE EN LINDOS POR FUERA...
... ¡Y LINDOS POR DENTRO!
BUENO..., TAMBIÉN ESTAMOS LOS LINDOS REVERSIBLES
©QUINO

¡JÁH!..¡ASÍ QUE TE HAS ENAMORADO DE TU MAESTRA, ¿EH? ¡PUES YO ME RÍO! ¿VES?
¡JÁH! ¡JÁH!
672
¡SOS UN PAPANATAS Y TE ODIO!
¡MCHUIIIK!
¡ESTÚPIDO!
¡SÑIG!
LOS OTROS DÍAS LEÍ EN EL DIARIO CÓMO FUNCIONA LA CAJA DE CAMBIOS DEL "FORD-LOTUS" Y TAMPOCO ENTENDÍ UN PITO
©QUINO

673
HOLA, MIGUELITO. VENGO A VER SI NECESITÁS ALGUNA AYUDA CON TUS DEBERES DE PRIMER GRADO
JUSTAMENTE LOS ESTOY HACIENDO, PASÁ
TENGO QUE COPIAR DOS VECES ESA FRASE DE AHÍ, ¿VES?
mi mamá me ama
¡MIGUELITO!...¡COMO DESPUÉS DE HACER LOS DEBERES DEJES TODO TIRADO POR AHÍ, VAS A VER LA QUE TE ESPERA!
¿EH?
NO ES UNA FRASE MUY COMPROMETIDA CON LA REALIDAD, PERO... ¡EN FIN!...
© QUINO

674
¡MÍA!
¡TUP!
FSSSSSSSSSS
FFSSSSSSS
BUENO, PERO... ¡QUÉ HONOR PARA LA PELOTA!
© QUINO

675.
¡ESCÚCHENME TODOS! ¡SOY EL FAMOSO TROMPETISTA DE COLOR!
TUUUT-TUEEET-TUUUTÚT
TUET-TUT-TUT-TUTUTÚTUT
TUUT-TÚT-TUT-TUEET-TÚT
TUUUUUUUUUUUUUUT
TUTUTÚ-TUET-TUEET-TÚT
TUT-TUT-TUUUT-TUTUTÚT
¡QUÉ MANGA DE RACISTAS!
© QUINO

EMPIEZA EL OTOÑO, MANOLITO, ... TAN POÉTICO.... .... TAN GRIS.....
....¡TAN PARECIDO A UNA DEVALUACION!...

ACABO DE ENCONTRAR ALGO QUE SE TE CAYÓ DE LA CABEZA, MIGUELITO
¿DE LA CABEZA?... ¿QUÉ ES?
ESTO; TENDRÁS QUE CUIDARTE DURANTE EL OTOÑO PARA NO QUEDARTE CALVO
¡JHÁ-JHÁ JHÁ-JHÁ!...

¡Y AHORA, CON USTEDES, EL FAMOSO TROMPETISTA DE COLOR!.....
TUET-TUT-TUT TÚTÚÚÚÚ-TUT-TUTÚTUT-TUT-TUEET-TUEET-TUT-TUUUTUT TÚUUUUUUT TUT
¡BASTA, CON ESA TROMPETITA!
¿EL JAZZ TE ENTRISTECE?

679
¡Y AQUÍ NO HAY ESCALAFÓN QUE VALGA..... TODO EL MUNDO DEBE RESIGNARSE A SER DURANTE TODA LA VIDA, SU PROPIO PEÓN DE LIMPIEZA!
©QUINO

680
HOLA, SOY EL FAMOSO TROMPETISTA DE COLOR ¿TE GUSTARÍA ESCUCHAR ALGO? ¿SÍÍÍ? ¡MUY BIEN!
TUT-TÚT-TÚT-TÚT-TÚT-TUTÚTU-TUET TÚTUTÚÚÚÚTUT TUT-TUT-TUT-TUTÚ TÚT-TUT
¡CLARO!...¡ES QUE ESTA PLAZA NO TIENE ACÚSTICA!
©QUINO

681
¡ZÁS! ¡QUIÉN VIENE ALLÍ!...
¿QUIÉN?
¡AH!...
TUT-TUT-TUTUET TUUUUT-TUUUTUT TUET-TUTÚTUT-TUT TUTÚ-TUTUT-TUTUT
¡EL FAMOSO TROMPETISTA DE COLOR!
©QUINO

Y AHORA ESCUCHARÁN USTEDES AL FAMOSO TROMPETISTA DE COLOR...
682
¡UF!... ¡AG!... ¡UF!...
¡PUF! ...¡UF!... ...¡PUF!...
?
BUENAS, MAFALDA
... ACABAN USTEDES DE ESCUCHAR, EN VERSIÓN DE LOUIS ARMSTRONG...
©QUINO

BUEN DÍA, NENA. ¿ESTÁ EL JEFE DE LA FAMILIA?
683
EN ESTA FAMILIA NO HAY JEFES, SOMOS UNA COOPERATIVA
¡POM!
ENTONCES... EN AQUEL CURSO DE VENTAS NO ESTABAN TODAS LAS RESPUESTAS
©QUINO

684
TENGO UNA ADIVINANZA
VEAMOS
"UNA SEÑOR
¡LA LUNA!
¡VOS LA SABÍAS, PERO ELLA NO! ¿NO PODÍAS CALLARTE?
¿PARA QUÉ? TARDE O TEMPRANO, ALGUIEN LE HUBIERA VENIDO CON EL CHISME
©QUINO

MÁS INFORMACIONES; CORRESPONDEN AL EXTERIOR
LA UNIÓN SOVIÉTICA RECHAZÓ HOY...
"UNA PROPUESTA DE ESTADOS UNIDOS"
...UNA PROPUESTA DE ESTADOS UNIDOS
¡AHÍ ESTÁ! ¿NO TE DIGO?
LO BUENO QUE TIENE ESTE MUNDO ES QUE ¡ÑIC!, FUNCIONA COMO UN RELOJ

¿SABÉS, MANOLITO? ESTABA PENSANDO...
¿EN QUÉ?
EN QUE SI JUNTAMOS TOOOOOODO LO QUE HICISTE EL AÑO PASADO EN LA ESCUELA...
...Y A ESO SUMAMOS...
.... TOOOOOODO LO QUE HAS HECHO EN ESTAS SEMANAS QUE VAN DE CLASES....
...MÁS O MENOS POR ESTOS DÍAS DEBES ESTAR POR CUMPLIR TUS BESTIALIDADES DE PLATA, ¿NO?

¡ESE CASCO LLENO DE AGUJEROS NO SIRVE; DEJA ENTRAR TODAS LAS BALAS!
PERO DEJA SALIR TODAS LAS IDEAS

PRIMERO EXPLOTÓ EL CALEFÓN Y VOLÓ LA MITAD DE MI CASA,....
...LUEGO REVENTARON LAS CAÑERÍAS Y SE INUNDÓ TODO EL RESTO, MIENTRAS UN CORTOCIRCUITO INCENDIABA LO QUE SOBRESALÍA DEL AGUA,...
...MÁS TARDE VINIERON UNOS LADRONES Y NOS ROBARON LO QUE QUEDABA,...
...Y DESPUÉS, AL BORRAR UN POCO SE ME ROMPIÓ LA HOJA DEL DEBER, SEÑORITA
688
©QUINO

VOS, QUE SIEMPRE ANDÁS DALE QUE DALE CON EL ALMACÉN DE TU PAPÁ, LA PLATA Y LOS NEGOCIOS, ESCUCHÁ ESTO QUE VOY A LEERTE
"EL DINERO NO HACE LA FELICIDAD"
SÍ..., SI ESO YA LO SÉ...
...PERO A MÍ LO QUE ME ENTUSIASMA ES LA MAÑA QUE SE DA PARA IMITARLA
689
©QUINO

690
LECHE
©QUINO
ES EXTRAÑO..... ASÍ, DE GOLPE, ME HE ACORDADO DE LOS QUE MANEJAN LA POLÍTICA MUNDIAL

"Victor ve la uva de la viña.
-¿Es buena esa uva, Don Braulio?"
"-Sí, Victor, esa uva es buena.
-¡Don Braulio, vea los barriles de buen vino!"
HABRÍA QUE LEVANTAR UN MONUMENTO A ESTOS SACRIFICADOS AUTORES QUE EN VEZ DE ESCRIBIR COSAS TRASCENDENTES PREFIEREN ENSEÑARNOS A LEER
691
©QUINO

...Y ÉSTE HA SIDO EL PANORAMA MUNDIAL
¡MAFALDA!... ¿HAS ESTADO SACANDO MIS CREMAS?
LAS DE EMBELLECER, SOLAMENTE
692
©QUINO

"BIEN, QUERIDOS AMIGUITOS, HOY CONTINUAREMOS HABLANDO SOBRE EL HOMBRE PRIMITIVO: EL HOMBRE PRIMITIVO RENDÍA CULTO AL FUEGO, A LA LLUVIA, AL TRUENO,..."
..."EN FIN, DIVINIZABA TODO AQUELLO QUE LE RESULTABA INEXPLICABLE, QUE SU MENTE ERA INCAPAZ DE COMPRENDER,"...
¡ZÁS! ¡YA LO VEO A ÉSTE, DIVINIZANDO TODO LO QUE ENSEÑAN EN LA ESCUELA!
693
©QUINO

¿LEYERON LOS DIARIOS? ¡UN SATÉLITE RUSO QUE ESTABA EN ÓRBITA DESAPARECIÓ MISTERIOSAMENTE!
¿MISTERIOSAMENTE?
694
SÍ,....LOS SABIOS DICEN QUE ES POCO PROBABLE QUE SE HAYA DESINTEGRADO EN LA ATMÓSFERA Y QUÉ SÉ YO; LA CUESTIÓN ES QUE NADIE SABE DÓNDE ESTÁ!
©QUINO

695
¿A QUÉ PODRÍAMOS JUGAR?
¡YA ESTÁ! ¡JUGUEMOS A CUALQUIER COSA! ¿EÉH? ¡SERÍA BUENO! ¿NO? ¡VAMOS! ¿EÉÉH?
SÍ, BUENO, PERO, ¿A QUÉ?
¡QUÉ SÉ YO! ¿DESDE CUÁNDO LOS ENTUSIASTAS TENEMOS QUE DAR SOLUCIONES?
©QUINO

MAMÁ
696
¿QUÉ?
NADA. SÓLO QUERÍA CERCIORARME DE QUE AÚN HAY UNA **BUENA** PALABRA QUE CONTINÚA EN VIGENCIA
©QUINO

697
¿QUÉ HARÍAS SI DE PRONTO APARECIERA UN PLATO VOLADOR?
¿EH, SUSANITA?
¿QUÉ HARÍAS SI SERES DE OTRO PLANETA BAJARAN E INTENTARAN LLEVARNOS A SU MUNDO?
¡NO HARÍA NADA! ¡PORQUE NO CREO QUE NADIE VIVA EN OTRO PLANETA, NI QUE NADIE BAJE PARA LLEVARNOS A NINGÚN MUNDO, NI CREO NADA DE ESAS ESTUPIDECES! ¿ENTENDÉS?

698
NO QUIERO ECHARTE, FELIPE, PERO SON LAS CUATRO Y MEDIA, ¿NO TENDRÍAS QUE IRTE A TU CASA A HACER LOS DEBERES?
HAY TIEMPO
SEIS MENOS DIEZ, FELIPE,..... TUS DEBERES
ENSEGUIDA VOY Y LOS HAGO EN DOS PATADAS
¡PERO FELIPE! ¡MIRÁ QUE SON LAS SIETE Y VEINT
¡NO!... ¿YA?
¡PERO CÓMO!... ¡LAS CUENTAS!... ¡SUJETO Y PREDICADO!... ¡EL MAPA!... ¿Y AHORA CÓMO HAGO?!
ENTERNECE VERLO CON TODA ESA IDIOSINCRACIA NACIONAL

699
PAPÁ, SI LA CIGÜEÑA TRAE A TODO EL MUNDO DESDE PARÍS, HASTA QUE LLEGAMOS Y NOS ANOTAN AQUÍ SOMOS TODOS FRANCESES, ¿NO?
OUI
YA ME PARECÍA

NECESITO QUE ME ACONSEJES, MAFALDA
VEAMOS DE QUÉ SE TRATA, SUSANITA
700
©QUINO
DECIME..., ¿QUÉ PUEDO HACER CON UNA PERSONALIDAD TAN INTERESANTE COMO LA MÍA?

701
©QUINO

NUEVA GESTIÓN PARA LOGRAR EL DESARME
702
NUEVA GESTION PARA LOGRAR EL DESARME
¡ÑOC!
¡DESPUÉS SOY YO LA PESIMISTA!...
©QUINO

HOY NO TENGO GANAS DE IR A TRABAJAR, ASÍ QUE PIENSO QUEDARME EN LA CAMA. ¡ESO ES!
703
BUENO, MEJOR ME LEVANTO A PREPARAR EL DESAYUNO, SI NO DESPUÉS ANDÁS A LAS CORRIDAS PARA NO LLEGAR TARDE A LA OFICINA
EL MATRIMONIO ESTÁ LLENO DE PEQUEÑOS SOBREENTENDIDOS
©QUINO

704
¿QUÉ VAS A HACER, MAFALDA?
JUGAR A LA LIBERTAD
¿A LA LIBERTAD? ¿Y CÓMO?
PUES ASÍ....
...CON UNA LAMPARITA QUEMADA EN LA DERECHA...
....Y UN LIBRO DE CUENTOS EN LA IZQUIERDA
©QUINO

¿SE PUEDE SABER QUÉ DIABLOS HACÉS AHÍ?
SOY LA LIBERTAD
705
"¡LA LIBERTAD!"... ¿SABÉS CÓMO VAS A QUEDAR SI TE CAÉS DE AHÍ Y SE TE REVIENTA ESA LAMPARITA?
SÍ..., COMO LA LIBERTAD
©QUINO

706
¿Y A ÉSTA QUÉ LE PASA?
DICE QUE ES LA LIBERTAD ILUMINANDO AL MUNDO
¿ILUMINANDO AL MUNDO? ¡PERO SI ESA LAMPARITA ESTÁ QUEMADA!...
¡CLARO!... ¡LA MALDITA TENSIÓN MUNDIAL!...
©QUINO

¿QUIÉN SE SUPONE QUE SOS?
707
¡LA LIBERTAD, ILUMINANDO AL MUNDO CON SU REFULGENTE LUZ!.....
...DE 15 WATTS
©QUINO

¡BASTA YA CON ESO DE QUE SOS LA LIBERTAD!...¡Y, BAJATE DE AHÍ, QUE PODÉS CAERTE!
708
ADEMÁS, LA LIBERTAD TIENE QUE SER GRANDE; Y VOS SOS CHICA
¿CHICA?
¡FUNCIONAL!
©QUINO

¿HAN PROBADO UDS. LOS EXCELENTES GARBANZOS PARA EJECUTIVOS QUE VENDE *ALMACÉN "DON MANOLO"*?
?

HOY MI MAESTRA VINO CON LA NOTICIA DE QUE COLÓN DESCUBRIÓ AMÉRICA
PERO RESULTA QUE ESO FUE EN 1492
¡1492!
¿TE DAS CUENTA?
¡A MI MAESTRA LE FALTA LA AGILIDAD INFORMATIVA DE LA UNITED PRESS!

¡YO NO PRETENDO QUE LA MAESTRA NOS TRAIGA LOS MÁS RECIENTES DESCUBRIMIENTOS ESPACIALES, PERO ESO DE QUE VENGA Y DIGA......
"CRISTÓBAL COLÓN DESCUBRIÓ AMÉRICA EN MIL CUATROCIENTOS NOVENTA Y DOS"
.... NO ES PRECISAMENTE UN CABLE DE ÚLTIMO MOMENTO!
¿NO?

¡YO CREÍ QUE LA ESCUELA ERA OTRA COSA.....Y NO UN LUGAR EN QUE ENSEÑAN VEJECES!
¡QUE COLÓN, QUE LOS CONQUISTADORES, QUE LOS INDIOS, QUE TAL BATALLA, QUE TAL OTRA!... ¡TODO DEL TIEMPO DE ÑAUPA!
¡PERO ASÍ ES LA HISTORIA, HOMBRE! ¿CÓMO QUERÉS QUE TE LA ENSEÑEN?
¡PARA ADELANTE!
712
©QUINO

ME MANDA MI MAMÁ A COMPRAR ACEITUNAS. ¿QUÉ TAL ESTÁN, MANOLITO?
¡AAAH!.. ¡PARA EJECUTIVOS! ¡PROBÁ UNA!
¡PTUAJ!
LO QUE PASA ES QUE LA GENTE TIENE UNA IMAGEN IDEALIZADA DE LOS EJECUTIVOS
713
©QUINO

©QUINO
BUENAS TARDES, ¿NO DESEAN COMPRAR
¡NO!
¿Y AHORA QUÉ CUERNOS HACE UNO CON ESTA SONRISA?
714

¡IUÚJHUU!
¿QUÉ ES, PAPÁ? ¿QUÉ HAS TRAÍDO?
AH..., ¿EL MONUMENTO A LA SITUACIÓN INTERNACIONAL?
715

¡CON RAZÓN LOS CHINOS QUIEREN CAMBIAR EL MUNDO!
716

CUANDO SEA GRANDE VOY A CASARME CON UN INDUSTRIAL QUE TENGA MUCHOS, PERO MUCHOS MILLONES
PERO LUEGO, EN UN VIAJE POR NEGOCIOS, ÉL SE ESTRELLARÁ CON SU AVIÓN PARTICULAR Y YO QUEDARÉ VIUDA....¡DIOS MÍO!
¡BUÁÁÁÁ!...
¡SÑIF!..
AY-AY-AY,... ¡QUÉ VIDA ÉSTA!
717

¡QUÉ MUNDO ÉSTE!.... NOSOTROS COMEMOS TURRÓN MIENTRAS OTROS NO TIENEN QUÉ LLEVARSE A LA BOCA
¡VOS SIEMPRE IGUAL!
IGUAL NO; ¡AYER ERA MÁS JOVEN!

AQUÍ DICE QUE UN CONFLICTO NUCLEAR PODRÍA PROVOCAR LA MUERTE DE UNOS 700 MILLONES DE PERSONAS
¿700 MILLONES DE PERSONAS TODAS JUNTAS MUERTAS AL MISMO TIEMPO?
ASÍ PARECE
¡QUÉ ASCO!¡EN SEMEJANTE PROMISCUIDAD, QUIÉN SABE QUÉ GENTUZA LE TOCA A UNO COMO COMPAÑERA DE MASACRE!

ESTA MAÑANA LA MAESTRA CREYÓ QUE ERA YO LA QUE ESTABA CONVERSANDO EN CLASE Y ME RETÓ
LUEGO AL MEDIODÍA LLEGUÉ A CASA Y ¡ZÁS!...¡MI MAMÁ HABÍA HECHO SOPA!
A LA TARDE VINO SUSANITA Y CON EL BRAZO DEL TOCADISCOS ME RAYÓ EL LONG-PLAY DE LOS BEATLES
REALMENTE,....HA SIDO UNO DE ESOS DÍAS EN QUE LO MALO DE UNO SON LOS DEMÁS

721
¡QUÉ RARO, MAFALDA! ¿VOS JUGANDO A LA MAMÁ?
BUENO, PUES... SÍ
DE VEZ EN CUANDO CONVIENE SACAR A PASEAR UN POCO EL INSTINTO
©QUINO

722
BUENO,.... YO NACÍ; Y A LOS CINCO MESES ME SALIÓ EL PRIMER DIENTE
LUEGO, A LOS DOS AÑOS, YA HABLABA BASTANTE BIEN. DESPUÉS FUÍ AL JARDÍN DE INFANTES....
...AHORA VOY AL PRIMER GRADO DE LA ESCUELA Y, ¡EN FIN!... ESO ES TODO
LO MALO DE SER CHICO ES QUE UNO TERMINA DE CONTAR SU VIDA EN DOS PATADAS
©QUINO

723
¿NOSOTROS LLEVAMOS UNA VIDA DECENTE, MAMÁ?
¡POR SUPUESTO!
©QUINO
¿Y HACIA **DÓNDE** LA LLEVAMOS?

¡ESTOY HARTO DE LA ESCUELA! ¿ENTIENDEN?
¡HARTO!
¡ASÍ QUE FINISH!...,
¡NO VOY MÁS!
¡Y NO ME VENGAN CON DISCURSITOS, PORQUE NO ME VAN A CONVENCER!
¡HAY QUE VER LA ORATORIA QUE TIENE LA ZAPATILLA DE MI MAMÁ!

¿QUÉ PASA, MIGUELITO? ¿QUÉ HACÉS AHÍ ABAJO?
TENGO MIEDO DEL IMPUESTO A TODO

"LA VIDA COMIENZA A LOS CUARENTA"
¡¿Y ENTONCES PARA QUÉ CUERNOS NOS HACEN VENIR CON TANTA ANTICIPACIÓN?!

...¡ENTRA AL ÁREA CON PELOTA DOMINADA! ¡SALE A MARCARLO UN HOMBRE! ¡LO ELUDE! ¡PELIGRO! ¡VA A REMATAR!!!...
A VECES ME PREGUNTO SI ESTOY REALMENTE EN BUENAS MANOS
©QUINO

ESCUCHÁ ESTO, MIGUELITO: "EL METEORÓLOGO MORRIS SUCGER, DE LA UNIVERSIDAD DE CALIFORNIA..."
"...DECLARÓ QUE LA CONTAMINACIÓN INDUSTRIAL DEL AIRE..."
"...PODRÍA EXTERMINAR A LA HUMANIDAD PARA EL AÑO 2064"
ME PREGUNTO QUÉ HARÉ YO, VIEJITO Y SOLO, EN TODO ESTE MUNDO DESPOBLADO
©QUINO

TORNEO de CANASTA
MENOS MAL QUE ME DESPERTÉ
PORQUE SI ALGO ME DA RABIA ES GASTAR EL SUBCONSCIENTE EN SOÑAR ESTUPIDECES
©QUINO

SUIIIIIISH
730
SUIIIIIISH
©QUINO
¡ÑOC!
NO ENTIENDO QUÉ PUEDE HABER FALLADO

731
?
©QUINO

HOY MI MAESTRA NOS ENSEÑÓ QUE DOS MÁS DOS ES CUATRO
732
LUEGO NOS HIZO PASAR A VARIOS CHICOS AL PIZARRÓN PARA QUE SUMÁRAMOS: "DOS MÁS DOS: CUATRO"
DESPUÉS TOOOOOODOS COPIAMOS EN NUESTROS CUADERNOS: "DOS MÁS DOS: CUATRO"
TE JURO QUE NUNCA ME SENTÍ TAN LEJOS DE VON BRAUN
©QUINO

733
COMO SIEMPRE; APENAS UNO PONE LOS PIES EN LA TIERRA SE ACABA LA DIVERSIÓN
©QUINO

MI TÍA CLARITA TIENE UNAS TAZAS CHINAS, PARA TÉ, ¡DIVINAS!
734
SON DE CUANDO LOS CHINOS HACÍAN COSAS LINDAS. PORQUE ANTES LOS CHINOS NO ERAN MALOS, NO.
PERO PARECE QUE LUEGO, LA VIDA, LAS MALAS COMPAÑÍAS,.... ¡EN FIN!....
YO NO SÉ QUÉ LES PASÓ A ESOS MUCHACHOS
©QUINO

¡LES ADVIERTO QUE ESTA VEZ VA EN SERIO!
735
¡NO VOY MÁS A LA ESCUELA!... ¡Y SAN SE ACABÓ!
©QUINO
¡OYE! ¿VES ESTO?
HOY EN DÍA ESTÁN MUY EN BOGA LOS MÉTODOS AUDIOVISUALES

HABÍA UN NO SÉ QUÉ DE ENCÍCLICA PAPAL EN ESA MIRADA

¡FOP!
ES QUE UNO SUBE A ESTE APARATO Y SE ENTUSIASMA

¡VIVA LA PATRIA!!
¡CANEJO!
OLVIDABA EL TOQUE AUTÓCTONO

BUENO, SI VOS DECÍS QUE ES ÁRBOL, Y NO HÁRBOL, LE BORRO LA H ¿TENDRÍAS UNA GOMA?
739
TOMÁ
GRACIAS
YIP-YIP-YIP-YIP-YIP-YIP...
TAL VEZ LA MAESTRA TIENE RAZÓN CUANDO ME DICE LO DEL TAMAÑO DE MI LETRA

ADIÓS, MIGUELITO ¿ADÓNDE VAS TAN CONTENTO?
740
¡A JUNTAR TIERRA, PARA LUEGO ECHARLE AGUA Y JUGAR CON BARRO!
A PROPÓSITO, QUISIERA PEDIRLES ALGO
¿QUÉ?
SI DESPUÉS LLEGAMOS A ENCONTRARNOS RECUÉRDENME EN ÉSTA, MI VERSION ORIGINAL

....Y ÉSTAS HAN SIDO LAS NOTICIAS DE LA ACTUALIDAD MUNDIAL
¡TIC!
741
SI TUVIERAS HÍGADO,.... ¡¡QUÉ HEPATITIS, ¿EH?

MAMÁ, ¿A LOS CUÁNTOS AÑOS UNA ES VIEJA?
742
DEPENDE, MAFALDA. EN REALIDAD NO ES CUESTIÓN DE AÑOS, SINO DE MANTENER JOVEN EL ESPÍRITU
BUENO, PERO Y EL ESPÍRITU,... ¿A QUÉ EDAD EMPIEZA A NECESITAR MAQUILLAJE?
©QUINO

DECIME, MAFALDA, ¿QUIÉN FUE JUAN DE LOS PALOTES?
743
NADIE, MANOLITO; DECIR *"JUAN DE LOS PALOTES"* ES DECIR *"UN CUALQUIERA"*
¡ZÁS!...¡YA TENGO MAL UNA RESPUESTA EN LA PRUEBA ESCRITA DE HISTORIA!
©QUINO

Siempre se tienen 20 años en un rincón del corazón
744
¿Y PARA QUÉ DIABLOS QUIERE UNO TODO ESE STOCK AHÍ ACUMULADO?
©QUINO

¿CUÁNTOS PAÍSES HAY EN EL MUNDO, PAPÁ?
NO SÉ MUY BIEN... PERO HABRÁ UNOS 150, MÁS O MENOS
¿TANTOS?
ENTONCES EL PORCENTAJE DE PAÍSES QUE SIEMPRE FASTIDIAN ES MÁS BAJO DE LO QUE YO CREÍA

EN VIAJE DE NEGOCIOS PARTE UN IMPORTANTE EJECUTIVO
ESCUELA
¡EN FIN!... ¡QUÉ VIDA ÉSTA!

EN LUGAR DE HACER LOS DEBERES ME PASO EL DÍA LEYENDO HISTORIETAS.... ¡ESTO NO PUEDE SER!
¡NO ES POSIBLE QUE NO TENGA VOLUNTAD, NO SEÑOR!
¿QUÉ SOY AL FIN: UN HOMBRE O UN RATÓN?

NORUEGA. NADIE HABLA DE NORUEGA
LA GENTE HABLA DE PAÍSES EN LOS QUE HAY BOMBAS, HUELGAS, ASALTOS, CAÑONAZOS, CRÍMENES, RACISMO, REVOLUCIONES,.....
PERO DE NORUEGA, NÍ A
ESTÁ VISTO QUE LA VIOLENCIA TIENE MÁS *RATING* QUE EL BACALAO

TOMÁ, MAFALDA, MEDIO TURRÓN PARA MÍ, MEDIO PARA VOS
OH, GRACIAS, SUSANITA
¡CROCK! ¡CROMPF! ¡GULP!
CROC CRUC
¡AAAAH!
CRUP CROK
CRAC CRUCH
¡MALDITA SEA MI BONDAD!

VAS A VER, A QUE ESA SOMBRA ES LA HIJA DEL CACIQUE QUE VA A DESATAR AL MUCHACHO ¿VISTE? ¡ES!
VAS A VER, A QUE AHORA ELLA CORTA LAS SOGAS CON SU PUÑAL ¡AHÍ ESTÁ!
VAS A VER, A QUE ANTES DE HUIR ÉL LA BESA ¡¿NO TE DIJE?!
VAS A VER, A QUE AHORA EL CENTINELA SIOUX SE DESPIERTA Y.....
¡¡VAS A VER!!

¿DESVESTIRME PARA BAÑARME CON ESTE FRÍO? ¡JHÁ!
751
¡QUE SE DESVISTA OTRO! ¡YO, JAMÁS!
¡NO PIENSO HELARME DESNUDO EN ESE MALDITO BAÑO! ¿ENTENDIERON BIEN?
ES NOTABLE LO BIEN QUE ENTENDIERON

¿HASTI ASCUCHATI DAS NOTIZIOTA RADIE?
MOPA, ¿KÁ DICHETI?
?
DICHETI KA IN BESTIAPLANËTE HABI BRONKA
752
¿PETIÑI BRONKA?
MOPA; GROSATOTA BRONKA
¡POBRIKE BESTIAPLANËTE!
TÁH, ¡POBRIKE BESTIAPLANËTE!

...Y ÉSTE HA SIDO EL PANORAMA MUNDIAL A TRAVÉS DE LAS NOTICIAS
753
CON TANTOS DISGUSTOS EL POBRE ENFLAQUECE

754
HOLA, MAFALDA, DECIME UNA COSA
SI UNO HA COMPRADO CARAMELOS ¿NO?
COMO ÉSTOS, POR EJEMPLO
¿DEBE PAGAR RÉDITOS?
©QUINO

BUENO, EMPEZAMOS, SUSANITA
¡ESPERÁ, MIGUELITO, ESPERÁ!
755
SEÑOR: DEJO EN TUS MANOS MIS PIEZAS PARA QUE TÚ GANES ESTA PARTIDA
AMÉN
©QUINO
YA OÍSTE ¿NO? ¡ASÍ QUE NADA DE HEREJÍAS!

756
QUIERO FELICITAR A LOS PAÍSES QUE CONDUCEN LA POLÍTICA MUNDIAL
ASÍ QUE ESPERO QUE ALGUNA VEZ HAYA MOTIVOS
©QUINO

757
FRÁGIL
FRÁGIL
ACABA DE PASAR LA PAZ EN UN CAJONCITO

758
¡UN SAFARI! ¡ESO SÍ QUE ME GUSTARÍA!
¡YA ME VEO FRENTE A UNA BESTIA ENFURECIDA! ¿QUÉ HARÍA YO, FELIPE, FRENTE A UNA BESTIA ENFURECIDA?
¡QUÉ SÉ YO QUÉ HARÍA!..... LA COBARDÍA TIENE TANTOS MATICES......

759
¡TUCUTÚN, TUCUTÚN!
¡TUCUTÚN, TUCUTÚN!
¡TUCUTÚN!
¡TUCUTÚN!
¡CHUIIIIK!
¡FELIZ DÍA, CHE!

¿QUÉ TE OCURRE, MIGUELITO?
NADA, YA SE ME PASARÁ
PERO, ¿QUÉ ES?
BUENO, QUE SIENTO UN POCO DE ANGUSTIA EN ESTA UÑA. ESO ES TODO
QUE ME VENGAN DESPUÉS CONQUE NO HAY NADA NUEVO BAJO EL SOL

BUENO.... ¡HA LLEGADO EL INVIERNO!
¿HAY QUE TRATARLO DE "USTED"?

.....Y QUE NUNCA, NUNCA, SEAMOS EL JAMÓN DEL SÁNDWICH INTERNACIONAL

NO DEJES PARA MAÑANA EL TRATAR DE ENCAJARLE A OTRO LO QUE TENGAS QUE HACER HOY

LO MALO DE NACER DE UN HUEVO ES QUE CADA CALVO QUE PASA ME DESPIERTA EL EDIPO
?

TENGO UN CUENTO GRACIOSÍSIMO: RESULTA QUE HAY UN TIPO ESCUCHANDO UN DISCO,....
¡JÁ-JÁ-JÁ! ¡UN DISCO!...¡ES BUENÍSIMO! ¡JÁ-JÁ
¡NO HE TERMINADO, SUSANITA!!
AH
Y VIENE OTRO Y LE DICE: "¡PERO HOMBRE! ¿CÓMO ESCUCHA ESE DISCO, NO OYE QUE ESTÁ RAYADO?"
ENTONCES EL TIPO CONTESTA: -"¿Y A USTED QUÉ LE IMPORTA,.... ...TED QUÉ LE IMPORTA, ...TED QUÉ LE IMPORTA,.. ...TED QUÉ LE IMPORTA,.."
JÍ-JÍ
¡JA-JA!
¡JA JA!
DALE, ¿Y ENTONCES?...

EL MERCADO ESTÁ LLENO DE ASALTANTES QUE COBRAN LO QUE LES DA LA GANA ¡ESO ES LO QUE PASA!
¡JHÁ! ¿Y LOS QUE ENGAÑAN EN EL PESO? ¡PORQUE TAMBIÉN ESTÁN LOS QUE ENGAÑAN EN EL PESO!
¡¡CALUMNIAS!!

¿ESTARÉ EMPEZANDO A SER MÁS JOVEN QUE MI CUERPO?

ES EXTRAÑO; ME AGACHÉ A RECOGER UN LIBRO Y AL LEVANTARME ME DIO UNA PUNTADA EN LA CINTURA
766
BUENO, ¡Y QUÉ!... A MI EDAD NO VOY A PENSAR QUE ESTOY VIEJO. DEBO DE HABER PESCADO UNA CORRIENTE DE AIRE
¡CLARO, ESO FUE! SEGURAMENTE ALGUIEN DEJÓ UNA PUERTA ABIERTA Y SIN DARME CUENTA...
... ENTRARON TREINTA Y SIETE AÑOS
©QUINO

¡GIMNASIA!... ¡ESO ES LO MEJOR PARA NO SENTIRSE UN VEJETE ANQUILOSADO!
767
VEAMOS UNAS FLEXIONES
¡CRAC!
©QUINO
¿CRAC?

EN LA VIDA TODO ES CUESTIÓN DE TAMAÑO, MIGUELITO
768
SI FUÉRAMOS HORMIGAS ESTE CHARQUITO SERÍA PARA NOSOTROS COMO EL CANAL DE LA MANCHA
©QUINO
¿DE LA QUÉ?

QUISIERA PEDIRTE CONSEJO, MANOLITO. ANDO CON UN PROBLEMA
¿ALGO GRAVE, SUSANITA?
¿GRAVE? NO, NO, SI EN REALIDAD ES UN PROBLEMA MUY ESTÚPIDO
POR ESO PENSÉ QUE VOS PODÉS ENFOCARLO MEJOR QUE NADIE. RESULTA QUE...

LA COMPUTADORA ZK-2-09 ACABA DE CONCLUIR LAS CUENTAS
CORRECTO, ENVÍALAS POR RAYO LÁSER A LA ESCUELA
BUENO, AHORA MISMO VOY A HACER LOS DEBERES
¡ESO ES!
SIR WILLIAM SHAKESPEARE OS TIENE LISTA LA COMPOSICIÓN SOBRE LA VACA, SIRE
O.K., RECOMPENSADLO CON ESTOS PENIQUES
¡YA MISMÍSIMO ME LEVANTO Y ME VOY A HACER LOS DEBERES!
¡SÍ SEÑOR!
¡HE PERDIDO 32 HOMBRES Y UNA PIERNA, HERR MARISCAL, PERO LOGRÉ ARREBATAR AL ENEMIGO EL MAPA CON LOS PRINCIPALES RÍOS DE EUROPA!
GRACIAS, SCHULZ, PUEDE IRSE A TOMAR UNA BIECKERT, NO MÁS

BIEN: SEGÚN EL SORTEO, YO SERÉ EL ÁRBITRO; MAFALDA EL ARQUERO DE MIGUELITO; Y MANOLITO EL ARQUERO DE SUSANITA. ¡QUE EMPIECE EL PARTIDO!
¡DALE, SUSANITA! ¡JUGÁ TRANQUILA, QUE AQUÍ TENÉS AL MOSHE DAYAN DE LOS GUARDAVALLAS!
¡TUP!

772
©QUINO
DIOS MÍO,... LO QUE DEBE SER LA POLÍTICA REFLEJADA EN ESTA TETERA

773
AQUÍ, ESO ES; AHORA MIRÁ QUÉ DIVERTIDO CÓMO SE VE UNO RE-FLEJADO EN ESTA TE-TERA, MIGUELITO
¡BUUAAA!..
©QUINO

774
SI YO FUERA UN GIGANTE,.... ¡YA SÉ CON QUÉ ME PEGARÍA LOS BOTONES!
©QUINO

¡MOZO, OTRA ENSALADA!
¡TAMBIÉN ENSALADA PARA MÍ
¿UN POCO MÁS DE ENSALADA, QUERIDA?
¡SANTA TERMITA!... ¡QUÉ ENSALADA!
¡BÁRBARA!

¿SEGUÍS SIEMPRE CON LA IDEA DE TENER UNA CADENA DE SUPERMERCADOS CUANDO SEAS GRANDE, MANOLITO?
¡POR SUPUESTO!
¡UNA CADENA DE ENORMES LOCALES CON MUCHO VENTANAL Y MUCHO ALUMINIO Y MUCHO ALFOMBRADO Y MUCHA CATEGORÍA Y MUCHO LUJO!... ¡Y ARRIBA DE TODO, EL CARTELÓN INMENSO!
MANOLO'S

NO HAY CASO, POR MÁS QUE PIENSO, NO LOGRO IMAGINARME A 700 MILLONES DE CHINOS TODOS JUNTOS
VOY A EMPEZAR DE A POCO, A VER, POR EJEMPLO, 4 CHINOS
....
CADA PUNTITO, UN CHINO
¡BIEN! AHORA MÁS CHINOS
Y AHORA M
¡?
¡SOCORRO!

¡UNA VA A COMPRAR CUALQUIER COSA Y ES UNA BARBARIDAD! ¡NO HAY PLATA QUE ALCANCE!
¡SON UNOS LADRONES! ¡Y LOS DEJAN COBRAR LO QUE LES DA LA GANA! ¡ESO ES LO QUE PASA!
¿A QUIÉN LE HABLÁS, MAMÁ? ¿ESTÁS HABLANDO SOLA?
¡ESTOY HABLANDO A LOS COMERCIANTES, A LOS INTERMEDIARIOS, A LAS AUTORIDADES QUE PERMITEN...
... QUE NOS ROBEN! ¡NO ESTOY HABLANDO SOLA; NO, SEÑOR!
¡TE PARECE, MAMÁ, TE PARECE!
778
©QUINO

¡VIVA LA PATRIA!
¡¡VIVA!!
¡VIVA LA INDEPENDENCIA!
¡¡VIVA!!
¡VIVA ALMACÉN DON MANOLO!
779
©QUINO

"NO HAGAS A LOS DEMÁS LO QUE NO TE GUSTA QUE TE HAGAN A TI"
¡QUÉ LÁSTIMA!
780
©QUINO

SI ÉL DIJERA QUE ES BUENA....
¡AQUÍ DIRÍAN QUE ES MALA Y LA PROHIBIRÍAN!
¿POR QUÉ ESE CRETINO DE FIDEL CASTRO NO DICE QUE LA SOPA ES BUENA?
781
©QUINO

¡YA ME VEO AL FRENTE DE MI CADENA DE SUPERMERCADOS! ¿TE IMAGINÁS, MIGUELITO, CUANDO YO SEA TODO UN EJECUTIVO?
782
NO
©QUINO

¿QUÉ HACÉS, MAFALDA?
783
NADA, MAMÁ, ESTOY MIRANDO A LA HUMANIDAD
¿¿A LA HUMANIDAD??
©QUINO
¡TUC!
¡TUC!
¡TUC!
¡TUC!

¡TUC!
¡TUC!
784
"DRAMÁTICA SITUACIÓN EN MEDIO ORIENTE" - "MÁS VÍCTIMAS EN EL CONGO" - "NUEVO CHOQUE RACIAL EN EE.UU" - "DISTURBIOS EN PEKÍN" - "BOMBARDEOS EN VIET-NAM"...
¡TUC!
¡TUC!
©QUINO
¿TODAVÍA QUERÉS SALIR?
¡TUC!

¡TUC!
¡TUC!
¡TUC!
785
NO TE AMARGUÉS, BICHO; LA HUMANIDAD TAMBIÉN SE LAS VE EN FIGURILLAS PARA SALIR ADELANTE Y SER LIBRE
¡TUC!
¡TUC!
©QUINO
CLARO, LO QUE LA FRENA NO ES PRECISAMENTE UN VIDRIO
¡TOC!
¡TUC!
HABRÁS OÍDO HABLAR DE LOS "FACTORES DE PODER", SUPONGO

¿VES A ESTE POBRE BICHO TRATANDO DE SALIR Y SER LIBRE? ASÍ SOMOS LOS HUMANOS, SUSANITA
¡TUC!
¡TUC!
¡TUC!
786
¡TUC!
¡TUC!
¡TUC!
¿Y SI LO MATAMOS? ¿EEEEEH?
©QUINO
ASÍ SOMOS LOS HUMANOS, MAFALDA

787
VOY A TRAER EL BANQUITO, ASÍ LE ABRIMOS LA VENTANA A ESTE POBRE BICHO PARA QUE PUEDA SALIR DE UNA VEZ. NO PUEDO VERLO SUFRIR
NI YO
¡TUC!
¡TUC!
¡TUC!
¡TUC!
¡TUC!
¡TUC!
¡TUC!
¡TUC!
OTRO GESTO DE BONDAD SERÍA DARLE UNA ASPIRINA
¡TUC!
¡TUC!
© QUINO

788
!
A-J
PÉREZ PÉREZ PÉREZ PÉREZ PÉREZ PÉREZ PEREZ PÉREZ PÉREZ PÉREZ PÉREZ PÉREZ PÉREZ PÉREZ PÉREZ PÉREZ PÉREZ PÉREZ PEREZ PÉREZ PÉREZ PÉREZ PEREZ PÉREZ PÉREZ PÉREZ PÉREZ
PÉREZ PÉREZ
PÉREZ PÉREZ PÉREZ PÉREZ PÉREZ PÉREZ PEREZ PÉREZ PÉREZ PÉREZ PÉREZ PÉREZ PÉREZ PÉREZ PÉREZ PÉREZ PÉREZ PEREZ PÉREZ PÉREZ PÉREZ
¡Y HAY MÁS! ¡DIOS MÍO!...
LOS PÉREZ SON A LA GUÍA TELEFÓNICA LO QUE LOS CHINOS A LA POBLACIÓN MUNDIAL
A-J
© QUINO

789
¡QUÉ BARBARIDAD, DIOS MÍO!... ¡QUÉ BARBARIDAD!!
¡AQUÍ DICE QUE LA AMETRALLADORA FUE INVENTADA EN 1861 Y LA MÁQUINA DE ESCRIBIR EN 1868! ¿TE DAS CUENTA?
SE INVENTÓ CÓMO MATAR RÁPIDO, ANTES QUE CÓMO ESCRIBIR RÁPIDO ¡ES DEPRIMENTE!
DEPRIMENTE DEPRIMENTE DEPRIMENTE DEPRIMENTE
EL POBRE AÚN NO SE ACOSTUMBRA A QUE ESTE MUNDO ES ESTE MUNDO
© QUINO

“CONÓCETE A TÍ MISMO”
790
BUEN CONSEJO
PERO HOY NO TENGO GANAS DE ANDAR HACIENDO TURISMO POR ADENTRO MÍO
©QUINO

¿QUÉ TE PARECE ESTA FRASE, FELIPE? "CONÓCETE A TÍ MISMO"
791
¡ME PARECE EXELENTE! ¡ES MÁS: DE HOY EN ADELANTE COMENZARÉ A PONERLA EN PRÁCTICA! ¡SÍ SEÑOR!
¡NO VOY A PARAR HASTA LLEGAR A CONOCERME A MÍ MISMO Y SABER CÓMO SOY YO REALMENTE!!
¡DIOS MÍO!...¿Y SI NO ME GUSTO?
©QUINO

ESTE LIBRO TRAE UN BUEN CONSEJO, MIGUELITO: "CONÓCETE A TÍ MISMO"
¿A VER?
792
?
PERO,.....¿VIENE SIN NINGÚN ESPEJITO?
©QUINO

793
YA TE VEO CUANDO SEAS GRANDE, AL FRENTE DE TU CADENA DE SUPERMERCADOS, MANOLITO
¡¡MÍ FABULOSA CADENA DE SUPERMERCADOS!!
TENDRÁS MUCHOS EMPLEADOS
¡¡CIENTOS Y CIENTOS DE EMPLEADOS!!
QUE TRABAJARÁN FELICES PORQUE PAGARÁS BUENOS SUELDOS
¡¡¡PAGARÉ ESTUPENDOS SUELDOS!!!
¡MIRÁ LO QUE ME HACÉS DECIR!!
©QUINO

794
¿POR QUÉ TANTAS MEDICIONES, FELIPE?
PORQUE QUIERO QUE ESTE AVIÓN ME SALGA BIEN
YO, LO QUE QUIERO QUE ME SALGA BIEN ES LA VIDA
©QUINO

795
ESTE MAPAMUNDI TIENE MUY LINDOS COLORES
HAY PAÍSES ROSADOS, ANARANJADOS, VERDES, AMARILLOS, LILAS,....
PAÍSES TODOS EN TONOS MUY BONITOS
...QUE NADA TIENEN QUE VER CON EL COLOR DE SUS INTENCIONES
©QUINO

PERO...¡LOS COLORES DE ESTE MAPAMUNDI ESTÁN MAL!
¿TE PARECE?
796
¡CLARO, MIRÁ CHINA! ¡CHINA TENDRÍA QUE ESTAR AMARILLA!... ...¡O ROJA!...
..¡PERO RESULTA QUE ESTÁ VERDE!
¡POR SUERTE, MIGUELITO! ¡¡POR SUERTE!!
©QUINO

¡LO ÚNICO QUE TE PREOCUPA ES EL ALMACÉN DE TU PAPÁ! ¿NO PODRÍAS PENSAR UN POCO EN OTRA COSA?
797
¿CÓMO ES POSIBLE QUE SÓLO TE INTERESEN LOS NEGOCIOS Y LA PLATA?
¿QUÉ SON PARA VOS TODAS LAS OTRAS COSAS LINDAS E IMPORTANTES DE LA VIDA?
¡SUPERFLUOSIDADES!
©QUINO

"PLANTEO: SI UN ALBAÑIL LEVANTA 2 MTS. DE PARED EN ½ DÍA, ¿CUÁNTOS MTS. LEVANTARÁ EN 3 DÍAS?"
798
VEAMOS: 3 DÍAS SON 6 MEDIOS DÍAS, O SEA QUE....
6 MEDIOS DÍAS
x 2 METROS
SON 12 METROS
©QUINO
Solución: levantará 6 ó 7 metros, porque en este país nadie quiere trabajar.

OJEANDO EL DICCIONARIO UNO APRENDE SIEMPRE COSAS NUEVAS
799
AYER, POR EJEMPLO, ENCONTRÉ QUE "PORTANTILLO" ES EL PASO CORTO Y RÁPIDO DEL BURRO Y OTROS ANIMALES
BUENO, ¿QUÉ DIABLOS LES PASA?

QUIERO ACLARARTE ALGO, MAFALDA
800
CUALQUIER PROBLEMA QUE LLEGUES A TENER, VENÍ A PEDIRME CONSEJO, QUE YO, CON MUCHO GUSTO, TRATARÉ DE AYUDARTE
Y NO ME AGRADEZCAS NADA, ¿EH? ¡TE LO RUEGO!
PORQUE ME ENCANTA QUE LA GENTE ME DÉ OPORTUNIDAD DE INMISCUIRME EN SU VIDA

TENGO SED ¿HABRÍA UN POCO DE PEPSI?
HAY COCA, MIGUELITO, AHORA TE TRAIGO
801
NO, DEJÁ; SI NO HAY PEPSI NO ME TRAIGAS NADA
¡VAMOS, MIGUELITO!... ¡AL FIN DE CUENTAS SON LO MISMO! ¡TODAVÍA ES MEJOR LA
¡CUESTIÓN DE OPINIONES! ¡LO SIENTO!
¡SLAM!
A ESTA EDAD, Y YA SOMOS UNA GENERACIÓN DIVIDIDA, ¡QUÉ PORVENIR!

¿LES HABLÉ ALGUNA VEZ DE TODOS LOS HIJITOS QUE PIENSO TENER CUANDO SEA UNA SEÑORA?
¡NOS HABLASTE DIEZMIL VECES!
O SEA, QUE YA TENEMOS BIEN MASTICADO EL TEMA COMO PARA UNA MESA REDONDA

ESTA DEBE DE SER LA ÚNICA HORA DEL DÍA EN QUE UNO COMPRENDE POR QUÉ EL PAÍS NO AVANZA MÁS RÁPIDO

HOLA, MIGUELITO, ¡QUÉ LINDO QUE ESTÁS!
Y, ADEMÁS, TODO BIEN LIMPITO; OLÉ, QUÉ LIMPITO, ¿SENTÍS?
MMMMHAJHÁ
HE DECIDIDO SER UN BUEN INTENDENTE DE MI PERSONA

ORTOPEDIA, BUENOS DÍAS
¿?
SÍ, TENEMOS DE TODO TIPO, SÍ
¿?
¿PARA EL QUÉ?
¡PARA EL ÁNIMO! ¿NO TIENEN MULETAS PARA EL ÁNIMO?
VIET-NAM
PEKÍN
CUBA
EXPLOSIÓN
DISTURBIOS EN USA
805
©QUINO

HOY ME SIENTO INSPIRADO Y OCURRENTE, MAFALDA
¿POR QUÉ, FELIPE?
PORQUE CELÉBRASE EN LA FECHA EL DÍA DEL NIÑO. TAN SIMPÁTICA CELEBRACIÓN CUENTA CON EL APOYO DE INNUMERABLES ENTIDADES QUE HANSE UNIDO PARA OTORGAR UN MAYOR BRILLO A LOS ACTOS CON QUE LA NIÑEZ TODA FESTEJA HOY SU DÍA
¡ANDÁ,..."INSPIRADO Y OCURRENTE"!.... TODO ESE PALABRERÍO LO SACASTE DEL DIARIO
¡ESA MALDITA INTUICIÓN FEMENINA PARA DARSE CUENTA DE LAS COSAS!...
806
©QUINO

ESTA REVISTA DICE QUE: "LA DIFUSIÓN DE LOS AVANCES DE LA TÉCNICA HACE QUE LOS NIÑOS ACTUALES TENGAN UNA MENTALIDAD SUMAMENTE DESARROLLADA"
BUENO, CON ALGUNAS EXCEPCIONES, ¿NO?
¿POR EJEMPLO?
GRACH GRACH GRACH
807
©QUINO

¿CÓMO TE FUE HOY EN LA ESCUELA, MAFALDA?
BIEN
APRENDIMOS UN MONTÓN DE COSAS NUEVAS
¿Y A VOS, MAMÁ?..
¿QUÉ TAL TE HA IDO EN ESTE ANTRO DE RUTINA?

CADA DOS POR TRES EL PAPA ADVIERTE QUE HAY PELIGRO DE GUERRA MUNDIAL, PERO NADIE LE LLEVA EL APUNTE. FRANCAMENTE NO ENTIENDO A LA GENTE
ES QUE LA GENTE YA ESTÁ ACOSTUMBRADA A VIVIR ENTRE FRASES DEL PAPA, AMENAZAS DE GUERRA Y TODO ESO, MAFALDA. EL HOMBRE ES UN ANIMAL DE COSTUMBRES
¿Y NO SERÁ QUE, DE COSTUMBRE, EL HOMBRE ES UN ANIMAL?

A LOS GATOS, UNO NUNCA SABE CÓMO LES VA

¡ALTO AHÍ, SUSANITA!
¡BANG!
¡MUERO! ¡OH!
811
HONDO PESAR CAUSA LA DESAPARICIÓN DE QUIEN, COMO YO, SUPO GRANJEARSE EL CARIÑO Y AFECTO DE CUANTOS ME CONOCIERON
MI FALLECIMIENTO DEJA UN VACÍO DIFÍCIL DE LLENAR EN LOS CÍRCULOS MÁS DIVERSOS, EN LOS QUE PUSE DE MANIFIESTO MI NATURAL NOBLEZA, MI SENSIBILIDAD Y...
© QUINO
¿QUÉ PASA? ¿POR QUÉ NO SEGUIMOS JUGANDO A LOS "COW-BOYS"?

¡LO QUE PASA ES QUE SOS UNA AMARGADA! ¿POR QUÉ NO HACÉS COMO YO? ¿TENÉS NECESIDAD DE TOMAR TODO A LA TREMENDA?
812
¿TENÉS QUE ANDAR **SIEMPRE** HACIÉNDOTE MALASANGRE POR LOS LÍOS QUE HAY EN EL MUNDO?
¿TENÉS QUE PESCARTE UN DOLOR DE CABEZA CADA VEZ QUE SE HABLA DE CHINA Y VIET-NAM Y EL CONGO Y LA BOMBA?
© QUINO
¿TENÉS UNA ASPIRINA?

¿TE PARECE QUE EN OTROS MUNDOS HAY SERES INTELIGENTES, MAFALDA?
813
YO CREO QUE ES MUY POSIBLE, MIGUELITO
© QUINO
PERO, SEGÚN LOS SABIOS, PARECE QUE ESOS SERES NO PUEDEN HABITAR NINGUNO DE LOS PLANETAS CERCANOS A LA TIERRA
NO, CLARO
SI SON INTELIGENTES, NO

RESULTA QUE LA BESTIA ERA YO Y NO MANOLITO
¡YO LA BRUTA! ¿TE DAS CUENTA? ¡NO ÉL, SINO YO!
¡YO, DIOS MÍO, SACARME UN CERO EN LA ESCUELA!
QUE DESPUÉS NO ERA LA ESCUELA SINO UN BARCO, PORQUE TAMBIÉN HABÍA MARINEROS EN MI SUEÑO Y.....

TRRRRRRR
¡BONK! ¡BONK!
¿QUÉ ESTÁN TRATANDO DE HACERLE CONFESAR A ESTA POBRE CALLE?

ES UNA LÁSTIMA QUE VOS VAYAS A LA ESCUELA, MANOLITO. NO DEBERÍAS IR MÁS
¿NOOOO?
¿QUÉ DEMONIOS ESTÁS DICIENDO, SUSANITA? ¡MANOLITO Y TODOS DEBEMOS INSTRUIRNOS, PORQUE LA CULTURA ES LA BASE DE
¡SÍ, SÍ, YA SÉ!
SERÁ COMO VOS DECÍS, MAFALDA
PERO ES UNA PENA ECHAR SALPICADURAS DE INSTRUCCIÓN A UNA BESTIALIDAD TAN AUTÉNTICAMENTE PURA COMO LA DE ESTE MUCHACHO

AL FINAL ¿CÓMO ES EL ASUNTO? ¿UNO VA LLEVANDO SU VIDA ADELANTE, O LA VIDA SE LO LLEVA POR DELANTE A UNO?

¿SE LO DIJISTE YA A MAFALDA?
NO
NO SÉ CÓMO PUEDE CAERLE LA NOTICIA DE QUE VA A TENER UN HERMANITO
¡PERO, TONTA, SI VA A CAERLE BIEN!... LO QUE PASA ES QUE VOS ESTÁS UN POCO NERVIOSA. MEJOR DEJAME A MÍ
VAS A VER; AHORA LA LLAMO Y SE LO DIGO, CON SERENIDAD
FAMALDA, ¿PONÉS VEDIR UN MOTENMITO?

AHÍ VIENE, ¿VOS CREÉS QUE ES MOMENTO PARA DARLE LA NOTICIA DE QUE VA A TENER UN HERMANITO?
SÍ. VOS DEJAME A MÍ, QUE TENGO TACTO
¿ME LLAMABAN?
SÍ, MAFALDITA. VENÍ, SENTATE
BUENO..., ¿A QUÉ SE DEBE ESTE CLIMA DE REUNIÓN DE DIRECTORIO?

BIEN, MAFALDA, LO QUE QUERÍAMOS DECIRTE ES QUE... JÉ-JÉ...¡EN FIN!...
¿QUE JÉ-JÉ EN FIN QUÉ?
820
PUES...... QUE DENTRO DE UNOS MESES VAS A TENER UN HERMANITO
©QUINO
BUENO, ¿QUÉ TE PARECE?
¡BONK!

¿UN HERMANITO?
821
PERO..., ¿EN SERIO?
¡EN SERIO, SUSANITA!...¡MIS PAPÁS ME DIJERON QUE DENTRO DE UNOS MESES VOY A TENER UN HERMANITO!
BUENO..., ME ALEGRO MUCHÍSIMO... ¡DE VERAS!... TE FELICITO, MAFALDA
GRACIAS, SUSANITA, GRACIAS
¡¡¡NOS HEMOS DEJADO GANAR COMO UNOS ESTÚPIDOS!!!
©QUINO

ALLÍ ESTÁ MANOLITO, ¿LE HABRÁN DICHO YA QUE MAFALDA VA A TENER UN HERMANITO?
822
ALMACEN 'DON MANO
HOLA, MANOLITO, ¿SABÉS LA GRAN NOTICIA?
ALMACÉN "DON MANOLO"
¡JHA!... ¡PUES CLARO!
ES LA NOTICIA MÁS LINDA QUE ME HA LLEGADO JAMÁS. ¡ESTOY DE CONTENTO!...
Y MAFALDA MUCHO MÁS
©QUINO
¿POR QUÉ? ¿QUÉ PUEDE IMPORTARLE A ELLA QUE EL ALMACÉN DE LA OTRA CUADRA HAYA CERRADO POR QUIEBRA?

¿POR QUÉ? ¿POR QUÉ TIENE QUE SER MAFALDA LA QUE VA A TENER UN HERMANITO Y NO YO?
823
¡ZÁS! JUSTAMENTE AHÍ VIENE
HOLA, SUSANITA, ¿QUÉ TAL?
AQUÍ..., PENSANDO UN POCO

LO QUE NO ENTIENDO ES POR QUÉ A TU HERMANITO HAY QUE ESPERARLO MESES, ¿NO PODRÍA LLEGAR ANTES?
824
NO, MIGUELITO, PORQUE PARÍS QUEDA MUUUUUY MUUUUUUUY LEJOS Y LA CIGÜEÑA QUE LO TRAE TIENE QUE DESCANSAR POR EL CAMINO Y ESO LA DEMORA
¿Y QUÉ TAL UN ARREGLITO CON AIR FRANCE?

MIGUELITO TIENE RAZÓN, MAMÁ, ¿POR QUÉ MI HERMANITO TIENE QUE PERDERSE MESES VIAJANDO HASTA AQUÍ EN CIGÜEÑA?
825
¡SI UN JET PUEDE TRAERLO DESDE PARÍS EN SOLO 14 HORAS!...
¡14 HORAS! ¿TE DAS CUENTA DE TODO EL TIEMPO QUE GANARÍA EL HERMANITO?
MI MAMÁ TIENE RAZÓN, MIGUELITO, ¿PARA QUÉ DIABLOS QUIERE GANAR TIEMPO UN BEBÉ QUE NO TENDRÁ NADA QUE HACER EN TODO EL DÍA?

HOLA, MAFALDA, ¿QUÉ HACÉS TAN PENSATIVA?
NADA, MANOLITO; PIENSO QUÉ NOMBRE LLEVARÁ MI FUTURO HERMANITO
UN NOMBRE ES PARA TODA LA VIDA, ASÍ QUE HAY QUE ELEGIR BIEN Y NO PONERLE EL PRIMERO QUE A UNO SE LE OCURRA
NO, CLARO
826
©QUINO
¡MANOLITO!

DECIME, MAFALDA,
827
VOS QUE ANDÁS SIEMPRE DESPOTRICANDO CONTRA EL RACISMO Y TODO ESO,
¡MIRÁ SI LA CIGÜEÑA TE DEJA COMO HERMANO UN NEGRITO! ¿EHÉ? ¡QUÉ TAL! ¡SERÍA LINDO! ¿NO? ¡MUY DEMOCRÁTICO! ¡JHÁ! ¿POR QUÉ NO UN NEGRITO, EHÉ?
©QUINO
BUENO, ¿QUÉ DIABLOS LE PASA A TU PAPÁ?

QUISIERA UNOS CARAMELOS, MANOLITO, PERO NO TENGO PLATA, ¿PODRÍAS FIÁRMELOS?
HAGAMOS UNA COSA, MIGUELITO: VOS TODOS LOS DÍAS LEÉ EL DIARIO
828
Y EL DÍA QUE VEAS QUE NO ATACARON UNA EMBAJADA EN NINGUNA PARTE VENÍ QUE TE FIARÉ CON MUCHO GUSTO, ¿SABÉS?
GRACIAS, MANOLITO, SOS UN AMIGO
©QUINO
EL POBRE VIVE MENOS ENTERADO DE LO QUE YO CREÍA

¡OH, MAMÁ! ¿UN PULLÓVER PARA MÍ? ¿QUÉ ME ESTÁS TEJIENDO, MAMÁ?
829
NO ES PARA VOS, MAFALDITA, SINO PARA TU FUTURO HERMANITO
AH
ES CURIOSO; DE PRONTO SIENTO COMO SI ME HUBIERA ENTRADO UNA BASURITA EN EL ÁNIMO
©QUINO

¡QUÉ LÁSTIMA! YO CREÍ QUE TEJÍAS ALGO PARA MÍ..., PERO ES PARA EL HERMANITO
830
PERO, MAFALDA, PENSÁ QUE VOS YA TENÉS DE TODO: PULLÓVERES, VESTIDOS, MEDIAS, ZAPATOS... ¡TODO!
EN CAMBIO, TU FUTURO HERMANITO NO TIENE NADA DE ROPA NI DE NADA, ¿ENTENDÉS?
ENTIENDO
©QUINO
ES COMO SER LA HERMANA DE UN REFUGIADO

VEO QUE TU MAMÁ ESTÁ TEJIENDO ALGO PARA TU FUTURO HERMANITO
ASÍ ES, SUSANITA
831
CLARO, AHORA TODO LO QUE HAGA TU MAMÁ SERÁ PARA ÉL, ¿NO?
SÍ, Y ME PARECE MUY BIEN. NOSOTROS YA TENEMOS DE TODO
EN CAMBIO ÉL NO TIENE NADA
IMAGINATE..., SI CUANDO LLEGA VE QUE LOS DEMÁS TIENEN DE TODO Y ÉL NADA, POR SU INGENUA CABECITA PUEDEN PASAR CIERTAS IDEAS
Y NO QUEREMOS EXTREMISTAS EN LA FAMILIA
©QUINO

SUS MEJORES MOMENTOS....
832
ACOMPÁÑELOS CON WHISKY "BLACK-GROG"
¡PSSH!
¡MIRÁ SI CADA VEZ QUE UNO SALE DE LA ESCUELA VA A TOMARSE UN WHISKY!...
©QUINO

¡¡ÚÚÚJUUUUU!.. YA LLEGUÉ, MAMÁ
833
¡EPA! ¿QUÉ PASA?
NADA, HIJITA, ESTOY UN POCO DESCOMPUESTA
¡ENTONCES YO HARÉ EL ALMUERZO PARA CUANDO LLEGUE PAPÁ, ¿EHÉ? ¿QUÉ PUEDO HACER DE FÁCIL?
PONÉ LA CACEROLA CON AGUA Y CUANDO HIERVA ECHALE UN SOBRE DE ESOS DE SOPA
¿DE QUÉ?
DE SOPA
PERMISO
©QUINO

A VECES, DE NOCHE EN LA CAMA, ME PONGO A PENSAR..., Y ES CURIOSO...
834
SIENTO, POR EJEMPLO QUE, COMO TODO EL MUNDO, YO TENGO MIS COSAS BUENAS Y MIS COSAS MALAS
Y QUE NO SOY NI MEJOR NI PEOR QUE LOS DEMÁS, SINO COMO TODOS..., ASÍ, LISA Y LLANAMENTE COMO EL RESTO DE LA HUMANIDAD
¿NO HAS TENIDO NUNCA ESA ESPANTOSA SENSACIÓN?
©QUINO

835
¿LA CALLE CORRALITOS, POR FAVOR?
POR ÉSTA, 3 CUADRAS DERECHO HASTA EL MERCADO, DOBLANDO DOS A LA DERECHA CRUZA LA PLAZA Y MEDIA CUADRA MÁS ALLÁ VERÁ UNA CORTADA: ÉSA ES CORRALITOS
AJHÁ, GRACIAS
¿LA FELICIDAD, POR FAVOR?
©QUINO

836
ES HORA DE IR A ESCUCHAR EL NOTICIOSO
"DEL EXTERIOR: AL ENTERARSE DE QUE MAFALDA VA A TENER UN HERMANITO LOS RUSOS INICIARON LA DEMOLICIÓN DEL MURO DE BERLÍN, ÁRABES E ISRAELÍES......
....LLEGARON A UN ACUERDO, FIDEL CASTRO DECIDIÓ LLAMAR A ELECCIONES Y EE.UU Y VIETNAM DEL NORTE ENTABLAR CONVERSACIONES DE PAZ"
SERÁ MEJOR QUE NO VAYA; SOSPECHO QUE EL NOTICIOSO VA A DESILUSIONARME
©QUINO

837
¿VISTE? AL FINAL VOS, YO Y PEPITA FUIMOS LAS ÚNICAS QUE HOY SACAMOS 10 EN LA HORA DE DIBUJO
EN REALIDAD LA MAESTRA HIZO JUSTICIA; LOS DIBUJOS DE LAS TRES ESTABAN IGUALMENTE LINDOS. NO SE PUEDE DECIR QUE UNO FUERA MEJOR QUE LOS OTROS DOS
©QUINO
¡MALDITA SEA LA HORA EN QUE ME INCULCARON LA MODESTIA!

838
¡ESTO SÍ QUE ES EXTRAORDINARIO! ESCUCHEN
"MEDIANTE UN DIMINUTO Y DELICADO SISTEMA DE TELEVISIÓN, QUE SE INTRODUCE DENTRO DEL PACIENTE, LOS MÉDICOS PUEDEN PERCIBIR IMÁGENES NOTABLEMENTE FIELES DEL INTERIOR DEL CUERPO HUMANO"
©QUINO
¡DIOS MÍO!...¡Y YO SIN UN POQUITO DE MAQUILLAJE POR DENTRO!

839
A MÍ LOS QUE ME DAN LÁSTIMA SON LOS FABRICANTES DE ARMAMENTOS
©QUINO
NO PUEDEN TOMARSE NI UN POQUITO ASÍ DE DESCANSO, Y PARA COLMO LO QUE TRABAJAN NO LES LUCE
PORQUE TOOOOODO LO QUE ELLOS FABRICAN, LOS EJÉRCITOS LO ROMPEN ENSEGUIDA EN GUERRAS Y LÍOS
¿TE DAS CUENTA DEL DRAMA DE LOS POBRES TIPOS?

840
P
A
Z
©QUINO
¡TUP!
¡QUÉ!.......¿LES HA DADO POR HACERSE LOS SIMBÓLICOS?

841
©QUINO
¿NERVIOSO?

842
Y ÉSTAS FUERON LAS NOTICIAS DE LA ACTUALIDAD MUNDIAL
HOLA, MAFALDA ¿CÓMO VAN LAS COSAS?
LAS COSAS NO VAN: VIENEN
©QUINO

843
MANOLO'S
SR. DIRECTOR, LA ROCKEFELLER Cº PIDE POR FAVOR UNOS DÍAS MÁS PARA REUNIR ESOS MILLONES QUE NOS DEBEN
©QUINO
MANOLO'S
¡NO!

¡NO VEO LA HORA DE QUE LLEGUE MI HERMANITO!..... CON ESTO DE QUE HAY QUE ESPERARLO MESES EL TIEMPO NO PASA NUNCA
TE COMPRENDO, MAFALDA; POR ESO ES QUE SI A MIS PAPÁS Y A MÍ NOS INTERESARA TENER UN BEBÉ EN CASA, LO ENCARGARÍAMOS A OTRO NIVEL
...O SEA, AL CONTADO Y NO EN MENSUALIDADES, COMO USTEDES
844
©QUINO

AYER ESTUVE MALA CON VOS; EN EL FONDO, YO TAMBIÉN QUISIERA TENER UN HERMANITO AUNQUE HAYA QUE ESPERARLO MESES
¿QUÉ IMPORTA LA ESPERA DE SU LARGO VUELO EN CIGÜEÑA? UNO NO DEBE PENSAR EN ESO...
...SINO EN EL DÍA MARAVILLOSO EN QUE, POR FIN, VEA ATERRIZAR AQUÍ LA CIGÜEÑA
¡JHA!... ¡MIRÁ SI JUSTO ESE DÍA CIERRAN EL TRÁNSITO AÉREO POR MAL TIEMPO!
845
©QUINO

CUATRO DÍAS MÁS Y....¡PRIMAVERA!
¡PRIMAVERA, MIGUELITO! ¡AHORA TENDREMOS CIELO AZUL, Y SOL TIBIO, Y LINDA TEMPERATURA, Y MUCHOS PÁJAROS, Y FLORES Y MARIPOSAS! ¿NO ES MARAVILLOSO?
"MARAVILLOSO" ¡PSÍ!
¿TE IMAGINÁS EL IMPUESTAZO QUE NOS VAN A SACUDIR POR TODO ESO?
846
©QUINO

¡PERO MANOLITO!... ¿CÓMO PODÉS ESTAR AHÍ METIDO EN TU ALMACÉN? ¿SABÉS TODA LA PRIMAVERA QUE HAY AQUÍ EN LA CALLE?
847
¿SABÉS LO QUE SON ESTE CIELO CLARO, Y EL SOL, Y LAS FLORES, Y LOS PÁJAROS Y TODO ESO QUE SE SIENTE EN EL AIRE?
¡FRUSLERÍAS!
©QUINO

HAY UNA COSA QUE NO ENTIENDO...
848
¿POR QUÉ NO NOS PONEMOS DE ACUERDO **TODOS** LOS HABITANTES DEL PLANETA PARA VIVIR FELICES?
PORQUE SOMOS CUATRO MIL MILLONES, MIGUELITO, JAMÁS PODREMOS PONERNOS **TODOS** DE ACUERDO
©QUINO
HAY CUATRO MIL MILLONES DE COSAS QUE NO ENTIENDO...

¡TE CONOZCO, MANOLITO! ¡VOS QUERÉS LLEGAR A SER UN EJECUTIVO...
849
...PERO **NO** PORQUE TE INTERESE SER UN EJECUTIVO, NO...
....SINO PORQUE SOS UN SNOB!
¿UN **SQUÉ**?
©QUINO

¡BUEN DÍA, PAPÁ! ¡FELIZ PRIMAVERA!
850
¡CHUiiiiiK!
©QUINO

851
FARMACIA
BUEN DÍA, SEÑOR, ¿PODRÍA DECIRME SI SALIÓ YA ALGUNA VACUNA CONTRA LA MALASANGRE?
¡CUÁNTAS LAGUNAS LE QUEDAN POR LLENAR A LA CIENCIA, FELIPE, CUÁNTAS LAGUNAS!...
©QUINO

¿LA TIERRA GIRA ALREDEDOR DE LA LUNA? ¿LA LUNA ALREDEDOR DE LA TIERRA? ¿CÓMO ES POSIBLE QUE A LA LUNA LE VEAMOS SIEMPRE LA MISMA CARA?
852
LA COSA ES ASÍ, MIGUELITO: SUPONÉ QUE NOSOTROS SOMOS LA TIERRA Y MANOLITO LA LUNA
A VER, MANOLITO, GIRÁ ALREDEDOR DE ELLOS MIRÁNDOLOS
ASÍ, MUY BIEN, ¿VES? NOSOTROS GIRAMOS AQUÍ, Y LA LUNA ALREDEDOR NUESTRO
...MOSTRÁNDONOS SIEMPRE LA MISMA CARA DE BESTIA, ¿VES?
©QUINO

¡HOY EN DÍA HAY CARENCIA DE HOMBRES, DON AURELIO, POR ESO ANDAN LAS COSAS COMO ANDAN!
¡UN DESASTRE!
¡AQUELLOS PENSADORES!...¡AQUELLOS ESTADISTAS DE NUESTRA ÉPOCA!.. ¡ERAN OTRA COSA!...PERO HOY, ¿QUÉ PORVENIR LE ESPERA AL MUNDO, EN MANOS DE IMPROVISADOS?
¡ESO! ¿QUÉ PORVENIR?
LO MALO DE LOS VIEJOS ES QUE VIVEN MIRANDO EL FUTURO CON LA NUCA

¿TE SENTÍS MUY CONFLICTUADO?

BUENO, SERÁ MEJOR QUE VAYA A HACER LOS DEBERES
¡BROOOM!
¡MALDICIÓN!

856
ME PREGUNTO SI CUANDO LLEGUE TU HERMANITO TAMBIÉN ÉL DEBERÁ PASAR LOS PRIMEROS MESES ACOSTADO
SEGURO
©QUINO
NADIE TIENE TANTO CARÁCTER COMO PARA ACEPTAR EN PIE LA IDEA DE TENER QUE VIVIR EN SEMEJANTE MUNDO

HOLA, PAPÁ ¿TRAJISTE LA PILA NUEVA PARA LA RADIO?
AH, SÍ. TOMÁ
857
¿QUÉ SE HACE CON EL CADÁVER DE LA OTRA?
©QUINO

¡YA ESTÁ! JUGUEMOS A QUE ÉRAMOS DOS COW-BOYS, ¿NO? Y QUE ENTONCES UNOS COMANCHES NOS PERSEGUÍAN A FLECHAZOS, ¿EHÉ?
858
Y QUE ENTONCES NOS METÍAMOS POR UN DESFILADERO SECRETO Y DESDE ALLÍ ARRIBA ¡BANG! ¡BANG! ¡BANG! ¡BANG!... ¡LOS LIQUIDÁBAMOS A TODOS!
¡VAMOS! ¡¡IÚÚÚÚJUUUUU!!
SUS LIBRETOS NO SON MALOS, PERO LES FALTA *MENSAJE*
©QUINO

MIRÁ, MIGUELITO
¿QUÉ?
LOS ÁRBOLES YA SE HAN PUESTO VERDES
¿AJHÁ?
¿ESO QUIERE DECIR QUE LA NATURALEZA NOS DA PASO PARA CRUZAR ADÓNDE?
859
©QUINO

860
¡BUENO!
NO DEJES PARA MAÑANA LO QUE PUEDAS HACER HOY
¡DESDE MAÑANA MISMO EMPIEZ
©QUINO

861
BAR
NO FUNCIONA
PARECE QUE HOY ES UNO DE ESOS DÍAS EN QUE UNO ENTRA A LA VIDA POR LA PUERTA DE ATRÁS
©QUINO

862
!
¡VENGAN A VER! ¡MANOLITO ESTÁ DE NOVIO!
¡DE NOVIO!... ¡BAH, BAH, BAH!
$
©QUINO

863
HOLA, MAFALDA, ¿VAMOS A JUGAR UN RATO A LA PLAZA?
?
? ¿
©QUINO
A VECES LAS MADRES TIENEN RAZÓN CON ESTO DE LAS OREJAS

864
¡OH, MAFALDA, QUÉ AMIGUITA TAN SIMPÁTICA TENÉS! DECIME, NENA: ¿A QUIÉN QUERÉS MÁS, A TU MAMÁ O A TU PAPÁ?
Y..., A LOS DOS LO MISMO
¡QUÉ TESORO!
©QUINO

CHICLI CHICLI CHICLI
¡BLUP!
CHICLI CHICLI CHICLI
¡BLUP!
ESTE CHICLE RESULTA DE LO MÁS DIVERTIDO, SIEMPRE QUE UNO **NO** SE PONGA A COMPARARLO CON LAS ILUSIONES DE NADIE
865
©QUINO

CON ESTO DE QUE JAMES BOND ES EL AGENTE SECRETO CERO CERO SIETE....
....Y DE QUE LOS DEMÁS AGENTES SECRETOS SON TODOS CERO CERO QUÉ SÉ YO Y CERO CERO NO SÉ CUANTO.....
.....CADA VEZ QUE MIRO MI BOLETÍN DE CALIFICACIONES ME SIENTO UN POCO AGENTE SECRETO
866
©QUINO

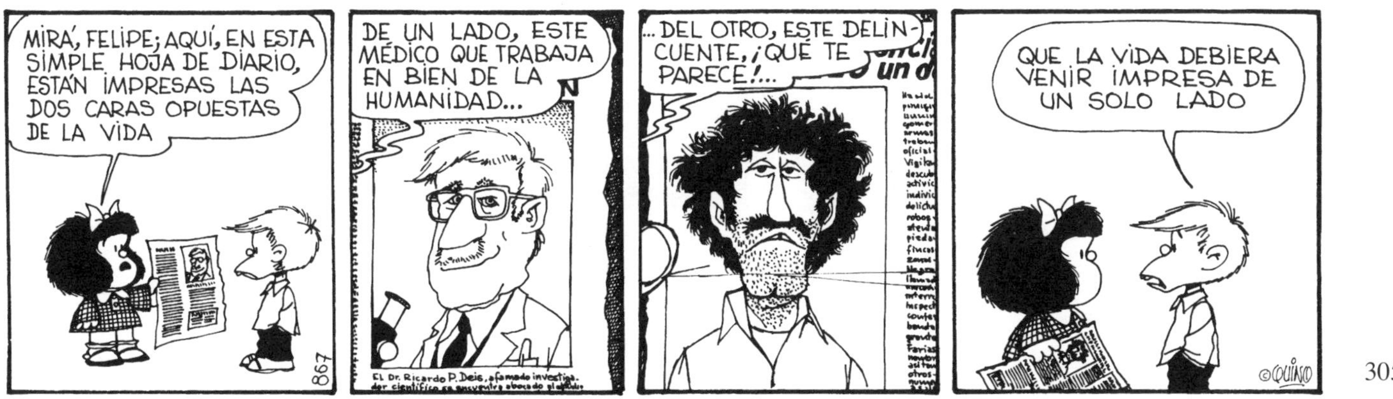
MIRÁ, FELIPE; AQUÍ, EN ESTA SIMPLE HOJA DE DIARIO, ESTÁN IMPRESAS LAS DOS CARAS OPUESTAS DE LA VIDA
DE UN LADO, ESTE MÉDICO QUE TRABAJA EN BIEN DE LA HUMANIDAD...
... DEL OTRO, ESTE DELINCUENTE, ¡QUÉ TE PARECE!...
QUE LA VIDA DEBIERA VENIR IMPRESA DE UN SOLO LADO
867
©QUINO

ÉSTE FUE NUESTRO TELENOTICIOSO, CON LAS IMÁGENES DE TODO CUANTO ACONTECE EN EL MUNDO
868
¡EL MUNDO!
SI QUISIÉRAMOS PONERLO EN VENTA, NOS VERÍAMOS EN FIGURILLAS PARA HACERLE UNA PUBLICIDAD CONVINCENTE
©QUINO

¡AHÍ ESTÁ!... PODRÍA EMPEZAR MI COMPOSICIÓN SOBRE EL DESCUBRIMIENTO DE AMÉRICA DICIENDO: "COLÓN ERA UN MARINO MUY VALIENTE..."
869
¡PIRATAS A ESTRIBOR, SR. ALMIRANTE!
¡FANTÁSTICO! ¡PREPARAOS A ENTRAR EN COMBATE!
¡NO, NO; DEBO PENSAR EN SERIO!... ...A VER,........ "CUANDO EL GRAN NAVEGANTE GENOVÉS LLEGÓ A AMÉRICA....."
¡OEA! ¡OEA!
¡MÁH!... ¿CHÍ TI CAPISCE? ¡PARLA IN CRISTIANO, PORCA MISERIA!
¡QUÉ BARBARIDAD!... SERÁ MEJOR QUE ESCRIBA MÁS O MENOS LO QUE DICE EL LIBRO
©QUINO
NO ESTÁ MAL, FELIPE, PERO DEBES PONER MÁS IMAGINACIÓN AL PENSAR TUS COMPOSICIONES

870
PERO... ¿CUÁNDO, MAMÁ? ¿CUÁNDO LLEGA EL DICHOSO HERMANITO?
©QUINO

DECIME, MAFALDA, ANTES DE NACER NOSOTROS ¿EXISTÍA REALMENTE EL MUNDO?
¡MIRÁ QUE SOS TONTO, MIGUELITO! ¡CLARO QUE EXISTÍA!
¿Y PARA QUÉ?

DECIME, FELIPE, LOS CARAMELOS, LOS DIBUJOS ANIMADOS, EL PAN CON MANTECA, LOS JUGUETES...
... LAS REVISTAS DE HISTORIETAS, EL CIRCO, LAS MASITAS, EL TOBOGÁN, LOS LÁPICES DE COLORES, EL CHICLE Y TODAS ESAS COSAS...
¿EXISTÍAN ANTES DE NACER NOSOTROS?
¡PUES CLARO!
¡QUÉ DESPERDICIO!

¿QUÉ LE REGALASTE HOY A TU MAMÁ EN SU DÍA, MAFALDA?
UN LIBRO
¡ANDÁ!...
EN SERIO, ¿QUÉ LE REGALASTE?
PERO ¡EN SERIO QUE UN LIBRO!
¡UN LIBRO, SÍ!... ¡AHORA RESULTA QUE YO SOY TONTO!
¿TE CREÉS QUE NO SÉ QUE TU MAMÁ YA TENÍA?

874
HOLA A TODOS
QUERÍA CONTARLES; ¿A QUE NO SABEN QUÉ SOÑÉ ANOCHE?
¡QUE ALMACÉN "DON MANOLO" VENDE BARATÍSIMO!
© QUINO
LO QUE PASA ES QUE SOMOS POCOS Y NOS CONOCEMOS MUCHO

875
¡BANG! ¡BANG!
¡BANG! ¡BANG! ¡BANG!
¡BANG!
¡BANG! ¡BANG!
¡BANG! ¡BANG! ¡BANG!
© QUINO
¿GUSTO A QUÉ?
¡A PÓLVORA!

876
¿POR QUÉ USA ANTEOJOS TU MAMÁ?
PORQUE SE LOS RECETÓ EL OCULISTA
¿PARA QUÉ?
PARA QUE VEA BIEN
¿PARA QUE VEA BIEN QUÉ?
¿CÓMO "QUÉ"? ¡TODO!
AH, ¿TAN PESIMISTA ERA TU MAMÁ?

877
....Y AHORA NUESTRO PROGRAMA EDUCATIVO: "LA VIDA EN LA JUNGLA"
¡CLIT!
¡NO HACE DOS MINUTOS YA NOS ENCHUFARON EL NOTICIOSO!
©QUINO

878
MATA A SU AMIGO PARA ROBARLE!!
¡HAY QUE VER TODO LO QUE CABE DENTRO DE UNA MISMA PRIMAVERA!
©QUINO

879
MÑSDÍA, PAPÁ
MÑSDIA
MÑSDÍA, MAMÁ
MÑSDÍA
A ESTA HORA SOPLA SIEMPRE UN CIERTO AIRE DE FAMILIA
©QUINO

NOS ESTAMOS LIQUIDANDO TODAS LAS GALLETITAS, FELIPE, ¿OTRA?
¡Y BUENO, TOTAL!.....
880
?
¿Y EL COLESTEROL?
©QUINO

HOLA, MAFALDA, ¿SABÉS DE QUÉ QUERÍA HABLARTE?
¡LO SOSPECHO!
¿QUÉ SIGNIFICA **ESE** "LO SOSPECHO" CON **ESA** CARA, EHÉ? ¡A VER, DOÑA SABIA!... ¿DE QUÉ QUERÍA HABLARTE? ¿A VER? ¡DALE! ¿DE QUÉ?
881
¡DE TOOOOODOS LOS HIJITOS QUE VAS A TENER CUANDO SEAS GRANDE!
¡JHÁ! ¡NO ERA DE ESO! ¡AHÍ TENÉS! ¡NO ERA DE ESO!
©QUINO

INDIA
REARME MUNDIAL
¡ES UNA BARBARIDAD! ¡HAY HAMBRE EN EL MUNDO Y SE GASTAN FORTUNAS EN FABRICAR ARMAMENTOS! ¡YO NO ENTIENDO!
882
ES QUE NO ES **UNA** BARBARIDAD, FELIPE; SON **DOS** BARBARIDADES MEZCLADAS
©QUINO

¡TOC! ¡TOC!
¡TOC! ¡TOC!
... TODA, TODA LA NOCHE SOÑANDO CON MANOLITO
883
©QUINO

884
PAPÁ, ¿VOS CUÁNTOS AÑOS TENÉS?
37, ¿POR QUÉ?
NO, POR SABER, NO MÁS
©QUINO
?
¡LA FLAUTA!

885
¿QUÉ PILA DE AÑOS DECÍS QUE TIENE?
©QUINO

BUENAS, MANOLITO. ME MANDA MI MAMÁ A VER SI EL WHISKY QUE VENDEN UDS. ES MUY CARO
NO, NO ES MUY CARO
¿ES IMPORTADO?
NO, NO ES IMPORTADO
AJHÁ. ¿Y ES BUENO?
886
Y... NNNO, NO ES MUY BUENO
PERO, DECIME, **¿ES WHISKY?**
NO, EN REALIDAD TAMPOCO ES WHISKY
EL NEGOCIO ES EL NEGOCIO, PERO LOS AMIGOS SON LOS AMIGOS

MI MAMÁ ESTÁ TEJIENDO ESTO PARA MI FUTURO HERMANITO
887
¡MI QUERIDO HERMANITO!
¡MI ADORADO HERM.....
?

ME PREOCUPAN LOS EXÁMENES FINALES
¡VAMOS MANOLITO! VAS A VER QUE TODO SALE BIEN
888
...Y QUE LOS EXÁMENES NO SON TAN TERRIBLES...
....Y QUE AL FINAL RESULTAN MÁS FÁCILES DE LO QUE VOS CREÍAS
HOLA, ¿DE QUÉ HABLAN?
¡¡DE LA QUE NOS ESPERA!!

¡OH-OH! ¡UNA ABEJITA!
¿LA MATAMOS?
889
¡PERO NOOO!... ¡A LAS ABEJITAS NO SE LAS MATA!
AH, ¿NO?
NO, LAS ABEJITAS SON BUENAS, LABORIOSAS Y FABRICAN LA MIEL, QUE ES TAN RICA Y TAN SANA
ENTIENDO: NO HAY QUE MATARLAS PORQUE TRABAJAN PARA NOSOTROS, ¿NO ES ASÍ?

¿SABEN? ESTUVE PENSANDO MUCHO EN EL FUTURO HERMANITO
¿AJHÁ?
890
Y LLEGUÉ A LA CONCLUSIÓN DE QUE MEJOR NO LO TENGAMOS NADA
¡QUÉ SUSTO, EH?

891
TINTA
VOS QUE TENÉS TOCADISCOS, ¿ME DEJARÍAS USARLO UN SEGUNDO PARA SACARME DE ENCIMA UNA CURIOSIDAD?

892
ANOCHE POR T.V. HABLÓ UN SOCIÓLOGO, Y DIJO QUE LA HUMANIDAD VIVE LLENA DE DUDAS SOBRE SU FUTURO
¡CUÁNTA RAZÓN TIENE ESE HOMBRE!
YO, POR EJEMPLO, VIVO DUDANDO SI CUANDO ME CASE DEBO SALUDAR A LAS AMISTADES EN EL ATRIO, O INVITARLAS LUEGO A LA FIESTA EN MI CASA
©QUINO
¿NO DIJO NADA SOBRE ESO?
NO, EL MUY TORPE NO TOCÓ EL TEMA

893
SE HACEN LLAVES
BUEN DÍA, SEÑOR; VENGO A QUE ME HAGA LA LLAVE DE LA FELICIDAD
CON MUCHO GUSTO, NENITA, ¿A VER EL MODELO?
©QUINO
¡ASTUTO VIEJITO!

894
¿TIENEN ACEITE SUELTO?
POR SUPUESTO
¿ES BUENO?
¡¿SERÁ POSIBLE QUE TODOS SALGAN CON ESA MALDITA PREGUNTA?!
©QUINO

NO ES QUE QUIERA ECHARTE, MIGUELITO, PERO ESTOY HACIENDO LOS DEBERES
BUENO, YO ME QUEDO AQUÍ SENTADITO SIN MOLESTAR
895
AYER OÍ POR RADIO NO SÉ QUÉ DE BANCOS DE SANGRE, ¿SABÍAS QUE HAY BANCOS DE SANGRE?
¡SÍ, SABÍA, SÍ!
ME PREGUNTO CÓMO SERÁN LOS CHEQUES DE LOS BANCOS ESOS
¡MORCILLAS, MIGUELITO!... ¡ÉSOS SON LOS CHEQUES DE LOS BANCOS DE SANGRE!
LOS QUE TENEMOS TACTO NOS DAMOS CUENTA CUÁNDO MOLESTAMOS

ANOCHE SOÑÉ QUE MI MAMÁ ME MANDABA A VISITAR A MI ABUELITA ENFERMA, QUE VIVÍA EN CHINA COMUNISTA
896
"LLEVALE ESTA CANASTA A ABUELITA, PERO ¡CUIDADO!, NO VAYAS A ENCONTRARTE CON UN GUARDIA ROJO", ME PREVINO MI MAMÁ. Y YO SALÍ CON MI CANASTITA HACIA CHINA
UNA VEZ ALLÍ, IBA SALTANDO ALEGREMENTE POR UNA CALLE CUANDO DE PRONTO ¡ZÁS! UN GUARDIA ROJO QUE ME PREGUNTA: "¿ADÓNDE VAS, CAMARADA?"
-VOY A VISITAR A MI ABUELITA ENFERMA -"¿AH, SÍ? ¿Y DÓNDE VIVE TU ABUELITA, SIMPÁTICA BURGUESITA?"
¡ANDÁ!.... ¡ESO ES CAPERUCITA ROJA!... ¡Y ES MENTIRA QUE LO SOÑASTE!
CLARO QUE SÍ, PERO QUÉ VERSIÓN INTERESANTE, ¿EHÉ?

LO SIENTO, PERO MAFALDA TIENE QUE HACER SUS DEBERES Y NO PUEDE IR A JUGAR CON USTEDES
897
¡UN RATITO, SEÑORA! ¿EHÉ?
NO, NO. YA LES DIJE QUE NO
¿PERO SI LA MATAMOS ENSEGUIDA!... ¿EHÉ?

INMORTALIDAD
OTRA VEZ ESA PALABRA
898
¿QUÉ QUIERE DECIR INMORTALIDAD?
INMORTALIDAD ES NO MORIRSE NUNCA
¡CLARO!
AAH
¿Y DÓNDE HAY QUE IR A PEDIR LOS FORMULARIOS PARA ESO?
©QUINO

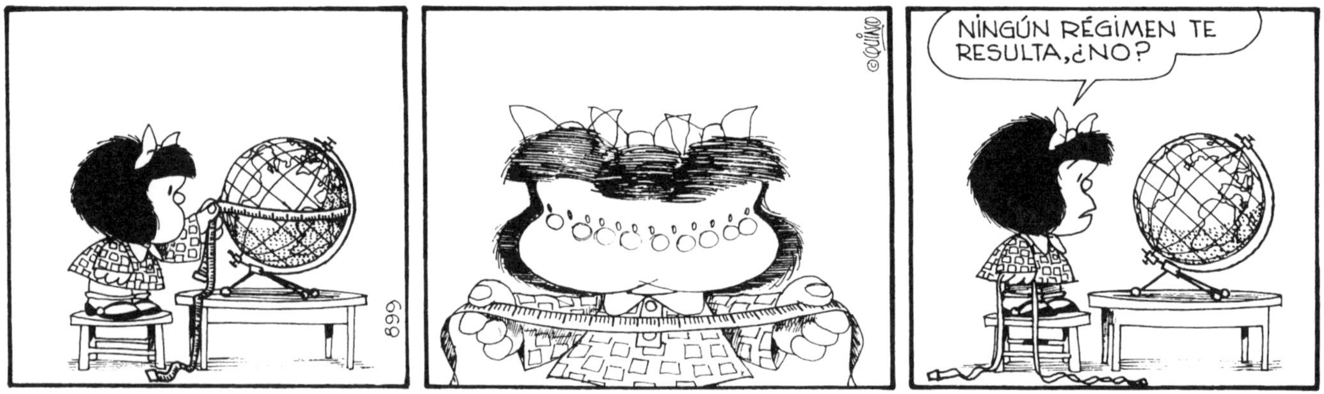
899
©QUINO
NINGÚN RÉGIMEN TE RESULTA, ¿NO?

900
¿QUÉ ES LA FILOSOFÍA, PAPÁ?
©QUINO

AYER LE PEDÍ A MI PAPÁ QUE ME EXPLICARA QUÉ ES LA FILOSOFÍA
¿Y?
¿EHÉÉ?
AH

"ELIMINA MOSCAS, MOSQUITOS, JEJENES, ARAÑAS, AVISPAS, CUCARACHAS Y OTROS INSECTOS CASEROS"
"MODO DE USO: DIRIGIR EL ORIFICIO DE LA VÁLVULA HACIA EL INSECTO A ELIMINAR, ROCIÁNDOLO DESDE UNA DISTANCIA DE 30 CMS."
FFFFFFT!
Y CONSTE QUE A LA GENTE SE LA MATA SIN TANTA LITERATURA

INSECTICIDA
FÓRMULA
NO ME GUARDES RENCOR A MÍ, SINO AL PIPERONILO BUTÓXIDO

¡SEÑORA, COMPRE UN "WASHEX", EL NUEVO LAVARROPAS AUTOMÁTICO!...
904
¡TAN SENCILLO QUE HASTA UN NIÑO PUEDE MANEJARLO!
¿Y PARA INSINUAR QUE HASTA LAS SEÑORAS TORPES PUEDEN MANEJARLO TIENEN QUE USARNOS A NOSOTROS?
©QUINO

DECIME, CUANDO LLEGUE TU FUTURO HERMANITO, ¿A MÍ YA NO ME VAS A QUERER MÁS?
905
¡PERO, MIGUELITO!... ¿CÓMO SE TE OCURRE? TE VOY A SEGUIR QUERIENDO COMO SIEMPRE
¡AAH!
¡POC!
©QUINO

MIGUELITO TIENE MIEDO DE QUE YO LO QUIERA MENOS CUANDO LLEGUE MI HERMANITO
¿AHA?
906
EN REALIDAD YO TAMBIÉN TENGO MIEDO DE QUE VOS ME QUIERAS MENOS CUANDO ÉL LLEGUE
¡PERO, TONTITA!... A VOS NUNCA VOY A DEJAR DE QUERERTE NI UN POQUITO
©QUINO
SÍ, YA SÉ, PERO ES COMO SI TU CARIÑO ABRIERA UNA SUCURSAL

PERO DON MANOLO,... ¡EL PRECIO DE ESTOS GARBANZOS EN LATA ES UN ASALTO!
907
TENEMOS DE ESTA OTRA MARCA, MÁS BARATOS, SEÑORA
¡PSÉ! ¡VAYA A SABER **POR QUÉ** SON MÁS BARATOS!... ¡HAY QUE TENER UN OJO!.. ASÍ QUE NO, MIRE....
...MEJOR DEME LOS MÁS CAROS; ES UN ROBO, PERO ¡TOTAL! YA ESTAMOS ACOSTUMBRADOS, ¿NO? ¡JÉ-JÉ!...¡AY, DIOS!..
¿DE DÓNDE VENÍS, MAFALDA?
DE LA COMEDIA NACIONAL
©QUINO

908
... O MEJOR PELIRROJO, ASÍ MIS PRIMAS SE MUEREN DE ENVIDIA AL VERME CON UN MARIDO TAN POCO COMÚN
©QUINO

909
ES INÚTIL, NADIE PARECE ADVERTIR ESPONTÁNEAMENTE QUE YO SOY UN BUEN TIPO
©QUINO

910
¿A VOS QUÉ TE PARECE QUE HAY QUE HACER PARA QUE LOS DEMÁS SE DEN CUENTA DE QUE UNO ES UN BUEN TIPO?
MIRÁ, MIGUELITO: LO QUE DEBES HACER ES QUE LOS DEMÁS SOLAMENTE **CREAN** QUE SOS UN BUEN TIPO
... PORQUE SI LLEGAN A **DARSE CUENTA** ESTÁS FRITO
©QUINO

911
©QUINO
BUEN DÍA, ¿TIENE ALGUNA REVISTA CON FIGURITAS DE ANIMALES?
¿FIGURITAS DE ANIMALES? NNNO,....NO
EL CRIMEN DEL SERENO!
ESCÁNDALO EN LA CANCHA
DISTURBIOS RA
¡MENTIROSO!

912
DENTRO DE UN MES ES NAVIDAD
¡QUÉ LINDO!
¡YA CASI PODEMOS IR PREPARANDO EL PESEBRE CON LOS REYES MAGOS Y PAPÁ NOEL LLEVANDO REGALOS!
¡PERO CÓMO!...¡PAPÁ NOEL NO LLEVÓ REGALOS AL PESEBRE!
¡NO ME DIGAS!
¡ASÍ QUE EL GORDO RESULTÓ UN AMARRETE! ¡MIRÁ VOS!.....
©QUINO

913
¡OKEY!
¡CAMÓN!
¡SHÁRÁP!
¡GUASHANGÜÉAR!

914
¡QUÉ CRISIS DE GABINETE!

915
"NO ES NECESARIO UN ANÁLISIS MUY PROFUNDO PARA VER QUE DESDE EL ARCO Y LA FLECHA....
...HASTA LOS COHETES TELEDIRIGIDOS, ES SOR-PRENDENTE LO MUCHO QUE HA EVOLUCIONADO LA TÉCNICA"
Y DEPRIMENTE LO POCO QUE HAN CAMBIADO LAS INTENCIONES

PARA UD., SRA. SUSANITA
¡OH!
¡MI PRIMER HIJITO! ¡QUÉ EMOCIÓN!
BUEN DÍA, SRA., VENÍA A JUGAR CON SUSANITA
LO SIENTO, SE DESPERTÓ DESCOMPUESTA Y NO HA PODIDO LEVANTARSE

¡¡POR FIN!!.....¡POR FIN SE TERMINARON LAS CLASES!
¡POR FIN SE ACABARON LAS ANGUSTIAS DE ESTUDIAR LECCIONES Y HACER DEBERES!
¡DIOS MÍO! ¿Y AHORA QUÉ HAREMOS CON TODA ESTA LIBERTAD POR DELANTE?

¿ADÓNDE VAMOS A IR DE VACACIONES ESTE VERANO, MAMITA?
A NINGÚN LADO, MAFALDA; TENEMOS QUE QUEDARNOS A ESPERAR LA LLEGADA DE TU FUTURO HERMANITO
¿Y NO PODRÍA HABER ELEGIDO OTRA ÉPOCA, EL SABOTEADOR ESE?

¡SÑIF!...
¿QUÉ LE OCURRE?
NADA, QUE ACABA DE SABER QUE ESTE VERANO NO PODEMOS SALIR DE VACACIONES PORQUE TENEMOS QUE ESPERAR AQUÍ LA LLEGADA DE SU FUTURO HERMANITO
TENÉS QUE COMPRENDER, MAFALDA; NO ES POSIBLE QUE CUANDO **ÉL** LLEGUE NOSOTROS NO ESTEMOS
¿POR QUÉ NO?
¡PODEMOS DEJARLE LA HELADERA ATIBORRADA DE MAMADERAS!
919

920
¿QUÉ TE PASA, MAFALDA?
QUE ESTE VERANO NO PODRÉ SALIR DE VACACIONES CON MIS PAPÁS, PORQUE TENEMOS QUE ESPERAR LA LLEGADA DE MI FUTURO HERMANITO
PERDONAME, FUE UN LAPSUS FACIAL

ME DA LÁSTIMA DE MAFALDA; AYER ME CONTÓ QUE ESTE VERANO **NO** PODRÁ IR DE VACACIONES CON SUS PAPÁS
¿POR QUÉ?
PORQUE TIENEN QUE QUEDARSE A ESPERAR LA LLEGADA DE SU FUTURO HERMANITO
AAH, CLARO
NO TE IMAGINÁS LA PENA QUE ME DIO VERLA TAN TRISTE POR ESE ASUNTO. MIRALA, ¡POBRE!, ALLÁ VIENE
HOLA, MAFALDITA
HOLA, ¿CÓMO LES VA?
Y,....FANTÁSTICAMENTE BIEN, PORQUE YA VIENE LA ÉPOCA EN QUE UNO EMPIEZA A PENSAR EN SU VERANEO!
921

922
¡HOLA!
HOLA
¿SABEN LO RICOS QUE SON LOS TURRONES, EL PAN DULCE Y LAS PELADILLAS QUE RECIBIÓ EL ALMACÉN DE MANOLITO? ¡BÁRBAROS!
¿CUÁNDO PROBASTE TODO ESO, MIGUELITO?
NUNCA, PERO **ME PAGA** CON CARAMELOS
©QUINO

923
DIRECCIÓN GENERAL IMPOSITIVA
©QUINO
Y LO PEOR DE TODO ES ESA SENSACIÓN DE TENER JUGO DE LIMÓN EN LAS VENAS

EN UNA REVISTA VI UNA FOTO DE LA TIERRA TOMADA DESDE UN SATÉLITE
924
SE VERÍA UNA MANCHA NEGRA, PORQUE ESOS SATÉLITES PASAN SIEMPRE DE NOCHE, ¿NO?
NO, LO QUE OCURRE ES QUE DE NOCHE LOS VEMOS Y DE DÍA NO. PERO PASAN A CUALQUIER HORA
¿TENDRÍAS UN PEINE AHÍ PARA PRESTARME?
©QUINO

925
Sidra y Pan dulce de Almacen "Don Manolo" PRUEBELOS y VERÁ!
!
MÉDICO
1197
¡QUÉ DESGRACIA PSICOLÓGICA!
©QUINO

AYER LEÍ ALGO QUE SI TODOS LO PUSIÉRAMOS EN PRÁCTICA EL MUNDO ANDARÍA MUCHO MEJOR:
926
"HAZ BIEN SIN MIRAR A QUIÉN"
©QUINO

¡MMMMMHHH!
927
.....PARA MÍ, LO BUENO DE QUE ESTÉ POR EMPEZAR UN NUEVO AÑO ES QUE CADA VEZ NOS FALTA MENOS PARA LLEGAR AL FUTURO
©QUINO

928
HOLA, SOY NUEVO EN EL BARRIO
Y LO PRIMERO QUE ME HA LLAMADO LA ATENCIÓN AQUÍ ES ESE ALMACÉN "DON MANOLO". ¡QUÉ PRECIOS TAN BAJOS!.... ¡Y ADEMÁS...
....TODO LO QUE VENDEN ES BUENÍSIM....
¡MENOS EL MALDITO FIJADOR!
©QUINO

929
"EL PRESENTE CUADRO COMPARATIVO DA UNA IDEA DEL PODERÍO BÉLICO RUSO-CHINO NORTEAMERICANO"
©QUINO
Sr. Juez

930
FELIPE, ¿PODRÍAS IR A COMPRAR LA LECHE?
LO SIENTO, MAMÁ, NO TENGO TIEMPO
SIN EMBARGO A LA GENTE GRANDE ESA MENTIRA SE LA RESPETAN
©QUINO

931
¿MBSSÑSSBÑS ÑSSSTRBLSS? ¿EEHÉÉ?
¡MMMH!... ¡MÑSBLTS BSSLZZMBSSÑS!
©QUINO
¿Y?

932
15
BRIIP
¡ÉSTE NO HACE MÁS QUE COMER TIEMPO Y CADA DÍA ESTÁ MÁS FLACO!
©QUINO

REVISTAS
933
¡PST! ¿QUIÉN SE PARECE A ÉSTA?
PERIQUITA
¿¿¿¿MI ABUELITA????
©QUINO

FALTA MENOS DE UN MES PARA QUE LLEGUEN LOS REYES MAGOS, ¿NO, MAMÁ?
ASÍ ES
Y DECIME: ELLOS VIENEN DE MEDIO ORIENTE, ¿**NO**?
ESTEE..., SÍ, CLARO
¡ZAS! ¿Y QUÉ SERÁN, ÁRABES O ISRAELÍES?
ELLOS SIEMPRE SE MANTUVIERON POR ENCIMA DE ESA CUESTIÓN, HIJITA
¡QUÉ BIEN TE VIENE QUE SEAN MAGOS PARA NO TENER QUE EXPLICARME CÓMO LO LOGRARON!, ¿EHÉ?
934
©QUINO

GEORGIA-(AFP)-POR UN ESQUELETO HALLADO EN ÉSTA, INVESTIGADORES RUSOS HAN COMPROBADO QUE LOS AVESTRUCES DE HACE CINCO MILLONES DE AÑOS ERAN DOS VECES MÁS GRANDES QUE LOS DE AHORA
¡AAAH!...
935
¡AHÍ ESTÁ EL ASUNTO! YO SIEMPRE PENSÉ CÓMO SE LAS ARREGLARÍAN CON LA LIMPIEZA DE SUS CAVERNAS LAS SEÑORAS DE LA PREHISTORIA
¡PERO CLARO, RESULTA QUE LOS PLUMEROS ERAN MUCHO MÁS GRANDES QUE LOS DE AHORA, QUÉ EMBROMAR!
©QUINO

936
©QUINO
¿lentejas "IN"? Almacén Don Manolo
BONK!

VOY HASTA LA TINTORERÍA, MAFALDA. VIGILÁ UN MINUTO A TU HERMANITO, QUE YO VUELVO ENSEGUIDA, ¿EH?
BUENO
937
BLUP!
¡UUÁÁÁ!...
¡EEEH, BUENO! ¡TOMALO!
¡SI LOS PUEBLOS SUPIERAN USAR LOS PULMONES COMO VOS, LOS DICTADORES SE LAS VERÍAN REALMENTE EN FIGURILLAS!
© QUINO

CLARO, A LOS DOS MESES Y DESDE UNA CUNITA, NO PODÉS TENER LA MENOR IDEA DE TODO LO QUE OCURRE EN ESTE MUNDO
938
¿NO?
CRUCH CRUCH
EVIDENTEMENTE, NO
© QUINO

¿Y?... ¿QUÉ TAL SE HA PORTADO TU HERMANITO?
939
BIEN
SOLO QUE SE ME OCURRIÓ SACARLE EL CHUPETE Y HAY QUE VER CÓMO SE PUSO
¡AH, QUÉ BONITO!
¡DEBERÍA DARTE VERGÜENZA! ¡UNA GRANDOTA HACIENDO SUFRIR A UN CHIQUITO INDEFENSO! ¿DÓNDE SE HA VISTO?
¿EN LA UN?
© QUINO

940
MI MAMÁ ACABA DE RETARME PORQUE LE SAQUÉ EL CHUPETE A MI HERMANITO Y LO HICE LLORAR
¡AL FIN DE CUENTAS, NO SÉ POR QUÉ LO ENTUSIASMA TANTO EL CHUPETE!
¡SE PASA EL DÍA ENTERO CHUPÁNDOLO! ¿PARA SACAR QUÉ? ¡NADA! ¡Y SIN EMBARGO, SIGUE DALE QUE DALE!
ME PARECE MUY BIEN; TAMBIÉN YO A SU EDAD ESPERABA TODAVÍA ALGO DE ESTA VIDA
©QUINO

QUEREMOS MUCHO A LA GENTE, POR ESO NOS CAE MUY MAL...
941
.....QUE LA PERFOREN A TIROS O ACHICHARREN CON NAPALM
NO SABEMOS BIEN QUIÉN TIENE LA CULPA DE ESTO, NI NADA, PERO YA TANTA VIOLENCIA SE ESTÁ PONIENDO PESADA
SE ACABA DE IRRADIAR LA CANCIÓN DE PROTESTA TITULADA: "LOS BUENOS EMPEZAMOS A CANSARNOS"
©QUINO

DECIME, MANOLITO, ¿VOS CREÉS QUE LAS CANCIONES DE PROTESTA PODRÁN LOGRAR ALGÚN CAMBIO EN EL MUNDO?
942
¡POR SUPUESTO! JUSTAMENTE AYER VINO UNA SEÑORA AL ALMACÉN DE MI PAPÁ Y LE CANTÓ LA CONVINCENTE BALADA DE PROTESTA: "¡QUÉ CAROS ESTÁN LOS GARBANZOS!"
ENTONCES MI PAPÁ, MUY CONMOVIDO, REBAJÓ EL PRECIO NO SÓLO DE LOS GARBANZOS, SINO DE TODOS LOS ARTÍCULOS
ES NOTABLE LO BIEN QUE CAPTA ESTA CHICA LAS SUTILEZAS
©QUINO

EN UNA DE ÉSAS, LAS CANCIONES DE PROTESTA SON UNA INUTILIDAD
943
MANOLITO PIENSA QUE NADIE LOGRA NADA PONIÉNDOSE A GRITAR CON UNA GUITARRA, Y CREO QUE TIENE RAZÓN
¡BUÁÁÁ! ¡UUÁÁÁ!
¡ÑUUÁÁÁ!
AL MENOS PARECERÍA QUE LA GUITARRA NO ES IMPRESCINDIBLE
©QUINO

SGLUB SGLUB
944
SGLUB SGLUB SGLUB
SGLUB SGLUB SGLUB SGLUB
¿CREERÁ QUE VOS SOS VENEZUELA Y ÉL LA QUÉSÉYO OIL COMPANY?
SGLUB SGLUB
©QUINO

¡MAMÁ, VOY CON LOS CHICOS HASTA LA PLAZA A JUGAR A LOS COW-BOYS!
BUENO, PERO CUIDATE, ¿EH?
945
¡ESTA MAFALDA!.. TAN PRONTO LE DA POR LA BONDAD, EL PACIFISMO Y QUÉ SÉ YO,....
COLABORE CON ALPAP EN SU HUMANITARIA LABOR
ASOCIACIÓN LUCHA PRO AMOR AL PRÓJIMO
... COMO POR JUGAR A LA VIOLENCIA, LOS TIROS Y DEMÁS
CONTINUAMOS AHORA OFRECIENDO "COMMANDO 217"
COMMANDO 217
REALMENTE, LOS CHICOS DE HOY SON DIFÍCILES DE ENTENDER
RATAT-TATATATAT-TATAT-
©QUINO

946
BIEN, JUGUEMOS A QUE HABÍA DOS BANDOS: UNO BUENO Y OTRO MALO, ¿EH?
¡YO SOY DEL BANDO BUENO!
¡AH, NO!.. ¡SER TODOS BUENOS NO, PORQUE ASÍ NO LLEGAMOS A NADA!

947
¡BANG! ¡SONASTE, MIGUELITO!
¡NO, NO! ¡BANG!
LO SIENTO, PERO YO TIRÉ PRIMERO. ¿POR QUÉ JUGÁS A ESTO, SI CUANDO TE MATAN NO QUERÉS MORIRTE?
PORQUE YO LEÍ QUE LOS CHICOS NECESITAMOS JUGAR QUE MATAMOS A LOS DEMÁS PARA DESCARGAR LA AGRESIÓN QUE LLEVAMOS ADENTRO Y QUÉ SÉ YO
¡PERO SI DE ENTRADA NO MÁS ME ARRUINAN LA TERAPIA, ME VOY Y LISTO!

948
¡OKEY! ¡AQUÍ ACABAN TUS IDEAS SOBRE LA POBREZA, EL RACISMO Y LA GUERRA!
¡PERO NO, SUSANITA!.. ¡ES A LOS COW-BOYS DE ANTES, QUE ESTAMOS JUGANDO! ¡A LOS DE ANTES!...

949
¡PTÚG!
¡BLUP!
PARECE QUE ESTA GENERACIÓN VIENE BIEN ASPECTADA

950
"TRAS DISCUTIR MATA A SU CUÑADO"
"UNA MADRE ENVENENÓ A SUS DOS HIJITOS"
"EL ASESINO DE LA ANCIANA CONFIESA SU CRIMEN"
¡SI VIERAS!... ESTUVE LEYENDO LO BUENA QUE SOY

951
CUANDO LEO EN LAS NOTICIAS POLICIALES LA DE BARBARIDADES QUE HACEN OTROS,...¡HAY QUE VER LO BUENA QUE ME SIENTO YO!
MUY MAL, SUSANITA. NUNCA HAY QUE COMPARARSE CON LOS QUE SON PEOR QUE UNO, SINO CON LOS QUE SON MEJOR
¡VAMOS!...¿QUIÉN ES CAPAZ DE HACERLE SEMEJANTE PORQUERÍA A SU PROPIA PERSONALIDAD?

¡A VECES SUSANITA SE VIENE CON CADA COSA!
¿POR QUÉ? ¿QUÉ TE DIJO?
952
QUE CUANDO LEE EN LAS NOTICIAS POLICIALES LAS BARBARIDADES QUE HACEN OTROS, HAY QUE VER LO BUENA QUE SE SIENTE ELLA
¡SÓLO A UN ZANAHORIA PUEDE OCURRÍRSELE PENSAR ESA ESTUPID......
©QUINO

¿QUÉ QUIERE DECIR *ASPECTADO*, MAFALDA? ¿DE DÓNDE SALIÓ ESA PALABRA?
953
¿*ASPECTADO*? DE *ASPECTO*, MANOLITO. SEGÚN UNA COSA SE PRESENTE BUENA O MALA, SE DICE QUE VIENE BIEN O MAL *ASPECTADA* ¿ESTÁ CLARO?
ALMACÉN DON MANOLO
CLARÍSIMO
©QUINO

¡HAY QUE VER LO QUE SON LAS SEÑORAS CUANDO VIENEN A QUEJARSE DE ALGO QUE UNO LES VENDIÓ!
BUENO, PERO NUNCA HAY QUE ESCONDERSE ANTE NADA
954
¡SÍ, SÍ! ¡ESCONDETE, MANOLITO!... ¡ESCONDETE!
¿POR QUÉ? ¿QUÉ OCURRE?
¡QUE ACABO DE OÍR POR RADIO QUE HAY LIBERTAD DE CULTOS!... ¡LIBERTAD DE CULTOS EN TODO EL PAÍS!
¡Y VOS QUE NO LO SOS!...
¡DIOS MÍO, QUIÉN SABE QUÉ PUEDE PASARTE?!
©QUINO

¡FUERA!
WHISHH
955
¡EEEHH, CHEEE!... ¡PODRÍAS SER UN POCO MÁS SUAVE! ¿TAN MALAS SON LAS MOSCAS DESPUÉS DE TODO?
ELLAS NO
¡PERO EN CADA VUELO NO HACEN MÁS QUE TRAER Y LLEVAR MICROBIOS POR TODOS LADOS!
¡NO DIGAS!
¿ASÍ QUE LAS MOSCAS VIENEN A SER LA PAN-AMERICAN DE LOS GÉRMENES?! ¡MIRÁ VOS!
©QUINO

DIBUJÉ UN CHISTE BUENÍSIMO QUE SE ME OCURRIÓ HOY, MIRÁ
956
EN CASO DE GUERRA ROMPA EL VIDRIO
NO ENTIENDO... ¿QUÉ TIENE QUE VER LA CUCHARITA?
¡ES PARA RECOGER LO QUE QUEDE DEL MUNDO Y LA HUMANIDAD! ¿NO ES GRACIOSÍSIMO?
YO NO SÉ QUÉ HA HECHO LA GENTE CON SU SENTIDO DEL HUMOR
©QUINO

ME HE DADO CUENTA QUE SOY FINA, AGRADABLE Y SIMPÁTICA
957
Y NO LO DIGO POR FALSA MODESTIA, NO
FUE GRACIAS A MI HUMILDE HONESTIDAD QUE LLEGUÉ A DESCUBRIR CÓMO SOY REALMENTE
NADIE ES BUEN SHERLOCK HOLMES DE SÍ MISMO
©QUINO

958
¡JÍG-JÍG-JÍG!
¡JÍG-JÍG-JÍG!
?
©QUINO

959
¿QUÉ LE PASA A GUILLE, PAPÁ? ¿DE QUÉ SE RÍE ASÍ?
¡JÍG-JÍG!
¡NO SÉ, PARECE QUE DE MÍ!
¡JÍG-JÍG!
CUANDO YO EMPECÉ A HACERLO FUI UN POCO MÁS DISCRETA ¿NO?
©QUINO

"¡Y VENÍAN LOS ESPACIANOS EN SU PLATO VOLADOR!.."
960
"¡Y YA ESTABAN POR LLEGAR AL PLANETA QUE TANTO QUERÍAN CONOCER!..."
¡CRASH!
"¡Y TUVIERON LA SUERTE DE AHORRARSE LA DESILUSIÓN!"
©QUINO

DECIME, LA "GENERACIÓN QUEMADA" DE LA QUE SE HABLA TANTO......
...NO TIENE NADA QUE VER CON LA NUESTRA ¿NO?
NO, NOSOTROS VINIMOS DESPUÉS
AH, ¿Y ENTONCES, CUÁNTO SE SUPONE QUE NOS FALTA PARA EMPEZAR A CHAMUSCARNOS?
961
©QUINO

LO LINDO DE UN AÑO NUEVO ES QUE VIENE TODO LLENO DE DÍAS SIN ESTRENAR
ES COMO EMPEZAR A ESCRIBIR EN UN BLOCK CON TODAS SUS HOJAS LISITAS Y EN BLANCO ¿NO?
SÍ, LA ÚNICA PENA ES QUE HAYA TANTOS CODOS ROZANDO EL TINTERO
962
©QUINO

ANOCHE LE PEDÍ A MI PAPÁ QUE ME EXPLICARA UNAS DIVISIONES
AH, LAS QUE NOS DIO AYER LA MAESTRA, ¿NO?
MAL HECHO, MAFALDA, DEBISTE PEDIRME A MÍ QUE TE LAS EXPLICARA
963
©QUINO
NO. LAS QUE HAY ENTRE RUSOS Y CHINOS, Y ÁRABES E ISRAELÍES, Y NEGROS Y BLANCOS, Y......

964
CIGAR'S
RUBIOS TIPO AMERICANO
¿SERÁN IDEAS MÍAS, O REALMENTE SE ESTÁ PONIENDO PESADA ESTA MANÍA DE EXTRANJERIZAR PALABRAS?
Don Manolo, el almacén de categoría, no tiene lentejas
sino Lenteja's
©QUINO

965
TIK!
FUME "MONSTER'S 81"....
¡Y DALE!
...KING-SIZE NA-CIO-NAL, ÚNICO..
¿CON HUMO EN CASTELLANO?
©QUINO
...CON COMPLET-FILTER
AH...

966
Milis Phorris
20 FILTER TIP CIGARETTES
¿CÓMO PUEDE UN PAÍS LLEGAR A PERDER ASÍ SU SOBERANÍA PULMONAR?
©QUINO

967
HOLA, GUILLE,
¿CÓMO TE VA?
¡ÍTI, ÍTI!
¡BRRZS-DÁ-
DÁ-AJGÓ!
¡GÜÍG-APBÚÚÚ
BADABADZZS
ÑUIIIGJJH!
BAPU...
MÑÑ...
¡POBRECITO,... QUÉ
MAL MANEJA TO-
DAVÍA SUS RELA-
CIONES PÚBLICAS!
©QUINO

968
¡DLONG!
TOMÁ, PERO NADA DE
VOLVER A TIRARLO
©QUINO
¡DLONG!
NO EMPECÉS DESDE YA
A DESPILFARRAR REBELDÍA,
¿EH?.....MIRÁ QUE LUEGO
TE VA A HACER FALTA
PARA CAUSAS MENOS
PAVOTAS

¡BOOM!
¡BANG!
¡RATAT-TAT-TAT-TAT-TAT!
969
¡BAM!
¡BUM!
¡BOUNG!
VIET-NAM
¡BANG!
¡¡¿QUIEREN ACABAR YA ESTE
JALEO Y DEJAR DORMIR EN
PAZ A LA HUMANIDAD?!!
©QUINO

¡NOS TIENEN HARTOS A TODOS CON TANTO VIETNAM!.. ¡HARTOS!
V.C.
¡ASÍ QUE VAYAN A DECIRLES A SUS PRESIDENTES QUE POR QUÉ NO SE DEJAN DE FASTIDIAR Y FIRMAN LA PAZ DE UNA VEZ!
V.C.
¡QUE SI ES POR FALTA DE LAPICERA, LES PRESTO LA MÍA!
©QUINO

?
PERDÓN, SR. ¿USTED ES NORTEAMERICANO?
NO, YO NO TENGO NACIONALIDAD
ENTONCES,..¿ESA LIBERTAD?
LA VENDO, HIJITA, LA VENDO
CLARO QUE NO ES LA LEGÍTIMA; SI NO NO SERÍA NEGOCIO
©QUINO

PERO, ESTA LIBERTAD QUE USTED VENDE, ¿POR QUÉ NO TIENE LLAMA?
PORQUE SE LE ENCIENDE AL OPRIMIRLA; ASÍ, ¿TE DAS CUENTA?
CLIK
SÍ, ME DOY CUENTA
©QUINO

PAPÁ, ¿QUÉ ES ESO DEL *DERECHO DE AUTODETERMINACIÓN DE LOS PUEBLOS?*
973
ES EL DERECHO QUE TIENE CADA PAÍS DE GOBERNARSE A SÍ MISMO COMO MEJOR LE PAREZCA
©QUINO
¡QUÉ TIEMPOS AQUÉLLOS!
?
¿TE ACORDÁS, CUANDO LOS CUENTOS ME LOS CONTABAS ANTES DE DORMIRME?

MI PAPÁ DICE QUE CADA PAÍS TIENE EL DERECHO DE GOBERNARSE A SÍ MISMO COMO MEJOR LE PAREZCA
974
©QUINO
EL PAPÁ DE MAFALDA DICE QUE CADA PAÍS TIENE DERECHO DE GOBERNARSE A SÍ MISMO COMO MEJOR LE PAREZCA
¿ESO DICE?
"DON MANOLO"
ESO DICE

PAPÁ, ¿ES VERDAD QUE.......
975
TU PAPÁ TIENE RAZÓN, MAFALDA; NUESTROS PAPÁS TAMBIÉN DICEN QUE CADA PAÍS TIENE DERECHO A GOBERNARSE COMO MEJOR LE PAREZCA, ASÍ QUE.... ¡ES VERDAD!
¡MIREN CÓMO VENIMOS A DESCUBRIR QUE LAS AGENCIAS NOTICIOSAS SE MANEJAN CON LOS LIBRETOS DE UN SÁDICO EMBUSTERO!
©QUINO

976
...“Y ESTAS FUERON LAS NOTICIAS INTERNACIONALES”
¡TODAS MENTIRAS! ¡NI TAL NACIÓN TIENE SOMETIDA A TAL OTRA NI TAL PAÍS TRATA DE IMPONER NADA POR LA FUERZA A TAL OTRO! ¡CUENTEROS!
TIK!
¡PORQUE MI PAPÁ ME DIJO QUE CADA PAÍS TIENE EL DERECHO DE GOBERNARSE COMO LE PAREZCA! ¡Y LA MAESTRA ME ENSEÑÓ QUE LOS DERECHOS HAY QUE RESPETARLOS!
¡Y NI MI PAPÁ NI LA MAESTRA DORMIRÍAN TRANQUILOS SABIENDO QUE INCULCAN COSAS QUE NO FUNCIONAN!
¿QUÉ PASA? ¿QUÉ TOMÁS?
¿EHÉ? ¡AH!... NNNADA, AGUA NOMÁS
NERVOCALM

977
AH, ¿TENÉS PASTILLAS, SUSANITA?
MSÍ
EH..., SON UN REMEDIO, ¿SABÉS?... ME LAS RECETÓ EL DR. PORQUE ANDO CON QUÉ SÉ YO
¿ALGUNA INSUFICIENCIA EN LAS GLÁNDULAS DEL SISTEMA CONVIDATORIO?

978
¡QUÉ ELEGANTE, MANOLITO! ¿ADÓNDE VAS?
A PEDIRLE UN PRÉSTAMO A UN SEÑOR PARA EL ALMACÉN DE MI PAPÁ
¿Y CREÉS QUE TE LO DARÁ?
¡POR SUP...
Regresó a EE. UU. el presidente del Bank of America

¿NO PODRÍA DARSE UNA VUELTITA MAÑANA?
AH, MAFALDA, ESAS RE-VISTAS QUE PROMETÍ DEVOLVERTE HOY,......
MAÑANA, ¿EH?
979
©QUINO
¡PERO VIEJO! ¿POR QUÉ NO VAS AL DENTISTA?
JUSTAMENTE PIENSO IR MAÑANA, MIRÁ
SI NO FUERA POR EL *MAÑANA*, ÉSTE SERÍA EL PAÍS DEL MAÑANA

980
¡JHÁ! ¿TE IMAGINÁS TODO LO QUE VAMOS A VER DE AQUÍ A DOSCIENTOS AÑOS?
DE AQUÍ A DOSCIENTOS AÑOS DUDO QUE ES-TEMOS VIVOS, MIGUELITO
¡ANDÁ!... ¿PENSÁS HACERLE LA RABONA AL FUTURO JUSTO CUANDO SE PONE INTERESANTE?
©QUINO

981
¡PAZ!
¡ALEGÓRICA, LA SEÑORA!
©QUINO

A VECES NO ES LINDO SER CHICO, CLARO, PERO LO BUENO ES TENER TODA LA VIDA POR DELANTE, ¿TE DAS CUENTA?...¡A UNO LE ESPERA **TODO**!
ESTUDIAR, RECIBIRSE, TRABAJAR, CASARSE, TENER HIJOS, PROGRESAR....
LLEGAR A SER UN SEÑOR MADURO, LUEGO TENER NIETOS....Y EN FIN, TODO LO DEMÁS!
¡NO!...¡AL ASILO NO!

MIRÁ, MAFALDA, ¿NO TE RESULTA MARAVILLOSO ESTAR **AQUÍ** EN WALL STREET Y VER PASAR POTENTADOS TAN FINOS Y ELEGANTES?
¡ÑIJ-ÑIJ!
LOS CHEQUES DE TUS BURLAS NO TIENEN FONDOS EN EL BANCO DE MI ÁNIMO

PERDONAME, SUSANITA, PERO LA VERDAD ES QUE NO ESTUVISTE MUY BIEN CON MANOLITO, Y NO TOMES A MAL QUE TE LO DIGA
¡POR FAVOR!
¿CÓMO VOY A TOMARLO A MAL? LA VERDAD HAY QUE SABER ACEPTARLA CUANDO VIENE EN BOCA DE UNA AMIGA COMO VOS
NUNCA LO **HABÍA** NOTADO... ¡TENÉS UNA BOCA HORRIBLE, POBRE MAFALDA!

985
SUÍSSHH
SUISSHH
SUISSHH
SUÍSSSH
ES QUE NO QUEREMOS EMPEZAR LA PRIMAVERA AMARGÁNDONOS
©QUINO

¡QUÉ LINDA ES LA PRIMAVERA! LOS ÁRBOLES YA TIENEN SUS PRIMERAS HOJAS
LA PLAZA ESTÁ LLENA DE FLORES Y MARIPOSAS
LOS PÁJAROS PÍAN ALEGREMENTE EN SU NIDO, EL AIRE ES MÁS TEMPLADO, LOS DÍAS COMIENZAN A SER MÁS LARGOS,
LAS NOCHES MÁS CORTAS Y LA GENTE CAMBIA SUS ROPAS INVERNALES POR OTRAS MÁS LIVIANAS Y COLORIDAS Y...
986
¿...QUIÉN CUERNOS LE QUITA A UNO ESTA ALIENACIÓN ESCOLAR?
©QUINO

EN UN BANCO POR ALLÍ HABÍA UNA SEÑORITA SENTADA
Y CADA SEÑOR QUE PASABA LA MIRAAAAABA....
ASÍ LA MIRABA
987
©QUINO
Y COMO YO NO ENTENDÍA PORQUÉ, ME SENTÉ ENFRENTE Y ESTUVE COMO MEDIA HORA MIRÁNDOLA A VER SI ME ENTERABA QUÉ DIABLOS TENÍA
¿Y?
Y, TENDRÍA ALGO EN LO QUE DEBO SER ANALFABETO, PORQUE ME ABURRÍ UNA BARBARIDAD

988
¿NO SE NOS ESTÁ ABURGUESANDO DEMASIADO?

989
JUGUEMOS A QUE ÉRAMOS DOS SEÑORAS COMO MI MAMÁ Y TU MAMÁ, ¿EH?
¡ESO!... Y...
...QUE NOS REUNÍAMOS A TOMAR TÉ Y CHARLAR COMO CHARLAN LAS SEÑORAS
BUENO....
VEAMOS....
¿QUIÉN DICE LA PRIMERA ESTUPIDEZ?

¡AY, AY, AY! ¡CÓMO HEMOS CHARLADO! ¡Y QUÉ RICO ES SU TÉ, SEÑORA MAFALDA!
GRACIAS, SEÑORA SUSANITA
Y DÍGAME, ¿TIENE ALGÚN CHIMENTITO SOBRE QUÉ NOS TRAE LA MODA PARA ESTA TEMPORADA?
BUENO, SEGÚN HE LEÍDO....
990
....PARECE QUE SE SIGUE LLEVANDO MUCHO LA INJUSTICIA, CLARO QUE CON UNAS BESTIALIDADES AL BIES MUY MONAS, ESO SÍ
¡NO SÉ PARA QUÉ ALGUNAS SE METEN A JUGAR A LAS SEÑORAS SI LUEGO NO SABEN MANTENER LA IDIOSINCRASIA!

¡SORPRENDENTE! ¡MI DEDO ES MÁS GRANDE QUE LA TORRE DE AQUELLA CASA!
¿SABÉS POR QUÉ LO VES MÁS GRANDE, MIGUELITO?
¡CLARO!
991
PORQUE EL DEDO ES MÍO Y ME IMPORTA MUCHÍSIMO MÁS QUE LA TORRE
©QUINO

992
¡SLURB! ¡SGLÚG! ¡SLURB!
¿TERMINASTE TODA LA SOPA, MAFALDA?
¡PUÁÁGH! ¡SÍ!
©QUINO
¡AH, LA QUE HABÍA EN EL PLATO SÍ, PERO LA QUE TE QUEDÓ EN LA CARA NO! ¡LIMPIATE!
NO TE PREOCUPES
PEOR VA A SER CUANDO UN PSICOANALISTA TENGA QUE LIMPIARME LA QUE ME ESTARÁ QUEDANDO EN EL SUBCONSCIENTE

¡MIRÁ, GUILLE, UN NENE COMO VOS!
DE TU MISMA GENERACIÓN, ¿VES?
993
¡GAPU!
RIP
CHIRP
SERÁ MEJOR NO SACAR CONCLUSIONES
©QUINO

994
¡MIRÁ QUE LO PIENSO, CHÉ, Y NO HAY CASO! ¿CÓMO CUERNOS HACE EL TIEMPO PARA DOBLAR LAS ESQUINAS EN LOS RELOJES CUADRADOS?
©QUINO

MAMÁ, ¿VOS CREÉS QUE CHINA COMUNIST
¡LO QUE CREO ES QUE DEBERÍAS OCUPARTE DE COSAS DE TU EDAD! ¡¡ESO CREO!!
JABÓN
995
¡QUÉ LINDO! ¡QUÉ LINDO!
YA ESTÁ
¿VOS CREÉS QUE CHINA COMUNISTA
©QUINO

TU MAMÁ TIENE RAZÓN; DEBERÍAS DEDICARTE UN POCO MÁS A COSAS DE TU EDAD, ¿VAMOS A JUGAR AL BOWLING, ¿EH? ¡O AL "METEGOL"!
NO, DEJÁ, A ESOS JUEGOS NO...
PROC!
¡CLANG! ¡CLANG! ¡CLANG!
©QUINO
TROC! TROC! TROC!
996
ÉSTOS SON MÁS PAVOTES, PERO TIENEN LA SIMPLICIDAD DE LOS CLÁSICOS

997
QUIERO MOSTRARTE LA ESPADA QUE ME HICE
MIRÁ QUÉ LIN.....
CLARO, ES QUE ESTE CLAVO NO SIRVE
TENDRÍA QUE HABERLE PUESTO UNO DE ESOS QUE TIENEN VUELTITAS Y PEINADO CON RAYA AL MEDIO, ¿LOS CONOCÉS?

HOLA, FELIPE ¿QUÉ TE OCURRE?
NADA, QUE EN VEZ DE HACER LOS DEBERES ME PASÉ EL TIEMPO LEYENDO HISTORIETAS
998
Y LO PEOR ES QUE NO DISFRUTÉ LAS HISTORIETAS SABIENDO QUE **TENGO** QUE HACER LOS DEBERES
Y RESULTA QUE AHORA ME ENTRA LA ANGUSTIA PORQUE TODAVÍA NO LOS HICE
¿Y POR QUÉ NO VAS Y LOS HACÉS DE UNA VEZ?
ENSEGUIDA, ENSEGUIDA; YA QUE NO DISFRUTÉ LAS HISTORIETAS DEJAME AL MENOS DISFRUTAR MI ANGUSTIA

CUANDO NO SON LOS DEBERES ES OTRA COSA, LA CUESTIÓN ES QUE FELIPE SIEMPRE BUSCA MOTIVOS PARA ANGUSTIARSE
BUENO, YO DIGO ESO DE FELIPE, PERO ME PARECE QUE QUIEN MÁS QUIEN MENOS TODOS SOMOS UN POCO COMO ÉL
999
PORQUE, FRANCAMENTE, SI PARA SABER MANEJARSE A UNO MISMO HUBIERA QUE RENDIR EXAMEN...
¿QUIÉN ES EL MACHITO QUE TENDRÍA EL CARNET?

¿QUÉ HACÉS AHÍ CON ESA CARA? VENÍ, VAMOS A CHARLAR UN RATO
1000
ANOCHE MI MAMÁ SE PUSO A HABLAR DE LO QUE HABÍA GASTADO EN EL MERCADO
ENTONCES MI PAPÁ DIJO: "¡QUÉ BARBARIDAD!", Y QUE ÉL HABÍA TENIDO UN DÍA MUY MALO Y LE DOLÍA LA CABEZA
CLARO, DIJO MI MAMÁ, A VOS SIEMPRE TE DUELE LA CABEZA CUAND TE HABLO DE
SALUD, PAR DE ORIGINALES
©QUINO

PARECE QUE LE FUERON MAL LAS COSAS....
1001
....Y NO TIENE DÓNDE CAERSE MUERTO
ESTARÁ POCO INFORMADO; HOY EL MUNDO OFRECE TODA UNA GAMA DE LUGARES PARA ESO
©QUINO

¡AH, NO! ¡A MÍ EN TU PESIMISMO NO ME ENGANCHÁS!
1002
¡YO SOY UN CONVENCIDO DE QUE EL MUNDO SE ARREGLARÁ!
¿CUÁNDO?
¡EL DÍA QUE DESAPAREZCAN LOS QUE LO MANEJAN MAL!
¡PERDÉ CUIDADO, FELIPE! ¡ESE MISMO DÍA YA APARECERÁ ALGUIEN DISPUESTO A RECOGER LA ANTORCHA DE LA BESTIALIDAD!
©QUINO

JÁ-JÁ
JÁ-JÁ
¿QUÉ ES ESO, MANOLITO?
NADA, QUE HOY EN LA CLASE DE GEOMETRÍA SAQUÉ UN DOS
1003
Y SI UNO NO TOMA LOS CONTRATIEMPOS CON UN POCO DE HUMOR, ESTÁ REALMENTE FRITO
JÁ-JÁ-JÁ
JÁ-JÁ
POCA FE PARA SALIR DE LA SARTÉN
©QUINO

¡YO SE LO PREGUNTO! ¡YO VOY, SE LO PREGUNTO Y QUE SEA LO QUE DIOS QUIERA!
1004
DÍGAME, AGENTE, ¿ES CIERTO LO QUE DICE MI MAMÁ, QUE SI YO... SI YO NO... ¡BUÉH!... LO DE LAS MANOS SUCIAS, LA COMIDA Y TODO ESO...... USTED A UNO SE LO LLEVA...... ...Y LO METE...... ¡EN FIN!... ¿EHÉ?
¡ANDÁ Y DECILE A TU MAMÁ QUE LA POLICÍA ESTÁ PARA COSAS ALGO MÁS IMPORTANTES QUE ÉSAS!
EMPIEZO A ENTENDER ESO DEL RESPETO A LAS INSTITUCIONES
?
©QUINO

ME PREGUNTO POR QUÉ UNA MUJER NO PUEDE LLEGAR A PRESIDENTE DE LA NACIÓN, POR EJEMPLO
1005
SECRETO DE ESTADO
AH
©QUINO

¿TE IMAGINÁS A UNA MUJER PRESIDENTE DE LA NACIÓN, FELIPE?
¡DIOS NOS LIBRE!
¡MIRÁ, PARA QUE SEPAS, LAS MUJERES SOMOS MÁS INTELIGENTES QUE LOS HOMBRES! ¿OÍS?
¡Y MÁS BUENAS Y NOBLES! ¿SABÉS?
¡Y MÁS DULCES Y TIERNAS! ¿ENTENDÉS?
¡DESPUÉS DICEN QUE LAS MUJERES SON DIFÍCILES DE ENTENDER!

ME REVIENTAN LOS TIPOS QUE PIENSAN QUE LA MUJER ES *INFERIOR*
SERÁ QUE, MÁS QUE NADA, LA VEN EN TAREAS DOMÉSTICAS
¡Y BUENO, ES QUE PARA ESO ESTAMOS LAS MUJERES! ¡AL FIN DE CUENTAS UNA MUJER QUE NO COCINA, QUE NO PLANCHA, QUE NO LAVA, NI LIMPIA, NI NADA DE ESO, ES **MENOS** MUJER, QUÉ DIABLOS!
AH, SEGÚN VOS, UNA MUJER QUE TENGA COCINERA, LAVANDERA, MUCAMA Y DEMÁS, ¿ES POCO MUJER?
¡MOMENTITO!... UNA COSA ES LA *MUJEREZ* Y OTRA EL STATUS

CLARO.....LO MALO ES QUE LA MUJER EN VEZ DE JUGAR UN PAPEL, HA JUGADO UN **TRAPO** EN LA HISTORIA DE LA HUMANIDAD

TOMÁ, PENSABA QUEDARME CON EL VUELTO DE LA PANADERÍA PARA COMPRARME CARAMELOS, PERO NO PUDE
¡Y TODO POR EL MALDITO INQUILINO QUE EMPEZÓ CON QUE "ESO ESTÁ MUY MAL", Y QUE "NO SE HACE", Y QUÉ SÉ YO!
1009
¿INQUILINO? ¿QUÉ INQUILINO?
©QUINO
ESE QUE UNO TIENE DENTRO

¿VOS NO SENTÍS A VECES COMO SI DENTRO TUYO TUVIERAS UN INQUILINO QUE TE DICE COSAS?
CLARO
PERO NO ES NINGÚN INQUILINO, SINO LA VOZ DE LA CONCIENCIA, LA QUE A TODOS NOS DICE COSAS, COMO A VOS
1010
COMO A MÍ, ¡SÍ!... ¡MIRÁ SI A UN GENERAL SU CONCIENCIA VA ATREVERSE A TUTEARLO!
©QUINO

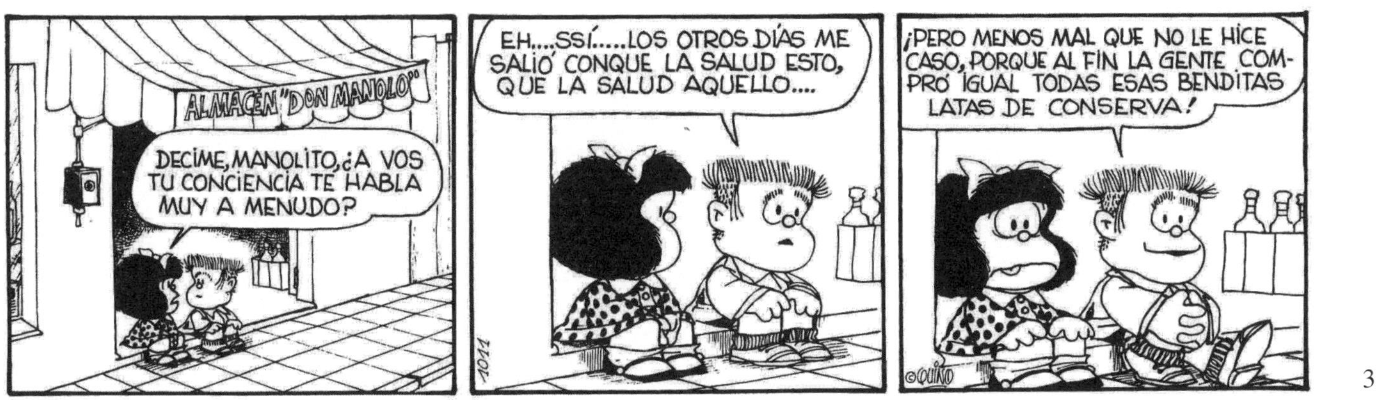
ALMACÉN "DON MANOLO"
DECIME, MANOLITO, ¿A VOS TU CONCIENCIA TE HABLA MUY A MENUDO?
EH....SSÍ.....LOS OTROS DÍAS ME SALIÓ CONQUE LA SALUD ESTO, QUE LA SALUD AQUELLO....
1011
¡PERO MENOS MAL QUE NO LE HICE CASO, PORQUE AL FIN LA GENTE COMPRÓ IGUAL TODAS ESAS BENDITAS LATAS DE CONSERVA!
©QUINO

¿OÍSTE HABLAR DE LA VOZ DE LA CONCIENCIA, MIGUELITO?
SÍ
¿Y LA TUYA CÓMO
¡AFÓNICA!
BUENO, DESPUÉS DE TODO, EL RANKING DE LOS FRACASADOS NUNCA EMPIEZA CON GENTE ASÍ

BUENO, ¿Y CÓMO HACE UNO PARA PEGARSE ESTO EN EL ALMA?

A MÍ TAMBIÉN ME LASTIMA EL ALMA VER GENTE POBRE, ¡CREÉME!
POR ESO CUANDO SEAMOS SEÑORAS NOS ASOCIAREMOS A UNA FUNDACIÓN DE AYUDA AL DESVALIDO
¡Y ORGANIZAREMOS BANQUETES EN LOS QUE HABRÁ POLLO Y PAVO Y LECHÓN Y TODO ESO!... ASÍ RECAUDAREMOS FONDOS
...PARA PODER COMPRAR A LOS POBRES HARINA Y SÉMOLA Y FIDEOS Y ESAS PORQUERÍAS QUE COMEN ELLOS

¡GUAU!
¡GUAU!
¡GUAU!

¡POR FIN TODO ANDA AL DERECHO!

1015
MI ABUELITO SE PASA EL DÍA REPITIENDO QUE EN SUS TIEMPOS SE VIVÍA MEJOR QUE AHORA
Y QUE LA GENTE ERA MÁS BUENA Y MÁS FELIZ
LO MEJOR ES NO HACERLE CASO, MIGUELITO
¡SI YA LO SÉ!.... LO REPITE TANTAS VECES QUE ¿QUIÉN VA A HACERLE CASO, NO?
¡CLARO!
©QUINO
MI ABUELITO SE PASA EL DÍA REPITIENDO QUE EN SUS TIEMPOS SE VIVÍA MEJOR QUE AHORA. Y QUE LA GENTE ERA MÁS BUEN

1016
DECIME, PAPÁ, ¿EN TUS TIEMPOS SE VIVÍA MEJOR QUE AHORA?
BUENO.....NO HABÍA TANTAS ARMAS NUCLEARES, NI TANTA SUBVERSIÓN, NI TANTOS LÍOS RACIALES..... ¿QUÉ QUERÉS QUE TE DIGA?
QUERÍA QUE ME DIJERAS QUE ÉSTOS TODAVÍA **SON** TUS TIEMPOS, PERO VEO QUE YA ESTÁS MEDIO ¡ÑAC!
?
©QUINO

1017
¿TE COMENTÉ QUE MI HERMANITO YA GATEA, FELIPE?
©QUINO

¡LE DIJE A MAMÁ QUE ES UNA BARBARIDAD QUE TE HAYA ENCERRADO ASÍ!
¡Y LE HABLÉ DE ATROPELLO A LA LIBERTAD INDIVIDUAL Y DE LA DECLARACIÓN DE LOS DERECHOS HUMANOS! ¡SÍ SEÑOR!
1018
©QUINO
PERO PARECE QUE NADA DE ESO TIENE ALGO QUE VER CON COMERSE LA TIERRA DE LAS MACETAS, GUILLE

¡NO HAY CASO! ¡POR MÁS QUE LA MAESTRA LO EXPLIQUE YO NO ENTIENDO LO DEL SUJETO Y EL PREDICADO!
1019
ES FÁCIL, MIGUELITO; SI YO DIGO, POR EJEMPLO, "ESA BASURA AFEA LA CALLE", ¿CUÁL ES EL SUJETO?
¿EL INTENDENTE?
©QUINO

MIGUELITO TIENE DIFICULTADES CON EL SUJETO Y PREDICADO
¡ES QUE EN LA ESCUELA SE VIENEN CON CADA COSAS!
AYER A LA MAESTRA SE LE OCURRIÓ HACERNOS UNA PRUEBA ORAL DE VELOCIDAD MENTAL
1020
-"¿QUÉ ES TAL COSA?"
-"¡ZUUUUUUUUUM!"
-"¿QUÉ ES TAL OTRA?"
-"¡ZUUUUUUUUUM!"
¿Y VOS CÓMO RESPONDISTE?
COMO UN PEATÓN DEL RAZONAMIENTO
©QUINO

1021
¿Y?
¡BUENO, LISTO!
AH, HOY EL DENTÍFRICO SE DESPERTÓ ALGO TEMPERAMENTAL, ASÍ QUE SI ENTRAN AL BAÑO, OJO CON LAS PATINADAS
©QUINO

YO CONFÍO
TÚ CONFÍAS
ÉL CONFÍA
1022
NOSOTROS CONFIAMOS
VOSOTROS CONFIÁIS
ELLOS CONFÍAN
¡QUÉ MANGA DE INGENUOS, ¿NO?!
©QUINO

CUANDO SEA GRANDE VOY A SER ESTRELLA DE CINE Y TV ¿TE IMAGINÁS? ¡SALDRÉ EN LAS REVISTAS Y TODO!
1023
CLARO QUE ESO DE ANDAR CASÁNDOME Y DIVORCIÁNDOME Y VUELTA A CASARME Y LUEGO A DIVORCIARME NO ME GUSTA NADA....¡NO!
©QUINO
¡MEJOR SERÁ TENER UN MARIDO FIJO, Y MUCHOS HIJITOS, Y SER UNA BUENA AMA DE CASA Y CHAU!
REPUESTA DE SU DESENGAÑO POR EL AUMENTO DEL TOMATE, SUSANITA ENCARA CON VALENTÍA EL PORVENIR
ESO SÍ.....¡JAMÁS SALDRÉ EN LAS REVISTAS!

ME PREGUNTO SI CUANDO MI MAMÁ ERA CHICA QUERRÍA SER LO QUE ES AHORA
1024
¡MAMÁ!....
©QUINO
¡QUÉ QUERÉS!
NADA, IBA A COMENTARTE DE UN CHICO AL QUE CASI LE PASA NO SÉ QUÉ CON EL DEDO Y UN VENTILADOR, PERO NO IMPORTA

BUENO, Y AL FINAL, ¿QUÉ DEBERES HAY QUE HACER PARA MAÑANA?
ESPERÁ, A VER...
©QUINO
1025
UNA COMPOSICIÓN SOBRE "EL MUNDO DEL PORVENIR"
Y TRAER UNAS ORACIONES CON EL FUTURO DEL VERBO VIVIR
©QUINO
¿UNAS ORACIONES O UNAS PLEGARIAS?

CADA DOS POR TRES MI MAESTRA NOS HABLA DE CUÁNTO LES DEBEMOS A LOS ÁRBOLES
SOMBRA EN VERANO, LEÑA EN INVIERNO, MADERA PARA CONSTRUIR CASAS, BARCOS, MUEBLES Y UN MONTÓN DE COSAS MÁS
1026
POR ESO NOS DICE SIEMPRE QUE TODO EL MUNDO DEBE CUIDAR Y RESPETAR A LOS ÁRBOLES
©QUINO
¿Y QUE NUNCA FALTA UN REVISIONISTA, NO SE LO DIJO?

¡BUUUAÁ!
¡BUAÁÁ!
1027
¡BU...
¡GAPU! ¡JIÑI! ¡JINI!
¡PLAF!
¡PLAF! ¡PLAF!
ASÍ QUE EN LA LÍNEA DEL DISCONFORMISMO CONFORMISTA, ¿NO? ¡MUY SIMPÁTICO!
© QUINO

1028
¡IIJÚÚÚJHUUU!
LLEGÓ PAPÁ, GUILLE
¡GÚPI!
¡!?
PARECERÍA QUE LA JEFATURA DE ESTA FAMILIA LA EJERCE UN EMOTIVO
¡PLOC!
© QUINO

BIEN, HOY VAMOS A ESTUDIAR EL PENTÁGONO
1029
¿Y MAÑANA EL KREMLIM?
¡TRAC!
© QUINO
DIGO.....PARA EQUILIBRAR

COTILLON JUGUETES
1030
COTILLON JUGUETES
¡USTEDES TIENEN ALGUNA BUENA NOTICIA Y NO NOS LA QUIEREN DECIR!
©QUINO

¡ES DE NO CREER! ¡LA MUY DESFACHATADA SE CASA VESTIDA DE BLANCO! ¿DÓNDE SE HA VISTO?
1031
¿CÓMO, DÓNDE? ¿NO ES LO NORMAL EN TODOS LADOS?
¡¿O ESTAREMOS ANTE EL BOOM DE LA DESFACHATEZ?!
©QUINO

MAMÁ, ¿POR QUÉ HABIENDO TANTOS COLORES, TODAS LAS NOVIAS SE CASAN DE BLANCO?
1032
BUENO, PORQUE EL BLANCO ES LO LIMPIO Y LO PURO. UNA NOVIA QUE NO VISTA DE BLANCO ES..... QUÉ SÉ YO.....
¿UNA ESPECIE DE NOVIA CON BASURITA?
©QUINO

¿VISTE EN TV ESE AVISO DE UN NUEVO JUEGO PARA ARMAR?
¿CUÁL?
1033
ESE QUE DICE...
¡CHICOS!...¡YA ESTÁ AQUÍ LA FELICIDAD PARA TODOS!
¡AH, SÍ!
© QUINO
BUENO, MIRÁ LA FELICIDAD QUE LE VENDEN A UNO POR TELEVISIÓN

¿QUIÉN IBA A PENSAR QUE ESTE JUEGO PARA ARMAR ERA UNA IDIOTEZ? ¡EN EL AVISO POR TV PARECÍA TAN LINDO!...
YA LO DICE EL REFRÁN, FELIPE
"NO ES ORO TODO LO QUE RELUCE"
1034
¡LO ÚNICO QUE NOS FALTA AHORA ES QUE EL SOL SEA UNA BARATIJA!
© QUINO

¿NO TE PARECE QUE MUCHA GENTE COMPRA PORQUERÍAS NADA MÁS QUE PORQUE SE LAS "VENDEN" POR TELEVISIÓN?
1035
Y....SÍ, A VECES LOS AVISOS DE LA TV "VENDEN" COMO BUENAS, COSAS QUE..... ¡EN FIN!
© QUINO
¡ESO NO LO PUEDO VER!...¡QUE ENGAÑEN A LA GENTE SÍ QUE NO LO PUEDO VER!
HOLA, MANOLITO; DAME ½ KILO DE OREJONES, PERO QUE SEAN BUENOS, ¿EH?
¡CLARO!
TENDRÁS QUE TAPARTE LOS OJOS, MAFALDA

1036
¡DÁ-BDÁ! ¡ABBBHBÚÚU! ¡DAB!
¡TAN CHIQUITO, Y FRENTE AL TELEVISOR YA RAZONA **LO MISMO** QUE LA GENTE GRANDE!
© QUINO

TODO PARA EL HOGAR
LIBRERÍA
TV Noticias del Mundo
1037
© QUINO
EN VENTA
-OCUPADO-
5 CONTINENTES,
2 POLOS Y DEPCIAS.
-IRRESPONSABLES ABSTENERSE-

1038
¡JAMÁS LO PENSÉ!... ¡¡JAMÁS!!
¡JAMÁS PENSÉ QUE **YO** FUERA CAPAZ DE HACERLE A ALGUIEN UNA PORQUERÍA COMO ESTA, FELIPE! ¡TE LO JURO!
© QUINO
¡YA NO SE PUEDE NI CONFIAR EN UNO MISMO! ¡QUÉ ÉPOCA, DIOS MÍO! ¡¡QUÉ ÉPOCA!!

1039
¡SALUTE!
ESCUCHÁ LO QUE DICE ESTA REVISTA, MANOLITO: "SEGÚN EL FÍSICO PAKISTANO Abdus Salam, DE AQUÍ A VEINTE AÑOS"...
..."EL MUNDO SUBDESARROLLADO SEGUIRÁ TAN POBRE Y TAN HAMBRIENTO COMO HOY"
©QUINO

¡ESTE MANOLITO ES PARA MATARLO!
¡AAAAAH!... ¿VISTE LO BESTIA QUE ES? ¡YO SIEMPRE DIGO QUE ES UN BESTIA!
1040
¡LE LEO QUE SEGÚN UN FÍSICO DENTRO DE VEINTE AÑOS HABRÁ TANTA GENTE POBRE COMO AHORA...
... Y ÉL SE ALEGRA DE QUE LAS COSAS SIGAN ASÍ SIN PROGRESOS SOCIALES NI NADA!... ¡MIRÁ QUE SE NECESITA SER BESTIA EN SERIO PARA PENSAR COMO ÉL!
¡A MÍ NO ME INSULTA NI VOS NI NADIE!
©QUINO

©QUINO
1041
TROPAS ATACA
BATALLA EN TORNO A DA-NA
YA VAN A MEJORAR LAS COSAS, PAPÁ; NO TE HAGAS MALA CEJA

HAY COSAS EN LAS QUE EL POBRE AÚN NO APRENDE A MANEJARSE SOLO
1042
©QUINO

PROHIBIDO GIRAR A LA IZQUIERDA
1043
PROHIBIDO FIJAR CARTELES
1043
PROHIBIDO ESTACIONAR
©QUINO
RECONFORTA VER CÓMO POCO A POCO EL HOMBRE HA IDO LOGRANDO DAR RIENDA SUELTA A SU LIBERTAD DE LIMITARSE

¡QUÉ MANÍA! ¡LO ÚNICO QUE SABEN HACER ES PROHIBIR!
©QUINO
DECIME, MIGUELITO, ¿A VOS NO TE INDIGNA ESTE CARTEL?
PROHIBIDO PISAR EL CÉSPED
NO, ¿QUÉ ME IMPORTA? YO TENGO MI PROPIO PASTITO INTERIOR
1044

MAFALDA, LAVATE LAS MANOS Y VENÍ A COMER
¿TE LAS LAVASTE YA?
¡PERO SÍ! ¡TODOS LOS DÍAS LA MISMA HISTORIA!
"LAVATE LAS MANOS PARA TOMAR LA LECHE"
"LAVATE LAS MANOS, QUE YA ESTÁ LA CENA"
¡QUÉ FIJACIÓN CON PILATOS! ¿EH?
1045
©QUINO

BUENAS, SIMPÁTICA ¿ESTÁ TU PAPÁ?
DEPENDE, ¿PARA QUÉ?
1046
PARA OFRECERLE EL EXTRAORDINARIO TÓNICO "NOCALVEX", ÚNICO QUE COMBATE, EVITA Y SUPRIME LA CALVICIE
TÓNICO
¿LA CALVICIE DE PELO, O LA CALVICIE DE IDEAS?
¿QUIÉN ERA?
UN INTRASCENDENTE
©QUINO

¿CONVIDARTE? ¡JHA!
¡ESTÁ BIEN!
1047
¡YA VA A VENIR EL DIABLO A CASTIGARTE POR MALA Y EGOÍSTA! ¡VAS A VER!
¡SLURB! ¡SLURP!
¡CROP! ¡CRUNCH!
¡SCHULÍP! ¡SCHULÍP!
SE VE QUE NO CONSIGUE TAXI
©QUINO

...¡TE JURO QUE VER AQUELLO ES ALGO QUE A CUALQUIERA LE ENCOGE EL CORAZÓN!
1048
LO DUDO; HOY CASI TODO EL MUNDO LO TIENE SANFORIZADO

"ENTRAMOS A UNA JUGUETERÍA Y..., ¿QUÉ VEMOS?..., ¡JUGUETES BÉLICOS!... ¡CANTIDADES DE JUGUETES BÉLICOS!"
1049
"Y ESTO NO ES NUEVO, NO. ¡GENERACIONES Y GENERACIONES SE HAN FORMADO BAJO LA INFLUENCIA DE ESTOS NEFASTOS JUGUETES"...
..."QUE INCITAN A LA VIOLENCIA, A LA AGRESIÓN, A LA GUERRA!... ¡HE AHÍ POR QUÉ EL MUNDO ANDA COMO ANDA!"
¡YA DECÍA YO QUE LA CULPA NO LA TIENE NI EL PETRÓLEO, NI LOS INTERESES INTERNACIONALES NI NINGUNA DE ESAS PAVADAS!

1050
¡POM! ¡POM!
¡CRAK!
¡CLARK!
¿QUÉ HACÉS, MIGUELITO?
¿NO OÍSTE LO QUE DIJERON POR TV DE LOS JUGUETES BÉLICOS?
SÍ
BUENO, YO NO QUIERO JUGUETES QUE ME ENSEÑEN A MATAR
¡POM!
¡CRAK!
¡POM!
¡YO QUIERO SER AUTODIDACTA!

¿SNÍF? ¿SNÍF?
1051
©QUINO

1052
©QUINO

¿SABÉS QUE GUILLE YA SE PARA SOLITO?
1053
¿SÍ?
¿SIN AGARRARSE DE NADA?
¡BONK!
©QUINO

¡BUAA!
¿QUERÉS CALLARTE?
¡CALLATE TE DIGO!
1054
¡UUUUY! ¡MIRÁ, LA NENA ES COMO VOS Y NO LLORA! ¡QUÉ VERGÜENZA, CÓMO TE MIRA LA NENA! ¡VA A PENSAR QUE SOS UN LLORÓN! ¿NO ES CIERTO, NENA?
¡NO!
© QUINO
POR SUERTE LA NENA TIENE CONCIENCIA GREMIAL

"NO HAY MAL QUE DURE CIEN AÑOS"
1055
© QUINO
CIEN AÑOS NO SÉ, PERO HAY MALES QUE HACE RATO PEINAN CANAS

"BIEN, AMIGUITOS, EMPECEMOS ESTE CUENTO Y DEJEMOS VOLAR NUESTRA IMAGINACIÓN"
1056
© QUINO
LOS QUE TENGAMOS PLAFOND, CLARO

MAMÁ, ¿QUÉ TE GUSTARÍA SER SI VIVIERAS?

¿A VOS TE PARECE QUE FREGAR TODO EL DÍA EN LA CASA ES VIVIR, SUSANITA?
¿POR QUÉ NO? MI BISABUELA NO HIZO NUNCA OTRA COSA Y TIENE OCHENTA Y TRES AÑOS, ¿QUÉ ME DECÍS?
QUE SI VIVIR ES DURAR, PREFIERO UNA CANCIÓN DE "LOS BEATLES" A UN LONG PLAY DE "LOS BOSTON POPS"

¿VIERON CÓMO SIN MÍ NO SON NADIE?

CUANDO EL HOMBRE HAYA CONSTRUÍDO ALLÁ MUCHAS CIUDADES LLENAS DE AVENIDAS, RASCACIELOS Y LETREROS TODOS ILUMINADOS, ¿CÓMO SE VERÁ LA LUNA?
SOSPECHO QUE DAMNIFICADA

EL GOBIERNO NO DESOYE LAS RAZONES DE QUIENES CUESTIONAN LA CITADA LEY....
PERO ADVIERTE QUE LOS INTERESES DE NINGÚN SECTOR PODRÁN IMPEDIR QUE SE LA APLIQUE CON TODO RIGOR
¡LO QUE ES TENER EL CHUPETÍN POR EL PALITO!
¿EH?

VOY A VER TU PORVENIR, FELIPE. SACÁ UNA CARTA
AHORA DATE VUELTA Y FROTALA EN TU NARIZ DICIENDO "CONJURO, CONJURO, TE TRASPLANTO MI FUTURO"
"CONJURO, CONJURO, TE TRASPLANTO MI FUTURO"
AHORA DÁMELA REPITIENDO "UKA-UKA"
"UKA-UKA"
BIEN, VEO QUE TU PORVENIR ES EL DE UN ESTÚPIDO DISPUESTO A HACER CUALQUIER IDIOTEZ QUE LE PIDAN

¡PST!...MAFALDA, SACÁ TU CARTA Y CONOCERÁS EL FUTURO
1063
TONTERÍAS, SUSANITA; HACE RATO QUE LA **UN** SACÓ LA SUYA Y MIRÁ LO DESPISTADA QUE ANDA
©QUINO

DICE MI MAMÁ QUE NO TRAIGAS EL PEDIDO, MANOLITO, PORQUE LA SEMANA QUE VIENE NOS VAMOS DE VERANEO
ENTIENDO
©QUINO
1064
¡JHÁ!
¡SI HACE UNOS AÑOS YO VEÍA EN LA PLAYA A ALGUIEN CON **ESTO**, HUBIERA PENSADO: *ESE TIPO ES LOCO!*
¡ANDÁ, EXAGERADO!
¿TANTA PUNTERÍA TENÍAS PARA ACERTAR DIAGNÓSTICOS?

¡AAAAH! ¡POR FIN ESTAMOS AQUÍ!
1065
¡OTRO!...
©QUINO

1066
ES CURIOSO; CUANDO UNO VE A LA GENTE DE VACACIONES...
........PARECE QUE NADIE TUVIERA LA CULPA DE NADA
©QUINO

...Y EN TERCER LUGAR HICISTE MAL AL DEJAR QUE.....
1067
©QUINO
...Y EN DECIMOSEGUNDO LUGAR....

1068
¡HOLA! ¿CÓMO TE LLAMÁS?
MARÍA ALEJANDRA DEL PILAR UGARTE LACLÓS
¡POBRE! ¿TE IMAGINÁS EL TIEMPO QUE TENDRÍAS EN TU VIDA PARA DECIR COSAS SI TE LLAMARAS MÁS CORTO?
©QUINO

1069
!
¡DIOS MÍO, QUÉ PARECIDO A UN CABLE URGENTE DE ÚLTIMO MOMENTO!
©QUINO

?
1070
¡EH! ¿QUÉ HACÉS?
NADA, ES QUE TE HABÍA ENTRADO UNA BIKINI EN EL OJO
©QUINO

CUANDO UNO PIENSA QUE COMPARADA CON EL UNIVERSO LA TIERRA ES TAN CHICA COMO ESTE GRANITO DE ARENA
1071
...SE DA CUENTA QUE LOS SERES HUMANOS SON APENAS MICROBIOS DIMINUTOS, ¿NO?
¡NO!
BRONCEX
©QUINO

ESCUCHÁ, GUILLE, ¿QUÉ OÍS?
TUT- TUT-TUT-TUT-TUT-TUT......

¡PA'H!... ¡UNO VUELVE DEL VERANEO SINTIÉNDOSE OTRO!
¡MIRÁ VOS, Y ESTOS INGENUOS HAN ESTADO MANDANDO CUENTAS A NOMBRE DEL QUE ERAS ANTES!

¡CONTAME DE LA PLAYA, MAFALDA! ¿TU MAMÁ SE ENAMORÓ DEL BAÑERO?
¿DEL BAÑERO?
¡ESTÚPIDA! ¡CON LO HERMOSOS QUE SON LOS BAÑEROS!... ¡Y VOS NI LO VISTE!
SÍ, LO VÍ, PERO NO SE ME OCURRIÓ FIJARME SI ERA HERMOSO. LO QUE SÍ PENSÉ ES QUE MIENTRAS ÉL CUIDABA UNAS POCAS VIDAS SE ESTABAN FABRICANDO MILES DE BOMBAS QUE...
¿SUSANITA?

PUES SÍ, MI PAPÁ PIENSA QUE NO HAY MEJORES VACACIONES QUE EL TRABAJO
¡CLARO! VERANEANDO GASTARÍA, EN CAMBIO TRABAJANDO GANA DINERO
¡DINERO! ¿Y LA SALUD?.....¡PORQUE UNA COSA ES EL DINERO Y OTRA LA SALUD!
¡¿¿CÓMO??!

DURANTE MIS VACACIONES NO LEÍ CASI NINGUNA REVISTA DE ACTUALIDAD, ASÍ QUE ME ESTOY PONIENDO UN POCO AL DÍA
Y ENCONTRÉ AQUÍ UNA FRASE, FELIPE..... ¡QUÉ FRASE!
¿QUÉ FRASE?
"ES MÁS DIGNO MORIR DE PIE QUE VIVIR DE RODILLAS"
Y DIGO YO..... ¿SERÁ MUY DESHONROSO SUBSISTIR SENTADOS?

SI NO TENÉS OTROS PLANES VAMOS A LA PLAZA A JUGAR A LOS BALAZOS ¿EH?
PENSABA QUEDARME VIENDO "EL MARAVILLOSO MUNDO QUE NOS RODEA"
EL MARAVILLOSO MUNDO QUE NOS RODEA
PERO ¡SEA!, VAMOS A ENFRASCARNOS CON LA REALIDAD

¡YA ESTÁ! ¡YO ERA UNA BELLA Y TERRIBLE GANSTERESA! ¡Y CAPITANEABA UNA FEROZ BANDA!
¿GANSTEQUÉ?
1078
AUNQUE EN EL FONDO NO ERA MALA, NO. ERA SOLO..... UN PRODUCTO SOCIAL, ¡ESO!
¡UNA POBRE VÍCTIMA MÁS DE ESTA SOCIEDAD CRUEL, MALVADA, ANÓNIMA, COMERCIAL, INDUSTRIAL, FINANCIERA!...
©QUINO

¡YO HACER DE POLICÍA SÍ, PERO DE BANDIDO NO! ¡ESO SÍ QUE NO!
1079
DEJEMÓSLO SER POLICÍA, POBRE MIGUELITO, ¡SI ES UN TIERNO!... ¿CÓMO VA A HACER DE DELINCUENTE?
¡ADEMÁS QUE TRAJE UN ALFILER PARA LAS TORTURAS Y TODO!
©QUINO

¡ESTO ES UN ROBO!
1080
¡PUES SI NO LE GUSTAN LOS PRECIOS VAYA A OTRO ALMACÉN, SEÑORA!!
ES LA COSTUMBRE, PERDÓN
©QUINO

©QUINO
¡CUANDO VI QUE ESTABA TODA CORTADA ME DIO UNA INDIGNACIÓN!
¡ES UNA BARBARIDAD!
1081
¡QUÉ ÉPOCA TRISTE, DIOS MÍO! ¡UNO YA NO SABE SI LA GENTE HABLA DE LECHE O DE CINE!

QUESO PARA EJECUTIVOS
SNIF SNIF
1082
ALMACÉN "DON MANOLO"
©QUINO
farmacia

¿ETE?
PLANTA
1083
¿ETE?
SILLA
¿ETE?
ETE
©QUINO

1084
©QUINO
¿Y PARA QUÉ CUERNOS QUIERO SER GRANDE CUANDO SEA GRANDE? ¡YO QUIERO SER GRANDE AHORA!

Historia Nacional
1085
BIEN, MIS QUERIDAS; YA EN AÑOS ANTERIORES UDS. HAN IDO APRENDIENDO CÓMO FUE FORJÁNDOSE LO QUE HOY CONSTITUYE LA ESENCIA MISMA DE NUESTRA NACIONALIDAD ¿VERDAD?
©QUINO
¡YEAH!

¿QUÉ TAL TU MAESTRA EN ESTA PRIMERA SEMANA DE CLASES, MANOLITO?
1086
NO PARECE MALA; NOS HABLÓ MUCHO SOBRE LO QUE ES LA INSTRUCCIÓN
Y NOS DIJO QUE LA ESCUELA ES UN TEMPLO DEL SABER
©QUINO
ASÍ QUE VEREMOS SI ESTE AÑO LE PESCO LA VUELTA A LA LITURGIA

... ASÍ LE CONTÓ A MI MAMÁ LA GORDITA DE LA PANADERÍA QUE ANDA CON EL HIJO DE LA SEÑORA DEL TERCERO B, ESE QUE ESTUDIA DE NOCHE PORQUE DE DÍA TRABAJA PARA...
¡TOC!
... AYUDAR EN LA CASA, ¡POBRE!, QUE SI AL PADRE NO LE GUSTARA TANTO EL HIPÓDROMO NO TENDRÍA NECESIDAD NI LE DEBERÍAN TODO LO QUE LE DEBEN AL CARNICERO, QUE ACABA DE...
¡TOC!
... COMPRARSE UN TAXI, EL CARNICERO, MIRÁ VOS; SE LO MANEJA EL CUÑADO CASADO CON LA MODISTA QUE ANTES NOVIABA CON EL PELIRROJO AQUEL QUE TUVO UN BUEN LÍO CON..
1087
JAQUE, MATE, SUSANITA
¡TOC!
©QUINO
¿POR QUÉ ESTA MALA PATA? ¿POR QUÉ?

¡MI PAPÁ TODOS LOS DÍAS LO MISMO!...
1088
"BUEN DÍA-HASTA LUEGO"
"HOLA, ¡PUF, QUÉ CANSANCIO! ¿ESTÁ LA CENA? ¡AAAH!... ¡POR FIN LA CAMA! ¡BUEH!... HASTA MAÑANA"
Y MI MAMÁ: "¡NO RAYES EL PARQUET! ¿OTRA VEZ CON LOS ZAPATOS SOBRE EL SILLÓN? ¡NO DESTROCES LA ROPA! ¡A VER ESAS OREJAS!"
©QUINO
FRANCAMENTE NO SÉ QUÉ HARÍA YO SIN MÍ

1089
©QUINO

¡MAMÁ, MAFALDA SE QUEDA A TOMAR LA LECHE!
BUENO
ESO SÍ, A MI MAMÁ NO LE GUSTA QUE UNO DEJE ENFRIAR LA LECHE...
... ASÍ QUE CUANDO NOS LLAME NO LA HAGAMOS ESPERAR MÁS DE DOS O TRES MUERTOS

ANOCHE VÍ POR TV UNA PELÍCULA SENSACIONAL; ERA EN LA GUERRA Y RESULTA QUE EL MUCHACHO LUCHABA
¿EN QUÉ GUERRA?
EN LA ÚLTIMA; Y RESULTA QUE EL MUCHACHO LUCHABA
¿EN LA ÚLTIMA CON QUIÉNES?
CON LOS JAPONESES; Y RESULTA QUE EL MUCHACHO LUCHABA
¡ANDÁ! ¡ÉSA NO ÉS LA ÚLTIMA!
¿ENTONCES PARA QUÉ CUERNOS LUCHABA EL MUCHACHO?

FELIPE, ¿VISTE ANOCHE POR TV LA PELÍCULA DE GUERRA CON LOS CHINOS?
NO ERAN CHINOS, ERAN JAPONESES
¿NO LEÉS LOS DIARIOS? MIRÁ QUE LOS QUE YO DIGO ERAN MALOS Y LOS MALOS SON LOS CHINOS, ¿EH?
¡ÉSTOS ERAN JAPONESES!
PERO MIRÁ QUE LOS QUE YO DIGO AL PRIMERO QUE VEÍAN LE ENCAJABAN UN BALAZO Y NO UN GRABADOR, ¿EEHÉ?

VAS A VER QUÉ LINDO AFICHE ME CONSIGUIÓ MI PAPÁ PARA MI PIEZA, MANOLITO
GRECIA
1093
¿NUNCA TE CONTÉ DE MI TÍO EL QUE ESTORNUDÓ EN UN BAZAR?
©QUINO

GRECIA
LINDO, ¿EH?
SÍ, ME LO TRAJO MI PAPÁ, Y ME DIJO....
GRECIA ANTIGUA, MAFALDA. LA CUNA DE NUESTRA CIVILIZACIÓN
1094
PARECE QUE LUEGO CAYÓ EN MANOS DE UNOS BESTIAS PARA EL ARRORRÓ
©QUINO

¡AH, EL PARTENÓN! LEÍ POR AHÍ POR QUÉ ESTÁ TAN ROTO
¿POR QUÉ?
PORQUE NO SÉ EN QUÉ SIGLO LOS TURCOS LO UTILIZARON COMO POLVORÍN DURANTE UNA GUERRA
HASTA QUE UN CAÑONAZO ENEMIGO....
¡BOOM!
1095
¡MODERNOS, LOS ANTIGUOS! ¿EH?
©QUINO

GRECIA
COMO PASADO ESTÁS MUY BIEN, PERO SOS TODO RUINAS
1096
EN CAMBIO EL FUTURO ESTÁ TODAVÍA SIN CONSTRUIR; POR ESO LE TENEMOS FE
PORQUE UNO LO MIRA Y NO VE RUINAS
©QUINO

1097
NOTICIAS MUNDIALES
CANAL
SI VIERAS LO QUE OCURRE EN EL CANAL DE AL LADO SE TE MARCHITA EL VIOLÍN
©QUINO

1. En la composición del suelo entran di. elementos: arena, arcilla, sustancias calcáreas y mus. 2. El humus o tierra negra se ha formado con restos de animales o plantas acumulados dur muchísimos años. 3. Los suelos arenosos dejan pa el agua con facilidad; son permeables. 4. Los su arcillosos no dejan pasar el agua; son impermeab 5. Los suelos humíferos absorben el agua. Est
1098
2. El tallo, por lo general, sigue a la raíz, transp la savia y sostiene las ramas, hojas, flores y fru 3. Las hojas son los pulmones de la planta, pues ellas respira. 4. La flor, cuando es completa, tiene parte de pétalos, blancos o coloreados (la corol un conjunto de hojitas verdes (el cáliz). 5. Las f se transforman en frutos, y en éstos están conter las semillas que, sembradas nuevamente, dar gen a plantas iguales.
1. El calor del sol evapora (convierte e invisible) el agua de los océanos, mares, ríos 2. El vapor, liviano y caliente, sube hasta enco. capas de aire más frío y se convierte en pequeñísi gotitas de agua que forman las nubes. 3. Cuando muchas, muchísimas gotitas, o las nubes encuen capas aún más frías, se forman gotas mayores caen, en forma de lluvia o nieve a la tierra.
©QUINO

¡NO, GUILLE, NO!
ESO NO SE TOCA, PORQUE SOS MUY CHIQUITO Y PODÉS ROMPERLO Y ES DE CRISTAL MUY CARO Y.....
....
1099
¡DIOS MÍO, QUÉ MANERA DE DECIR ADULTECES!
©QUINO

YEAH YEAH YEAH YEAH
YEAH YEAH YEAH
YE.... ¡BONK!
©QUINO
1100
QUÉ, ¿NUNCA OÍSTE TERMINAR UNA CANCIÓN?

¡GANÉ! ¡GANÉ AL TÁ-TÉ-TÍ!!
1101
¡¡GANÉ AL TÁ-TÉ-TÍ! ¡GANÉ!
¡GANÉ AL TA-TÉ-TÍ! ¡JÁH!... ¡¡GANÉ!!
©QUINO

SÑIF
¿QUÉ HACÉS CON ESO AQUÍ?
PENSÉ QUE TE INTERESARÍA LLORAR POR ALGO MÁS ALTRUISTA QUE UNA CEBOLLA

ESCUCHE, AGENTE; UD. CUIDE TODO EL BARRIO, PERO MI CASA NO, ¿SABE?
¿POR QUÉ TU CASA NO?
PORQUE LA VIDA TIENE MUCHAS VUELTAS
SUPONGA QUE EL DÍA DE MAÑANA YO ESTUDIE EN LA UNIVERSIDAD; SUPONGA QUE SE ARMA ALGÚN LÍO Y USTED Y YO NOS ENCONTRAMOS,
¿CON QUÉ CARA LE ENCAJO ADOQUINAZOS A QUIEN CUIDÓ MI CASA?

¡HIJITOS!...¡ESO ES LO ÚNICO QUE YO LE PIDO A LA VIDA!
PORQUE EL DEPARTAMENTO, EL AUTO, LA HELADERA, EL LAVARROPAS, EL TELEVISOR Y TODO ESO PIENSO PEDÍRSELO A MI MARIDO, NO CREAS QUE SOY ESTÚPIDA

¿SABÉS QUE EN LA OTRA CUADRA PONEN UNA JUGUETERÍA?
©QUINO
¿SABÉS QUE EN LA OTRA CUADRA PONEN UNA JUGUETERÍA?
1105
¿SABÉS QUE EN LA OTRA CUADRA, AL LADO DEL SASTRE QUE LE HIZO EL TRAJE DE CASAMIENTO AL HIJO DE LA MANICURA Y LA NOCHE DE LA BODA QUERÍA COBRÁRSELO EN LA IGLESIA PORQUE EL OTRO SE HABÍA HECHO EL BURRO Y SE ARMÓ UNA BATAHOLA EN LA QUE SE METIÓ HASTA LA MADRINA QUE DICEN QUE LES HIZO UN REGALITO DE MORONDANGA Y ESO QUE COBRA LA PENSIÓN DEL MARIDO MÁS LO QUE SACARÁ DEL ALQUILER DE LA PIECITA DE LA TERRAZA AL RENGUITO QUE ARREGLA RADIOS, PONEN UNA JUGUETERÍA?

¡MÚF!.. ¡MALDITO TRABAJO! ¡VOY A DESCANSAR UN POCO AQUÍ!
VENÍA VER FELIPE, ¡POBRES HORMIGAS!... SE DESLOMAN DALE QUE DALE TRABAJANDO TODA SU VIDA, ¿Y TOTAL PARA QUÉ? PARA TENER HIJOS-HORMIGAS QUE A SU VEZ SE DESLOMARÁN DALE QUE DALE TRABAJANDO..
1106
TODA SU VI....
¡SFÑIG!
©QUINO
¡MIRÁ QUE HAY GENTE RARA! ¿EH?

¿VOS CREÉS QUE LAS HORMIGAS SE SIENTEN LIBRES?
¡MMH!... VIÉNDOLAS MARCHAR A TODAS ASÍ EN FILA Y SIN CHISTAR SE DIRÍA QUE NO TIENEN MUCHA LIBERTAD
1107
SIN EMBARGO NO PARECEN MUY DESCONFORMES
NO, ES CIERTO
SE VE QUE TIENEN CEREBRO DE HORMIGA, NOMÁS
©QUINO

HOLA, ¿DE DÓNDE VENÍS?
DE LA PLAZA
¿ESTUVISTE MIRANDO LA ESTATUA DEL SEÑOR BARBUDO QUE ESTÁ ASÍ?
NO, ESTUVE MIRANDO UNAS HORMIGUITAS
APOSTARÍA A QUE ESTA CHICA JAMÁS SERÁ DIRECTORA DE ESCUELA

ANOCHE SOÑÉ QUE YO ESTABA EN LA UN, O ALGO ASÍ
¿CÓMO "ALGO ASÍ"?
ALGO ASÍ COMO LA UN
¿PERO ERA O NO ERA LA UN?
Y, ERA UN GRAN RECINTO LLENO DE DELEGADOS DE MUCHOS PAÍSES; ¡ESO ERA LA UN!
¿POR QUÉ ERA?
¿SE FUNDIÓ LA UN?
¡PERO NO, MIGUELITO!
¡AH!
CREÍ QUE NOS HABÍAMOS QUEDADO SIN LOS SIMPÁTICOS INOPERANTES

¡ESTO NO ES PARA VOS, GUILLE! ¡SE ACABÓ!
1111
©QUINO

¡POBRE GUILLE, EN LO MEJOR DE UNA SERIE MI MAMÁ LE DESENCHUFÓ EL TELEVISOR! ¿Y A QUE NO SABÉS QUÉ HIZO ÉL?
¿QUÉ?
1112
SE PUSO A MIRAR POR LOS AGUJERITOS DEL TOMACORRIENTE CREYENDO QUE POR AHÍ PODÍA VER IGUAL
©QUINO
¡POBRE!
¡COMO SI AL TAMAÑO EN QUE VIENEN LAS FIGURAS POR EL CABLE ALGUIEN PUDIERA VER ALGO!

¡MIRE SI UNO VA A QUEMARSE POR UNOS PESOS ROÑOSOS!
NO QUIERO IMAGINAR LA HOGUERA SI LOS BILLETES FUERAN APROBADOS POR SALUD PÚBLICA
1113
©QUINO

¡MIRÁ QUÉ FOTO DE LA LUNA VOY A PONER EN MI PIEZA!
¡QUÉ FANTÁSTICA!
1114
¡MIRÁ QUÉ FOTO DE LA LUNA VOY A PONER EN MI PIEZA!
¡QUÉ BÁRBARA!
¡MIRÁ QUÉ FOTO DE LA LUNA VOY A PONER EN MI PIEZA!
¡QUÉ ASCO DE CUTIS, LA LUNA!
©QUINO

©QUINO
¡FLOP! ¡FLOP!
1115
¿QUÉ PASA, FELIPE? A ESE PASO VAS A LLEGAR TARDE A CLASE
PASA QUE NO TODOS VAMOS A LA ESCUELA POR LA VEREDA DE LA VOCACIÓN
¡FLOP! ¡FLOP!

DECIME, PAPÁ: CUÁNDO VOS ERAS CHICO, ¿NUNCA TE PUDRISTE DE LA ESCUELA?
¡¿CÓMO SE TE OCURRE?! ¡¿DE LA ESCUELA?!
¡SÍ, DE LA ESCUELA Y LA MAESTRA Y LAS CUENTAS!...
¡LAS CUENTAS!
1116
Y LAS ORA
CIONES, SÍ, Y LOS MAPAS Y LA GEOMETRÍA Y LOS DICTADOS Y...
©QUINO
ELLA EMPEZÓ

¡QUE LEVANTEN LA MANO LOS QUE ESTÉN HARTOS DE VER EL MUNDO MANEJADO CON LOS PIES!

CUESTA JUNTAR ÁNIMOS PARA BAJAR AL MUNDO

BUENO, ¿Y POR QUÉ EN ESTE AÑO QUE VIENE NO INICIAMOS DE UNA BUENA VEZ LA TAN POSTERGADA CONSTRUCCIÓN DE UN MUNDO MEJOR? ¿EH?

¿O ALGÚN ZANAHORIA NOS PERDIÓ LOS PLANOS?
1120
©QUINO

¡MALDITO COLECTIVO!¡NO LLEGABA NUNCA!
¡ES QUE VOS DEBERÍAS TENER UN AUTO, PAPÁ! ¿POR QUÉ NO T
¡CLAAARO!...
¡TOTAL!... ¡LOS REGALAN, LOS AUTOS!
©QUINO
¡ANDÁ, ILUSA! ¡AYUDÁ A TU MADRE A TRAER LA COMIDA! ¡UN AUTO! ¡COMO PARA IMAGINAR FANTASÍAS ESTOY YO! ¡ANDÁ!
¡BUENO, CHÉ! ¡YO QUÉ SABÍA!
¡ÑÑÑÑÑÑÑÑÑÑÑÑÑÑ! ¡BRRRRRRRRBBBBBB!
?
1121

PENSÁNDOLO BIEN, COMPRAR UN AUTO...¿EH? ¡CON LAS FINANCIACIONES QUE HAY AHORA!.. ¡MÁH!.. ¡YO ME EMBARCO Y LISTO!
1122
AL FIN DE CUENTAS, TODO ES CUESTIÓN DE AHORRAR, ¡ESO ES!, Y DE SABER MEDIRSE
Y DE NO GASTAR A LA MACANA
Y D...
©QUINO

1123
TENEMOS ENTONCES QUE LA SUPERFICIE TOTAL DE LA TIERRA ES DE:
510 millones 101.000 Km²
CON UN PORCENTAJE DE AGUA DE:
71,3%
SE CALCULA QUE LA POBLACIÓN MUNDIAL ES DE:
3.000 millones 700.000 personas
¿CON QUÉ PORCENTAJE DE SERES HUMANOS DE VERDAD?
©QUINO

1124
HOY LA MAESTRA ME FELICITÓ POR LO BIEN QUE ANDO EN ARITMÉTICA
ME DIJO QUE SORPRENDE MI RAPIDEZ PARA SACAR CUENTAS
¡QUÉ BIEN, MANOLITO! ¿Y QUÉ TAL VAS EN TODAS LAS DEMÁS MATERIAS?
HOY LA MAESTRA ME FELICITÓ POR LO BIEN QUE ANDO EN ARITMÉTICA; ME DIJO QUE SORPRENDE MI RAPIDE
©QUINO

1125
¡PAF!
¿O TENÍAS GRANDES PROYECTOS?
©QUINO

¡SALÍ, TOM y JERRY SON MUCHO MEJOR!
¡ESPEREN! ¿Y AQUELLA TAN GRACIOSA, QUE NO RECUERDO DE QUIÉN ERA?
¡ESAS DOS ARDILLITAS QUE SIEMPRE ALMACENAN NUECES SON BUENÍSIMAS!
¡LAS DE PLUTO, ÉSAS SÍ QUE SON GENIALES!
1126
¿PODRÍAN CALLARSE TODOS UN MINUTO, POR FAVOR?
?
GRACIAS. SENTÍA NOSTALGIAS DE ESTAR UN POQUITO CONMIGO
©QUINO

"NERVO-CALM" GOTAS
¿"NERVO CALM"? ¡NO SERÁ PARA VOS, ¿NO?
1127
¿PARA MÍ? ¡NOOO!
¡AH!
ES PARA MI PAPÁ, QUE AL FINAL NO ME CONTESTÓ QUÉ DIABLOS ES EL EROTISMO. ¿UD. PODRÍA EXP
FALTAN VEINTE GOTAS QUE TOMÓ EL FARMACÉUTICO
©QUINO

PEACE!
1128
¡AAAAAH!......¡POR SUERTE EL MUNDO QUEDA TAN, TAN LEJOS!.....
©QUINO

¡RIIIIIIIIIIIIIIIIIIIIIINNNNG!...
¡RECREO!!...
¡PLINK!
ES NOTABLE CÓMO LOS DECORADORES DEL MINISTERIO DE EDUCACIÓN HAN LOGRADO DARLE EL MISMO ESTILO A TODA LA ESCUELA

EL PEDIDO (¡PUF!)
ESTABA LAVANDO, PASÁ
VOY A BUSCAR LA PLATA, ESPERÁ
¿Y MAFALDA?
AHÍ TAMBIÉN, POBRE; TRABAJANDO CON LOS DEBERES PARA MAÑANA
AH, CLARO
¡LARGÁ, VOS!... ¡IMPRODUCTIVO!

¡QUÉ DÍA, HOY! ¡CAMAÑO CON GRIPE! ¡BENDATI TAMPOCO FUE PORQUE ANDA EN UN LÍO!... PARECE QUE....
... SE SEPARA DE LA MUJ...
...SICA ¡ESO! TOCABA MÚSICA EN UN CONJUNTO Y AHORA DEJA
¡CLARO!
MORALEJA: NUNCA TE CASES DE OÍDO

...NFORMA QUE ANTE LOS ACONTECIMIENTOS QUE SON DEL DOMINIO PÚBLICO...
1132
¡EH, NO!
¡CLACK!
BUENO...
¡CLACK!
...SI VOS CREÉS QUE ES EL PÚBLICO EL QUE DOMINA LOS ACONTECIMIENTOS....
©QUINO

MAMÁ, ¿PUEDO IR A LA PLAZA?
NO, ESTOY MÁS TRANQUILA VIÉNDOTE ACÁ
©QUINO
¿QUÉ TENÍAS, MAMÁ?
UNA CANA
1133
¡CÓMO! ¿YA? ¿YA EMPIEZAN A SALIRTE? ¿YA COMIENZ
¿Y MAFAL
¡EN LA PLAZA!

¡HAY QUE DARLE TIEMPO AL PAÍS! EN ALGUNAS COSAS, POCO A POCO, SE NOTA UN DESARROLLO
1134
©QUINO
Y EN OTRAS, DE GOLPE Y PORRAZO, UN CRECIMIENTO

1135
CHUIP CHUIP
CHUIP CHUIP
CHUIP CHUIP
CHUIP CHUIP
¡AH! ¡¿APARECIÓ?!
PSÉ
©QUINO

1136
¡MIRÁ SI JUSTO A MÍ, ESPOSA COMPRENSIVA, BUENA Y TOLERANTE, ME TOCA UN DESASTRE DE MARIDO!
¡DECIME! ¿TENÉS IDEA DE CON QUIÉN VAS A CASARTE?
NO
¡BUENO, ENTONCES NO JOROBES!
©QUINO
¡ME MUERO POR CONOCER A ESE MISERABLE!

1137
TIC-TIC-TIC-TIC-
TIC-TIC-TIC-TIC-
HOLA, ¿NOTAN ALGO?
SÍ, QUE **NO ES** AUTOMÁTICO, SUMERGIBLE, LUMINOSO NI CON CALENDARIO COMO EL DE MI PAPÁ
©QUINO

¡¡¡¡¡ÚÚÚJUH, MAMÁ! ¡UÍÍÍJUUUJÚ!
¡YÚÚPIIIIH!! ¡YUÍÍÍJIIIIII!
¿QUÉ DIABLOS HACÉS, MIGUELITO?¡NO ENTIENDO!
VOS, PORQUE TENÉS UN HERMANITO, Y ENTRE DOS..., ¡CLARO!
PERO AQUÍ TENGO QUE APECHUGAR YO SOLITO CON ESO DE SER LA ALEGRÍA DEL HOGAR

MAMÁ, ¿TU PRIMER NOVIO FUE ÉSTE, O QUIÉN?

¡NO ES HORA DE VENIR CON PREGUNTAS, SINO DE DORMIR! ¡ANDÁ A LA CAMA!
PERO.... YO SÓLO QUERÍA SABER SI VOS FUISTE EL PRIMER NOVIO DE MAMÁ
¡BUENO, BASTA! ¿ME OÍS? ¡BASTA!
¡¡¿EN QUIÉN ESTÁS PENSANDO, VOS?!!

EN MI GRADO HAY UN CHICO QUE LE TIENE UN MIEDO A LA OSCURIDAD!....
LE HABRÁ PASADO ALGO A OSCURAS, POBRE
1141
¡QUÉ "POBRE", SI NUNCA LE PASÓ NADA! PERO ÉL PIENSA QUE EN LA OSCURIDAD PUEDE HA-BER...NO SÉ...."COSAS"
¿"COSAS"?
SÍ, COSAS HORRIBLES, DICE, ¡QUÉ SÉ YO!
¡UUH! ¡BUEH!..
ES UN ZANAHORIA DE ESOS QUE CREEN EN ESTUPIDECES
¡NI MÁS NI MENOS!
¡ESTA DOBLE VIDA ME TIENE LOS NERVIOS A LA MISERIA!
©QUINO

1142
¿POR QUÉ NO CACAREAMOS? ¡ACABAMOS DE PONER EL HUEVO DE UN PULÓVER!
©QUINO

HOLA, NENITA, VENGO A COBRAR UNA FACTURA
1143
¿QUIÉN ES, MAFALDA?
UN BUENOIDE MATERIALISTA
©QUINO

NUEVA YORK: EXHORTACIÓN DEL SECRETARIO GENERAL DE LA **UN** PARA QUE SE LOGRE EL DESARME.
¿EXHORTACIÓN? ¿Y ESO QUÉ QUERRÁ DECIR?
1144
SUPONGO QUE "PÉRDIDA DE TIEMPO", O ALGO ASÍ
DICCIO NARIO
"EXHORTAR: ALENTAR CON PALABRAS"
©QUINO
¿NO TE DIJE?
DICCIO NARIO

1145
EL SOL DE LA PAAAATRIA BRILLÓ CON FULGOOOOOOR LLENANDO LAS AAAALMAS DE PRÍSTINO AMOOOOOOR
BIEN, NIÑAS, Y AHORA
SEÑORITA
¿SÍÍÍÍ? DI, QUERIDA
¿POR QUÉ NO CANTAMO
MAMÁ, TE CONSEGUÍ AUDIENCIA MAÑANA A LAS 8 SIN FALTA PARA QUE HABLES DE LOS BEATLES CON LA MAESTRA DE CANTO
©QUINO

LIMPEX
PULIN
CERA PARA PISOS
1146
¡BONK!
300$
BUENAS, MANOLITO, ¿TENÉS DULCE DE MEMBRILLO?
POR SUPUESTO
¿DESEA EL COMÚN, O EL PSICODÉLICO?
©QUINO
300$
305$

1147
¡PST, GUILLE!
¡TURULÍTI! ¡TURULÍTI!
¡GRUNCHI-GRUNCHI!
¡PANCHOTA PANCHOOOTA!
©QUINO

1148
¡CUÍIIC!
¡CUÍIIC!
¡CUÍIIC!
¡CUÍIIC!
¡CUÍIIC!
¡CUÍIIC!
¡CUÍIIC!
¡CUÍIIC!
¡CUÍIIC!
¡CUÍIIC!
©QUINO
¡LÁSTIMA; UN PAÍS CASI NUEVO, Y YA CRUJE!

1149
PAPÁ, DE ALGÚN AVISO DE ESTOS QUE SALEN ACÁ..., ¿ME RECORTÁS EL AUTO QUE PENSÁS COMPRARTE?
©QUINO

¡ÉTE MAMÁ!
¡MAMÁ!
¡TÍ!
¡ÉTE!
1150
¡PERO NO, GUILLEE!! ¡ÉSA NO ES MAMÁ! ¡ES BRIGITTE BARDOT!
¡BUÁÁÁ!...

SOCIALES:
• GUARDA CAMA LA SRA. VICTORIA ELENA PICHLELIT DE MONGORRY CORNA.
AGITACION SOCIAL EN LATINOAMERICA
ROCKY
1151
¡POBRE!...
¡NECESITAR UN COLCHÓN Y CUATRO PATAS PARA SER NOTICIA!

1152
ESE GATO PASA SIEMPRE POR AQUÍ, ¿VISTE?
EL QUE VOS DECÍS NO ES ÉSTE, SINO UN HERMANO DE OTRA CRÍA QUE TUVO LA MADRE CON EL GATO DEL BAZAR, ESE GRIS QUE ANDABA TAMBIÉN CON LA GATA DEL DENTISTA, MIRALO VOS AL MICHO, Y ANDÁ A SABER CON CUÁNT

¡TACK!
1153
¡TACK!
¡TRACK!
©QUINO

NO TE PREOCUPES, FELIPE; YO TE ROMPÍ EL ARCO PERO VOY A COMPRARTE OTRO IGUAL
1154
NO, MANOLITO, NUNCA PODRÍAS COMPRARME OTRO IGUAL
¡TE DIGO QUE IGUAL! ¿TAN CARO ES, ACASO?
NO, NO ES CARO, PERO ÉSTE ME LO COMPRÓ MI PAPÁ Y SI VOS VAS Y ME COMPRÁS OTRO.... NO SÉ, YA NO SERÍA LO MISMO, ¿ENTENDÉS?
NI JOTA ¿ES QUE A ÉL LE HACEN UN DESCUENTO O ALGO ASÍ?
©QUINO

"Prueba escrita" ~HISTORIA NACIONAL~ Responde las siguientes preguntas:
1155
(¡PÍST!)
Ayudáme en la de ¿quién ocupó por primera vez el sillón presidencial en nuestro país?
(¡PÍST!)
¿los anteriores gobernaron de pié?
©QUINO

¿VES? ¡ESO SÍ QUE ME GUSTARÍA: SER PRESIDENTE DE LA REPÚBLICA! ¿A VOS NO?
MMMH...NNNO, ESO ES ALGO MUY COMPLICADO, MIGUELITO
BUENO, YO NO DIGO SER PRESIDENTE-PRESIDENTE, ¡QUÉ SÉ YO!...UNA COSA PARECIDA, ¿EH?
¡MENOS! ¡ESO ES ALGO MUY TRILLADO, MIGUELITO!
1156
©QUINO

1157
AL DR. JUAN PUFÍ EN MÉRITO A SU OBRA
A FELIPE EN MÉRITO A SU OBRA
¿A QUÉ OBRA?
©QUINO

1158
©QUINO

1159
¡Y LOS QUE QUIERAN LLAMARME CUANDO YO SEA UN SEÑOR MUY OCUPADO SIN TIEMPO PARA ATENDERLOS, JORÓBENSE!!
©QUINO

Maestra
1160
Deber
Maruja B
"Las Invasiones Inglesas"
Maruja
Deber
Beatriz
"Las Invaciones Inglesas"
Beatriz
Deber
Mafalda
"Las Invasiones Inglesas"
¡VIVAN LOS Beatles
Y LOS Rolling Stones!
¡Yeah!
©QUINO

1161
¿SÑIF?
¡ZAS!
¿ESTÁS HACIENDO SOPA, MAMÁ?
SÍÍÍ
Y SE SUPONE QUE QUERRÁS OBLIGARME A TOMARLA, ¿NO?
EXACTO
¡PUES TENDREMOS UNA ESCENA, PORQUE ÚLTIMAMENTE LE ESTOY PERDIENDO RESPETO A LA PREPOTENCIA!
©QUINO

1162
LA VERDAD, LOS PADRES TIENEN SUS BEMOLES
¡EH, PSÉ!
MI MAMÁ DICE QUE NO QUIERE TENER DOLORES DE CABEZA CONMIGO
PERO LO MALO NO ES ESO...
...SINO QUE PARECE QUE MI COLA LE SIRVE DE ASPIRINA
©QUINO

1163
VAMOS A VER, MIGUELITO, ¿8 x 9?
LOS QUE CONOCEMOS NUESTRAS PROPIAS LIMITACIONES SABEMOS 8 x 5
©QUINO

1164
¿PAPÁ?
PAPÁ ESTÁ TRABAJANDO, GUILLE
¿PO QUÉ?
PORQUE CUANDO UNO ES GRANDE TIENE QUE TRABAJAR
¿PO QUÉ?
PORQUE SI NO, NO PUEDE COMPRARSE COMIDA, NI ROPA, NI NADA
¿PO QUÉ?
¡PORQUE ASÍ ESTÁ ORGANIZADO ESTE MUNDO, GUILLE!
¡¿PO QUÉ?!
UN AÑO Y MEDIO Y YA CANDIDATO A LOS GASES LACRIMÓGENOS
©QUINO

?
1165
©QUINO

1166
RAQUEL y Alberto
Susanita y ya veremos quién
©QUINO

1167
QUÉ, ¿TU HERMANITO SE COME LA TIERRA DE LAS MACETAS COMO TODOS LOS CHIQUITOS?
NO
ÉL ES UN GOURMET
KETCH
SAL
©QUINO

¡RRiiiiiiiiiiNG!
1168
©QUINO
LO QUE AÚN NO LOGRO SABER ES SI ESTO LO HAGO DE AUTÉNTICO TRAVIESO O DE ESTÚPIDO COSTUMBRISTA

AQUÍ VA EL COMANDANTE NEIL ARMSTRONG VIAJANDO POR EL ESPACIO
1169
LA NASA LO HA ENVIADO EN MISIÓN ESPECIAL A BUSCAR MUESTRAS DEL SUELO LUNAR
BUENAS, ME MANDA MI MAMÁ A BUSCAR UN PAQUETE DE MANTECA
©QUINO
AQUÍ VUELVE EL COMANDANTE NEIL ARMSTRONG PLANEANDO NO DARLE EL VUELTO A LA NASA, QUE YA LO TIENE HARTO CON ESTAS MISIONES ESPECIALES

¡DIOS MÍO! ¿Y SI ME SALE UN HIJO ASTRONAUTA?
1170
¡SERÍA HORRIBLE! ¡MI HIJO DANDO VUELTAS ALLÁ ARRIBA!
¡Y YO, AQUÍ! ¡ABAJO!
¡CON EL CORAZÓN ESTRUJADO DE TORTÍCOLIS!
©QUINO

¡MAH, QUÉ LOS NORTEAMERICANOS! ¡LOS NORTEAMERICANOS NO HUBIERAN LLEGADO NI A LA ESQUINA SI NO ES POR VON BRAUN!
1171
¡Y VON BRAUN NO SERÍA NADA SIN LA AYUDA QUE LE DIO EL HITLER ESE!
¡Y EL HITLER ESE TAMPOCO HUBIERA SIDO NADA SIN LAS IDEAS QUE COPIÓ DE ¿QUIÉN?
¡DE MUSSOLINI! ¡QUE SI NO ES POR EL DUCE, MINGA DE CONQUISTAR LA LUNA!
¡SUERTE QUE UNO TIENE UN ABUELITO QUE LE ABRE LOS OJOS, QUE SI NO!...
©QUINO

1172
¡LA VERDAD, HABER PISADO LA LUNA ES UNA HAZAÑA REALMENTE EXTRAORDINARIA!
©QUINO
¡PERO DIOS, MÍO CUÁNTO MATERIAL DE PISOTEO QUEDA TODAVÍA!

1173
¿SAPISTI KA UÑI BESTIAPLANËTE ARTEFAKTE POSAVI IN LUNETA SUPRAFIZIE?
¡¿IN LUNETA SUPRAFIZIE?!
TÁH, EP OTRE BESTIAPLANËTE ARTEFAKTE, ¡CLÍK, CLÍK, CLÍK!, MARTEPLANËTE PHOTOGRAFINKA
©QUINO
¡HABI COMINCHATIE BESTIAKONTAMINAZION UNIVERSÁTI!

ANOCHE TUVE UN SUEÑO DE LO MÁS RARO
EN VEZ YO, ¡QUÉ SUEÑO SENSACIONAL!!
¿POR QUÉ, FELIPE? ¿QUÉ SOÑASTE?
¡AH! ¡ALGO MARAVILLOSO!
¿POR QUÉ NO LO SOÑARÉ TODAS LAS NOCHES? ¡TE JURO QUE ME DEJÓ COMO NUEVO!
PERO, ¿CÓMO ERA, QUÉ HACÍAS?!
¡PISABA EL CÉSPED! ¡ME ASOMABA Y SACABA LOS BRAZOS POR LA VENTANILLA! ¡FIJABA CARTELES! ¡GIRABA A LA IZQUIERDA! ¡ESCUPÍA EN EL SUELO!......
1174
© QUINO

¡UPA!
¡DEJATE DE UPA Y SALÍ, QUE ESTOY OCUPADA!
ATÁ, UPA
1175
© QUINO

Chicle
ES PARA MASTICARLO, PERO NO HAY QUE TRAGÁRSELO
¿EL DISCURSO DE QUIÉN?
1176
© QUINO

AHORA, YO PARA NO CANSAR

PROHIBIDO PISAR EL CÉSPED
¿Y LA DIGNIDAD NO?

1177
ANOCHE VA MI MAMÁ, ENCIENDE EL TELEVISOR Y, ¡ZÁS!, ¡NO ANDA!
ASÍ QUE TOOODA LA CENA Y TOOODO EL TIEMPO DESPUÉS DE LA CENA HASTA IRNOS A LA CAMA ¡SIN TV!
ANOCHE ME DI CUENTA LO ABURRIDOS QUE SON MIS PADRES

1178
AQUÍ ESTÁ, ¿VES? ¡UN AUTO COMO ESTE PIENSA COMPRARSE MI PAPÁ!
¿PARA JACTARSE DE QUÉ?

PERO... ¿A VOS TE ALEGRA EN SERIO QUE TU PAPÁ VAYA A COMPRARSE UN AUTO ASÍ?
1179
POR SUPUESTO, MIGUELITO
ES UNO DE LOS POCOS AUTOS EN LOS QUE LO IMPORTANTE SIGUE SIENDO LA PERSONA

¡MAMÁ! ¿VOS PUSISTE A GUILLE EN PENITENCIA POR ESCRIBIR EN LA PARED?
¡SÍ! ¿POR QUÉ?
¡PORQUE EN ESTA CASA QUEREMOS LIBERTAD DE PRENSA, Y NO LIBERTAD PRENSADA, ¿ME OÍS?
1180
©QUINO

LAS MONOCOTILEDÓNEAS TIENEN HOJAS NO PECIOLADAS, Y SUS PÉTALOS Y ESTAMBRES ESTÁN DISPUESTOS EN GRUPOS DE TRES
1181
LAS MONOCOTILEDÓNEAS TIENEN HOJAS NO PECIOLADAS, Y SUS PÉTALOS Y ESTAMBRES ESTÁN DISPUESTOS EN GRUPOS DE TRES
LAS MONOCOTILE......
¡GOOOOOL!
LAS MOCOPECIOLÓNEAS... ¡UY, NO!... LAS MONOTICOLADAS... ¡NO, NO! ¡A VER!... LAS MOTIDO... ¡PUCHA! ¿CÓMO ERA?.. LAS MO
©QUINO

1182
¡DEBO ESTAR CRECIENDO; TENGO LA CABEZA CADA VEZ MÁS LEJOS DEL OMBLIGO!
©QUINO

¿A VOS QUÉ TE PARECE, MANOLITO; UNO CRECE MÁS DEL OMBLIGO PARA ARRIBA, O DEL OMBLIGO PARA ABAJO?
¡NO TENGO TIEMPO DE CONTESTAR A SEMEJANTES ESTUPIDECES!
1171
¡ADEMÁS, DEL OMBLIGO PARA ABAJO UNO CRECE MENOS, BESTIA! ¿NO VES QUE ESTÁ EL SUELO?
1183

¡SSSLURB! ¡SSSLURB!
¡HÚLP!
¡A...AY, D...D... DIOS MÍO!
¿MÁS SOPA, GUILLE?
¡TÍ, MÁH! ¡TOPITA! ¡MÁH!
¡GHÚLP!
1184

HOY MI MAMÁ ME MANDÓ AL MERCADO Y ESCUCHÉ A DOS SEÑORAS HABLANDO...
USTED DÍGAME, ¿QUÉ HACE AHORA ESA POBRE CHICA? ¡SOLTERA Y CON UN HIJO!
¡QUÉ COSA!
¡MIRÁ VOS! ¡YO QUE CREÍA QUE SÓLO CASÁNDOSE PODÍAN TENERSE HIJITOS!...¡Y AHORA RESULTA QUE LOS PODÉS TENER CASADA, SOLTERA, VIUDA, DIVORCIADA......
...¡Y ANDÁ A SABER QUÉ OTRA PILA DE POSIBILIDADES HABRÁ QUE UNA NO CONOCE!
1185

DECIME, MAMÁ; SI UNA **NO** SE CASA, ¿PUEDE TENER HIJITOS?
¿EH?... ¡AH!.... Y... MSSSÍ, COMO PODER, PUEDE, CLARO
1186
PERO LOS HIJITOS DEBEN VIVIR CON SU MAMÁ Y SU PAPÁ, ¡ASÍ DEBE SER! Y PARA ESO HAY QUE CASARSE, FORMAR UN HOGA
¡BUENO, BUENO! ¡ESE ES OTRO PROBLEMA!
LA CUESTIÓN ES QUE CASADA O SOLTERA, LA GENTE PUEDE TENER HIJITOS **O NO**, SEGÚN LE DÉ LA GANA
©QUINO
TRISTE DESCUBRIMIENTO, MUCHACHOS: ¡SOMOS OPTATIVOS!

MÁS QUE PERSONAS, SOMOS UNA DECISIÓN DE NUESTROS PADRES, MANOLITO. ¿TE DAS CUENTA? ¡SI ELLOS NO HUBIERAN QUERIDO TENER HIJOS, NOSOTROS, ¡CHAU!, NO NACÍAMOS NUNCA!
1187
¡¿CÓMO *NUNCA*?! ¡¿CÓMO *NUNCA*?! ¡A MÍ, CUANDO SE ME PONE UNA IDEA NO HAY QUIEN ME LA SAQUE!
¿ME OÍS?
¡Y SI MIS PADRES NO HUBIERAN QUERIDO TENER HIJOS!... ¡PEOR PARA ELLOS!
¡PORQUE HOY YO TENDRÍA OTROS PADRES, OTRO NOMBRE Y OTRA CARA! ¡¡PERO QUE NACÍA, **NACÍA**!!
©QUINO

BANG
1188
¡PUCHA QUÉ PROBLEMA! PONIÉNDOME ASÍ, LOS *BANG* DE MI REVÓLVER SUENAN MÁS GRAVES, ¡PERO ME SIENTO INCOMODÍSIMO!
CLARO QUE SI ME PONGO ASÍ, NATURAL...
¡BANG!
¿A QUIÉN PUEDO MATAR CON UN REVÓLVER CALIBRE SOPRANO?
©QUINO

1189
UNA AFEITADA PERFECTA...
UNA CAMISA IMPECABLE....
UN CAFÉ DELICIOSO...
UN RUBIO EXCELENTE...
... Y AQUÍ ES DONDE LA COSA DEJA DE SER COMO EN LOS AVISOS
©QUINO

1190
MAMÁ
¿QUÉ?
¿DIOS ESTÁ VERDADERAMENTE EN TODAS PARTES?
SÍ, CLARO
¡POBRE!
©QUINO

1191
¿POR QUÉ NO EMPEZÁS A IR PERDIENDO ASÍ VAMOS GANANDO TIEMPO, MANOLITO?
©QUINO

MIRÁ LO QUE ME PUSO LA MAESTRA EN EL CUADERNO
Felipe: alumnos aplicados como tú tienen por delante toda una vida de contracción al deber y al estudio. ¡¡Adelante!!
1192
¡ES LA PEOR ALEGRÍA QUE ME HAN DADO JAMÁS!
©QUINO

A VER, MIGUELITO, ¿QUIÉNES SON NUESTROS ANTÍPODAS?
1193
¡LOS JAPONÉSIDOS!
¡CERO, ESTÚPIDO!
¡¡ANTIPÁTIDA!!
©QUINO

¡GRACIAS A DIOS, LLEGÓ LA PRIMAVERA!
1194
GRACIAS A DIOS, LLEGUÉ A LA PRIMAVERA
¡Y YO DICIENDO TRIVIALIDADES!
©QUINO

1195
LO SÉ, SÍ
SÉ QUE MIS DERECHOS TERMINAN DONDE EMPIEZAN LOS DE LOS DEMÁS
PERO... ¿ES CULPA MÍA QUE LOS DERECHOS DE LOS DEMÁS EMPIECEN **TAN** LEJOS?
©QUINO

LLEVO TAMBIÉN UNA MORCILLA DE ÉSAS, MANOLITO, YA QUE VOS DECÍS QUE SON FRESCAS....
¡FRESQUÍSIMAS!
1196
©QUINO
¡RIIIIIIP!
¡TOC!
¡BÉH!....¡RESULTÓ UNA SUSCEPTIBLE!

DICE PAPÁ QUE NO; QUE **OTRA VEZ** *ESE* GUISO NO; QUE PREFIERE FIDEOS
1197
DICE MAMÁ QUE ENTONCES ME DES PARA COMPRAR LOS FIDEOS
DICE PAPÁ QUE QUÉ DIABLOS HICISTE CON LA PLATA QUE TE DEJÓ ESTA MAÑANA
TUCO
DICE SUSANITA SI NO TENEMOS UN GRABADOR PARA PRESTARLE
©QUINO

¿Y ÉSTA? ¿QUIÉN ES?
1198
¡¿CÓMO **ÉSTA**?! ¡**ÉSTE** ES UN BEATLE! ¿NO VES QUE ES HOMBRE?
TENÉS RAZÓN, **PIBE**

....Y ADEMÁS, ESO DE QUE UN TIPO SE DEJE EL PELO LARGO NO ES DE HOMBRE, ¡QUÉ EMBROMAR!
1199
ME CONVENCISTE, MANOLITO, REALMENTE, ¡HAY QUE VER QUÉ MASCULINO ES PREOCUPARSE POR EL LARGO DEL PELO AJENO!
¿VES? ¡ESO NECESITA ESTE PAÍS! ¡VARONES QUE SE OCUPEN DE TEMAS TRASCENDENTALES COMO ÉSE!...
....Y NO ZANAHORIAS QUE LE DEN IMPORTANCIA A LO IMPORTANTE

1200
¡DIOS MÍO, QUÉ CUADRO!
¡COMO SIGA ESTA MEZCOLANZA VAMOS A LLEGAR A QUE LAS MUJERES PIENSEN COMO HOMBRES Y LOS HOMBRES COMO MUJERES!
¡MUY BIEN DICHO, MANOLITO! ¡ME ALEGRA QUE PENSÉS **LO MISMO** QUE YO!
MANOLITO...¡HEY! ¿MANOLITO? ¡MANOLITO!... **¡MANOLIT**

PERO... ¿QUÉ HACÉS ASÍ, VOS? ¡TE VAS A RESFRIAR!
¿DEFÍA? ¿ACHIIIIS?
RESFRIAR ATCHIIIS, ¡SÍ, SEÑOR!

¿Y ESO?
NADA, EL GUILLE EN VERSIÓN COMPLETA HUYENDO DE LA CENSURA

LUEGO DE PENSARLO MUCHO LLEGUÉ A LA CONCLUSIÓN DE QUE CUANDO SEA GRANDE VOY A SER ESPECIALISTA
¿ESPECIALISTA EN QUÉ, MIGUELITO?

1204
NO LO TOMES A MAL, MAMITA, PERO ES LA PRIMERA VEZ QUE VEO SALIR AGUDEZAS DE TU BOCA

1205
¡QUÉ AMOROSO! TOMÁ, NENE, UNA GALLETITA
¿QUÉ SE LE DICE A LA SEÑORA, GUILLE?
¡AMADETA!

1206
¡ENTRÁ, VAMOS! ¡HACERME PASAR SEMEJANTE PAPELÓN!
?
¡MIRÁ QUE DECIRLE AMARRETA A LA SEÑORA QUE TE DIO UNA GALLETITA! ¿QUÉ QUERÍAS? ¿COMERLE EL PAQUETE ENTERO?
¡TÍ!
¡TAMBIÉN, ESTE POBRECITO VE QUE LA SEÑORA ESA, TENIENDO **TODO** UN PAQUETE, LE DA SOLO **UNA** GALLETITA! ¿QUÉ QUERÉS?
¡ES COMO SI DRÁCULA MIRANDO A UN GORDO TUVIERA QUE CONFORMARSE CHUPANDO UN MOSQUITO!

1207
¿VES? ÉSTE ES EL P
DE A
AH
¿¿¿EL PALITO DE ABOLLAR IDEOLOGÍAS???

¡ESTÁS EQUIVOCADO, FELIPE; NO SOY NINGUNA PESIMISTA DETRACTORA DE LA HUMANIDAD!
1208
¡Y ENTIENDO MUY BIEN ESO QUE VOS DECÍS: QUE CADA CUAL, POR POCO QUE HAGA, PONE SU GRANITO DE ARENA!
LO QUE NO ENTIENDO ES ESA MANÍA DE IR A PONERLO JUSTO DENTRO DEL OJO DEL PRÓJIMO

VEREMOS QUÉ OPINA GUILLE DEL TOBOGÁN
VEREMOS
1209
¿ÉTE TOBOÁM? ¿ETE? ¿TÍ? ¡¡¡INDO!
¡DESPACIO, GUILLE!
¡GUTA A NENE! ¡TÍ! ¡INDO ETE TOBOÁM!

1210
PAPÁ
¿MMH?
POR LO QUE DICE EL DIARIO, YA VEO QUE ES ALGO ASÍ COMO UN LOCO, PERO, DECIME.....
...¿QUÉ COSAS HACE EXACTAMENTE UN "MANÍACO SEXUAL"?
©QUINO

1211
¡AQUÍ VIENE FELIPUS, EL SUPERHIPNOTIZADOR!
¡HELADOS DÍAS, MIGUELITO! HACE 20 GRADOS BAJO CERO.... SENTÍS MUCHO FRÍO...MUCHO FRÍO...EMPEZÁS A TIRITAR...A TIRITAR....
...A TIRIT
¡SALUD!
¡AATCHÍÍSS!
¡GRACIAS!
?
©QUINO

1212
RECORTÉ ESTA NOTICIA PARA VOS, MANOLITO: "KENT FROSS, MILLONARIO AUSTRALIANO, SUFRIÓ UN COLAPSO CARDÍACO PRODUCIDO, SEGÚN LOS MÉDICOS, POR EXCESO DE TRABAJO"
¿QUÉ ME CONTÁS? ¡MILLONARIO, Y MATARSE TRABAJANDO!
¡Y!... ¡HAY BESTIAS ASÍ; UNA VEZ QUE LE TOMAN EL GUSTO A LOS MILLONES NO PUEDEN PARAR!
©QUINO
¡QUIEREN TENER CADA VEZ MÁS! ¡MÁS!
¡Y MÁS Y MÁS! ¡CADA VEZ MÁS MILLONES! ¡MÁS!
¡MÁS! ¡MÁS! ¡MÁS!

LOS PRECIOS DEL MERCADO INTERNACIONAL Y LAS TRABAS ADUANERAS IMPUESTAS POR OTRAS NACIONES.......
....AHOGAN NUESTRAS EXPORTACIONES Y DETERIORAN NUESTRA ECONOMIA
TAMBIÉN....¡QUÉ MALA PATA!¡JUSTO A NOSOTROS VIENE A TOCARNOS UN MUNDO LLENO DE PAÍSES EXTRANJEROS!
1213
©QUINO

¡NO HAY CASO! ¡LA ESCUELA ME ESPANTA, ME DEPRIME, ME DESCOMPONE Y ME ENFERMA!
¡LÓGICO FELIPE! ¡A NADIE LE GUSTA!
¡ES HORRIBLE TENER QUE PASARSE HORAS ENCERRADO EN UN EDIFICIO, ESTUDIANDO, LEYENDO Y ESCRIBIENDO, PARA LUEGO LLEGAR A LA CASA Y VUELTA A ESTUDIAR, LEER Y ESCRIBIR LIADO CON LOS DEBERES!
¡DIOS MÍO! ¡TODO ESO NO LO HABÍA PENSADO!
1214
©QUINO

¿MAQUILLANDO LOS "YA" PARA QUE PAREZCAN "TODAVÍAS"?
1215
©QUINO

ESTA MAÑANA DISCUTÍ CON MI MAMÁ Y ESCAPÉ POR UN PELO A SUS PALMADAS YA SABÉS DÓNDE
PERO COMO LUEGO LA VI CON LAS MANOS OCUPADAS FUI Y, ¡FFFZZZUIÍÍÍÍSHH!, ¡LE PASÉ POR AL LADO!
¿Y ELLA QUÉ HIZO?
¡EN FÚTBOL LO LLAMAN "TENER VISIÓN DE GOL"!

¡HOLA, FELIPE!
¡EH, CHE! ¿NO SALUDÁS? ¿QUÉ DIABLOS TE PASA?
UN PAQUETE DE ARROZ, 1/4 KILO DE QUESO DE RALLAR Y DOS SACHETS DE LAVANDINA..., UN PAQUETE DE ARROZ, 1/4 KILO DE QUESO DE RALLAR Y DOS SACHETS DE LAVANDINA
PROFESIÓN: HIJO

PERO ¿POR QUÉ, PAPÁ? ¿POR QUÉ NO ME LO EXPLICÁS?
¡PORQUE NO!
¡PORQUE SOS CHICA Y UDS. LOS CHICOS NO ENTIENDEN LAS COSAS DE NOSOTROS LOS GRANDES!
ESTÁ BIEN, PERO PROMETEME UNA COSA!
¿QUÉ COSA?
QUE CUANDO YO SEA GRANDE NO ME VAS A SALIR CON QUE NOSOTROS LOS GRANDES NO ENTENDEMOS LAS COSAS DE UDS. LOS ANCIANOS, ¿EH?

"DEL POLVO VENIMOS...
...Y AL POLVO VOLVEMOS"
¡¡MECACHO CON LA COSMÉTICA!!
1219
©QUINO

Debo ser más prolijo en mis deberes... Debo ser más polijro en
¿"POLIJRO"?
©QUINO
YIP-YIP-YIP-YIP
YIP-YIP-YIP
prolijo en mis deberes... Debo ser más
1220

HOLA, MANOLITO, RESULTA QUE EMPEZAMOS A HABLAR DE VOS Y TUS FUTUROS SUPERMERCADOS... ¡Y VENIMOS A ADMIRARTE!
¿A MÍ? ¿POR QUÉ?
PORQUE, DE TODOS NOSOTROS SOS EL ÚNICO QUE SABE POSITIVAMENTE LO QUE QUIERE ¡Y NOS PARECÉS FRANCAMENTE ADMIRABLE!
¡QUE ME EMOCIONAN, ESTÚPIDOS!
1221
©QUINO

¡ESTAS MASILLAS PARA MODELAR SON DE LINDAS!...
UN HOMBRECITO
NO SÉ POR QUÉ LO HICE, PERO OJALÁ QUE DIOS ESTÉ DURMIENDO
1222
©QUINO

TE NOTO TRISTE, MAFALDA
ES QUE HICE UN HOMBRECITO CON MASILLA Y LUEGO LO APLASTÉ TODO, SIN SABER POR QUÉ
¿DIJO ALGO?
NI JOTA
¡FAP!
¡POR CONFORMISTA!
1223
©QUINO

HOLA
HOLA
¡ETA É MI MUJED!
1224
©QUINO

NO DEBE PREOCUPARTE QUE TU PAPÁ NO HAYA COBRADO TODAVÍA; ES NORMAL QUE LAS EMPRESAS SE ATRASEN UN POCO CON LOS SUELDOS
NORMAL, SÍ. ¡ESO ES LO MALO!
¡TAMBIÉN ES NORMAL EL LÍO DE MEDIO-ORIENTE, Y EL DE VIETNAM, Y EL MURO DE BERLÍN, Y LA MARIHUANA! ¿Y? ¿QUÉ HACEMOS CON LO NORMAL?
¡UH, BUENO, CHÉ!... ¡YO HABLABA DE NORMALIDADES MENOS TRÁGICAS!
¿POR EJEMPLO QUÉ? ¿QUE ALGÚN CLIENTE DE TU ALMACÉN NO TE PAGUE UN SALAMÍN? ¿EHÉ?
¡GOLPES BAJOS, NO, ¿ÉH? ¡MENOS TRÁGICAS, DIJE!
1225

ESTOY ENTERADA, MAFALDA
¡QUÉ RARO!
¿DE QUÉ, SUSANITA?
DE QUE A TU PAPÁ NO LE PAGARON AÚN EL SUELDO. NO HAY QUE INQUIETARSE; A CUALQUIERA LE OCURRE TENER QUE ESPERAR UNOS DÍAS, PERO LUEGO COBRA Y LISTO
1226
ADEMÁS TU PAPÁ ESTÁ PAGANDO EL AUTO. ¡QUÉ TE PARECE!.. ¡TAMPOCO HAY QUE DRAMATIZAR IMAGINANDO QUE SE LES VIENE LA MISERIA ENCIMA!
NO, SI YA SÉ QUE NO; PERO DA UN POCO DE RABIA
Y BUENO; EL ASUNTO ES NO TOMAR LAS COSAS A LA TREMENDA
¡CLARO!
¡AH, MIRÁ VOS! TE TRAÍA ESTO Y YA ME OLVIDABA DE DEJÁRTELO
¿AJHÁ? ¿QUÉ ES?
EL TELÉFONO DE EMAÚS, POR LAS DUDAS

CUANDO YO SEA GRANDE Y TRABAJE, SI LLEGA FIN DE MES Y NO ME PAGAN, SABÉS LO QUE HAGO, ¿NO?
NO
1227
VOY HASTA EL DIRECTOR, GERENTE O LO QUE SEA Y CON UNA YILÉ, ¿VISTE LAS YILÉ? ¡BUENO, CON UNA YILÉ AGARRO Y LO DESCUARTIZO DESPACIIIIIITO, DESPACIIIIIITO, HASTA QUE EL PEDAZO MÁS GRANDE QUEPA EN EL AGUJERITO DE UN SACAPUNTAS!
TE CREO, MIGUELITO

¡CROK!
1228
¡PERO, GUILLE!... ¡MIRÁ CÓMO ESTÁS PONIENDO EL PISO DE MIGUITAS!
¿NO ME VAZ A QUEDED MÁZ?
SI ENSUCIÁS ASÍ, NO
¡TU CADIÑO EZ MUY DE MODONDANGA, ENTONCHE! ¡GUADÁTELO!
©QUINO

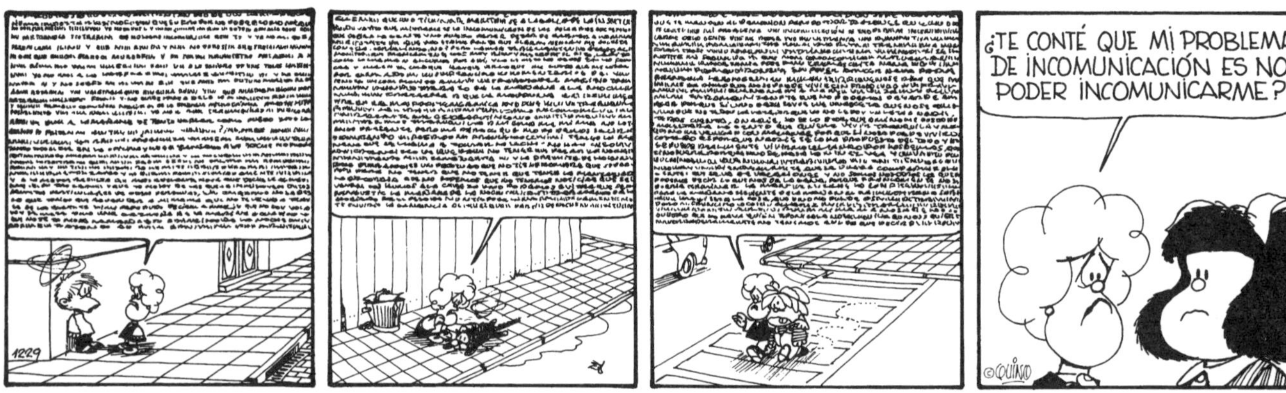
1229
¿TE CONTÉ QUE MI PROBLEMA DE INCOMUNICACIÓN ES NO PODER INCOMUNICARME?
©QUINO

CADA CUAL TIENE SUS PROBLEMAS; HOY A MANOLITO LA MAESTRA LE TOMÓ LA LECCIÓN Y LE PUSO UN CERO
1230
¿TANTO LE PUSO? ¡ESA MAESTRA ESTÁ LOCA!
¡MIRÁ QUE PONERTE UN CERO!... ¡TU MAESTRA ESTÁ LOCA!
AMIGOS ASÍ LO RECONCILIAN A UNO CON LA VIDA
©QUINO

¡BUUÁÁÁ!

PERO... ¿POR QUÉ TENGO QUE HACERLO?
¡¡PORQUE TE LO ORDENO YO, QUE SOY TU MADRE!!
¡¡SI ES CUESTIÓN DE TÍTULOS, YO SOY TU HIJA!
¡Y NOS GRADUAMOS EL MISMO DÍA! ¿O NO?

MULTIPLICANDO 2 x 3, OBTENEMOS IGUAL RESULTADO QUE MULTIPLICANDO 3 x 2
¿POR QUÉ?
2x3=6
3x2=6
PORQUE EL ORDEN DE LOS FACTORES NO ALTERA EL PRODUCTO
¡BRAVO! ¿VEN? ¡MANOLITO LO SABE PORQUE LO HA ESTUDIADO!
¡NO, NO!... ¡LO SÉ PORQUE ES VOX PÓPULI!

HOY, ¡NADA DE LEER EL DIARIO NI DE ESCUCHAR NOTICIOSOS PARA AMARGARSE POR LA SITUACIÓN MUNDIAL!
¡A JUGAR SE HA DICHO!
¡EN QUÉ ANDARÁS, VOS!

¡TENGO UN CHISTE SENSACIONAL!
¡CONTALO!
¡DALE!
"LOS HACENDADOS..... ¿HACEN DADOS?"
SEIS AÑOS..... ¡Y YA SOY UN AUTOR FRACASADO!

ESTE OTRO FLAQUITO LE ECHÓ LA SAL...
ESTE EL ACEITE....
¡Y ESTE GORDO PÍCARO SE LO COMIÓ!
¿PESCÁS EL FONDO SOCIAL DEL ASUNTO?

PIBE, ¿ME TENDRÍAS UN MOMENTO EL HELADO MIENTRAS ME ATO EL ZAPATO?
¡CÓMO NO!
YA ESTÁ, ¡GRACIAS!
¿EH? ¡AH! DE NADA
¡¿AHORA SALÍS, COBARDE?!

¡¡TE DIJE QUE NO, GUILLE, Y SE ACABÓ!!
¡BUUÁÁÁÁ!
¿Y ESO?
¡BUUÁÁÁÁÁÁÁÁ!
¡YA ESTÁ! ¡YA LO HICISTE LLORAR! ¡SI LE HABLÁS ASÍ, CLARO! ¡AHÍ LO TENÉS!
¡DALE, ECHAME LA CULPA A MÍ, AHORA! ¡DALE!
¡AH!
CIERTO QUE LA FAMILIA ES LA BASE DE LA SOCIEDAD; NO ME ACORDABA

¡BUÁÁÁ!..
¡HACÉ CALLAR A ESE CHICO DE UNA VEZ! ¿QUERÉS?
¡BUÁÁÁ!
¡HACELO CALLAR VOS, Y NO ME GRITES!
¡OH, "PARDÓN"! ¡OLVIDÉ QUE TE CRIASTE EN "QUÉIMBRICH," VOS!
¡¡ACÁBENLA DE UNA VEZ, QUE "FAMILIA" ES AMOR!! ¡AMOR! ¡¡ZOPENCOS!!

1240
¿QUÉ PASA?
¡QUE TU HERMANO ES UN CAPRICHOSO!
¡ESO PASA!
¡SNIF!
¡PERO, GUILLE, TENÉS QUE SER COMPRENSIVO, CARAMBA!
PENSÁ QUE ESTA BUENA GENTE ANTES DE EDUCARNOS A NOSOTROS NO EDUCÓ NUNCA A NADIE
VENIMOS A SER SUS *HIJITOS DE INDIAS*, ¡QUÉ VAMOS A HACERLE!
© QUINO

1241
A QUE AL GORDO AQUEL QUE VA ALLÁ LO PASO ANTES QUE LLEGUE A LA ESQUINA
¡JHA!
¿JHA' QUÉ?
© QUINO

¡TIMBRE! ¡Y CON LO ATRASADA QUE ESTOY!
¡BUENOSSS DÍASSS, SEÑORITA, SEÑORA: ÚTIL PARA LA DAMA O EL CABALLERO EN EL HOGAR, LA OFICINA, EL TALLER, MINIPERCHITA "PLIC", ÚNICA MAGNÉTICA, EN MATERIAL ANODIZADO, QUE ¡PLIC! SE ADHIERE...
...A CUALQUIER SUPERFICIE METÁLICA SIN NECESIDAD DE TORNILLOS, GRAMPAS, CLAVOS O PEGAMENTO ALGUNO; Y QUE COMO OFERTA DE FÁBRICA UD. PUEDE ADQUIRIR A MENOS DE SU VALOR REAL! ¡LO QUE EN CUALQUIER COMERCIO UD. DEBERÍA PAGAR
?
¡¡QUÉ BIEN HABLÁS, PAPÁ!! ¡¡Y VOLVISTE!! ¡¡Y ESTA VEZ SÍ VAS A CASARTE CON MAMÁ PARA NO ABANDONARNOS MÁS!! ¿VERDAD, PAPITO?
DE NADA, MADRE
1242
© QUINO

1243
HARAKIRI PARA UNO, ¿NO?
©QUINO

OYÉNDOLOS JUGAR ME SIENTO COMO SI FUERA EL PIBE DE AYER
1244
¡IIIÚÚÚJUUUH!... ¡SANDOKÁN AL ABORDAJE!
¿SAN QUIÉN?
¿¿¿ABORTAJE, DIJO???
SOY EL PIBE... DE AYER
©QUINO

¡EH, VENGAN A VER! ¡A MI PAPÁ YA LE ENTREGARON EL AUTO!
1245
¡MANGA DE RENEGADOS HIJOS DE PEATONES! ¡MATERIALISTAS!
©QUINO

¡EEEÉH, QUÉ FLAMANTE, EL AUTO!
¡ES MUY LINDO, LO FELICITO!
GRACIAS, MIGUELITO, GRACIAS
1246
© QUINO

Y AHORA QUE TENEMOS EL AUTO, ¿ADÓNDE VAMOS A IR DE VERANEO, PAPÁ?
1247
¡A LA MONTAÑA! ¡BRRRÑÑÑEEÉÉÉNN! ¡AH, LOCO! ¡POR EL BORDE DEL PRECIPICIO, NOMÁS ¡ÑÑÑÑÑÑRRRRÑÑÑÑÑÑ...
!
© QUINO
¡BONK!
¡PLONK!
UNA LONA PARA TAPARLO; ESO HAY QUE COMPRAR, PORQUE EL AIRE SALADO OXIDA LOS CROMADOS. ¿CABRÁ LA SOMBRILLA EN EL BAÚL? ASÍ NO HAY QUE ALQUILAR CARPA. ¿Y DE MALLAS CÓMO ESTAMOS?
YO TENG
EL SHO
Y EL BE

MENOS MAL QUE JUSTO AQUÍ A LA VUELTA HAY UN GARAJE DONDE GUARDAR EL AUTO DE NOCHE
1248
¡Y SIMPÁTICO, EL TIPO!... LE PREGUNTÉ: "QUEDA SEGURO, AQUÍ, ¿NO?". "VAYA TRANQUILO, JEFE", ME DIJO
¡BUÉH!... ¡A DORMIR TODO EL MUNDO!
© QUINO
GARAJE
ESTACIONAMIENTO

¡EEEEEH!... ¡EL MUJERCITA, SECANDO PLATOS!
¡¡ME DIJE DIEZ MIL VECES QUE AYUDAR A MI MAMÁ NO ES SER MUJERCITA!! ¡ES SER BUENO! ¿ENTENDÍ?
¡ES DE HOMBRES BUENOS AYUDAR A LA MADRE! ¡ASÍ QUE NO CONFUNDIR: UNA COSA ES SER MUJERCITA Y OTRA MUY DIFERENTE SER BUENO!
¡EEEEEH!... ¡LA BUENITA, SECANDO PLATOS!

SABÉS QUE HOY PASÓ TU PAPÁ CON EL COCHE FRENTE A LA PANADERÍA Y UNA SEÑORA VA Y DICE...
¡PSSHÉ!... ¡ASÍ QUE AHORA EL PELAGATOS ESE TIENE AUTO!
PERO... ¿OÍSTE BIEN, VOS?
NO, YO NO ESTABA; ME CONTÓ MI MAMÁ. ELLA SÍ OYÓ
¿Y HABRÁ SIDO POR MI PAPÁ QUE LO DIJO LA SEÑORA ESA? A LO MEJOR PASABAN OTROS TIPOS EN AUTO, ¿EH?
CLARO, PODRÍA SER....
¡NO, BUENO, PERO MI MAMÁ A TU PAPÁ LO CONOCE! ¿NO?

¿POR QUÉ SIEMPRE SOPA, MAMÁ? ¿POR QUÉ?
¡SI NOS QUEREMOS! ¡SI VOS SENTÍS AMOR POR MÍ!...
... ¡Y YO SIENTO AMOR POR VOS!
¿POR QUÉ ARRIESGARTE A QUE NAUFRAGUE NUESTRO ROMANCE?

1252
¡LA NATURALEZA NOS HIZO COMO LA MISMA MONA! ¿A VOS NO TE PARECE QUE TENDRÍAMOS QUE PODER VOLAR, COMO LOS PÁJAROS?
PODEMOS: HAY BOEINGS Y CARAVELLES Y AVROS Y COMETS Y TODO ESO
¡PURA ORTOPEDIA!
©QUINO

1253
¡PST! PAPÁ
¿MMMH...?
ESO DE QUE LOS PADRES VELAN SIEMPRE POR SUS HIJOS...
SÍ, ¿QUÉ PASA?
©QUINO
QUE ESTÁS DESTRUYENDO EL MITO A RONQUIDOS

VOS ME DAS MEDIO TURRÓN Y YO TE DOY MEDIA MANZANA, ¿EH?
1254
NO ME INTERESA TU MANZANA; PODÉS COMÉRTELA TODA
¡ESTÁ BIEN!
RÉQUIEM PARA UN GUSANITO
©QUINO

QUEDATE AQUÍ UN MO-
MENTO, QUE QUIERO
VER UNA COSA
REALMENTE,
COLÓN FUE UN
CAPO
1255

¡ELVIRA ME CONTÓ TODO LO
DE MECHA CON EL MARIDO, Y
TE JURO QUE MAL MIRADO
EL ASUNTO ES APASIONANTE!
1256

MAFALDA, ¿PODÉS FIJARTE
SI UNA SECCIÓN DEL DIARIO
QUE HAY POR AHÍ ES LA DE
DEPORTES?
YA A ESTA ALTURA CREO
QUE SÍ, QUE ES
NUEVOS CHOQUES ENTRE
ÁRABES E ISRAELÍES
1257

MI MAMÁ ME EXPLICÓ LO DE TENER CHICOS; RESULTA QUE LOS PAPÁS PONEN UNA SEMILLITA EN LAS MAMÁS, ¿SABÍAS?
SABÍA, SÍ
1258
¡UNA SEMILLITA, MIRÁ VOS! ESO ME ACLARÓ TODAS LAS DUDAS QUE YO TENÍA SOBRE EL ASUNTO
©QUINO
¡AHORA LO QUE TENGO ES UN MERENGUE CON LA BOTÁNICA!...

AH, ¿TE LO EXPLICÓ TU MAMÁ?
SÍ
¿QUÉ LE EXPLICÓ?
LO DE LA SEMILLITA QUE PONEN LOS PAPÁS EN LAS MAMÁS
1259
¡UUH!..¡PERO ESO ES TAN SABIDO QUE YA NO LE INTERESA A NAD....
?
©QUINO

BUÉH....AHORA VIENE LA 15 vertical, QUE TIENE...UNDÓ TRECUATCINCOSEISIETOCHO... OCHO LETRAS
¡MMH!
1260
15 vertical: *mártir*
héroe con mala pata
¿Y POR QUÉ UNA VERDAD NO PUEDE TENER LAS LETRAS QUE LE DÉ LA GANA?
©QUINO

1261
¡JHA!
©QUINO

1262
¡¡ESTO ES EL ACABÓSE!!
NO EXAGERE; SÓLO ES EL CONTINUÓSE DEL EMPEZÓSE DE USTEDES
©QUINO

1263
PAPÁ, ¿EN TU ÉPOCA DE MUCHACHO LOS VIEJOS SE ESCANDALIZABAN DE UDS.?
¡PÚF!.. ¡DECÍAN DE TODO!
"¡QUÉ BARBARIDAD, VESTIRSE ASÍ! ¡YO NO SÉ ADÓNDE VAMOS A PARAR! ¡EN MIS TIEMPOS NO SE VEÍAN ESTAS COSAS!"
¡ES INCREÍBLE! ¡IGUALES A LOS VIEJOS DE AHORA!
¿VISTE?
¡Y ESO QUE EN MIS TIEMPOS NO NOS VESTÍAMOS COMO PAYASOS AFEMINADOS, NI SE VEÍAN LAS COSAS QUE SE VEN HOY, NI ÉRAMOS VAGOS, N
©QUINO

1264
PARA TU INTELIGENCIA, MANOLITO; ¡QUEDA TAN TRISTE UNA TUMBA SIN FLORES!
©QUINO

?
1265
SEGURO QUE EL POBRE GUILLE ESTUVO MIRANDO ESO Y SE LLEVÓ UN BUEN SUSTO
¡PTUÁJ!
©QUINO

1266
©QUINO

MI MAMÁ TUVO QUE COMPRARME DELANTALES NUEVOS PARA LA ESCUELA; TODOS LOS DEL AÑO PASADO ME QUEDAN CHICOS...
...Y YO ESTABA MUY TRISTE PORQUE CREÍ QUE HABÍA QUE TIRARLOS
...PERO MI MAMÁ ME DIJO QUE NO, QUE SIEMPRE HAY ALGUNA NENITA POBRE A QUIEN DÁRSELOS
¡AH, BUENO, MENOS MAL! ¡MIRÁ VOS QUÉ SUERTE!
¡¡LA NEGATIVA DE SIEMPRE!!
1267
©QUINO

NO, FELIPE NO QUIERE SALIR A JUGAR NI VER A NADIE. DICE QUE ESTÁ ANGUSTIADO PORQUE LE COMIENZAN LAS CLASES
¿LE COMIENZAN? ¡DÍGALE AL ANGUSTIADO ESE QUE LAS CLASES NO LE COMIENZAN A ÉL SOLO SINO A TODOS! ¡QUE PIENSE TAMBIÉN EN LOS DEMÁS!
DICE QUE PENSAR EN LOS DEMÁS NO, QUE SU ANGUSTIA NO ES UN CONVENTILLO
1268
©QUINO

¡APURÁ, FELIPE, QUE MI PAPÁ NOS LLEVA EN AUTO A LA ESCUELA!
¡YA V...¿EN AUTO?
¡SÍ, VAMOS!
?
LO SIENTO, SR.; HUBO UN ASALTO FRENTE AL COLEGIO. LA ZONA ESTÁ RODEADA Y CERRADOS TODOS LOS ACCESOS
¡DALE, CHÉ! ¿QUÉ HACÉS? ¡MIRÁ QUE LLEGAMOS TARDE!
1269
©QUINO

¡BONK!
©QUINO

¿Y? ¿CÓMO TE FUE HOY?
BIEN, AUNQUE A LA MAESTRA DE ESTE AÑO... ¡QUÉ SÉ YO!... ¡NO LA ENTIENDO!
SI NOS PORTAMOS BIEN ESTÁ CONTENTA Y PARECE UNA TIPA COHERENTE
PERO SI NOS PORTAMOS MAL NOS DESORIENTA
PORQUE PUEDE MIRARNOS CON OJOS FURIOSOS Y HACERNOS MORIR DE MIEDO....
...O PONERNOS SU CARA DE POCO SUELDO Y HACERNOS LLORAR DE LÁSTIMA
©QUINO

PERO... ¿QUÉ HACÉS AQUÍ CON EL TELEVISOR DESENCHUFADO?
¡PENSAR! ALGUNA VEZ QUERÍA DARME EL GUSTO DE PODER PENSAR MIENTRAS ESTOY SENTADA MIRÁNDOLO
©QUINO

¡QUÉ EMOCIÓN! ¡HA LLEGADO EL DÍA DE MI BODA!
¡YA VOY CAMINO AL ALTAR DONDE ESPERA EL ELEGIDO DE MI CORAZÓN!
?

29
CUOTAS AUTO

¡HOLA! ¿CÓMO ANDÁS?
AQUÍ, CON UN AGUJERO EN EL ZAPATO HASTA QUE MI PAPÁ COBRE LA SEMANA QUE VIENE EN LA OFICINA
¿SE LE ATRASAN MUCHO A TU PAPÁ CON EL SUELDO?
Y, HAY MESES QUE TARDAN UN POCO EN PAGARLE
¿Y AHORA NO TIENE NADA DE PLATA, TU PAPÁ?
APENAS LO JUSTO PARA LA CUOTA DEL AUTO, ASÍ QUE MIS ZAPATOS TENDRÁN QUE ESPERAR
¿Y VOS NO TENÉS OTRO PAR DE ZAPATOS?
TENGO, PERO SON LOS DE SALIR Y NO QUIERO ARRUINARLOS
Y DECIME, ¿PUEDO AYUDARTE DE ALGUNA MANERA?
SÍ
YÉNDOTE AL CUERNO CON TU REPORTAJE A LA CLASE MEDIA

... AQUÍ, EN CASA, LA COSA NO VA MUY BIEN PORQUE MI PAPÁ NO COBRÓ TODAVÍA. YA SÉ QUE NO DEBO PEDIR NADA MATERIAL...
... PERO TE RUEGO MEJORES EL ESTADO EN QUE ESTÁ LA SITUACIÓN
¿O LA SITUACIÓN EN QUE ESTÁ EL ESTADO?
1276
©QUINO

HE NOTADO ALGO CURIOSO EN MI PAPÁ
DE NOCHE CUANDO SE ACUESTA APAGA LA LUZ, ¿NO?, Y DESDE MI CAMA LO OIGO SUSPIRAR MUY PREOCUPADO: "¡AY, DIOS!"...... LUEGO DE UN RATITO, OTRA VEZ: "¡AY, DIOS!"....
Y MÁS SE ACERCA FIN DE MES, MÁS MÍSTICO SE PONE, ¿NO?
1277
©QUINO

DECIME, MAFALDA: CUANDO TU PAPÁ SE ACUESTA, DE NOCHE, ¿NUNCA LO OÍSTE SUSPIRAR: "¡AY, DIOS!"?
SÍ, ¿POR?
PORQUE SEGÚN MANOLITO, CUANTO MÁS SUSPIRA: "¡AY, DIOS!" UN PADRE, MÁS LÍOS ECONÓMICOS TIENE
¡MÁH, SALÍ!.... ¡ESO ES UN MACANAZO DE MANOLITO!
"TEOLOGÍA DEL ENDEUDADO", LO LLAMA ÉL
1278
©QUINO

¡OÍME, PEDAZO DE BESTIA HEREJE! ¿QUÉ ES ESO QUE LE DIJISTE A MIGUELITO?
¿YO? ¿QUÉ LE DIJE?
QUE CUANDO ALGUIEN SUSPIRA: "¡AY, DIOS!" ES PORQUE TIENE LÍOS ECONÓMICOS. ¿VOS CREÉS QUE TODO EL MUNDO TIENE ESA IDEA DE DIOS?
NO, POR SUPUESTO
ESTÁN LOS QUE LO MOLESTAN POR TONTERÍAS

¡APAGÁ ESA LUZ, MAFALDA! ¿EH? ¡DORMITE DE UNA VEZ!
¡TÁ BIEN!
¡Y MAÑANA TENGO UN VENCIMIENTO! ¡MALDITA LA HORA EN QUE ME METÍ CON LA FINANCIACIÓN PARA COMPRAR EL AUTO!
¡AY, DIOS!
SECCIÓN AUTOMOTORES TERCERA NUBE A LA DERECHA, HIJO MÍO

¡VAMOS A JUGAR COMO YO DIGO! ¿SÍ O SÍ?
¡NO!
¡MIREN QUE AGARRO Y ME VOY! ¿EH?
¡AGARRÁ Y ANDATE!
DIGAN LA VERDAD, ¿NO SERÁ ESE MAGNETISMO MÍO TAN ESPECIAL LO QUE LES MOLESTA DE MÍ?

¡BUÁÁÁ!
¿QUÉ PASA, MAMÁ? ¿POR QUÉ LLORÁS?
¡PORQUE DEL VERANO PASADO A ÉSTE ENGORDÉ Y LA BIKINI ME QUEDA HORRENDA!
¡SÑOG!
YO TE DIRÍA QUE MÁS DE MEDIA HUMANIDAD NO PUDO ENGORDAR NI UN GRAMO PORQUE NO TUVO **QUÉ** COMER
...PERO VOS NECESITÁS CONSUELO, NO QUEDAR COMO UNA ESTÚPIDA, ¿VERDAD?

ES QUE SON LOS ÚLTIMOS PREPARATIVOS DE LAS VACACIONES QUE NOS TOMAMOS PARA DESCANSAR DE LOS ÚLTIMOS PREPARATIVOS DE LAS VACACIONES QUE NOS TOMAMOS

AYER LE DIJE A MI PAPÁ QUE PODRÍAMOS CERRAR UNOS DÍAS EL ALMACÉN E IRNOS DE VACACIONES
¿Y?
¿VACACIONES?
... PREGUNTÓ ÉL
¡CLARO! ¡UN POCO DE AIRE Y SOL ES MUY BUENO PARA LA SALUD!
... DIJE YO
¿Y LA CLIENTELA?
... PREGUNTÓ ÉL
LA CLIENTELA COMPRARÁ EN OTROS ALMACENES
... DIJE YO
¿ALGUIEN DIO UN DISGUSTO A ESTE HOMBRE?
...PREGUNTÓ EL MÉDICO

?
MUCHO GUSTO; ACABO DE LLEGAR CON MI FAMILIA, BUSCANDO LA PAZ DE ESTAS PLAYAS
1285
©QUINO

MAFALDA...
¿MMH?
¿ME ALCANZARÍAS LAS CADERAS Y EL ENCENDEDOR, QUE ESTÁN AHÍ EN MI CAMISA?
1286
©QUINO

1287
©QUINO

1288
¿TIGÜEÑA NENITO? ¿TI?
HOTEL Gaviota
¿YA TAN COLORADITOS? MUCHO SOL, ¿VERDAD?
Y... MASSSSOMENO
©QUINO

DISCULPE, SR., PERO ME PARECE QUE YO A UD. LO CONOZCO... PERO... ¿DE DÓNDE?
1289
BUENO... NNNOSSSÉ... YO TRABAJO EN LAS OFICINAS DE UNA COMPAÑÍA DE SEGUROS
¡AH, NO! ENTONCES ES EVIDENTE QUE LO CONFUNDÍ CON ALGUIEN MÁS VINCULADO A MI PROFESIÓN; ES QUE ASÍ EN SHORTS SOMOS TODOS IGUALES ¿NO? JÉ-JÉ...
SÍ, CLARO. PERDÓN, ¿EL SR. ES........
©QUINO
MÉDICO
¡AH, QUÉ BIEN!

¡RICARDITO, NO TE MOJES LOS PIES, HIJITO, QUE PUEDE HACERTE MAL!
1290
¡RICARDITO, TIRÁ ESE CARACOL QUE QUIÉN SABE QUÉ PORQUERÍAS TENDRÁ, QUERIDITO!
¡RICARDITO, PONETE EL GORRITO, TESORO, QUE EL SOL ESTÁ MUY FUERTE!
SIEMPRE SE DIJO QUE UNA MADRE ES **TODO**; LO QUE NO SE DIJO ES TODO LO **TODO** QUE PUEDE LLEGAR A SER UNA MADRE
©QUINO

¡HOLA! ¡QUÉ CHIQUITITA SOS! ¿CÓMO TE LLAMÁS?
LIBERTAD
¿SACASTE YA TU CONCLUSIÓN ESTÚPIDA? TODO EL MUNDO SACA SU CONCLUSIÓN ESTÚPIDA CUANDO ME CONOCE

TRAJE UNA AMIGUITA. SE LLAMA LIBERTAD
¿LIBERTAD? ¡QUÉ CHIQUITITA!
¡Y QUÉ QUEMADA ESTÁ!
CLARO, SE VE QUE HACE BASTANTE QUE ESTÁ DE VACACIONES
¡TRAJE UNA AMIGUITA, NO UN PANFLETO!
?
¿

¿ETA NENA?
ESTA NENA ES LIBERTAD, GUILLE
¡Y TENGO BASTANTES MÁS AÑOS QUE VOS! ¿ALGUNA OBJECIÓN A MI TAMAÑO?
¡MEJOR ASÍ! ¡LOS BAJITOS NO TENEMOS POR QUÉ ANDAR AGUANTÁNDOLES A LOS DEMÁS SU COMPLEJO DE ALTURA!

SE ME OCURRE QUE LA GENTE GRANDE NO TE CAE MUY SIMPÁTICA, LIBERTAD
SE TE OCURRE BIEN; POR LO GENERAL SON TODOS UNOS PAPAFRITAS
¿TUS PAPÁS TAMBIÉN SON PAPAFRITAS?
Y, TIENEN SUS DÍAS, SÍ
EN REALIDAD NO **SON**, SINO QUE **SE PONEN** MUY PAPAFRITAS ALGUNAS VECES
ELLOS, CLARO, NO SE DAN CUENTA Y...

YO NO ENTIENDO A ESTOS QUE NO SABEN ABURRIRSE SIN MOLESTAR A LOS PECES
¿Y QUIÉN TE DIJO QUE ME ABURRO?
YO A LOS QUE NO ENTIENDO ES A ESTOS QUE NO SABEN ENTRETENERSE SIN MOLESTAR A LOS PECES

¡PÍÍÍÍP!
¡PÍÍÍÍÍP!
¡PÍÍÍP!
¡PÍÍÍP!
PIPÍ
¡PÍÍÍÍP!
¡PÍÍÍÍP!
©QUINO

¡EH, VOLVISTE! ¿QUÉ TAL TU VERANEO?
EL MÍO MUY LINDO, ¿Y EL TUYO?
HOTEL
¡PST!
EL MÍO MUY LINDO, ¿Y EL TUYO?
©QUINO

¿QUÉ PASA?
ME DA MIEDO ENCENDER LA RADIO
SERÍA MUY TRISTE ESCUCHAR UN NOTICIOSO Y VER QUE DURANTE TODOS LOS DÍAS QUE ESTUVIMOS DE VERANEO EL MUNDO NO MEJORÓ NADA
PARA QUE MEJORARA, LOS QUE TENDRÍAN QUE HABERSE IDO DE VERANEO SON LOS QUE LO MANEJAN ASÍ
©QUINO
¿ME FIRMARÍAS UN AUTÓGRAFO?

1300
¡MIRÁ; SI ES POR LO QUE ME DEBE, QUE SE LO GUARDE!
¡CUANDO SE LA PRESTÉ YA SABÍA QUE ERA PLATA PERDIDA!
¡DE TODO HAY EN ESTE SUPERMERCADO DE DIOS!
©QUINO

¡¡JÚÚÚJHÚÚÚ!
¡PAGARON EN LA OFICINA!
1301
©QUINO
¡¡ÚÚÚJHUUU¡PAGARON EN LA OFICINA

¡LA MANTECA QUE ME VENDISTE ESTA MAÑANA: RANCIA!
¡FAP!
1302
¿RANCIA?
©QUINO
¡NOOOO!...
ÑIF-ÑIF
ES ALCURNIA, QUE LE DICEN

¡MA'Z ZOPITA, MAMA'!
¡MA'Z!
1303
¡ZO'-ZO'-PÍTA!.. ¡ZO'-ZO'-PÍTA!.. ¡ZO'-ZO'-PÍTA!..
¡ZO'- ZO'- PÍTA.... ZO'.... Z..O'.... P...Í...T....
¡¡ÑÑÑÑÑ!!!
¡¡Ñ......
!
¡¡ZO'-ZO'-PÍTA!! ¡ZO'-ZO'-PÍTA!...
©QUINO

TOC-TOC
GOLPEAN ¿NO FUNCIONARÁ EL TIMBRE?
1304
?
¡HOLA!, ¿SE ACUERDA DE MÍ? SOY LIBERTAD. NOS CONOCIMOS EN LA PLAYA Y VIVO A DOS CUADRAS DE AQUÍ -"¿A DOS CUADRAS DE AQUÍ? ¡QUÉ CASUALIDAD!"- DIRÁ UD. -"¿VIO?"- DIRÉ YO
PERO NO VINE PARA HABLAR BOBADAS, SINO A VISITAR A MAFALDA, SI ES QUE ESTÁ.
PERMISO
©QUINO
¡AH, OTRA COSA! ¡LO MÍO ES SOLTURA, NO DESFACHATEZ!

1305
PERMISO, SEÑORITA, ¿PUEDO IR AL BAÑO?
¿ES URGENTE?
¡URGENTÍSIMO!
ESTÁ BIEN
¡¡LA [symbols] AL TONELERO QUE PASÓ LOS 218 litros DE UNA BARRICA DE VINO A **NO ME SALE CUÁNTAS** BOTELLAS DE 75 centilitros c/u!!
©QUINO
GRACIAS

1306
¡TORTAS!
¡PELEA! ¡PELEA!
¡PIÑAS!
¡ROSCA!
¿QUÉ ES ESO? ¿QUÉ ES ESO?
¡AHORA LLORAN, CLARO! ¡AHORA LES DA POR LLORAR! ¿NO?
LÓGICO: SI LO ÚNICO QUE PUEDEN HINCHARTE SIN QUE TE DUELA ES EL BOLSILLO

HOLA, SUSANITA. TE PRESENTO A LIBERTAD
¡HOLA, LIBERTAD! ESPERO QUE SEAMOS BUENAS AMIGAS
1307
A MÍ ME GUSTA LA GENTE SIMPLE
¿DE VERAS? ¡ME PARECE FANTÁSTICO!
SÉ SIMPLE, ¿A VER? ¡DALE!
¡SONAMOS!

¡PST, PAPÁ! ES LA HORA EN QUE MAMÁ PREGUNTA SIEMPRE QUÉ QUEREMOS CENAR
¿Y?
1308
Y QUE VAMOS A ARMAR LA HISTORIA DE TODOS LOS DÍAS: ~"NO SÉ, HACÉ CUALQUIER COSA"~ "QUÉ SÉ YO, ME DA LO MISMO"~" Y, LO QUE SEA MENOS TRABAJO" ~"YA TE DIJE QUE NO SÉ; ALGO SENCILLO-SENCILLO, QUÉ SÉ YO..."
TENÉS RAZÓN
¿QUÉ QUIEREN CEN......
¡COBARDES!

¡GUILLE! ¿VOS ME SACASTE EL MARCADOR NEGRO?
¿QUÉ MADCADOD?
¡SOS UN CARADURA! ¿DÓNDE LO TENÉS?
EN MI DEPACHO

¡LINDA IDEA, DIBUJAR EN EL PISO CON ESA PORQUERÍA DE MARCADOR!... ¡TOTAL!.. ¡ESTÁ MAMÁ QUE LIMPIA! ¿NO?
NO, MAMÁ EZ BUENA. CUANDO VOZ TE ENOJÁZ NO EZTÁ MAMÁ, EZTÁ UNA SEÑODA ENOJADA
¡ENOJADA O NO, YO SOY SIEMPRE TU MADRE! ¿ENTENDÉS?
¡NO! ¡ZOY HUEDFANITO!
¡SÑIG!
¡¡BASTA DE TELETEATRO, QUE NO ME DEJAN HACER LOS DEBERES!!

¡MORIRÁS!
COMO EL ABUELO DEL PELADO DEL KIOSCO, ¿SUPISTE? ¡POBRE! CLARO QUE YA TENÍA 93 CUMPLIDOS Y NO LE HACÍA CASO AL MÉDICO. PARECE QUE SE BAJABA SUS BUENOS TINTOS. ADEMÁS EN AGOSTO DEL AÑO PAS

BUENAS, ¿TU PAPÁ?
¿DE PARTE?
1312
DEL BOLETÍN "LA VOZ DEL BARRIO"; APELAMOS A LA BUENA VOLUNTAD DE TODOS
¿Y MI PAPÁ QUÉ PUEDE HACER?
SUSCRIBIRSE; SÓLO SE TRATA DE UN PEQUEÑO DESEMBOLSO ECONÓMICO
Y....¿ASÍ, SIN ANESTESIA NI NADA?

¿PRESENTE INDICATIVO DE TEMER?
1313
YO TEMO
¿PRETÉRITO IMPERFECTO DE PARTIR?
YO PARTÍA
¿FUTURO PERFECTO DE AMAR?
¡HIJITOS!

¿QUÉ ME TRAÉIS? ¡PARDIEZ! ¡LLEVAOS DE AQUÍ VUESTRO VIL BREBAJE!
1314
¡COMO OS PLAZCA, VIVE DIOS; QUE NO SERÉ YO QUIEN QUEDE ENCLENQUE!
¿SE ESTARÁ PSICOANALIZANDO DE INCÓGNITO?

¿TE GUSTAN LAS PLANTAS, LIBERTAD?
EN MACETA, NO; LAS PLANTAS ME GUSTAN EN LA TIERRA-TIERRA
SÍ, CLARO, PERO ESO ES IMPOSIBLE; YO VIVO EN UN DEPARTAMENTO
UD. ME PREGUNTÓ SI ME GUSTAN LAS PLANTAS, NO SI ME GUSTA SU VIDA
©QUINO
1315

PLANTEO: SI UN POCERO CAVA UN POZ...
TRIIIIIIING......
TRIIIIIIING......
¡MAMÁ, SON LOS DEL RATING! ¿QUÉ PROGRAMA ESTÁS VIENDO EN TV?
1316
VERÁ, SEÑORITA, ES UNO EN EL QUE LA CHICA, Y NO ES QUE YO SEA CHAPADA A LA ANTIGUA, HACE MAL EN ENGAÑAR AL NOVIO, UN MUCHACHO TAN SERIO, ABOGADO, FÍJESE, CON EL OTRO ESE DEL TALLER, PARECE MENTIRA, UNA CHICA DE TAN BUENA FAMILIA, ¿QUÉ PUEDE DARLE UN OBRERO? PORQUE SERÁ BUEN MOZO PERO ES UN OBRERO. Y NO ES QUE YO TENGA NADA CONTRA LOS OBRER
©QUINO

¿VIERON QUE UN DÍA UNO SE LEVANTA CONTENTO, OTRO TRISTE, OTRO TRANQUILO, OTRO ENTUSIASTA Y QUÉ SÉ YO DE CUANTAS MANERAS MÁS?
SÍ
1317
BUENO; YO HOY ME LEVANTÉ PEDANTE.
ME DA MUCHA RABIA PERO NO PUEDO EVITARLO, ¡ME SIENTO PEDANTE!
¡Y BUENO, MIGUELITO, HASTA QUE SE TE PASE TE AGUANTAREMOS PEDANTE! ¿PARA QUÉ SOMOS TUS AMIGOS, SI NO?
©QUINO
PARA CODEARSE CONMIGO, ¿O CREEN QUE NO ME DÍ CUENTA?

ESTOY ABURRIDA, ¿VAMOS A JUGAR A LO DE MIGUELITO?
VAMOS, PERO.... ¡NO SÉ!
HACE UN RATO LO VÍ Y ME DIJO QUE HOY SE LEVANTÓ PEDANTE; QUE LE DABA MUCHA RABIA SENTIRSE PEDANTE PERO QUE NO PODÍA EVITARLO
EN UNA DE ESAS SE LE PASÓ, QUIÉN TE DICE...
HOLA, MIGUELITO, ¿CÓMO ESTÁS?
CONVENCIDO DE QUE SÍ YO NO LLEGO A NACER.... ¡QUÉ GOLPE PARA LA HUMANIDAD!
¿EHÉ?

¡BUROCRACIA!
SU LECHUGUITA

VAS A VER QUÉ REGALO NOS TRAJO MI PAPÁ AL GUILLE Y A MÍ, SUSANITA
¡AH, QUÉ MARAVILLA!
TOCALA, NO HACE NADA
¿TOCARLA?
¡PERO SÍ, DALE, NO TENGÁS MIEDO!
¿MIEDO YO?

HOLA, ME DIJO SUSANITA QUE TENÉS UNA TORTUGA Y VENGO A CONOCERLA, ¿QUÉ NOMBRE LE PUSISTE?
BUROCRACIA
¿*BUROCRACIA*? ¡PERO CHÉ, MIRÁ QUE PONERLE BUROCRACIA! ¿POR QUÉ BUROCRACIA? ¿EHÉ? ¿POR QUÉ?
BUENO, ¿Y?
Y, YA ESTÁ ENCERRADA, TAL VEZ SI HUBIERAS VENIDO ANTES....
¡CÓMO! ¿Y HOY YA NO? ¡ES UNA BARBARIDAD, YO VINE ESPECIALMENTE!
LO SIENTO, TENDRÁ QUE SER MAÑANA. HOY YA ES IMPOSIBLE
¿Y MAÑANA DENTRO DE QUÉ HORARIO, MÁS O MENOS?
Y, MUY BIEN NO SABRÍA INFORMARTE
AJHÁ.... ¡BUEH!... VOLVERÉ MAÑANA
Y AL FINAL NO ME ENTERÉ POR QUÉ LE PUSO ESE NOMBRE
1321
©QUINO

1322
©QUINO
PUCHA...
APENAS UNO SE DESCUIDA SE LE VA AL DEMONIO ESA POESÍA QUE SOLO LOS NIÑOS TENEMOS

1323
¡BANG!
©QUINO
¡QUÉ SABIA ES LA NATURALEZA! SI ESE PAJARITO CAÍA MUERTO YO NO PEGABA UN OJO EN TRES MESES

1324
¿Y EL OMBLIBITO?
NO TIENE OMBLIGO, GUILLE, PORQUE NACIÓ DE UN HUEVITO
¿Y ENTONCHE LAZ ALITAZ?
TAMPOCO TIENE ALITAS
¡CÓMO!....¿NO EZ QUE NACIÓ DE UN HUEVITO?
SÍ, BUENO, PERO NO TODO LO QUE NACE DE UN HUEVITO TIENE ALAS. DE UN HUEVO PUEDEN SALIR PECES O ARAÑAS O SERPIENTES O PÁJAROS U HORMIGAS O RANAS O QUÉ SÉ YO CUÁNTAS COSAS MÁS
¡DEZODGANIZADOZ, LOZ HUEVITOZ!

¿VOS CREÉS QUE EXISTEN LOS FANTASMAS?
¿LOS FANTASMAS? NO, NO CREO
1325
¿Y EL FANTASMA DE LA INFLACIÓN? YO OÍ A UN SEÑOR HABLAR DEL FANTASMA DE LA INFLACIÓN
¡AH, BUENO, PERO ÉSE NO ES UN "FANTASMA-FANTASMA"!
¿AH, NO?
NO, ES SÓLO EL PELIGRO DE QUE AUMENTE EL COSTO DE LA VIDA
¡AAAAH!

DECIME, ¿TU AMIGO FELIPE ES UNO CON EL PELO TODO ASÍ COMO HOJAS DE LECHUGA?
NO, ESE ES MIGUELITO
1326
AH, YO CREÍA QUE FELIPE ERA EL DEL PELO COMO LECHUGA Y LOS DIENTES ASÍ
SÍ, EL DE LOS DIENTES ASÍ **ES** FELIPE
¡Y BUENO, ESE DIGO YO; UNO QUE TIENE ALMACÉN!
¡PERO NO!
¡PERO!... ¡MIRÁ QUÉ JUSTO: AQUEL QUE VIENE ALLÁ ES FELIPE!
HOLA, NO SÉ SI VOY A ANDAR BIEN CON VOS, FELIPE; A MÍ ME GUSTA LA GENTE SIMPLE

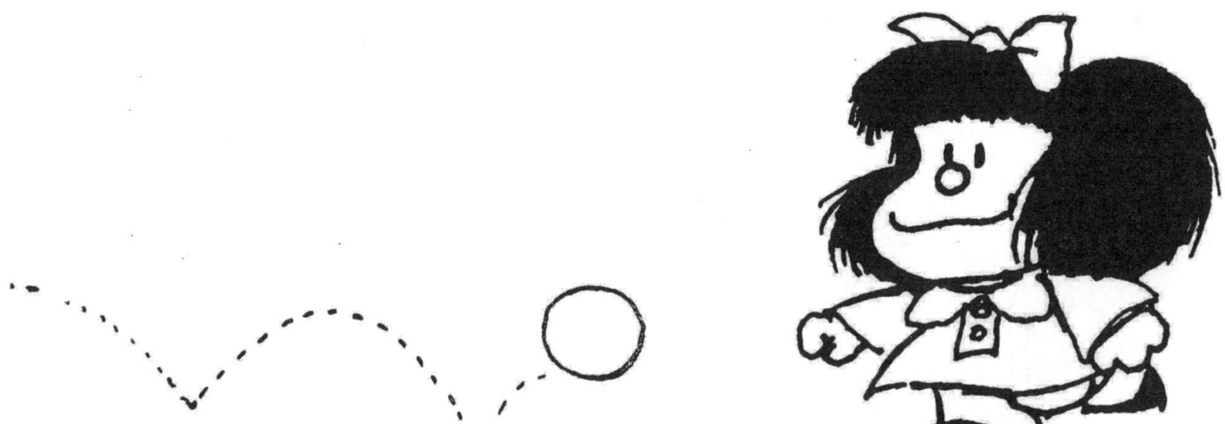

ES QUE ESTO DE SALTAR A LA CUERDA NO ES PARA INTELECTUALES COMO VOS

¿MAFADDA?
MAFALDA EN LA ESCUELA, GUILLE, ESTUDIANDO MUUUCHO, MUUUUCHO...
¿PAPÁ?
PAPÁ EN LA OFICINA, TRABAJANDO MUUU-CHO, MUUUUUCHO...
¿NOZOTROZ PIOLAZ?

ENTONCES, SEÑORA, ¿NADA MÁS?
NADA MÁS, MANOLITO
PERO DEJÁ, SI YO PUEDO...
FALTARÍA MÁS, UNA CLIENTA COMO UD.... ¿Y SU ESPOSO? BIEN, ¿NO? HACE TIEMPO QUE NO LO VEO
¡YO TAMPOCO! ¡SE SUPONE QUE BIEN, SÍ!
¡CON *FRIALDAD EMPRESARIA*! ¿CUÁNDO CUERNOS VOY A APRENDER QUE A LOS CLIENTES HAY QUE TRATAR-LOS CON *FRIALDAD EMPRESA-RIA*?

¡YA QUE ACEPTAMOS UNA REALIDAD HAGÁMOSLO CON ELEGANCIA!
¡¡AY, DIOS!! ¡¡AY, DIOS!!
¿QUÉ REALIDAD ES LA QUE ACEPTAMOS, SUSANITA?
LA DE VER TODAS LAS PELÍCULAS CORTADAS
¿Y DÓNDE ESTARÍA LA ELEGANCIA?
EN QUE PARA CORTARLAS LA COMISIÓN DE CENSURA TRAJERA A PIERRE CARDIN
¡OTRO CON QUEJIDOS TEOLÓGICOS!

TENGO UNA IDEA DIVERTIDÍSIMA: JUGUEMOS A QUE VOS SOS YO Y YO SOY VOS, ¿EH?
DALE, EMPEZÁ
¿ESCUCHASTE EL NOTICIOSO? ¡LÍOS EN TODOS LADOS! ¡YA ME TIENEN PODRIDA LOS CHINOS, LOS ÁRABES, LOS RUSOS, LOS NORTEAMERICANOS, LOS ISRAELÍES, LOS VIETNAMITAS! ¡QUÉ DESASTRE!
¡JHÍ-JHÍ JHÍ-JHÍ!
¡JHA'-JHA' JHA'!
¡MIRÁ VOS, Y YO AQUÍ RIÉNDOME COMO UN TONTO Y TODAVÍA NO HICE LOS DEBERES! ¡Y LA HORA QUE ES!... ¡Y YA ME DA LA ANGUSTIA!... ¿Y AHORA CÓMO HAGO?
¡ESO, DIOS MÍO! ¿CÓMO HAGO AHORA?
¡SLAM!

¡¡MAMÁ, VINO MAFALDA A JUGAR CONMIGO!!
PARIS
L'EXPRESS
BUEEEEEEENOOOOOOOO...
¿TAN GRANDE ES ESTE DEPARTAMENTO, LIBERTAD?
NO, PERO NOS HABLAMOS SIEMPRE ASÍ, PARA QUE PAREZCA

¡TACATÍC!-¡TÍC!-¡TITÍKTIK!
¡TÍKITAT-TAK-TÍK-TÍK-TAKÍT!
¿QUÉ ESCRIBE A MÁQUINA TU MAMÁ?
TRADUCCIONES PARA LIBROS, PORQUE LO QUE GANA MI PAPÁ ES PARA PAGAR EL DEPARTAMENTO
MI MAMÁ SABE FRANCÉS. LOS FRANCESES ESCRIBEN LOS LIBROS EN FRANCÉS, ELLA LOS COPIA COMO HABLAMOS NOSOTROS Y CON LO QUE COBRA COMPRA FIDEOS Y ESAS COSAS
HAY UN TIPO.....ESPERÁ, ¿CÓMO SE LLAMA?..... YANPOL....YANPOL BELMÓN... ¡NO!....YANPOL...¿SASTRE, SE LLAMA?
¡AH! ¿SARTRE?
¡ÉSE! EL ÚLTIMO POLLO QUE COMIMOS LO ESCRIBIÓ ÉL

1333
¿ASÍ QUE LA MADRE DE LIBERTAD ES TRADUCTORA?
SÍ, SE RECIBIÓ HACE POCO
¡CÓMO HACE POCO! ¿NO SE RECIBIÓ ANTES DE CASARSE?
NO
CUANDO SE CASÓ TODAVÍA ESTUDIABA, Y EL PAPÁ DE LIBERTAD TAMBIÉN
¡AH, CÓMO! ¿LOS DOS ERAN ESTUDIANTES?
¡Y... SÍ!
¡NO DIGAS!
¿TAN SOLTEROS SE CASARON? ¡MIRÁ VOS!

1334
CONOCÍ EL DEPARTAMENTO DE LIBERTAD ¡ES DE CHIQUITO!
¿AJHÁ?
Y TAMBIÉN CONOCÍ A LA MADRE; TRABAJA, LA MADRE
¿AJHÁ?
SÍ, ES TRADUCTORA DE FRANCÉS
¿AJHÁ?
PORQUE, CLARO, CUANDO SE CASÓ NO ABANDONÓ LOS ESTUDIOS COMO HACEN MUCHAS
SE VE QUE TUVO MÁS VOLUNTAD QUE AJHÁ'SES

1335
¡ÁNIMO, MAMÁ, QUE EL DÍA QUE LA TIERRA SEA DEL QUE LA TRABAJA SERÁS DUEÑA DE UNA POLVAREDA QUE NO TE CUENTO!
SI TE ENAMORASTE DE TU MUJER POR SU SENTIDO DEL HUMOR... ¡QUÉ CHASCO! ¿EH?

1336
¡LA DE GENTE QUE HABRÁ HACIENDO COSAS IMPORTANTES MIENTRAS YO ESTOY AQUÍ TIRADO!
¿NO ME DA VERGÜENZA?
¡AH, CÓMO! ¿NO ME DA?
NUNCA TERMINA UNO DE CONOCERSE

RESULTA QUE AYER LE PREGUNTÉ A MI MAMÁ:
¿VOS CREÉS QUE EL MUNDO SE VA A ARREGLAR, MAMÁ?
¡SIN DUDA!
ENTONCES TE PROPONGO UNA COSA: HASTA QUE EL MUNDO NO SE ARREGLE VOS NO HAGAS SOPA, ¿EHÉ?
¿Y QUÉ PASÓ?
¡¡PASÓ QUE A LA NOCHE TUVE QUE COMERME TODA SU FE CON FIDEOS!!
1337

MAÑANA TENEMOS GEOMETRÍA, ¡MECACHO!
BUEN DÍA, MANOLITO, ¿TIENES CALDO EN POLIEDROS?
EN ESO QUE UD. DICE NO, SEÑORITA, TENGO EN CUBITOS
1338
¿Y QUÉ ES UN CUBITO? ¡BURRO, LOS CUBOS SON POLIEDROS RE-GU-LA-RES!
¡Y ESTO ES UN CILINDRO RECTO! ¿ME OYES?
¡NO, NO, SON ARVEJAS!
¡BONK!
MAÑANA TENEMOS GEOMETRÍA, ¡ME CACHO!

?
¿QUÉ MIDÁZ? ¿NUNCA VIZTE A UN INTELEDTUAL?

¿ALGUNA VEZ SE PREGUNTARON UDS, QUERIDOS AMIGUITOS, "QUÉ ES LA VIDA"?
PUES BIEN, PEQUEÑOS MÍOS: LA VIDA ES COMO UN RÍO
SÍ, LA MACANA ES QUE TODOS CREEN SABER HIDRÁULICA, ¿NO?

¡¡PERO TAMBIÉN CUANDO YO QUISE CRUZAR!!

POR FAVOR, ¿PUEDEN ALCANZARME LAS PANTUFLAS?
1342
POR FAVOR, MAFALDA, ¿PODÉS ALCANZARLE LAS PANTUFLAS A TU PADRE?
POR FAVOR, GUILLE, ¿PODÉS ALCANZARLE LAS PANTUFLAS A PAPÁ?
POD FAV.....
¡PAF!
©QUINO

¡SE ME OCURRIÓ EL TRUCO PERFECTO PARA LIBRARSE DE LA SOPA!
¡NOOOO! ¿CÓMO ES?
CAZÁS UNA MOSCA, LA METÉS EN UN FRASQUITO, AGITÁS EL FRASQUITO PARA ATONTARLA BIEN.....
...Y LUEGO, CUANDO TE TRAEN LA SOPA....CLARO, EL ESPECTÁCULO NO SERÁ MUY...¡BUÉH!..AL PRIMER DESCUIDO ECHÁS LA MOSCA...QUE QUEDE...AHÍ.... NA.... ¡GULP!..NADAN...DO..Y...
1343
OCUPADO
©QUINO

¿VOS OÍSTE HABLAR DE LA REVOLUCIÓN SOCIAL? MI PAPÁ A VECES HABLA DE LA REVOLUCIÓN SOCIAL
¿AJHÁ? ¿Y QUÉ DICE?
DICE QUE "LA MASA TRABAJADORA ESTÁ EN MARCHA Y QUE EL PROLETARIADO HARÁ LA REVOLUCIÓN SOCIAL"
AH, Y ¿CUÁNDO?
1344
¿CUÁNDO?
Y, A VECES, CUANDO ESTÁ SENTADO EN EL LIVING, LO DICE
©QUINO

1345
¡HOLA! ¿SABÉS QUE ESTE BIMESTRE SAQUÉ MEJORES NOTAS QUE LAS QUE YO ESPERABA EN LA LIBRETA DE CALIFI
?
¡¡SSSHH!!...
¡¡NO NOMBRES VIETNAM DELANTE DE NIXON!!
©QUINO

1346
VIMOS EN TV UN PROGRAMA SOBRE LOS ESTRAGOS DE LA DROGA, PAPÁ, ¿VOS PROBASTE ALGUNA VEZ?
¡PERO DECIME! ¿TENGO CARA DE VICIOSO? ¿EEH?
©QUINO
¡POD FAVOD!
NO LE HAGÁS CASO, PAPÁ, ES UN EXAGERADO

1347
ENV. 1957
©QUINO
¿TOMATES CON CURRÍCULUM?
ALMACÉN "DON MANOLO"

1348
¿VAMOZ A JUGAD?
NO PUEDO, GUILLE, TENGO QUE HACER LOS DEBERES
¡MAMÁ, MAFADDA QUIEDE MÁ'Z A ZUZ DEBEDEZ QUE A MÍ!
¡NO, GUILLE, NO ENTENDÉS! ¡A VOS TE QUIERO MÁS PERO SI NO HAGO LOS DEBERES, MAÑANA SE ME ARMA UN LÍO ESPANTOSO! ¿COMPRENDÉS?
¡AAH!...
¡MAMÁ, MAFADDA ZE QUIEDE MÁ'Z A ELLA QUE A MÍ!

HOLA, FELIPE, ¿HICISTE YA LA COMPOSICIÓN SOBRE LA INDEPENDENCIA NACIONAL?
TODAVÍA NO
1349
Y SALÍ A DAR UNA VUELTA, PARA INSPIRARME
boutique Petty
GRILL
TRATTORIA "IL BUON PRANZO"
SHOPPING CENTER
SWEATERS
JUMPERS
WASH CLEAN
KANT FILTER
Speedmaster
Whisky
SCOTCH BLENDED
Beautiful
"Velvet-Skin"
NIGHT-CREAM
PERO NO SE ME OCURRE NADA

1350
SALUDOS AL CAMBIO DE ESTRUCTURAS

¡POR FIN SE DURMIÓ!
¡APROVECHEN AHORA!
¡ANGELITO! ¡ME DA NO SÉ QUÉ!
1351
¿Y SI SE DESPIERTA Y TE PREGUNTA?
¡QUÉ BERRINCHE, POBRE!
¡PERO, NO! ESPEREMOS QUE NO
¡AH! TE RECORTÉ EL TELÉFONO DEL CINE, CUALQUIER COSA LLAMANOS
¡BUENO, CHAU, CHAU! QUE LES GUSTE LA PELÍCULA!
¡AH, CÓMO! ¿NO TE IBAZ CON LOZ VIEJOZ, VOZ?

SI EL DÍA DE MAÑANA YO LLEGO A SER FAMOSO A VOS TE PONDRÁN UNA PLACA QUE DIGA: "BAJO ESTE ÁRBOL ESTUVO MIGUELITO"
1352
¡A VOS TAMBIÉN NO, CHE!...¡O TE CREÉS QUE EL BRONCE LO REGALAN!

1353
...MPRE INFRAROX, CALIDAD EN CALEFACCI
¡PÚF! ¡PUBLICIDAD!
...GISTRO IMPRESO POR LOS BOHEMIOS VIENESE
¡PÚF! ¡MÚSICA PARA VIEJOS!
...FLICTO ÁRABE ISRAELÍ...
¡PÚF! ¡TOM y JERRY!

HOY LLEGÓ CARTA DE MI HERMANO, ¿TE ACORDÁS DE MI HERMANO?
¡AH, SÍ! UNO GRANDOTE ¿DÓNDE ESTÁ?
EN ESTADOS UNIDOS, SE FUE A TRABAJAR ALLÁ HACE CUATRO MESES Y YA TIENE AUTO, ¡QUÉ PAÍS FABULOSO!
¡Y ADEMÁS AHORRA DÓLARES Y TODO! ¿Y **QUIÉN** ERA AQUÍ, MI HERMANO? ¡NADIE!
¿Y ALLÍ EN QUÉ TRABAJA?
ES PEÓN EN UN SUPERMERCADO, ¡MIRÁ VOS! ¡DECIME CUÁNDO EN ESTE PAÍS UN PEÓN VA A TENER AUTO! ¿EHEÉ?
Y, CUANDO CAMBIEN LAS COSAS COMO PARA QUE PUEDA TENERLO
¡ESTOY HABLANDO DE LAS VENTAJAS DE ALLÁ, NO DE LA SUBVERSIÓN AQUÍ!
©QUINO

¿EL ZOL?
HOY ESTÁ NUBLADO, GUILLE; NO HAY SOL
¡ANDÁ TAELO, PAPÁ! ¿ZÍ?
¡PERO, HIJITO, ESO ES IMPOSIBLE! ¿CÓMO VOY A TRAERTE EL SOL?
AH, ¿NO PODÉZ?
Y, NO
¿ME DEJA NEL PIZO, SEÑOD, POD FAVOD?
©QUINO

¿QUIÉNES DIRÁN QUÉ COSAS DE QUIÉNES SIN QUE UNA PUEDA ENTERARSE, MALDITO SEA?
©QUINO

1357
¡PRRR-PRRR! ¡PEDRRITO! ¡PRRR! ¡LA PAPA! ¡PRRRR!
©QUINO
¡ÉSTA ES UNA DE LAS FACETAS MÁS DEPLORABLES DE MI PERSONALIDAD!

¡CHAU, MAMÁ! ¡ME VOY A JUGAR A LO DE FELIPE!
BUENO, CHAU
1358
¿Y EL "NO VOLVÁS TARDE", PEDAZO DE NEGLIGENTE?
©QUINO

¡¡AAAAAH!!.. ¡¡GUTEN MORGEN, FELIPEN!! ¡¡KUARENTA UND CINKO MINUTEN TARRRDE!! ¿HEIN?
MEIN KAMPF
1359
¡IÁ, SEÑORITEN, PERO ICH TRAIGO DER JUSTIFIKATIVEN VON MEINE MAMÁ
LA VACA
BIEN, VE A SENTARTE, QUERIDO
?
©QUINO

¿VOS SABÍAS QUE MI MAMÁ ES TRADUCTORA DE FRANCÉS, MANOLITO? YO TAMBIÉN SÉ FRANCÉS; SÉ DECIR "PAPÁ" EN FRANCÉS
¿SÍÍ? ¿CÓMO SE DICE, A VER?
PAPÁ
¡AH, ES FÁCIL! ¡SE DICE IGUAL!
¿FÁCIL? ¿IGUAL? ¡NADA DE ESO, EL ASUNTO ES PENSAR EN FRANCÉS! ¡TRATÁ DE DECIR "PAPÁ" PENSÁNDOLO EN FRANCÉS! ¡DALE! ¿A VER? ¡DALE!
¡ES INÚTIL! ¡JAMÁS PODRÉ HABLAR ESE MALDITO IDIOMA!

CHE, MAMÁ, ¿USTEDES CUÁNTO HACE QUE SE CASARON?
NUEVE AÑOS
¿O SEA QUE YO NO NACÍ ENSEGUIDA?
NO, CLARO
¿Y DE DÓNDE CUERNOS SACARON QUE YO PODÍA ESPERAR?

1214
¡AÚ! ¡AÚ!
¡UAÚ!
1363
©QUINO
¿QUIÉN PUEDE ANDAR DISFRAZADO CUANDO SU VALENTÍA ESTÁ DE LUTO?

1364
¡NO CORRÁS CON LOS ZAPATOS NUEVOS QUE LOS DESHACÉS! ¡NO SALTÉS SOBRE EL SOFÁ QUE LO DESTROZÁS! ¡NO TE ARRASTRÉS POR EL PISO QUE DESPEDAZÁS LA ROPA!
¡¡DECIME DE QUÉ TE SIRVE SER NIÑO, SI NO TE DEJAN EJERCER!!
©QUINO
¡LA PUCHA!

¡TÚCK!
1365
BUAAA!
¡TE DIJE MIL VECES QUE DE LOS MALOS SE ENCARGA EL MUCHACHO, PAZGUATO ALTRUISTA!
©QUINO

1366
¡ORQUESTAS! ¡SI EN LUGAR DE TROPAS EL MUNDO ESTUVIERA LLENO DE ORQUESTAS SERÍA UNA MARAVILLA!
YA VEO A LOS SORDOS DANDO GOLPES DE ESTADO EN DEFENSA DE LA LIBERTAD, LA PAZ LA JUSTICIA, LA....
©QUINO

¡QUÍTASELA, MANOLITO!
¿A UNA MADRE?
¡BONK!
1367
¡¡MEJOR; MÁS VALE ABURRIRSE SOLA QUE ALTERNAR CON ANTIMAMISTAS!!
©QUINO

USTEDES DOS..., ¿TIENEN NUESTRA EDUCACIÓN PLANIFICADA, O LA VAN IMPROVISANDO NOMÁS?
1368
NO, PLANIFICADA
IMPROVISANDO NO
¿QUÉ DIJISTE?
©QUINO

ESTOY EMPEZANDO A SOSPECHAR QUE CUANDO LA MAESTRA PREGUNTA ALGO NO ES PORQUE ELLA NO LO SEPA
1369
DECIME, PAPAFRITA, ¿RECIÉN TE DAS CUENTA DE ESO, O ME ESTÁS TOMANDO EL PELO?
TE ESTOY TOMANDO EL PELO
¡ANDATE AL CUERNO, ENTONCES!
¡¡Y YO CONTESTÁNDOLE TODO A ESA SIMULADORA CON MI ESTÚPIDO TONITO PATERNAL!!
©QUINO

HOLA, ¿MAMÁ? ME QUEDO A TOMAR LA LECHE EN LO DE MAFALDA
1370
¿SI ME INVITARON? NO, PERO NO CREO QUE POR UN CAFÉ CON LECH... ¿CÓMO? PERO ESCUCH... ¡NO!... PERO ESCU... NO, PER... ¡BUÉH, ESTÁ BIEN, YA VOY!
HOLA, ¿SEÑORA? NO SEA ASÍ, DEJE QUE LIBERTAD SE QUEDE A TOMAR L... ¿EH? ¿CON MI MAMÁ? BIEN, UN MOMENTITO
¡PERO NO, SEÑORA, NINGUNA MOLESTIA, POR FAVOR!... ¡PERO SÍ, CON TODO GUSTO IMAGÍNESE!...
©QUINO
LÁSTIMA TANTO TRÁMITE; ¡MI HAMBRE ES TAN PURA Y SIMPLE!...

¿A TU PAPÁ? ¡NO ME DIGAS! ¿Y CÓMO LE CHOCARON EL AUTO?
1371
Y, MI PAPÁ IBA POR UNA AVENIDA, Y AL LLEGAR A UNA ESQUINA APARECIÓ DE PRONTO OTRO QUE ¡ZÁS!.......
... LE ABOLLÓ TODO EL PRESUPUESTO DEL MES, LOS NERVIOS, LA ALEGRÍA DE TENER AUTO, EL CARÁCTER, LA CONFIANZA EN LOS DEMÁS Y UN GUARDABARROS
©QUINO

¡HOLA! ¿ASÍ QUE TU PAPÁ SUFRIÓ UNA COLISIÓN?
1372
SÍ, RESULTA QUE ÉL IBA PO
AH, ¿EN CIRCUNSTANCIAS EN QUE TRANSITABA, FUE LA COSA?
...POR UNA AVENIDA, Y EN UNA ESQUIN
¡AH! ¿LLEGÓ A LA INTERSECCIÓN Y TODO? ¡MIRÁ VOS!
PERO, ¿POR QUÉ TE PEGÓ?
POR CUESTIONES DEL MOMENTO

BUENO, COMÉ. ¡YA LO CONTASTE TANTAS VECES!...
¡ES QUE NO ENTIENDO CÓMO ME CHOCÓ ESE BESTIA! YO VENÍA POR AQUÍ, ESTA ES LA AVENIDA...
1373
... CUANDO AL LLEGAR A LA BOCACALLE VEO APARECER DE PRONTO AL ANIMAL ESE QUE VENÍA COMO UN LOCO...
...PORQUE SOLO A UN LOCO SE LE OCURRE CRUZAR ASÍ UNA AVENIDA. DECÍ QUE LO VI A TIEMPO...
... Y QUE TENGO REFLEJOS RÁPIDOS, ASÍ QUE CLAVÉ LOS FRENOS, PERO EL MUY DEGENERADO, EN LUGAR DE...
...REFLEJOS RÁPIDOS, ASÍ QUE CLAVÉ LOS FRENOS, PERO EL MUY DEGENERADO...

1374
¿Y DIOS HABRÁ PATENTADO ESTA IDEA DEL MANICOMIO REDONDO?

¡MAMÁ, HOY NO TENGO GANAS DE IR A LA ESCUELA!
ME PARECE MUY BIEN, FELIPE; YO TAMBIÉN FUI CHICA
...Y ME ENCANTABA QUE ALGUIEN FALTARA PARA IR Y SENTARME EN SU BANCO
¡JAMÁS LE DARÉ ESA OPORTUNIDAD AL CRETINO DEL GORDITO BARTOLUCCI!!

BIEN, ¿ENTONCES NUESTRO PAÍS LIMITA CON...?
Y, HACIA ADENTRO, CON NOSOTROS, ¿NUNCA LE NOTÓ UN AIRE COMO DE CLAUSTROFOBIA?

CINCO, CUATRO, TRES DOS, UNO...
¡CERO!
TIRANDO LA LIBRETA NO SOLUCIONÁS NADA, MANOLITO
¡ES QUE SIEMPRE ESAS NOTAS! ¡CINCO, CUATRO, TRES, DOS, UN

HOLA, MIGUELITO, ¿QUÉ COMÉS?
POCHOCLO
¡CROC! ¡CRAC!
¡CRUCH! ¡CROCK! ¡CRUCH! ¡CHUMP! ¡CRICH! ¡CRIK! ¡GULP!
¡CROCK! ¡CRUCHK! ¡CROCK! ¡CRACK!
¿NO SABÉS QUE EL QUE COME Y NO CONVIDA TIENE UN SAPO EN LA BARRIGA?
A DECIR VERDAD, LOS EGOÍSTAS NUNCA DIMOS MUCHO CRÉDITO A ESA LEYENDA REPUGNANTE
¡CROCK! ¡CRACK!

BUEN DÍA, DON BASILIO, ¿TIENE LISTOS MIS ZAPATOS?
COMPOSTU de Calzad
¿SUS ZAPATOS? ¡¡MIRE TODO EL TRABAJO ATRASADO QUE TENGO!!
PERO... ¡USTED ME LOS PROMETIÓ PARA LA SEMANA PASADA, LE DIJE QUE LOS NECESITABA URGENTE!
¡URGENTE, SÍ!... ¿ACASO VINO A BUSCARLOS LA SEMANA PASADA? ¡NO! ¿Y ENTONCES?
¿Y ESTABAN LISTOS? ¡NO! ¡ADEMÁS NO PUDE! ¿O UD. CREE QUE LO ÚNICO QUE TENGO EN LA CABEZA ES VENIR A BUSCAR ZAPATOS?
¡EH, MAFALDA! ¿QUÉ HACÉS?
AQUÍ ANDO, MAMANDO EL ESTILO NACIONAL

MI MAMÁ NO QUIERE QUE YO SEA TRADUCTORA DE FRANCÉS COMO ELLA
¿POR QUÉ?
PORQUE DICE QUE ES MORIRSE DE HAMBRE
PERO A MÍ ESO NO ME ASUSTA; LO IMPORTANTE ES HACER LO QUE A UNO LE GUSTA
ME PARECE MUY BIEN, LIBERTAD. ¿Y YA APRENDISTE A DECIR MUCHAS COSAS?
PATEFUÁ

¡JULITO, NO TOQUES!
1381
¡DALE, LLORÁ, AHORA! ¿QUÉ VA A PENSAR MANOLITO?
NO TENGO CAMBIO, MA-NOLITO, ¿TENÉS VUELTO?
CREO QUE SÍ
UNO... DOS...

¡CLIK!
1382
¿EZTÁZ ENOJADO?

1383
NUESTRO SUELO ES UNO DE LOS PRINCIPALES PRODUCTORES... ¿DE?...
PESIMISTAS
¡¡CERO EN SINCERIDAD!!

¿LO BITLE?
¡AJHÁ!
ZZZZZ
¿PARA ESTO UNA TRAE UN HERMANO AL MUNDO?

¿TU PAPÁ QUÉ HACE, LIBERTAD?
NO SABE
¡¿CÓMO NO SABE?!
Y, NO; "YO NO SÉ QUÉ HAGO AHÍ", DICE SIEMPRE
"¡AHÍ!", ¿DÓNDE ES "AHÍ"?
"AHÍ EN ESE PUESTUCHO", DICE
PERO... ¿DE QUÉ DIABLOS ES ESE PUESTUCHO?
"DE MORONDANGA", DICE
¡SI PRETENDÉS TOMARME POR IDIOTA TE VAS AL CUERNO! ¿ME OÍS? ¡¡AL CUERNO!!
¿HABRÁ COMO UN RACISMO CONTRA LOS HIJOS DE PADRES CON PUESTUCHO?

"TODOS SOMOS IGUALES ANTE LOS OJOS DE **DIOS**"...
¿Y QUÉ OCULISTA LO ATIEND...?...DIGO... NO...ÉSTEEE... NADA
¡QUÉ SE VA A ENOJAR! ¡¡SI NOS TIENE UNA PACIENCIA!!

1387
©QUINO
PIERDEN SU TIEMPO; AHÍ TAMPOCO ESTÁ LA FELICIDAD

MÉDICO
1388
©QUINO

1389
©QUINO
MAMÁ...
¿MMH?
LA CAPACIDAD PARA TRIUNFAR O FRACASAR EN LA VIDA...
¿ES HEREDITARIA?

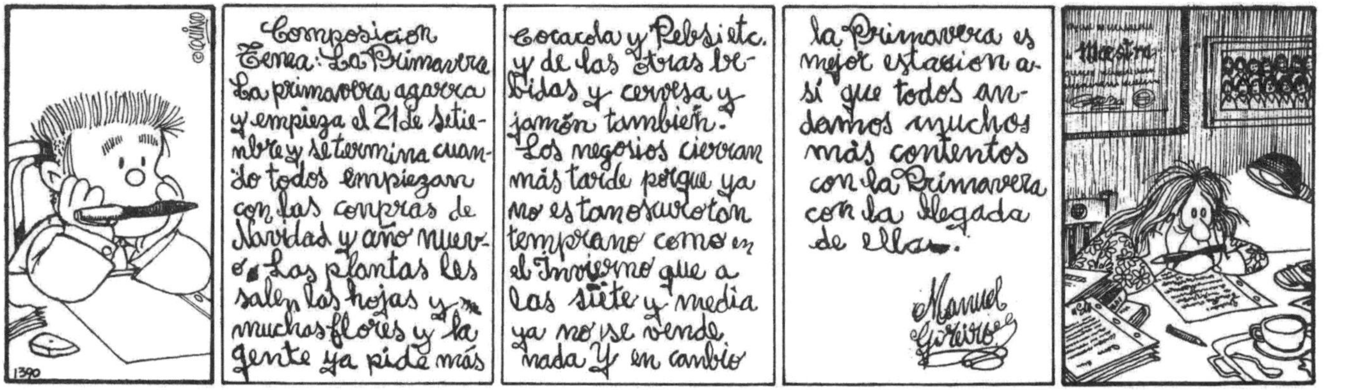
©QUINO
1390
Composicion
Tema: La Primavera
La primavera agarra y empieza el 21 de Setie-mbre y se termina cuan-do todos empiezan con las conpras de Navidad y año nuev-o. Las plantas les salen las hojas y muchas flores y la gente ya pide más
cocacola y Pebsi etc. y de las otras be-bidas y cervesa y jamón tambien. Los negosios cierran más tarde porque ya no es tan oscuro ton temprano como en el Invierno que a las siete y media ya no se vende nada Y en cambio
la Primavera es mejor estasion a-sí que todos an-damos muchos más contentos con la Primavera con la llegada de ella.
Manuel Goreiro

1391
LE PARECERÁ TRISTE, RAQUEL, PERO EN MOMENTOS COMO ÉSTE, "MAMÁ" ES TAN SÓLO SU SEUDÓNIMO
©QUINO

1392
¿SABÍAS QUE LAS TORTUGAS TIENEN SANGRE FRÍA?
CON RAZÓN ESA CALMA PARA ASESINAR LA VELOCIDAD
©QUINO

1393
¡GUILLE!
¿PODÉS EXPLICARME DE DÓNDE SALIÓ ESTA MANCHA?
¡AH, CÓMO! ¿NO ZABÉZ? LAZ MANCHAZ LAZ TAEN LOZ GIGANTEZ. ¡EN ZEDIO! ¡VINO UN GIGANTE MUY MUY GAAAANDE, TODO MUGUIENTO, Y LA DEJÓ AHÍ!
©QUINO
¿QUÉ PAZA? EZTO EZ DE CUANDO LE DI LA POPINA

1394
LA FRASE DE HOY
Dijo Jean Leclichy: "CUAL MADRE QUE AMAMANTA A SU NIÑO...
...EL HOMBRE CREA ARTE PARA ALIMENTAR SU ESPÍRITU."
¡¡Y QUE SU MENTE SE LAS ARREGLE CON ESTE CHUPETE!!
©QUINO

1395
TODOS UDS. CONOCEN, QUERIDOS AMIGUITOS, A QUÉ NIVELES HA LLEGADO LA HUMANIDAD GRACIAS A LA TÉCNICA...
Y A QUÉ NIVELES GRACIAS A LA POLÍTICA
©QUINO

¡PARA QUE SEPAS, LA LECHE TAMPOCO HACE LA FELICIDAD!

¡YIIIIIIIIIP!

¡YA MISMO ME ESTÁS DANDO ESE CARAMELO! ¡VAMOS, LARGÁ!
¡¡SI ÉSTE FUERA DE CARNE Y HUESO YA VERÍAS!!

¡¡ZÁS, EL DEBER DE BOTÁNICA!! ¡DEJÉ EL DEBER DE BOTÁNICA SOBRE LA MESA DEL COMEDOR!!
¡AH, NO!.... ¡LO TRAJE, QUÉ SUSTO!
¡UYDIÓ, EL COMPÁS!! ¡HOY TENEMOS GEOMETRÍA Y NO TRAJE EL COMPÁS!
¿JUSTO A MÍ TENÍA QUE TOCARME SER COMO YO?

¿TE GUSTAN LOS GATOS? A MÍ ME GUSTAN LOS GATOS
SÍ, A MÍ TAMBIÉN
CLARO QUE ME GUSTAN MÁS LOS PERROS
ESTAMOS HABLANDO DE GATOS, NO DE PERROS; ¡QUÉ TIENEN QUE VER LOS PERROS?¡CUANDO SE HABLA DE GATOS SE HABLA DE GATOS!
¡EL DÍA QUE HABLEMOS DE PERROS YO NO TENGO INCONVENIENTE EN HABLAR DE PERROS TODO LO QUE QUERÁS, PERO AHORA ESTAMOS HABLANDO DE GATOS! ¿POR QUÉ CAMBIAR DE TEMA? ¿POR QUÉ TODO EL MUNDO LA MISMA MANÍA?
¿POR QUÉ USTEDES LOS DEMÁS NO SON SIMPLES?

¿MANDAMOS TODOS LOS DÍAS UN PADRE PARA QUE ESA MALDITA OFICINA NOS DEVUELVA ESTO?

1402
MAÑANA, DE NUEVO A LA ESCUELA
Y LA MAESTRA DEBE ESTAR PENSANDO LO MISMO, CLARO
¿Y EL PRESIDENTE? ¡OTRA QUE A LA ESCUELA! ¡¡A GOBERNAR TIENE QUE IR!!
©QUINO
LA PEGASTE, VOS; VENIR A PARAR A UNA CAMA DONDE TE SUSPIRAN POCO

1403
ALMACEN "Don Manolo"
DESPENSA CARMONA
HAY QUE RECONOCER QUE PARA PONER PRECIOS ESTE DEGENERADO TIENE EL CORAZÓN UNOS PESOS MÁS BLANDO QUE NOSOTROS
©QUINO

¿CÓMO ANDA TU TORTUGA? CUANDO YO ERA CHICA, ME LLEVARON AL ZOOLÓGICO Y HABÍA TORTUGAS
1404
¿CUANDO ERAS CHICA?
¡JAH!...¡CUANDO ERA CHICA, DICE!
¿Y AHORA CÓMO SOS?
NO, NO, ¡SÉ CÓMO TERMINAN ESTAS COSAS!
DEL ASUNTO DEL TAMAÑO PASAMOS AL DE LA EDAD, Y AHÍ YO YA EMPIEZO A TENER TEMA PARA DEPRIMIRLO, ASÍ QUE MEJOR... TRANQUILITOS, ¿EH?
©QUINO

HOLA, SUSANITA, ¿QUÉ LEÉS?
FOTONOVELAS
¡PERO SUSANITA; NO PODÉS LLENARTE LA CABEZA CON ESAS ESTUPIDECES!
¡EN EL MUNDO ESTÁN PASANDO COSAS IMPORTANTES; COSAS QUE DE PRONTO CAMBIAN EL DESTINO DE LA HUMANIDAD!
¡NO ME LO RECORDÉS, TARADA! ¿O POR QUÉ CREÉS QUE LEO FOTONOVELAS?

¡¡APROVECHO EL DÍA DE LA MADRE PARA SALUDAR A TODAS LAS MAMÁS!!
...Y PARA RECORDARLES A ALGUNAS SACRIFICADAS QUE FREGAR, PLANCHAR, COCINAR Y TODO ESO.....
..NO QUIERE DECIR FREGARSE LA VIDA, PLANCHARSE LAS INQUIETUDES, FREÍRSE LA PERSONALIDAD Y TODO ESO, ¿SABEN?

¡NECESITO MI LÁPIZ, GUILLE, NO SEAS ASÍ! ¡MIRÁ QUE TE LO QUITO! ¿EH?
¡Y VOZ MIDÁ QUE TE LO DOMPO! ¿EH? ¡MIDÁ QUE LO VOY A DOMPED!
¡AH! ¿QUERÉS SER MALO?
¡ZÍ!
¡PERO TONTO, SI YA NO DEBEN DE QUEDAR VACANTES!...

¡Y A TODOS NOS ESPERA LO MISMO!... ¡¡¡MECACHO QUE ES INSALUBRE LA VIDA!!!

ICIO SUCESORIO, Y LA NUERA SALIÓ CON LO DE LA HIPOTECA, PERO EL CUÑADO DE TOTA DIJO QUE ÉL NO FIRMA UN PITO; Y...
..QUE DE DÓNDE SACÓ PANCHITO QUE LOS MUEBLES SON PARA LALA!. ¡ESTA LALA ES UNA, TAMBIÉN, MIRÁ, QUE DIOS QUIERA QUE SE
¡AL POBRE DIOS LO MEZCLAN EN CADA ESTOFADO!..

¿Y ESTARÁ MIGUELITO? VIVE EN EL 2.º PISO, ¿NO?
SÍ
... ¡¡Y UN DÍA DE ESTOS NO ME LIMPIO LOS PIES ANTES DE ENTRAR, NI GUARDO MIS JUGUETES, NI TENGO CUIDADO CON LA ALFOMBRA, NI CON...
... LAS CORTINAS, NI ME LAVO LAS MANOS, NI LAS OREJAS NI NADA!!
¡¡UN DÍA DE ESTOS DOY EL MIGUELAZO!!

1411
©QUINO

¡TUP!
¡!
¿T...TAN MA...MAL ANDARÁN LAS COSAS?
©QUINO
1412

1413
1561
31428
02790
©QUINO
¡SOCORRO!

¿VEMOS UN POCO DE TV?
¡NO, GRACIAS! ¡YO QUIERO SER UNA PERSONA, NO UN NÚMERO MÁS EN LAS ESTADÍSTICAS!
¿EN QUÉ ESTADÍSTICAS?
¡EN LAS ESTADÍSTICAS!.. ¡NI BIEN ENCENDÉS EL TELEVISOR, ¡ZAS!, ENTRÁS EN LAS ESTADÍSTICAS, MEZCLADO CON TODOS LOS QUE ESTÁN VIENDO TV!
¿Y QUÉ?, AHORA TAMBIÉN ESTÁS EN LAS ESTADÍSTICAS, MEZCLADO CON TODOS LOS QUE NO ESTÁN VIENDO TV, ¿NO?
¡VAMOS, MIGUELITO, MIRÁ, ESTÁ EL PÁJARO LOCO, ¿NO TE GUSTA EL PÁJARO LOCO?
SÍF

MI ESPOSO SERÁ ALTO, MOROCHO Y CON OJOS VERDES
Y NUNCA NADA SE INTERPONDRÁ ENTRE NOSOTROS NI EMPAÑARÁ NUESTRA DICHA
MI ESPOSO SERÁ ALTO, MOROCHO Y SIN MADRE
Y NUNCA NADA SE INTERPONDRÁ ENTRE NOSOTROS NI EMPAÑ

DIGO YO....¿NO HABRÁ ALGUNA POSIBILIDAD DE QUE EL GOBIERNO SIGA COMO ESTÁ, TODO TODO IGUAL...
...PERO QUE LE AGARRE COMO UN SOCIALISMO CON LAS FÁBRICAS DE CARAMELOS Y EMPIECE META EXPROPIAR Y REPARTIR CARAMELOS GRATIS?

GALLETITAS
1417
¿QUÉ PAZA? ¿NUNCA OÍZTE HABLAD DE LA ZOCIEDÁ DE CONZUMO, VOZ?
¿QUÉ PAZA? ¿NUNCA OÍZTE HABLAD DEL DOLOD DE PANCITA, VOZ?

1418
¡ÑIC!
¡ÑIC!
¡MMH!
¡¡OTRA QUE LA CENSURA!!.

1419
¿ESCUCHASTE ESOS TANGOS QUE SON EL DRAMA DE UN POBRE TIPO QUE NO PUEDE OLVIDAR EL PASADO Y VUELVE A CAER EN LAS GARRAS DE SU ANTIGUO VICIO Y QUÉ SÉ YO?
SÍ, CLARO, ¿POR QUÉ?
CHUIÍÍPI
CHUÍÍÍP
CHUIÍP
SCHUÍP
CHUÍÍÍP
CHUIÍPI
CHUÍÍÍÍP
CHUIÍÍSP
CHUIÍPI
CHUIÍÍP

¿NO COMÉS MÁS? ¡ES UNA PENA TENER QUE TIRAR ESO!
¡UH, SÍ; PERO COMÍ POR UN AÑO ENTERO!
PAPÁ, ESTABA PENSANDO; CUANDO TERMINÉS DE PAGAR LAS CUOTAS DEL AUTO, ¿ME PODRÁS COMPRA
¿LAS CUOTAS?
¿CUANDO TERMINE DE PAG...? ¿COMPRAR?

QUÉ SERÉ YO CUANDO SEA GRANDE, NO SÉ
LO QUE SÍ SÉ ES QUE NO SERÉ UNO MÁS DEL MONTÓN. ¡ESO SÉ!
¡OTRO MÁS QUE ENGROSA EL MONTÓN DE LOS QUE NO QUIEREN SER UNO MÁS DEL MONTÓN!

¿ÑÍF? ¿SÑÍF?
¡PUJ!
¿SNÍF? ¿SNÍF?
¡ZÁS!; ¡POR AQUÍ HAY ALGO QUE VAMOS A TENER QUE PONERLO COMO OFERTA DE LA SEMANA!

1423
¡CRACK!
¡BICHITOS!
¡CRACK!
¿NUECES CON *VIDA INTERIOR*? ¡¡¡ALMACÉN "DON MANOLO"!!!
©QUINO

1424
¡VOS ESTÁS LOCA, MAFALDA! ¿YO ESTUDIAR UNA CARRERA?
¿YO SER INGENIERA, O ARQUITECTA, O ABOGADA, O MÉDICA? ¿YO? ¡JHA!
¡YO VOY A SER AMA DE CASA Y VOY A APECHUGAR CON LAS TAREAS DOMÉSTICAS! ¡VOY A SER **MUJER**!
¡Y NO UNA DE ESAS AFEMINADAS QUE TRABAJAN EN COSAS DE HOMBRES!
©QUINO

1425
¿TENÉS SODA O ALGO ASÍ PARA TOMAR, FELIPE?
FIJATE EN LA HELADERA
¡ÁUGH!
¿QUÉ PASA?
¡AHÍ ADENTRO HAY UN... UN... **CADÁVER DE POLLO**!!
¿CÓMO UN CADÁVER DE POLLO? ¡UN POLLO, PAPAFRITA! ¿CÓMO UN CADÁVER DE POLLO?
¡ES QUE ESTÁ MUERTO! ¡Y SI ESTÁ MUERTO... ¿QUÉ ES? ¿EÉH?
©QUINO
¡PERO HIJITO, LA PATA, QUE TANTO TE GUST
¡NO, NO, VERDURA! ¡QUIERO VERDURA!

1426
CONCENTRARSE...
...Y NO SENTIR
CONCENTRARSE...
...Y NO S... SÑIF, SÑIF...
¡¡NO ME SALE, EL YOGA!!
©QUINO

1427
©QUINO
¿EL ARMATOSTE ESTE ESTARÁ BIEN SUJETO AL MUNDO?

¡TERMINÉ EL REPARTO DE TODOS LOS PEDIDOS, PAPÁ!
1428
¿YA?
¡SÍ QUE ME SALISTE BUENO, CONDENADO! ¡VEN UN POCO CON TU PADRE!
¡SMUÓK!
¡ANDÁ, SABANDIJA, VE A JUGAR POR AHÍ, QUE TE LO HAS GANADO!
¡TÚP!
¡MANOLITO!... ¿QUÉ TE PASÓ?
NADA; UN ROUND DE CARIÑO CON MI PAPÁ
©QUINO

...Y CINTA DE ENCAJE MARCANDO EL TALLE ALTO. GRACIAS, ALEXANDRA. VEMOS AHORA DESFILAR A MONIQUE, MUY A LA MODA, LUCIENDO UNA...
¿METRALLETA?
...FALDA EN MUSELINA BLANCA CON DETALL
ENTONCES NO TAN A LA MODA
1429

TOTAL, GUILLE YA ES GRANDECITO Y NO HABRÁ PROBLEMA EN PONERLO CON MAFALDA
Y VOS DECÍS TRAER AQUÍ SU CAMITA, ¿NO?
CLARO
¡¡LOZ VIEJOZ QUIEDEN QUE VOZ ZEAZ MI ZEÑODA!!
1430

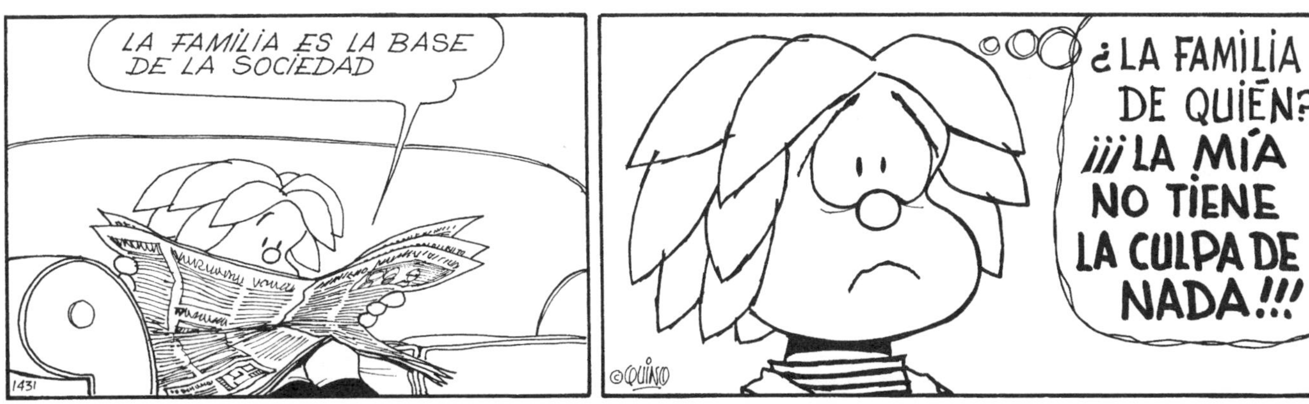
LA FAMILIA ES LA BASE DE LA SOCIEDAD
¿LA FAMILIA DE QUIÉN? ¡¡¡LA MÍA NO TIENE LA CULPA DE NADA!!!
1431

MI PIEZA YA NO ES MÁS MI PIEZA; MIS PAPÁS ME ENCAJARON LA CAMA DEL GUILLE... ¡ME AGARRÉ UN BERRINCHE!
¿Y EL GUILLE QUÉ DIJO?
ARMÓ UNA PATALETA PORQUE QUERÍA SEGUIR DURMIENDO EN LA PIEZA DE ELLOS
PERO ELLOS... ¡NADA, HICIERON LO QUE QUISIERON, NOMÁS!
¡Y TODO PORQUE LOS HIJOS NACEMOS CUANDO LOS PADRES YA COPARON EL PODER EN EL HOGAR!

¡OY-OY-OY! ¡QUIÉN ESTÁ ALLÍ!
–HOLA, SIEMPRE TE VEO PASAR POR AQUÍ, ¿CÓMO TE LLAMÁS?
–YO FELIPE, ¿Y VOS?
¡NI MU, LA MUY COBARDE!

MI PAPÁ ME TRAJO "EL REINO DE MUFALÍN" ¿LO LEÍSTE?
NO
HACE MUCHOS AÑOS, EN UN LEJANO PAÍS, GOBERNABA UN REY MUY BONDADOSO......
¡AH, SÍ! LOS MALOS ERAN LOS QUE LO RODEABAN ¡CONOZCO ESE CUENTO!

1435
¿Y ESTO?
¡¿QUIÉN ME SACÓ EL PORTAFOLIOS?!
¡AH, VOS, CLARO! ¡TRAÉ PARA ACÁ!
¡ESPEDÁ QU
¡ESPERÁ UN PEPINO! ¡Y AGRADECÉ QUE SE ME HACE TARDE!

1436
¿CONVIDARTE? ¡NO!
¡ESTÁ BIEN!
¡IGUAL YO ESA PORQUERÍA NO LA PROBARÍA JAMÁS! ¿ME OÍS? ¡JAMÁS!
¡SCHUÍÍP!
UN DÍA ESTE DEDO VA A DARME UN DISGUSTO CON SU FALTA DE CARÁCTER

1437
1074
¿PIBES? Y, NO... ¡IMAGINATE, POR AHORA VIVIMOS EN UN DEPARTAMENTITO DE UN SOLO AMBIENTE
FLORES PLÁSTICAS GRAN SURTIDO
ME PREGUNTO SI LA VIDA MODERNA NO ESTARÁ TENIENDO MÁS DE MODERNA QUE DE VIDA

¿YO TENER HIJITOS PARA CONTRIBUIR CON LA HUMANIDAD?
1438
¿YO TENER HIJITOS PARA **PERPETUAR** LA ESPECIE? ¿QUÉ ME IMPORTA A MÍ LA ESPECIE?
¡YO QUIERO SER **MADRE**, NO UNA FÁBRICA DE REPUESTOS!
©QUINO

¿HABRÁ ALGO BUENO EN ALGÚN CANAL?
¡CLIK!
1439
¡CLAK!
¡CLAK!
¡CLAK!
¡CLAK!
©QUINO
¡NADA!... ¡EN TODOS HAY TELEVISIÓN!

¡PLINK!
1440
¡¡AQUÍ ESTÁ!!
¡AH, GACIAZ!
¡¡CHUPETE *ON THE ROCKS*!! ¡LAS COSAS QUE HAY QUE AGUANTARLE!
©QUINO

¡HOLA! ¿SABEN QUE EMPEZÓ EL AÑO NUEVO?
¡CLARO, PAPAFRITA! ¡¿CÓMO NO LO VAMOS A SABER?!
¡LA NOTICIA HA CORRIDO COMO REGUERO DE PÓLVORA!

¡EH, GUILLE; TOMÁ UN POCO DE SÁNDWICH!
AH, NO; ÉL MORTADELA JAMÁS

EL HOGAR
ARTÍCULOS PARA EL HOGAR
NO PARECE MUY MAL MARIDO, ¿A CUÁNTO SE LO DEJARON?

¿ADÓNDE VAS A IR DE VERANEO ESTE AÑO, LIBERTAD?
¿NUNCA TE HABLÉ DE LA CASA DE MI ABUELA EN EL CAMPO?
UNA VEZ ME LLEVARON; HAY UNA VACA EN UN CORRAL Y UN CABALLO Y GALLINAS Y PATOS Y CONEJITOS....
...Y MUCHOS ÁRBOLES QUE SE LLENAN DE CANTOS DE PÁJAROS AL CAER LA TARDE. ¿NUNCA TE HABÍA CONTADO NADA DE ESO?
NO
BUENO, ¡PUES PARECE QUE OTRA VEZ VAMOS A IR A ABURRIRNOS A ESE MALDITO LUGAR!

SE EQUIVOCÓ LA CIGÜEÑA,
SE EQUIVOCAAABA
SE EQUIVOCAAABA

¡DEBO LLEGAR AL RANCHO DE MULLIGAN ANTES DE QUE ESOS FORAJIDOS LLEVEN A CABO SU PLAN!
¡OH-OH, QUIÉN SE A(GLUP) CERCA!
¡LLEBO DEGAR AL MULLI DE RANCHIGAN ANQUES DE TE SOSE FORALLIVOS JEBEN A PLABO SU CAN!
¡BEGO MULLAR RALANCHO GUE LLUMIQAN DANFEDTISOS

1447
¡TODO AUMENTA! ¡SI LAS COSAS SIGUEN ASÍ, ¿ME QUIERE DECIR CÓMO VAMOS A VIVIR?
¡Y BUÉH!... SERÁ CUESTIÓN DE IR TIRANDO
¡¿A QUIÉNES?! ¡SI ESTÁN TODOS MÁS AGARRADOS!...
©QUINO

1448
¡VOY A HACER GIMNASIA, YA VAS A VER!
¡Y RÉGIMEN! ¡TAMBIÉN VOY A HACER RÉGIMEN!
¿QUE NO? ¡JHA!... ¡NO ME CONOCÉS! ¡PERO DE AHORA EN ADELANTE VAS A SABER QUIÉN SOY YO!
UNO RUBIO, GORDITO...
©QUINO

1449
¡HOLA! ¿QUÉ LEÉS?
UNA NOTA SOBRE EL EXCESO DE POBLACIÓN MUNDIAL
¿TRAE ALGUNA LISTA DE NOMBRES?
¿LISTA DE NOMBRES? ¡NO! ¿QUÉ LISTA DE NOMBRES?
¡AH!
MEJOR ASÍ; SI ESTOY DE MÁS EN ESTE MUNDO PREFIERO SOBRAR DE INCÓGNITO
©QUINO

¡PUEBLOS DEL MUNDO!
¿PODEMOS PERMANECER CRUZADOS DE ESTÓMAGOS MIENTRAS MEDIA HUMANIDAD PADECE APETITO?
¿Y A USTEDES QUÉ LES PASA QUE MIRAN CON ESAS CARAS DE CURSIS?
1450
©QUINO

PARTIÓ HACIA LA URSS. UNA DELEGACIÓN DE EE.UU.
¿CÓMO PUEDEN IR A VISITAR A ESOS RUSOS QUE SON TODOS UNOS COMUNISTAS?
¡VAMOS, VAMOS!... QUE SI PARA VOS FUERA NEGOCIO, YA TE VEO ABRIENDO UNA SUCURSAL DEL ALMACÉN DE TU PAPÁ EN MOSCÚ
¿EN MOSCÚ? ¿YO? ¡MIRÁ, NO TE APLASTO LA NARIZ PORQUE SOS MUJER!
¿SAPEVICH KHE ALMACENSKY MANOLOV VENDE BARATIUSHKA?
1451
©QUINO

SOY TODA OÍDOS, PAPITO; ¿PODRÍAS EXPLICARME POR QUÉ EN VEZ DE CAMBIAR ESTRUCTURAS A TODOS LES DA POR REMENDAR ARMAZONES?
1452
©QUINO

¡EL GRANDULÓN, PATEANDO LATITAS!
¡CLANK!
¡QUÉ DESASTRE! ¡HASTA MIS DEBILIDADES SON MÁS FUERTES QUE YO!

¿YO PREJUICIOS?
¡¡INVENTOS TUYOS!!
¿CUÁNDO DIJE YO ALGO CONTRA ESOS COCHINOS NEGROS, EHÉ? ¿CUÁNDO? ¡A VER, DECÍ! ¿CUÁNDO, EHÉE?

?
almacén Don Manolo

VIEJA, ¿PODÉZ VENID?
¡¿CÓMO VIEJA?! ¡LINDO MODO DE LLAMAR A MAMÁ!
¿Y QUIÉN LLAMA A MAMÁ? ¿TE HACÉZ LA JOVEN, AHODA?

¿QUÉ TIENE QUE HACER UNA TORTUGA PARA VIVIR? ¡SER TORTUGA!
¿QUÉ TIENE QUE HACER UN GATO PARA VIVIR? ¡SER GATO!
¿QUÉ TIENE QUE HACER UN OSO PARA VIVIR? ¡SER OSO!
¿QUÉ TIENE QUE HACER UN TIPO PARA VIVIR? ¡SER ALBAÑIL, ABOGADO, TORNERO, OFICINISTA O QUÉ SÉ YO!
¿POR QUÉ TENÍA QUE TOCARNOS A LOS HUMANOS EL ESTÚPIDO PAPEL DE SER ANIMALES SUPERIORES?

¡SGLUB!
¡¡PTUÁÁJ!!
¡SGLUB!
¡FUAAJJ!
¡SGLUB!
¡PÚJJ!... ¡LA TERMINÉ!
¡CÓMO TE ESTOY MALCRIANDO, MADRE! ¡¡¡CÓMO TE ESTOY MALCRIANDO!!!

¡HOLA, VENGO A JUGAR! ¿PUEDO QUEDARME A JUGAR?
POR SUPUESTO; ADELANTE
1459
¡TENGO UNAS GANAS DE JUGAR! ¿A QUÉ PODEMOS JUGAR, EHÉ? ¡DALE! ¿A QUÉ SE TE OCURRE?
¡YA SÉ!
¡A LOS DESTRABALENGUAS!... DECÍ *"EN TRES PLATOS DE TRIGO COMEN TRES TIGRES TRIGO"*. ¿A VER?
LOS TIGRES NO SON VEGETARIANOS. YO VENÍA A DIVERTIRME, NO A QUE ME TOMÉS POR IGNORANTE
©QUINO

¿SABÉS?, ANDO PREOCUPADO, SUSANITA
1460
RESULTA QUE
¡AH, NO, MIGUELITO!
YO SOY AMIGA TUYA, NO DE TUS PREOCUPACIONES
YO NO SIENTO CARIÑO POR TUS PROBLEMAS SINO POR VOS, ¡TODO MI CARIÑO POR VOS!
¡OH, GRACIAS, SUSANITA!
¿GRACIAS?
©QUINO

1461
©QUINO
¿QUÉ HACÉS AHÍ SENTADO ESPERANDO, GUILLE? TODAVÍA FALTA UNA SEMANA PARA QUE SALGAMOS DE VERANEO
¿UNA ZEMANA CUÁNTOZ DÍAZ ZON? ¿AZÍ?
NO, ASÍ
¿ME TRAEDÍAZ UN ALMOHADONZITO, POD FAVOD?

¡MAFALDA, APAGÁ ESA LUZ Y DORMÍ DE UNA VEZ, QUE SON LAS DOCE Y PICO!
1462
'TÁ BIEN
¡CLIK!
¡HORAS EXTRAS!... ¡ADEMÁS DE SER LA MADRE DE UNA TODO EL DÍA, ENCIMA HACE HORAS EXTRAS!

... Y NOS COMPLICARÍA EL VERANEO. ¡AH! YA TE DIJE QUÉ HAY QUE DARLE DE COMER, ¿NO? ESPERO QUE LA CUIDES BIEN
QUEDATE TRANQUILA
1463
PARECE QUE A LOS CHICOS LES INTERESA
¿Y SI A CADA UNO?...
¡¡Y SI A CADA UNO NADA!! PODRÍA SOLVENTAR EL GASTO DE LECHUGA Y ENCIMA HACER NEGOCIO, PERO PROMETÍ CUIDARLA, NO ALQUILARLA POR DÍA, ¡PUCHA DIGO!

1464
¡¡DALE NOMÁS!! ¡¡DALE QUE VAS A SALIR EN LOS DIARIOS!!
¿POD QUÉ? ¿QUE ALGUIEN PAZE A UNOZ PELAGATOZ EZ NOTIZIA?

1465
SLUP SLUP SLUP
©QUINO
SLUP SLUP SLUP SLUP
SLUP SLUP SLUP
?
SLUP SLUP SLUP
SLUP SLUP SLUP SLUP
SLUP SLIP SLUB

1466
¡NUNCA SEAN COMO DENTRO DE UNOS AÑOS!
¡¡NUNCA!!
©QUINO

PAPÁ, DEL OTRO LADO DEL MAR ESTÁ ÁFRICA, ¿NO?
SÍ
1467
©QUINO
O SE ACOSTARON TODAS TEMPRANO, O LAS JIRAFAS NO TIENEN EL CUELLO TAN ALTO COMO YO CREÍA

¡GUILLE, VENÍ!
¡¡VAMOS A CONSTRUIR UN CASTILLO!! ¿EH? ¡¡UN CASTILLO EN EL QUE VIVÍA UN REY!! ¡DALE, TRAEME TU BALDE CON LA PALITA!
NO PUEDO TAÉDTELOZ PADA EZTUPIDECEZ; EZTOY HACIENDO DEPADTAMENTOZ

MAMÁ, ¿ESTA PLAYA TAMBIÉN ES NUESTRA PATRIA?
¡Y MUY NUESTRA PATRIA! ¿POR QUÉ?
PORQUE PARECE QUE ALGUNOS CREEN QUE LO ÚNICO QUE HAY QUE MANTENER LIMPIO DE LA PATRIA ES EL PASADO HISTÓRICO Y ESAS COSAS

ES CURIOSO CÓMO POR MÁS QUE UNO TRATA DE RETENERLO, EL PUÑADO DE ARENA SE LE ESCAPA DE LA MANO
¡NO HAY CASO; SE VA, SE VA!
¡NADA! ¡APENAS UNOS MÍSEROS GRANITOS!
¡BASTA CON ESA MALDITA ALEGORÍA DEL SUELDO!!

¡ME ALEGRA VERTE DE VUELTA, YO PENSABA QUE TU VERANEO SERÍA ALGO MÁS LARGO!
NOSOTROS TAMBIÉN, PERO NO NOS ALCANZÓ LA PLATA PARA MÁS
1471
¡EL DINERO!
¡SIEMPRE EL COCHINO DINERO!
¿¡A QUE MIENTRAS LO TUVIERON PARA PASARLA BIEN NO SE TE OCURRIÓ CUESTIONARLE LA HIGIENE!?
¡¡DESAGRADECIDA!!
©QUINO

¿QUÉ TAL ESAS VACACIONES EN LA CASA DE CAMPO DE TU ABUELITA, LIBERTAD?
1472
CONOCÍ A DON BASILIO, QUE ORDEÑA LA VACA POR LAS MAÑANAS
TODAS LAS MAÑANAS, CON LLUVIA O SOL, VA DON BASILIO CON SU BANQUITO, SE SIENTA JUNTO A LA VACA Y
CHÍÍÍÍÍÍF CHÍÍÍÍÍÍÍF
CHÍÍÍÍÍF CHÍÍÍÍÍÍF
LA ORDEÑA
©QUINO
BUENO, PERO APARTE DE DON BASILIO Y LA VACA, ¿A VOS CÓMO TE FUE?
¿A MÍ? NO SÉ; TODAVÍA NO SÉ SI EL DESCUBRIR QUE HAY DESTINOS CHÍÍÍÍÍF CHÍÍÍÍÍF COMO EL DE DON BASILIO FUE HERMOSO O TERRIBLE

¡TODO CADA VEZ MÁS CARO! ¿SE PUEDE VIVIR ASÍ?
1473
¡YA UN SUELDO NO ALCANZA NI PARA COMIDA! ¡DESPUÉS QUIEREN QUE NO HAYA ASALTOS! ¿PUEDE UN OBRERO ALIMENTAR A SUS HIJOS CON LO QUE GANA?
¡ASÍ ES COMO EMPIEZAN LAS HUELGAS; DESPUÉS LES AUMENTAN UNA MISERIA Y DICEN QUE LOS COSTOS DE PRODUCCIÓN, QUE ESTO Y AQUELLO! ¡Y ENTONCES TODO VUELVE A SUBIR Y
¿HABRÍA UN POCO MÁS DEL GUISO SOCIOLÓGICO ESE, POR FAVOR?
©QUINO

1474
¿CÓMO ERA TODO?

1475
¡SEXY, EL FURGONCITO!

1476
BUENAZ TADEZ, ¿QUÉ DEZEA?
BUENAS TARDES, QUISIERA HABLAR CON UNA PERSONA MAYOR
ENZEGUIDA
BUENAZ TADEZ, ¿QUÉ DEZEA?

AHÍ BUZCA UN TIPO, CHÉ
1477
BUENAS TARDES, NENA, ¿ESTÁ TU MAMÁ?
DEPENDE
¿CUÁL DE ELLAS?
VENTEX
¿CÓMO **CUÁL**? PERO...¿CUÁNTAS MAMÁS TENÉS?
¡UF!..
UNA A LA QUE ADORO CON TODA EL ALMA...OTRA QUE ME PERSIGUE CON SU SOPA... OTRA QUE ME PROTEGE... OTRA QUE ME PEGA CADA GRITO...OTRA QUE ES FELIZ EN SU HOGAR... OTRA QUE VIVE ESCLAVA DE LA CASA... OTRA QUE..
¿QUIÉN ERA, MAFALDA?
¡BÉH!..
UN VENDEDOR AL QUE LE VENDIERON ESO DE QUE MADRE HAY UNA SOLA

SOCIALES
1478
ES COMO EN LAS SERIES DE TV
EL QUE UN DÍA HACE DE VIAJERO OTRO DÍA HACE DE ENFERMO O DE PADRINO DE BODA.... ¡PERO TRABAJAN SIEMPRE LOS MISMOS!

1479
¿ALGUIEN DE USTEDES SE LLAMA MIGUELITO?
ESTOS BICHOS DEBEN USAR UNOS NOMBRES ESPANTOSOS

1480
¡ZI MAFADDA VA A LA EZCUELA, YO TAMBIÉN QUIEDO ÍD!
MÁS ADELANTE, GUILLE; TODAVÍA NO PODÉS
¡QUIEDO ÍD Y VOY A ÍD!
¿POD QUÉ NO PUEDO?
PORQUE SOS MUY CHIQUITO TODAVÍA, NO TE DEJARÍAN ENTRAR
¿MUY CHIQUITO?
¡DEZDE QUE NACÍ EZTOY META Y META VIVÍD! ¿QUÉ PRETENDEN EZOZ?
©QUINO

¡CADA VEZ QUE EMPIEZAN LAS CLASES ME AGARRA ESTA MISMA COSA AQUÍ!
1481
¿Y SI FUERA A UN PSICOANALISTA?
¿PODRÍA UN PSICOANALISTA SACARME LA ANGUSTIA DE VOLVER AL COLEGIO?
¿CONSEGUIRÍA UN PSICOANALISTA QUE YO, FELIPE, FUERA A LA ESCUELA CONTENTO Y FELIZ?
¿LOGRARÍA UN PSICOANALISTA TRANSFORMARME EN UN SER TAN REPUGNANTE?
©QUINO

¡CHUÍK!
?
1482
¿Y ESE BESITO?
ES PORQUE... ¡POBRE PAPÁ!
EMPIEZAN LAS CLASES Y... ¿PENSASTE QUE TENDRÁS QUE COMPRARME LÁPICES, LIBROS, CUADERNOS Y TODO UN MONTÓN DE COSAS MÁS?
CLARO, TONTITA, PERO ANDÁ Y NO TE PREOCUPÉS POR ESO
©QUINO
¡CHUÍK!

VEAMOS, LIBERTAD; ¿ÉSTE ES UN TRIÁNGULO... ....CÓMO ?...
¡COMO DIOS MANDA!
NO, FIJATE MEJOR; SI ESTE LADO, Y ESTE LADO, Y ESTE LADO MIDEN LO MISMO, ¿ES UN TRIÁNGULO......?
¡ABURRIDÍSIMO!
¡¡PERO NO!! "UN TRIÁNGULO CUYOS LADOS SON TODOS IGUALES" ¿ES..........?
¡AH!... ¡SOCIALISTA!

UN ZAPATO VIEJO, ¿POR QUÉ SE VERÁN SIEMPRE ZAPATOS Y NO CAMISAS, O CORBATAS, O SOMBREROS VIEJOS TIRADOS ASÍ?
¡QUÉ SÉ YO! SERÁ PORQUE LOS ZAPATOS ANDAN POR EL SUELO; ES LÓGICO QUE TERMINEN EN EL SUELO
BUENO, LA MORAL TAMBIÉN, Y YO NO VEO NINGUNA

ESTÁ BIEN, ME DOY POR VENCIDA, ¿DE QUÉ SEXO SOS?

PAPÁ, EL MUNDO..... O SEA, LA TIERRA....
...¿DE QUÉ SEXO ES?
¿CÓMO DE QUÉ SEX...?
¡¡PERO MAFALDA!! ¿¡CÓMO VA A TENER SEXO EL MUNDO?!.
¿TODAS TENÍA QUE LIGARLAS, EL POBRE? ¿TODAS?
1486
© QUINO

¡MENTIRA!
1487
© QUINO

MAMÁ, ¿YO A VOS HASTA QUÉ EDAD TENGO QUE OBEDECERTE?
HASTA QUE TENGAS EL CRITERIO, LA RESPONSABILIDAD Y LA MADUREZ SUFICIENTES COMO PARA SABER DESENVOLVERTE SOLA EN LA VIDA
¡LA PUCHA!.. ¿Y DUELE MUCHO, TODO ESO?
1488
© QUINO

ERRARE HUMANUM EST
¿Y ESTUM?

NO VAYA A SER QUE POR BUSCAR SALIDAS NOS QUEDEMOS SIN ENTRADAS, ¿EH?

¿TE CONTÉ QUE MI ESPOSO SERÁ EJECUTIVO DE UNA IMPORTANTE EMPRESA?
SÍ, SUSANITA, ME CONTASTE
¿Y QUE VIVIREMOS FELICES EN UN HERMOSO CHALECITO...
...DE LAS AFUERAS, SÍ; ¡TAMBIÉN ME LO CONTASTE YA VARIAS VECES!
¡NO ME DIGÁS QUE SABÉS LO DE LAS TIERNAS MIRADAS QUE EMPEZARÉ A NOTAR ME ECHA MI CUÑADO, PORQUE POR PUDOR NO SE LO CONTÉ NUNCA A NADIE!

¡PZT, MAFADDA! ¿DODMÍZ?
MMNO, GUILLE ¿QUÉ QUERÉS?
DECÍDTE QUE... QUE VOZ... QUE VOZ TE VAZ A LA EZCUELA TODAZ LAZ MAÑANAZ...
SÍ, ¿Y?
Y, NADA, QUE... ¿QUÉ CUEDNOZ HAGO CON EL AGUJEDITO QUE ZIENTO ADENTRO MÍO CUANDO NO EZTÁZ? ¡ZANAHODIA!...
¡¡BUAAA!!...
¡SÑIF!
¡UUAAAA!...
¡ÑIF!

DEBO ATENDER, SIN PERDER DETALLE, LO QUE ESTÁ EXPLICANDO LA MAESTRA
...Y PONER TODOS MIS SENTIDOS EN NO DISTRAERME
...Y CONCENTRAR TODA MI ATENCIÓN EN ESTAR ATENTO
...Y...
¿ENTENDIERON, NIÑOS?
SÍ, SEÑORITA

1492
MAMÁ
¿SÍ?
A TODO AQUEL QUE DELIBERADAMENTE *SE REBELARE* Y *NO TOMARE, COMIERE, TRAGARE, ENGULLIERE Y/O SORBIERE* ESTA PORQUERÍA, ¿VOS *LE PEGARES*?
©QUINO

1493
¡TUMP!
¡¿QUÉ PASA? ¿QUIÉN CERRÓ CON LLAVE?!
¿SON LOCOS? ¿QUÉ ES ESTO DE ENCERRARSE ASÍ?
©QUINO
ÉTICA; PERO PASÁ, IGUAL YA TERMINÁBAMOS DE HABLAR DE LOS PADRES

1494
AUXILIO
OTRO QUE CREYÓ QUE LO ÚNICO QUE HAY POR DELANTE ES EL PORVENIR
©QUINO

ANOTEN, DEBER PARA MAÑANA, COMPOSICIÓN; TEMA: LA VACA
¿OTRA VEZ?
1495
¿HAY DERECHO? ¡UN AÑO Y OTRO AÑO Y OTRO AÑO DELE Y DELE ESCRIBIR SOBRE LA VACA! ¿NO HAY OTRO TEMA, DIGO YO? ¡LA VACA! ¡SIEMPRE LA VACA!
©QUINO
"LA VACA NOS DA LA LECHE"
¿Y LA DE TINTA QUE NOS CHUPA?

POD FAVOD, ¿LE DAZ CUEDDA A MI ÓDNIBUZ, MANODITO?
1496
CRIIIIC – CRIIIIC
CRIIIIC – CRIIIIC
CRIIIIC – CRIIIIC
CRIIIIC-CRIIIIC
¡CRACK!
©QUINO
¡OOOY!... ¡EL TROMPITO, GUILLE!... ¡MIRÁ EL TROMPITO!
SI TU HERMANO NO APRENDE A VALORAR LAS PEQUEÑAS GANANCIAS DE LAS GRANDES PÉRDIDAS, VA A SUFRIR MUCHO EN ESTE MUNDO, ¿EH?

LA DONNA É MÓBILEEEEE TARAIRA AL VENTOOOO
1497
LARÍ-LA CHENTOOO E DI PENSIER'
PARÍ-PA MÓVILEEE QUAL PIUMA AL VENTOO TARÍ D'ACHENTOOO LA-RÍ PENSIEEEER'
TARÍÍÍÍÍ-TARÍÍÍÍÍ E DI PENSIER' TARÍÍÍÍ-TARÍÍÍÍ E DI PENSIER'
©QUINO

"DEBES PENSAR EN LOS DEMÁS ANTES QUE EN TI MISMO"
1498
PENSAR ANTES, SÍ, PERO SI NO TE ACLARAN CUÁNTO TIEMPO, ¿UNA CÓMO SABE?
¿DEBO PENSAR MEDIA HORA EN LOS DEMÁS Y LUEGO UNA SEMANA EN MÍ MISMA?
¿CINCO MINUTOS EN LOS DEMÁS Y LUEGO SEIS MESES EN MÍ MISMA?
¿UN SEGUNDO EN LOS DEMÁS Y LUEGO VEINTE AÑOS EN MÍ MIS

¿CÓMO TE FUE HOY EN CLASE, MANOLITO?
BIEN; CREO QUE BIEN
1499
A PROPÓSITO: AMÉRICA SE ESCRIBE SIN H, ¿NO?
¡LA PREGUNTA!. ¡CLARO!
AH, ENTONCES ESTÁ BIEN
América
Manuel Goreiro
José Ruiz

¿SABÍAS QUE MI PAPÁ ES SOCIALISTA? ¡MIRÁ QUÉ CASUALIDAD SI TU PAPÁ FUERA DEL MISMO PARTIDO!
1500
PAPÁ, ACÁ LIBERTAD QUIERE SABER DE QUÉ PARTIDO POLÍTICO SOS VOS
¿YO?... ¿YO, PARTIDO POLÍTICO? ¡JÁH!
Y, CLARO, ESE ES MUCHO MÁS CONOCIDO QUE EL DE MI PAPÁ

©QUINO
1501
OTRA CON SOPOFOBIA, ¿VISTE?

1502
DIGO YO, SI UNA SE CASÓ Y RESULTA QUE LUEGO APARECE OTRO TIPO QUE LE GUSTA MÁS, ¿QUÉ DEBE HACER? ¿CAMBIARLO POR SU MARIDO O QUÉ?
¡¡QUÉ SÉ YO, SUSANITA!!
¡AL FIN DE CUENTAS ESTAMOS EN UNA SOCIEDAD DE CONSUMO, QUÉ DIABLOS!
©QUINO

DEMOCRACIA (del griego, demos, pueblo, y kratos, autoridad) Gobierno en que el pueblo ejerce la soberanía
1503
DICCIONARIO
©QUINO

¡SALUD! ¡AQUÍ LLEGA *EL NUEVO MIGUELITO*!
1504
¡YA ESTABA CANSADO DE SER COMO ERA, ASÍ QUE DECIDÍ DARME UN GOLPE DE ESTADO Y DERROCAR A MI EX-PERSONALIDAD!
¿ESO SIGNIFICA QUE AHORA DEBEREMOS AGUANTARTE **QUÉ COSAS**?
©QUINO

VENGO A COMUNICARTE QUE SOY *EL NUEVO MIGUELITO*, SUSANITA
1505
¿EL NUEVO MIGUELITO? ¿Y QUÉ TENÉS DE NUEVO?
ESO: QUE SOY *EL NUEVO MIGUELITO*
VOS PERDONÁ, PERO YO TE VEO IGUAL QUE SIEMPRE
¡BUENO, CHE, AL FIN DE CUENTAS RECIÉN EMPIEZO A PONERME EL HOMBRO!...
©QUINO

1506
SÉ FRANCA, ¿VERDAD QUE NO ME SIENTA *MUCHO* EL BESTIA-LOOK?
©QUINO

SUSANA CLOTILDE CHIRUSI, ¿ACEPTA POR ESPOSO A...
¿A?...
1507
©QUINO

HOLA, MIGUELITO, ¿CÓMO MARCHA TU TRANSFORMACIÓN EN *EL NUEVO MIGUELITO*?
¡CUESTA! ¡HAY SECTORES QUE INTENTAN MANTENER LAS VIEJAS ESTRUCTURAS!
UNO DE ELLOS OPINA QUE O VOY A COMPRAR EL PAN COMO SIEMPRE O NO VEO MÁS TV, ¿NO ME ACOMPAÑÁS A LA PANADERÍA?
1508
©QUINO

RESULTA QUE A MIGUELITO SE LE METIÓ EN LA CABEZA QUE ÉL ES *EL NUEVO MIGUELITO*, ¿QUÉ ME CONTÁS?
¡ME PARECE MUY BIEN! ¡VIVIMOS UNA ERA DE CAMBIO CONSTANTE! ¿CÓMO SERÍA EL MUNDO DE HOY SIN CAMBIOS?
¡¡VOS, AQUÍ TE TRAIGO LOS TOMATES QUE ME VENDISTE ESTA MAÑANA!!
DÉJEMELOS Y TOME ÉSTOS; RECIÉN RECIBIDOS
¡GENIAL, SERÍA! ¡¡PUCHA DIGO!!
1509
©QUINO

¿QUÉ MAL HAN HECHO LAS GALLINAS? ¡NINGUNO!!!
¿DE QUÉ SON CULPABLES LAS GALLINAS? ¡DE NADA!
¡¡TUS MANOS, MADRE, ESTÁN TINTAS EN CALDO DE INOCENTES!!!
1510
©QUINO

NO SOY YO LA PESIMISTA, FELIPE, ES LA GENTE; LO ÚNICO QUE OÍS POR AHÍ ES QUE LAS INSTITUCIONES ESTÁN EN CRISIS, LA ECONOMÍA EN CRISIS, LA JUVENTUD EN CRISIS...
1511
LA MORAL EN CRISIS, EL MUNDO EN CRISIS, LA IGLESIA EN CRISIS, LOS VALORES EN CRISIS, LA VIVIENDA EN CRISIS, EL FÚTBOL EN CRISIS, EL CINE EN CRISIS, LA...
... TELEVISIÓN EN CRISIS, LA POLÍTICA EN CRIS LA EDUCACIÓN EN CRI
©QUINO

FUE EXPULSADO DE BULGARIA UN PERIODISTA INGLÉS
¡PÁÁAF!
1512
DISOLVIÓ LA POLICÍA UNA MANIFESTACIÓN ESTUDIANTIL EN ROMA
¡MAS-CAL-ZONI!
MAS-CAL-ZONI
RECHAZÓ RUSIA UNA PROPUESTA DE ESTADOS UNIDOS
¡NIEET-NIEEET-NIEEET!
©QUINO
¿QUÉ PASA, ESTÁ PROHIBIDO BAILAR NOTICIOSOS, ACASO?

¡CHST! ¡BON YÚR, MADMUASÉLL!
¿VISTE? ¡ME COSTÓ, PERO APRENDÍ A SALUDAR EN FRANCÉS!
FELICITACIONES, LIBERTAD
¡ES QUE A MÍ, MÁS ME CUESTA UNA COSA, MÁS ME EMPERRO EN APRENDERLA BIEN!
¡BON YÚR, MADMUASÉLL!

MAFADDIIIIIITA
¡UFA, GUILLE, TODOS LOS DÍAS LO MISMO! ¡TRAÉ!
BSSBEN CHILE... MSBSCLARÓ
MOSHE DAYAMSSBS... BSSMS
BSNUNCIÓ EL SUBSECRETARIMBS...
MMSSALTO A UN BANCO ENBSBS...
BSS BSTESTAN LOS JUBILADSSBS...
SMBSSUN FILM DE PASSOLINSBS...
BSSBSECHA DE SORGO HÍBRBSBS...
MBSSRROTÓ POR 2 A 1 A SPORTSBSSM...
¿NO?
NO
¡ZE PUEDE VIVID!
¡ADEMÁS YA TE DIJE: EL DIARIO TAMPOCO DIRÁ NADA EL DÍA QUE AUMENTE EL PRECIO DE LOS CHUPETES!

JÁUREGUI
¡PRESENTE!
LICASTRO
¡PRESENTE!
NARDONE
¡PRESENTE!
PITTI
CLAP CLAP CLAP CLAP CLAP CLAP

¡CLADO!... ZEGUDO QUE ÉZE CHUPA IMPODTADOZ

¡¡ BUENAS TARDES, SOY SUSANITA !!
¡NO!
¡CONOZCÁMONOS Y PÁFATE !!
¡MENOS!
VOS QUE SABÉS TANTAS COSAS, ¿CÓMO CUERNOS SE HARÁ PARA IRRUMPIR EN LA VIDA DE UN HOMBRE?

MAMÁ, ¿VOS, CUANDO ERAS CHICA TENÍAS AMIGOS COMO YO TENGO A FELIPE, SUSANITA, MANOLITO, MIGUELITO Y LIBERTAD?
SÍ, CLARO
¿Y QUÉ PASÓ? ¿TE PELEASTE, QUE NO LOS VES NUNCA?
NO, PASÓ QUE LUEGO LA VIDA NOS FUE LLEVANDO A CADA UNO POR SU LADO
AAH
¿Y QUIÉN SE CREE LA VIDA QUE ES PARA HACERLE ESAS PORQUERÍAS A LA GENTE?

¿CUÁL ES EL PICO MÁS ALTO DE AMÉRICA?
UNO; SALIÓ EN UNA REVISTA, CON FOTOS Y TODO
SÍ, BUENO, PERO ¿CÓMO SE LLAMA?
AH, NO ME ACUERDO, PERO NO IMPORTA
¿CÓMO NO IMPORTA?
Y, NO; TENGO LA REVISTA EN CASA ¡¡LA TRAIGO MAÑANA Y LA VEMOS JUNTAS!! ¿SÍ?
¡NO, LO QUE TRAES MAÑANA ES LA LECCIÓN BIEN ESTUDIADA! ¡A TU ASIENTO!
USTED DEBE SER UNA MUJER MUY SOLA, SEÑORITA, ¡MUY SOLA!

SI LA MAESTRA NO SE ENOJARA, YO ESCRIBIRÍA UNA COMPOSICIÓN SOLO CON PREGUNTAS
¿NOSOTROS AMAMOS A NUESTRO PAÍS PORQUE NACIMOS AQUÍ?
¿LOS TURCOS AMAN A TURQUÍA PORQUE NACIERON EN TURQUÍA?
¿LOS SUECOS AMAN A SUECIA PORQUE NACIERON EN SUECIA?
¿LOS JAVANESES AMAN A JAVA PORQUE NACIERON EN JAVA?
"PATRIOTISMO Y COMODIDAD", LA TITULARÍA

¡EPA! ¿QUÉ PASA, MANOLITO?
QUE HOY CAYÓ AL ALMACÉN UN INSPECTOR DE RÉDITOS
¿Y?
¡Y HUBO QUE MOSTRARLE TODO! ¡LOS CUADERNOS DE CAJA, LAS BOLETAS, LOS RECIBOS, LAS FACTURAS!...
¡TODO!
¡¡HASTA LA LIBRETA DE CHEQUES PIDIÓ VER EL MUY PORNOGRÁFICO!!

¡MAFADDA, HAY QUE GUADDAD LA TODTUGA Y NO EZTÁ POD NINGÚN LADO!
1522
¿BUSCASTE AQUÍ EN NUESTRA PIEZA?
¡ZÍ!
¿EN EL LIVING-COMEDOR?
¡ZÍ!
¿EN EL BAÑO?
¡ZÍ!
¿EN LA COCINA?
¡ZÍ!
¿EN LA SECCIÓN USADOS?
¡AH, AHÍ NO!
PEDMiiiiiizo...
©QUINO

CHUÍÍÍÍP
CHUÍÍÍÍP
CHUÍÍÍP
CHUÍÍÍP
CHUÍÍP
1523
CHUÍÍÍÍP
CHUÍÍÍÍP CHU
UÍÍÍP CHUÍ
CHUÍÍÍP
CHUÍÍÍP
BRIGITTE BARDOT
CHUÍÍÍP
CHUÍÍÍP
CHUÍÍP
CHUÍÍP
©QUINO

¡CUIDADO QUE EL MALDITO DE FELIPE TE LA QUIT... ¡PERO! ¡SOS PAPAFRITA, MIGUELITO!!
1524
¡BIEN MAFALD... ¡¡NOO, POR AHÍ NO, POR EL CLARO, TARADA, POR EL CL... ¡PÚÚÚH! ¡¡TE LO DIJE, IDIOTA!!
¿Y AHORA QUÉ HACEN, PASPADOS? ¡PAREN A ESE BESTIA DE MANOLITO, MELONES!! ¡¡PÁRENLO!!
¡GOOOOOL!
BUENO, ¿QUÉ LES PASA? UN GOL SON COSAS DEL FÚTBOL, ¿NO? ¿O ES QUE AHORA DEPORTES NO SON DEPORTES?
©QUINO

1525
A MÍ, EL TIEMPO VIENE Y ME HACE ESE CHISTE.... ¡¡SABÉS LA QUE LE DOY!! ¿NO?
©QUINO

PORTERIA
TOC TOC
1526
¿QUÉ DICE, M'HIJITA?
BUENAS TARDES, DON SOSA; DICE MI MAMÁ QUE QUÉ PASA QUE SE CORTÓ EL AGUA
©QUINO
QUE SE ACABÓ LA QUE QUEDABA EN EL TANQUE, Y NO HAY MÁS PORQUE PARECE QUE LOS DE LA COMPAÑÍA DE ELECTRICIDAD, AL ROMPER LA CALLE AQUÍ EN LA ESQUINA TAMBIÉN ROMPIERON UN CAÑO QUE LOS DE OBRAS SANITARIAS QUEDARON EN VENIR A ARREGLAR ESTA MAÑANA Y COMO NO APARECIERON QUISE RECLAMAR, PERO EL TELÉFONO NO FUN
¿Y? ¿QUÉ DIJO?
ÉSTEEE.....BUENO, TRAZÓ UNA COLORIDA SEMBLANZA DE PINTORESCO TONO LOCALISTA...

1527
TLÍNG!
TLÍNG!
©QUINO

HICIERON USO DE LA PALABRA LOS SEÑORES:
¡¿NO TE DIGO?! ¿SERÁ POSIBLE QUE SIGAMOS EN ESTE PAÍS CON LAS MISMAS MOMIAS RECALENTADAS DE SIEMPRE?!
ASUMIÓ DICHO CARGO EL SEÑOR..
¡¿Y A ÉSE QUIÉN LO CONOCE?! ¿HASTA CUÁNDO VAMOS A SEGUIR EN ESTE PAÍS ENSAYANDO SIEMPRE CON IMPROVIS

BUENAS TARDES, ¿TU MAMÁ?
NO ES SÓLO MÍA; LA TENEMOS EN CONDOMINIO CON ESTE IRRESPONSABLE

¡LOS NORTEAMERICANOS NO TENÍAN DERECHO A HACERNOS UNA COSA ASÍ!
¿ASÍ CÓMO, SUSANITA?
COMO ESA, DE ANDAR AMIGÁNDOSE CON LOS CHINOS, ¿NO ERA QUE HABÍA QUE CUIDARSE MUCHO DE LOS CHINOS?
¿NO, ERA QUE *EL PELIGRO AMARILLO* ESTO, Y *EL PELIGRO AMARILLO* LO OTRO?
¿QUIÉNES SON LOS NORTEAMERICANOS PARA VENIR AHORA A ECHARNOS NUESTRO MIEDO A PERDER?

¡DIOS MÍO, QUÉ CUADRO!
SCHUÍPITI
SCHUÍPITI
SCHUÍPITI
SCHUÍPITI
SCHUÍPITI
1531
¡DALE NOMÁS!... ¡PARECE QUE VAS A USAR CHUPETE HASTA EL ÚLTIMO DÍA DE TU VIDA! ¿EHÉ?
¿POD QUÉ? ¿DEZPUÉZ **QUÉ** ME VAN A COMPRAD?
©QUINO

1532
¡QUÉ BIEN SE LE VE A TU PAPÁ DE CARA, MAFALDA! ¿QUÉ SE HA HECHO?
ES QUE LE AUMENTARON EL SUELDO...
©QUINO
... CLARO QUE COMO ESTÁ HOY LA VIDA, VAMOS A VER CUÁNTO LE DURA EL MAQUILLAJE

MI PAPÁ DICE QUE HOY LOS HOMBRES SON ASÍ: TODOS IGUALES, PERO LOS DE ABAJO AGUANTANDO A LOS DE ARRIBA
1533
CLARO QUE DICE QUE EL MUNDO CAMBIARÁ Y LOS HOMBRES SERÁN ASÍ: TODOS IGUALES SIN NADIE ENCIMA
©QUINO
BUENO, PERO PARA EL LUDO ES UNA PANTERA, MI PAPÁ

LA MEJOR MANERA DE VIVIR ES DARLE IMPORTANCIA A TODO LO QUE UNO HAGA
Y ENCARAR CADA TAREA, GRANDE O CHICA, DISPUESTO A GANAR UNA BATALLA MÁS
¿MI MAMÁ ME MANDA A COMPRAR EL PAN? ¡PUES VOY COMO SI TRAER ESE PAN FUERA EL ÉXITO MÁS GRANDE QUE HE DE LOGRAR EN MI VIDA!
¡MECACHO, ME OLVIDÉ LA PLATA EN CASA!

¡SÍ, YA SÉ, PERO QUÉ QUERÉS!...¡TANTA INESTABILIDAD, TANTA INESTABILIDAD..... AL FINAL UNO LE TOMA CARIÑO, QUÉ JOROBAR!

TOMÁ TU LECHUGA
¡POBRE BICHO! TODO LO QUE CONOCE DE LA VIDA ES ESTA CASA
PERO NO SABE QUE LA CASA ESTÁ EN UNA CIUDAD, NI QUE LA CIUDAD ESTÁ EN UN PAÍS...
...NI QUE EL PAÍS ESTÁ EN EL MUNDO, NI QUE EL MUNDO ESTÁ EN EL ESPACIO...
...NI QUE EL ESPACIO ESTÁ EN...
....

una vez más enfrentamos una coyuntura invernal
El invierno es una etapa que articula sobre el incremento del frío, la agilización de la caída de hojas y...
NO, EL LENGUAJE OFICIAL TAMPOCO SIRVE PARA ESCRIBIR COMPOSICIONES

¿TE IMAGINÁS? ¡IR A LONDRES, PARÍS, NUEVA YORK!...
?
Y LUEGO: "SEÑORES, SE RUEGA AJUSTARSE LOS CINTURONES"
¡Y VOLAR! ¡CADA DOS POR TRES, VOLAR!
¡A MÍ TAMBIÉN ME GUSTARÍA SER AZAFATA!
¿AZAFATA? HABLAMOS DE MINISTROS DE ECONOMÍA, SUSANITA

BIEN, SEÑALA EL RÍO NEUQUÉN
¿CON ESTE FRESQUETE? ¡VAMOS!...
¡¡SOY TU MAESTRA Y DEBES RESPETARME!!
SÍ, COMO A UNA SEGUNDA MADRE, LO SÉ, PERO LA PRIMERA TAMBIÉN TIENE MALA PATA CON ESO

SALUD, MANOLITO, ¿POR QUÉ TAN ALICAÍDO?
Sr. Goreiro: más que hacer los deberes, su hijo los perpetra. La maestra.

¡PERO GUILLE! ¿QUÉ HACÉS CON EL TELÉFON
¡ZOY EL CODDOBÉZ!
¡EL CORDOBÉS!... ¿Y CON QUÉ TORO?

PARECE QUE LOS MAESTROS SIGUEN MEDIO CON LÍOS GREMIALES ¿NO?
Y, SÍ
¡MIRÁ SI EN VEZ DE PAROS Y HUELGAS LES DIERA POR HACER SABOTAJE Y ENSEÑARNOS TODO MAL!
¿CÓMO TODO MAL? ¿POR EJEMPLO?
"A LOS ADVERBIOS SE LOS DISTINGUE POR SU HIPOTENUSA PECIOLADA DE ORDEN VERTEBRADO"
Y A MÍ EL DÍA MENOS PENSADO ME SACUDEN UN CERO POR NO SABERLO, ¡MECACHO!

!
¡MIRÁ VOS, DE PRONTO ESTE VIENTO!
PUUUUCHA....¡YO CREÍ QUE ERA QUE EL PAÍS COMENZABA A AVANZAR!

¡BUÉH!... ¡¡ME VOY A HACER LOS DEBERES, SÍ SEÑOR!! ¡CHAU!
CHAU, FELIPE
TANTA DECISIÓN EN MÍ ES SOSPECHOSA, ¿QUÉ ME TRAERÉ ENTRE MANOS?

¡"HACÉ ESTO, HACÉ LO OTRO, VENÍ, ANDÁ, DECIME, CALLATE"!... ¡USTEDES LOS GRANDES SON TODOS IGUALES!
1546
¡SE SIENTEN SUPERIORES PORQUE SON GRANDES!
¿CREEN ACASO QUE LLEGARON A GRANDES POR MÉRITO PROPIO? ¿EH?
¿NO SERÁ QUE SON GRANDES PORQUE EL CUERPO LES CRECIÓ SOLO? ¿EHEÉ?
¿NO SERÁ QUE SON GRANDES PORQUE NO TIENEN MÁS REMEDIO? ¿EHÉÉEE?
¡ES POR ESO, SÍ, POBRES, PERDÓNENME!
©QUINO

¡MI CORBATA A PINTITAS!... ¿¿QUÉ DIABLOS HACE AQUÍ??
1547
¡TSS! ¡QUÉ BARBARIDAD!
¿NO VIZTE UNA ZEDPIENTE QUE HABÍA POD AQUÍ?
©QUINO

A MI MAESTRA SE LE HA METIDO EN LA CABEZA QUE MIENTRAS ELLA HABLA YO PIENSO EN OTRA COSA
1548
TAL VEZ TU MAESTRA SEA DE ESAS QUE PRETEN-DEN QUE UNO REGISTRE TODO COMO UN GRABADOR
Y SEGURAMENTE LO QUE OCURRE CON VOS ES QUE RETENÉS EL CONCEPTO DE LO QUE ESCUCHÁS
EN VEZ DE PALA-BRERÍO INÚTIL VOS CAPTÁS EL NUDO DEL ASUNTO, ¿NO ES ESO?
©QUINO
¡KASHUBUKI!
¡NO PODÍA ACOR-DARME DE LA MARCA! EL DE MI TÍO ES UN GRABADOR "KA-SHUBUKI", ¡ES DE LINDO!.. VIENE CON M

¡NO HAY CASO, EL RACISMO ES ALGO QUE NO ME ENTRA EN LA CABEZA! ¡ME RESULTA UNA COSA INCONCEBIBLE!
¡ME PARECE ESPANTOSO CONSIDERAR INFERIORES A OTROS SERES HUMANOS POR EL SOLO HECHO DE NO SER COMO UNO!
TODAVÍA QUE TIENEN ESA DESGRACIA, ¿ENCIMA VAMOS A DESPRECIARLOS? ¡HAY QUE SER MÁS CARITATIVOS, CARAMBA!...

SU ALEJAMIENTO DEL CARGO DE HOJITA, ¿OBEDECE AL CLIMA INVERNAL QUE VIVE EL PAÍS?

MAFADDA, ¿ME PREZTÁZ TUZ LÁPICEZ DE COLODEZ?
¿SABÉS DÓNDE ESTÁN?
CLADO, PAPAFRITA, PERO NO ALCANZO, ¿O POD QUÉ CREÉZ QUE TE LOZ PEDÍ?
¡QUÉ CARADURA! ¿Y SE LOS VAS A PRESTAR?
NO TENGO MÁS REMEDIO, ¿NO TE DAS CUENTA QUE YO LOS PONGO AHÍ PARA QUE ÉL NO ME LOS USE?

"¿YO AL FRENTE? BIEN, SEÑORITA"
1552
"VEAMOS: EN 1583 DON JUAN DE GARAY FUE MUERTO POR ¿QUIÉNES?..."
©QUINO
"¡AH, NO! ¡YO BESTIA, SÍ; DELATOR, JAMÁS!"

...NI HONESTIDAD CÍVICA, NI NADA!
¡NO HAY HOMBRES, DON JOAQUÍN; NO HAY HOMBRES!
1553
¡AH, NO! ¿Y QUÉ ES MI PAPÁ? ¿UN SAXOFÓN?
¡¡A TU EDAD SABÍAMOS RESPETAR A LOS MAYORES!!
¡Y CUANDO ELLOS HABLABAN, NOSOTROS NOS CALLÁBAMOS LA BOCA!
©QUINO
¡PST! ¿Y NO SERÍA QUE NO TENÍAN NADA QUE DECIR?

PAPÁ, ¿ES CIERTO QUE ANTES, CUANDO HABLABAN LOS GRANDES LOS CHICOS TENÍAN QUE CALLARSE?
ES CIERTO, SÍ
1554
¡DIOS MÍO!... ¿Y VOS SUFRISTE ESA ÉPOCA ESPANTOSA?
Y, SÍ
¡POBRE, HABER TENIDO QUE TRAGARTE TODAS TUS RESPUESTAS Y CALLARTE TODAS TUS OPINIONES!
¡EH, BUENO, NO ERA PARA TANTO!
©QUINO
¡"GIGLI, GIGLI"! ¿QUÉ CUERNOS TIENE GIGLI QUE NO TENGA BING CROSBY? ¿EHÉ?

BUEN DÍA, ¿QUÉ MUNDO TENEMOS HOY: EL PRIMERO, EL SEGUNDO, EL TERCERO?
NO, ESPEREN
MEJOR VAYAN A ECHAR UN VISTAZO, Y SI HAY LIBERTAD, JUSTICIA Y ESAS COSAS, ME DESPIERTAN, SEA EL NÚMERO DE MUNDO QUE SEA, ¿ESTAMOS?

¿QUIÉN PUEDE CONCENTRARSE EN EL JUEGO, SI TODO EL TIEMPO HAY QUE ESTAR PENDIENTE DE ESAS MALDITAS PIEZAS?!!

¡SIEMPRE YO, SIEMPRE YO!.... ¿NO PUEDE IR OTRO A HACER LOS MANDADOS?
¡SÍ, YA SÉ!...
"VOS SOS CHIIIIICOOOO, ANDÁÁÁÁÁ...¿QUÉ TE CUEEEESTAAAA, EEH?"
¡¡"CHICO"!!.... ¡¡TENGO SEIS AÑOS!! ¡PERO LES DIGO UNA COSA! ¿EH?
¡ES LA ÚLTIMA VEZ EN MI VIDA QUE COMETO LA ESTUPIDEZ DE TENER ESTA EDAD!

¡OTR JHÍ-JHÍ-JHÍ OTRA VEZ JHÍ-JHÍ-JHÍ AUMEN JHÍ-JHÍ-JHÍ TÓ LA JHÍ-JHÍ-JHÍ LA LE JHÍ-JHÍ LECHE! ¡JHÍ-JHÍ-JHÍ-JHÍ-JHÍ!!.....
1558
¡Y LA FRU JHÁ-JHA-JHÁ LA FRUTA UJHÚ-UJHÚ NA BARBARI JHÁ-JHÁ-JHÁ!...
¡¡Y LA JHÓ-JHÓ-JHÓ LA JHÓ-JHÓ VER JHÓ-JHÓ-JHÓ-JHÓ DURA!.. ¡JHÁ-JHÁ-JHÓ JHÓ-JHÁ-JHAJÁ!
ERA PREFERIBLE LA ÉPOCA EN QUE SE HACÍA UNA SANA MALASANGRE
©QUINO

¡BÚÚÚÚH!... ¡EL FANTAZMAAAAA!
1559
¡PEEERO!... ¡LA SÁBANA LIMPIA, CARAMBA! ¡TRAÉ PARA ACÁ!
LOS FANTASMAS, NO SE SABE, PERO QUE LAS MADRES EXISTEN..., ¡EXISTEN, GUILLE, EXISTEN!
©QUINO

1560
¿ALGUNA COSA, M'HIJITO?
Y, SSSÍ, DIGO... NNNO, ¡SI NO TENGO PLATA!
AH, COMPRENDO, COMPRENDO
Y BUENO, AL FIN DE CUENTAS, LA COMPRENSIÓN PRODUCE MENOS CARIES QUE LOS CHUPETINES
©QUINO

1561
HISTORIA
PERO, ¿POR QUÉ EN EL SIGLO PASADO TANTOS Y HOY EN DÍA NINGUNO?
HISTORIA
HISTORIA
©QUINO
¿SERÁ QUE LOS PRÓCERES SE DAN POR RACHAS, UN SIGLO SÍ, UN SIGLO NO?
HISTORIA

¿QUÉ OPINAN EN TU CASA DE CÓMO ANDAN LAS COSAS?
1562
¡PÚF!
POR LO MENOS SON OPTIMISTAS; EN LA MÍA OPINAN QUE **¡PUAJ!**
©QUINO

1563
©QUINO
¡FÚF!...¡NO HAY CAZO!. ¡YA NO ZOY EL DE ANTEZ!...

1564
HOLA, MAFALDA
HOLA, LIBERTAD
©QUINO
BAJITA COMO EL NIVEL DE VIDA, LA POBRE

¡ZAS, ALLÁ VIENE SUSANITA!...
1565
¡SONAMOS, ALLÁ ESTÁ MAFALDA!...
SEGURO VIENE A DARME LA LATA CON LO DE SIEMPRE
YA ME LA VEO SALIR CON LO DE COSTUMBRE
¡YA SÉ:
CUANDO EL MUNDO TE
CASES ESTÁ LLENO DE
TENDRÁS MUCHOS
LÍOS HIJITOS!
¿NO?
©QUINO

¡A LA MEEESA!
1566
SOPA, ¿VERDAD? DE LA FRONTERA IDEOLÓGICA PARA ALLÁ, POR FAVOR
©QUINO

¡OY-OY!/¡ESTA VEZ LE HABLO!/¡ESTA VEZ LA ENCARO Y LE DIGO!
¡ES INÚTIL, JAMÁS ME ANIMARÉ, JAMÁS SABRÁ QUE EXISTO NI JAMÁS YO LOGRARÉ SABER NADA DE ELLA NI NADIE SOSPECHARÁ NUNCA CUÁNTO ME GUS
HOLA, JUSTAMENTE VENÍA ACORDÁNDOME DE VOS; ACABO DE CRUZARME CON LA TARADITA ESA DE MURIEL, CREO QUE SE LLAMA, Y PENSÉ: *SEGURO QUE ÉSTA LE GUSTA A FELIPE*, ¿LA UBICÁS? UNA QUE ME DIJERON QUE EL PADRE ESTUDIABA MEDICINA Y LO BOCHARON TANTAS VECES QUE TUVO QUE DEJAR Y CONFORMARSE CON SER VISITADOR MÉDICO, Y AHÍ DONDE LA VES, ESTA POBRE CRECIÓ ALIMENTADA A MUESTRAS GRATIS DE VITAMINAS Y ESAS PORQUERÍAS, Y PARECE QUE CUANDO TENÍA DOS AÑOS SE

¿UNIÓN BUENOCRÁTICA?
¿ACCIÓN CÍVICA BONDADISTA?
¿BUENISMO POPULAR INDEPENDIENTE?
¿POR QUÉ SONARÁ TAN MAL LA BONDAD CON LA POLÍTICA?

HOY CUANDO VENÍA PARA ACÁ ME PARECIÓ QUE EL AUTO HACÍA UN RUIDITO, COMO UN TÍKI-TÍKI-TÍKI, ¿QUÉ PODRÁ SER?
A LO MEJOR FUE SÓLO IDEA TUYA, NO VAS A PREOCUPARTE AHORA
¿PREOCUPARME? NO, CLARO
PORQUE ERA ASÍ COMO UN TÍKI-TÍKI-TÍKI
¿MÑBSMÑBSS TÍKI-TÍKI-TÍKI?

¡PÚH!... ¡NUBLADO!
¡CÓMO!... ¿NO HAY ZOL?
NO
¡PADEZE MENTIDA!... ¡UN SEDVÍZIO PÚBLICO!...

¡ALTO AHÍ, MIGUELITO!
¡BÁNG!
¡BÁENG!
TOMEN, COBARDES, Y ACCI-DENTES NATURALES TALES COMO LA CORDIBÁNG-BÁNG LLERA DE LOS ANDES, LOS ALPES EUROBÁNGPEOS, ETC.
BUENO, ¿QUÉ LES PASA? ¿NO PUEDE UN COW-BOY TENER MAÑANA PRUEBA ESCRITA DE GEOGRAFÍA? ¿EHÉ? ¿QUÉ LES OCURR

ME IMAGINO CUANDO YO SEA INGENIERO
¡PÁH!...
BUEEENOOOO, ME VOY A PROYECTAR EL PUEEENTEEEE
¡NO VOY A SER ASÍ! ¡CUANDO SEA INGENIERO NO VOY A SER ASÍ!
¡PORQUE SERÉ FAMOSO, Y TODO EL MUNDO ME ENCARGARÁ DIQUES Y CARRETERAS Y FÁBRICAS Y TÚNELES Y ACUEDUCTOS Y...
¡DIOS MÍO! ¿CÓMO HARÉ PARA HACER TODO LO QUE TENDRÉ QUE HACER?

LO QUE UNO NO VE ES CÓMO HARÁ EL GOBIERNO PARA MANTENERSE FUERTE
1573
BUENO, POR LO PRONTO, AHÍ PASÓ UN FRASCO DE VITAMINAS
©QUINO

"BIENAVENTURADOS LOS POBRES, PORQUE DE ELLOS SERÁ EL REINO DE LOS CIELOS"
1574
©QUINO

¡QUÉ LINDO VESTIDO, SUSANITA!
¿VISTE? ME LO TEJIÓ MI MAMÁ CON LA MÁQUINA
1575
AH, ¿SE COMPRÓ MÁQUINA DE TEJER, TU MAMÁ?
SÍ, UNA MARAVILLA. ESTAS MEDIAS TAMBIÉN ME LAS TEJIÓ MI MAMÁ
ADEMÁS DE UN SAQUITO, Y DOS VESTIDOS PARA ELLA Y UN CHALECO Y UN PULÓVER A MI PAPÁ Y FUNDAS PARA LOS ALMOHADONES DEL LIVING....
...Y CARPETITAS Y BUFANDAS Y HASTA UNA COLCHA, ¡ES GENIAL, LA MÁQUINA!
¿TU MAMÁ NO QUERRÁ UNA? ¿EH? COMO NUEVA, ¿EH? PREGUNTALE. LA LARGA POR LO QUE LE DEN, MI MAMÁ. DALE, ¿EH? NOS TIENE HASTA LA CORONILLA, LA MÁQUINA. EN CUOTAS, ¿EH? PREGUNTALE ¿E
©QUINO

¡GUILLE!
¿ZI?
¿QUÉ SIGNIFICA ESTO?
¿ÉZTO? BUENO...
NO ZÉ, YO HABÍA PENZADO TITULADLO "PAIZAJE POP"

COMPRENSIÓN Y RESPETO, ESO ES LO IMPORTANTE PARA CONVIVIR CON LOS DEMÁS, Y SOBRETODO, ¿SABÉS QUÉ?, NO CREER QUE UNO ES MEJOR QUE NADIE
PORQUE ASÍ COMO HAY MUCHA GENTE QUE A MÍ PUEDE NO GUSTARME...
... ES LÓGICO SUPONER QUE TAMBIÉN YO PUEDO NO GUSTARLES A UN MONTÓN DE IMBÉCILES, ¿NO?

DECIME, PAPÁ, ¿EN LAS PELÍCULAS PROHIBIDAS PARA MENORES...
SÍ, ¿QUÉ?
NO, DEJÁ, ES ALGO MUY GORDO, MEJOR SE LO PREGUNTO A CUALQUIERA EN LA ESCUELA

1579
¿Fideos sin complejos? Almacén Don Manolo
¿ASÍ QUE FIDEOS SIN COMPLEJOS? DECÍ LA VERDAD, MANOLITO, ¿SON BUENOS O MALOS ESOS FIDEOS SIN COMPLEJOS?
BUENO, SON MUY ASÍ..... ¡LES IMPORTA UN PITO EL QUÉ DIRÁN!
©QUINO

1580
MAMÁ, ¿PAPÁ Y VOS NO PIENSAN DARNOS ALGÚN HERMANITO AL GUILLE Y A MÍ?
¿HERMANITO? NO, NO, CON USTEDES DOS YA BASTA
¿O SEA QUE EN ESTA CASA NO MÁS EXPLOSIÓN DEMOGRÁFICA?
NO MÁS EXPLOSIÓN DEMOGRÁFICA
©QUINO
ADEMÁS YA A ESTA ALTURA, LA DINAMITA... CLARO

1581
–"HOLA, MI AMOR, ¡CHUIK! ¿CÓMO TE FUÉ HOY?"
–"BIEN, MI TESORO, ¡CHUIK! ¡MMMH! ¡QUÉ BIEN HUELE LA CENA!"
–"HOLA, ¡HOY FUE UN DÍA HORRIBLE! TERMINÁ VOS DE DARLES DE COMER A LOS CHICOS, QUE TODAVÍA NO PUSE LA OLLA AL FUEGO"
–"BUENO, PERO APURATE, QUE VENGO MOLIDO"
–"¡A BUENA HORA LLEGÁS, FIJATE SI EN LA HELADERA ENCONTRÁS ALGO QUE HAYA SOBRADO DEL MEDIODÍA!"
–"¡MÁH, SALÍ, SI YA COMÍ POR AHÍ!"
©QUINO
¡¡MENTIRA!! ¡¡MI MATRIMONIO NO ARRUINARÁ MI VIDA DE CASADA!!
?

PARA MÍ LO QUE ESTÁ MAL ES QUE UNOS POCOS TIENEN MUCHO, MUCHOS TIENEN POCO Y ALGUNOS NO TIENEN NADA
SI ESOS ALGUNOS QUE NO TIENEN NADA TUVIERAN ALGO DE LO POCO QUE TIENEN LOS MUCHOS QUE TIENEN POCO...
...Y SI LOS MUCHOS QUE TIENEN POCO TUVIERAN UN POCO DE LO MUCHO QUE TIENEN LOS POCOS QUE TIENEN MUCHO, HABRÍA MENOS LÍOS
PERO NADIE HACE MUCHO, POR NO DECIR NADA, PARA MEJORAR UN POCO ALGO TAN SIMPLE

LOS VERBOS TERMINADOS EN "ER", ¿CORRESPONDEN A LA PRIMERA, LA SEGUNDA O LA TERCERA CONJUGACIÓN?
¿A VER SI TENGO AQUÍ.... ¡SÍ!
LE DEJO MI TELÉFONO, MÑBSIETE-DOS OCHO DOS OCHO, AHÍ ESTÁ. A ESO DE LAS CUATRO UD. ME LLAMA QUE YO LE TENGO AVERIGUADO ESE ASUNTO. ¡AH! SI POR CUALQUIER COSA SALÍ A JUGAR TAL VEZ ME ENCUENTRE EN MÑBSEIS-TRES UNO CIN

HOLA, MAFALD...
¡OH-OH! SIENTO COMO SI...
$
ORIENTACIÓN VOCACIONAL, QUE LE DICEN

¿VOS A QUÉ EDAD PENSÁS CASARTE, LIBERTAD?
YO QUIERO A MÍ PAPÁ Y A MÍ MAMÁ
¿Y ESO QUÉ TIENE QUE VER?
QUE CUANDO LLEGUE EL MOMENTO DE COMPLICARME LA VIDA QUERIENDO GENTE FUERA DE MI CASA, VERÉ; POR AHORA ME GUSTAN LAS COSAS SIMPLES

DRLIIIING DRIIIINNG
HOLA, ¿HABLO CON NÚMERO EQUIVOCADO?
NO SÉ, SEÑOR, ¿UD. CON QUIÉN QUIERE HABLAR?
NO... ¿PARA QUÉ?... EL CORAZÓN ME LO DICE: ES NÚMERO EQUIVOCADO...
BUENO, PERO ¿UD. CON QUÉ NÚMERO—
NO, NO... NO VALE LA PENA, SIEMPRE ES ASÍ.... EQUIVOCADO.... ETERNAMENTE.... EQUIVOCADO... ADIÓS... SIEMPRE... EQUIVOCADO... SIEMPRE... ADIÓS..
¡CLAK!
POBRE, CON QUÉ ROMANTICISMO SOBRELLEVA LOS SERVICIOS PÚBLICOS

¡LLEGA LA PRIMAVERA, GUILLE!
¡CÓMO!...¿NO LLEGÓ EL AÑO PAZADO?
¡YO NO ZABÍA QUE ZE HABÍA IDO!
PERO.... CON LOS FRÍOS QUE HICIERON, LOS DÍAS NUBLADOS Y LOS ÁRBOLES PELADOS.... ¿NO TE DISTE CUENTA DE QUE LA PRIMAVERA SE HABÍA IDO?
NO, NO; YO CREÍ QUE ZE HABÍA QUEDADO Y LE IBAN MAL LAZ COZAZ

1588
¡Feliz Primavera, Mamá! Mafalda
¡Feliz Primavera, Mamá! Mafalda
SODA

1589
¡¡PRIMAVERA!! ¡COMO SI LA PRIMAVERA CAMBIARA LA SITUACIÓN!
FIDEOS Espigota
24 PAQUETES
"LA PRIMAVERA ES LA MÁS ALEGRE DE LAS ESTACIONES"... ¡COMO SI EL DÉFICIT SE ARREGLARA CON CARCAJADAS!
"LAS PLAZAS Y JARDINES SE CUBREN DE FLORES"... ¡COMO SI LA INFLACIÓN SE FRENARA CON MARGARITAS!
"DESDE LEJANOS PAÍSES LLEGAN LAS GOLONDRINAS"...
¡¡COMO SI LA BALANZA DE PAGOS SE NIVELARA CON PAJARITOS IMPORTADOS!!

1590
¿NO ME OÍSTE, FELIPE?... ¡JAQUE!... ¡JAQUE MATE!
¿MMMH?... ¡AH!... ¿YA?... ¡BUEH!... ¡A SIETE Y MEDIO PAGO!

FIJÓ EL GOBIERNO PRECIOS MÁXIMOS A LOS ARTÍCULOS DE PRIMERA NECESIDAD
¿Y A CUÁNTO ESTÁ LA SENSATEZ?

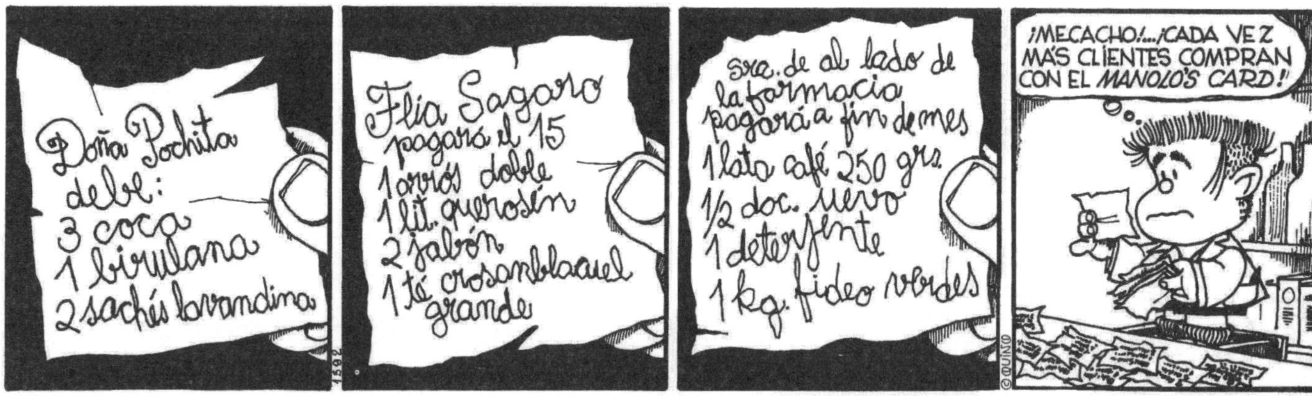
Doña Pochita debe:
3 coca
1 birulana
2 sachés lavandina
Flía Sagaro pagará el 15
1 arróz doble
1 lit. querosén
2 jabón
1 té crosanblacuel grande
Sra. de al lado de la farmacia pagará a fin de mes
1 lata café 250 grs.
1/2 doc. uevo
1 deterjente
1 kg. fideo verdes
¡MECACHO!...¡CADA VEZ MÁS CLIENTES COMPRAN CON EL MANOLO'S CARD!

YO NO TENGO NADA CONTRA LOS POBRES; TODO LO CONTRARIO
CREO QUE NECESITAN AYUDA Y COMPRENSIÓN
¡Y AÚN MÁS!
SOY UNA CONVENCIDA DE QUE LA GRAN MAYORÍA DE LA GENTE QUE ES POBRE NO LO HACE POR MALDAD

1594
¿EN EZTE JUEGO DEL AJEDEZ PUEDEN GANAD LOZ DOZ?
NO, UNO SOLO
¿Y EL OTRO PADA QUÉ JUEGA?

1595
¡OH, QUÉ MOMENTO!...
...¡CON ARROZ DE ALMACÉN "DON MANOLO"!
¡VÍSTANSE!...¡DEBEMOS ENCONTRAR YA MISMO ALGÚN PSICOANALISTA DE GUARDIA, QUE COBRE BARATO!

¡FELIIIPEE, QUE SON LAS SIETE Y CUARTO!
MMSÍ, MMÑA' MMVOY
1596
¡¡ESPEREN, ESPEREN!! ¡LA DEMOLICIÓN ERA EN LA OTRA CUADRA!!
¿CÓMO DIABLOS HARÁ MI IMAGINACIÓN PARA DESPERTARSE ANTES QUE YO?

¡BUAAAAAAH!...
NADA, YA SE ME PASARÁ; ES QUE HOY TUVIMOS UNA CLASE SOBRE LA CONSTITUCIÓN NACIONAL

¡BANG!
¡PERDÉS EL TIEMPO, NO PIENSO MORIRME MÁS!
¡NO SABÉS JUGAR!
¡SÍ SÉ JUGAR! ¡PERO ESTOY CANSADO DE QUE ME LIQUIDEN Y DE LIQUIDAR A LOS DEMÁS UNA VEZ Y OTRA VEZ Y ASÍ TODO EL TIEMPO!
¡NO SABÉS VIVIR!

SNÍF SNÍF SNÍF SNÍF
SNÍF SNÍF SNÍF
¡ES QUE A MÍ SE ME VALORA CUANDO SE ME CONOCE INTERIORMENTE!

¿LE HABRÁ DADO POR LA POESÍA?
?
HABIENDO OTROS PLANETAS NADIE SE HACE RESPONSABLE DE LOS ACCIDENTES QUE PUDIERA OCASIONAR EL USO DE ÉSTE
¡POR LA POESÍA!

¡¡MAMÁ, ME SAQUÉ UN 10 EN GEOMETRÍA!!
FELICITO!... ¡MMMCHUUÍÍÍ
¡¡TE FELIZITO, ARRUINAHOGAREZ!!

-BUENAS TARDES, SEÑORA; AQUÍ LE TRAIGO SU PEDIDO
-PASÁ, MANOLITO, ¿ESTÁ TODO, NO? BIEN... ¡AH!.. ÉSTEE... TE LO PAGO LA SEMANA QUE VIENE, ¿SABÉS? ¡GRACIAS!
BUENAS TARDES, SEÑORA; AQUÍ LE TRAIGO SU PEDIDO
PASÁ, MANOLITO, ¿ESTÁ TODO, NO? BIEN... ¡AH!.. ÉSTEE... TE LO PAGO LA SEMANA QUE VIENE, ¿SABÉS? ¡GRACIAS!
¡JOROBAR! ¡LA SITUACIÓN SE ESTÁ PONIENDO CADA VEZ MÁS TELEPÁTICA!

1603
¡HAY UNA EPIDEMIA DE NO ZÉ QUÉ! ¡¡ME VOY A ENFERMAD!! ¡¡¡EZTÁ TODO EL MUNDO EN CAMA!!!
¡PERO SI NO SABE LEER! ¿QUÉ DIABLOS HABRÁ VISTO EN EL DIARIO?
LAS FOTOS DE LAS ÚLTIMAS PELÍCULAS
©QUINO

1604
¿A LA PLAZA? NO, NO, MEJOR TE QUEDÁS EN CASA, ¿EH? MIRÁ UN POCO DE TELEVISIÓN, ANDÁ
¡ESTÁ BIEN!
¡MAMÁ, RESULTA QUE A TUS PISOS LES FALTA EL DESLUMBRANTE BRILLO DE "CERALUX"! ¡"CE-RA-LUX"!
Y TUS CABELLOS...¡QUÉ OPACOS Y RESECOS, SIN ESE NATURAL ENCANTO QUE SOLO "SHAMPUFLOWER" PUEDE DARLES!
¿LUCEN TUS MANOS LA FRESCA Y JUVENIL TERSURA DE "NÁCAR CRÊME"? "NÁCAR CRÊME" ES ÚNICA, PORQUE CONTIENE "B
©QUINO

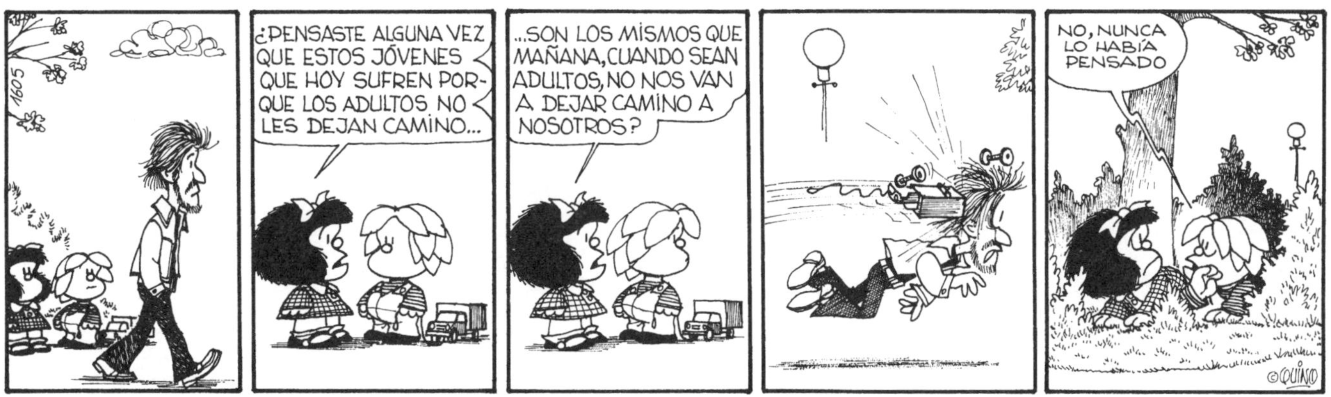
1605
¿PENSASTE ALGUNA VEZ QUE ESTOS JÓVENES QUE HOY SUFREN PORQUE LOS ADULTOS NO LES DEJAN CAMINO...
...SON LOS MISMOS QUE MAÑANA, CUANDO SEAN ADULTOS, NO NOS VAN A DEJAR CAMINO A NOSOTROS?
NO, NUNCA LO HABÍA PENSADO
©QUINO

VOS QUE ANDÁS SIEMPRE PREOCUPADA POR EL LÍO QUE HAY EN EL MUNDO, ¿OÍSTE HABLAR DE ADÁN Y EVA?
SÍ, CLARO, ¿POR QUÉ?
1606
PORQUE PARECE QUE AHÍ EMPEZÓ TODO; ¡Y POR UNA MANZANA, MIRÁ VOS!
POR COMER UNA SIMPLE MANZANA, VENIR LAS COSAS A PARAR EN ESTE DESPIPORRE DE HOY
¡TE IMAGINÁS SI LES DABA POR COMERSE UNA SANDÍA, NO?
¡¡¡¡MI MADRE!!!!..
©QUINO

1607
HOLA, MIGUELITO, ¿QUÉ HACÉS MIRANDO ESE CHARCO?
ESTABA DEJANDO MI IMAGEN EN ESTA AGUA
ASÍ, CUANDO SE EVAPORE, CADA GOTITA LLEVARÁ UN POCO DE MÍ A TODO EL AIRE DE LA CIUDAD
©QUINO
CUANDO MAÑANA EN EL NOTICIOSO DIGAN EL PORCENTAJE DE HUMEDAD, YA SABÉS DE QUIÉN ESTARÁN HABLANDO

1608
HOLA, FELIPE, ¿QUÉ HACÉS MIRANDO ESE CHARCO?
ESTABA DEJANDO MI IMAGEN EN ESTA AGUA
ASÍ, CUANDO SE EVAPORE, CADA GOTITA LLEVARÁ UN POCO DE MÍ A TODO EL AIRE DE LA CIUDAD
©QUINO
Y APARTE DE ESO, ¿EN QUÉ OTRA COSA INTERESANTE ANDÁS?

¡MMMMMMH! ¡VEAMOS!...
1609
¿Y?...¿CÓMO ESTÁ EL PASTEL A LA "MÉLANGEUSE"?
Y...MMBIEMM... MMBIEMM...¿DE DÓNDE SACASTE LA RECETA?
DEL DIARIO
¡ACABÁRAMOS! ¡SE CONTAGIÓ DE NOTICIAS!
©QUINO

¡VIVA EL DOCTOR! ¡VIVA!...
1610
¡GRACIAS!
¡GRACIAS!
¡SEÑORES, NO ES CUESTIÓN DE ROMPER ESTRUCTURAS, SINO DE SABER QUÉ HACER CON LOS PEDAZOS!
©QUINO
¡CRACK!
¿QUÉ SE HACE CON ÉSTO, MAMITA?

©QUINO
1611

DIGO YO, YA QUE SEGÚN DICE TODO EL MUNDO, **NADIE** SABE GOBERNAR...
1612
¿POR QUÉ LA UNIVERSIDAD NO CREA LA CARRERA DE PRESIDENTE?
¡QUE LOS TIPOS QUE VAYAN SALGAN SABIENDO CÓMO SE DEBE GOBERNAR, Y LISTO!
¿Y QUIÉNES SERÍAN LOS PROFESORES?
©QUINO
¿QUERÉS UNA PASTILLA DE MENTA? MI ABUELITO ME COMPRÓ UN PAQUETE DE PASTILLAS DE MENTA ¿QUERÉS? SON DE MENTA

¡¡ME DUELEN MIZ PIEZ!!
1613
¡PERO CLARO, GUILLE, SÍ TE HAS PUESTO LOS ZAPATOS AL REVÉS!
©QUINO
¡¡ME DUELE MI ODGULLO!!

OPINA UN SECTOR DE LA IGLESIA SOBRE EL CELIBATO SACERDOTAL
1614
¿QUÉ PENSÁS DEL CASAMIENTO DE LOS SACERDOTES, SUSANITA; VOS TE CASARÍAS CON ALGUNO?
¡¡¿PERO QUÉ HACÉS CON LOS BOTONES, DIGO YO?!! ¡¡CATORCE DE UNA SOTANA, NUEVE DE OTRA!!....¡¡MÁH!!...¡¡PEGÁTELOS VOS!!
©QUINO
NO, YO SOY MUY RESPETUOSA Y JAMÁS CONTRIBUIRÍA A APARTARLOS DE LAS SAGRADAS TAREAS QUE LES IMPONE EL CELIBATO QUE ELLOS SE COMPROMETIERON A MANTENER CRISTIANAMENTE

1615
EN LA JUGUETRÍA FRENTE A LA PLAZA TIENEN UN ROBOT A PILAS ¡ES DE LINDO!...
¿Y CUÁNTO CUESTA?
CUANDO CAMINA ASÍ SE LE ENCIENDEN LUCECITAS AZULES Y VERDES Y ROJAS POR TODOS LADOS, ¡ES DE LINDO!...
¿Y CUÁNTO CUESTA?
¡QUÉ SÉ YO CUÁNTO CUESTA, PERO ES DE LINDO!...
©QUINO
¡QUÉ MENTALIDAD! ¿CÓMO ALGUIEN PUEDE SABER QUE ALGO ES LINDO SI NO SABE CUÁNTO CUESTA?

1616
LADÁI-LADÍLÁ-DAÁÁ LADALÍÍÍDA-DOOO LALALÍÍLAAA
¡¡MMMCHUÍÍÍÍÍK!!
¡¡MCHUÓK!
¡CHUÍK! ¡CHUÍK! ¡CHUÍK! ¡CHUÍK! ¡CHUÍK
¡¡A MÍ A CADIÑOZO NO ME VAZ A GANAD!! ¿ME OÍZ?
©QUINO

1617
¡OH!...¡OBREROS!
ESO QUE ESTÁN ARMANDO CON MADERAS DEBE SER UNA BARRICADA
¡Y LEVANTAN UN CARTEL!.... ¿SERÁ LA REVOLUCIÓN SOCIAL?
NO, NO CREO QUE NINGUNA REVOLUCIÓN SOCIAL SEA DE GRAN CATEGORÍA, CON TODOS LOS AMBIENTES AL EXTERIOR Y COCHERAS OPTATIVAS
©QUINO

1618
¿BUSCANDO LAS RAÍCES DE LO NACIONAL?
NO, NENA, UN ESCAPE DE GAS
COMO SIEMPRE: LO URGENTE NO DEJA TIEMPO PARA LO IMPORTANTE
©QUINO

1619
A QUE EL PRÓXIMO AUTO QUE PASA ES AZUL
©QUINO
¿CÓMO PUEDE UN AUTO EQUIVO-CARSE TANTO?

1620
VI QUE TU MAMÁ COMPRA EN LA MISMA CARNICERÍA QUE MI MAMÁ, FELIPE
¿AJHÁ?
SÍ, ASÍ QUE MÁS DE UNA VEZ DEBEMOS DE HABER COMIDO BIFES DE LA MISMA VACA
¡MIRÁ VOS, COMPA-ÑEROS DE VACA SIN SABERLO!
¡PENSAR QUE DÍA A DÍA, SEMANA A SEMANA, MES A MES, NOS HE-MOS ESTADO MASTI-CANDO UNA VACA EN EQUIPO!
¡SI NO HAY ZAPALLO HERVIDO O ALGO ASÍ, NO CUENTEN CONMIGO EN LA MESA, MAMÁ, ¡¿EH?!
©QUINO

1621
AL FIN DE CUENTAS LA HUMANIDAD NO ES NADA MÁS QUE UN SÁNDWICH DE CARNE ENTRE EL CIELO Y LA TIERRA
©QUINO

1622
¡HOLA, DERROTISTA! ¿QUÉ HAY DE MALO?
¿CÓMO ANDAN LA POLÍTICA, LAS GUERRAS, LAS INJUSTICIAS SOCIALES Y TODAS ESAS CALAMIDADES CON LAS QUE VIVÍS AMARGÁNDOTE?
¿Y EL FUTURO CÓMO PINTA; NEGRO PETRÓLEO, O MÁS BIEN NEGRO PÓLVORA, EH?
HASTA LUEGO, VOY A SOBREVIVIR UN RATO POR AHÍ ANTES QUE LA HUMANIDAD SE DERRUMBE DEL TODO
LA DERROTISTA SOS VOS: YO NO CREO QUE LAS COSAS ESTÉN TAN MAL COMO PARA TENER QUE TOMARLAS EN BROMA
©QUINO

1623
EL APARATO DIGESTIVO DEL HOMBRE COMPRENDE: LA BOCA, LA FARINGE, EL ESÓFAG
EL ESTÓMAGO, EL INTESTINO GR
ESO, PERDÓN, DELGADO Y EL IN
TINO GRUESO. EL TUBO DIGEST
SEGREGA LOS JUGOS QUE TRA
FORMAN LOS ALIMENTOS EN EL
¡BIEN, FELIPE, MUY BIEN, VEO QUE HAS ESTUDIADO, PUEDES IR A TU ASIENTO!
©QUINO

1624
¡PERO SI LOS ANTERIORES A VOS NO FUERON NOVIOS; SÓLO FUERON *EXPERIENCIAS-PILOTO!*
?
CLARO QUE HABRÁ QUE VER SI A MI MARIDO LO CONVENCE EL LENGUAJE TECNOLÓGICO
©QUINO

1625
FFFFH
¡MIS PIEZAS DE MÚSICA!
SCARLATTI
¡MIS TRECE AÑOS!... LA PROFESORA GIAMBARTOLI. ¡POBRE!... ELLA CREÍA QUE YO LLEGARÍA A SER UNA GRAN PIANISTA
©QUINO
¿POBRE ELLA?

1626
?
MOD. RT-70
GARANTÍA
LOS **DAÑOS** QUE PUDIERA **SUFRIR** ESTA RADIO POR MANEJO INDEBIDO, **GOLPES** U **OTROS FACTORES EXTERNOS A LOS QUE SE VEA EXPUESTA** QUEDAN EXCLUIDOS DEL PLAZO DE GARANTÍA DE 6 MESES
VENCIDO EL MISMO ESTA FIRMA **NO SE RESPONSABILIZA** POR NINGUNA **FALLA, DESPERFECTO O DESGASTE QUE AFECTE AL RECEPTOR**
ATENCIÓN: LAS PILAS AGOTADAS **DETERIORAN SERIAMENTE PARTES VITALES DEL APARATO**, POR LO QUE SE ACONSEJA CAMBIARLAS INMEDIATAMENTE A FIN DE EVITAR **AVERÍAS IRREPARABLES**
©QUINO
¿Y? ¡LINDAS, LAS NOTICIAS! ¿EEH? CASI TAN OPTIMISTAS COMO LAS QUE TE ESCUCHAMOS A VOS, ¿EEEH? ¡ALEGRE, EL NOTICIERO! ¿EEEEH? ¡SIMPÁTICO EL INFORMATIV

1627
¡"PORTATE BIEN"! ¡"PORTATE BIEN"! ¡UNO NO PUEDE PORTARSE SIEMPRE BIEN!
¡TODOS LOS HIJOS DEL MUNDO NOS PORTAMOS UNAS VECES BIEN Y OTRAS MAL!
¡CLARO!... ¡QUERER SER PADRES DE UN HIJO QUE NUNCA SE PORTE MAL ES CÓMODO!
¡QUERER SER PADRES DE UN HIJO QUE JAMÁS LES DÉ TRABAJO ES FÁCIL!
¡PERO ES ANTIDEPORTIVO, VÁYANLO SABIENDO!
©QUINO

1628
LA ESFORZADA ESCALADORA ESTÁ A PUNTO DE ALCANZAR LA CUMBRE
EN ESTAS ALTURAS LA FALTA DE OXÍGENO HACE DIFICULTOSA LA RESPIRACIÓN
PERO FINALMENTE LA PROEZA SE CONCRETA
LA ESFORZADA ESCALADORA DESCIENDE VICTORIOSA. ABAJO LA ASEDIA EL PERIODISMO
A TRAVÉS DE ESTE MICRÓFONO HAGO PÚBLICO MI RECONOCIMIENTO A LAS AUTORIDADES QUE TAN BIEN SABEN MANTENER LAS CONDICIONES PARA EL LOGRO DE HAZAÑAS COMO ÉSTA
©QUINO
?

1629
LA SEÑORA TE HA PEDIDO UN BESITO, GUILLE, ¿NO VAS A DÁRSELO?
¡CHUÍK!
¡QUÉ AMOR! ¡SE NOTA QUE ES TAN CARIÑOSO!...
©QUINO

1630
¿A TOMAR UN HELADO?
¡AJHÁ!
¡HOY HAY QUE PENSAR EN LA REVOLUCIÓN SOCIAL, NO EN TOMAR HELADOS!
¡HOY HAY QUE PENSAR EN REALIDADES, NO EN CUCURUCHOS!
¡HOY HAY QUE PENSAR EN.....
UN ESCAPISMO DE VAINILLA Y PISTACHO, POR FAVOR
©QUINO

1631
UNA VEZ MÁS NUESTROS MICRÓFONOS LLEVAN A TODO EL PAÍS LA EMOCIÓN DE NUESTRO MÁS POPULAR DEPORTE:
¿QUEJARNOS?
¡FÚTBOOOL!... EN EL RELATO DE...
AH
©QUINO

1632
SERVICIO MILITAR OBLIGATORIO PARA LAS MUJERES EN SUIZA
BERNA)-Suiza marcha hacia la implantación del servicio militar obligatorio femenino. Las autoridades
POBRES SUIZAS, CAERLES ESTO JUSTAMENTE A ELLAS QUE SON DEL PAÍS DE LOS RELOJES CU-CÚ, DEL CHOCOLATE, DE LAS CAJITAS DE MÚSICA, DE LA NEUTRALIDAD...
...DE LA SOPA EN CUBITOS!
¡¡¡QUE SE JOROBEN!!!
©QUINO

1633
SALUD, MIGUELITO, ¿ALGO BUENO EN LA TV?
RECIÉN LA ENCIENDO
PERO PARECE SER QUE SI PRIMERO TE PONÉS DESODORANTE, LUEGO COMÉS SALCHICHAS Y DESPUÉS TE COMPRÁS UN LAVA-RROPAS, TENÉS QUE SER MUY TARADO PARA NO SER FELIZ
©QUINO

1634
ANOCHE ESTORNUDÉ UN PAR DE VECES
¿Y **QUIÉN** VINO Y ME PREGUNTÓ SI HABÍA TOMADO FRÍO, Y ME PUSO LA MANO EN LA FRENTE Y ME MIRÓ LA GARGANTA, **EHÉÉÉ**?
¿QUIÉÉÉÉÉÉN?
¡¡MI PAPÁ!!
¡¡¡ÑÑÑÑÑÑÑÑH!!!... ¿VISTE COMO NO SOS HIJO ÚNICO?
©QUINO

1635
¿QUÉ PASA, MAFALDA? ¿QUÉ MIRÁS?
EL CIELO, MANOLITO
¿POR QUÉ? ¿QUÉ HAY?
NADA, SIMPLEMENTE QUE ES LINDO MIRAR EL CIELO
BUENO, APARTE DE SER UNA MANERA AZUL DE PERDER EL TIEMPO..., ¿QUÉ TIENE DE LINDO?
©QUINO

1636
¡PILAS DE PELÍCULAS QUE NO NOS DEJAN VER PORQUE SOMOS MUY CHICOS!...
¡INFINIDAD DE CONVERSACIONES QUE NO NOS DEJAN ESCUCHAR PORQUE SOMOS MUY CHICOS!...
¡MONTAÑAS DE LIBROS QUE NO NOS DEJAN LEER PORQUE SOMOS MUY CHICOS!
¿SE PUEDE ASISTIR CRUZADO DE BRAZOS A ESTA OLA DE MANÍA MUYCHIQUISTA SIN QUE A NADIE SE LE MUEVA UN PELO?
©QUINO

1637
"DEBES SEGUIR SIEMPRE LA SENDA DEL BIEN"
LÓGICO... ¡CON EL EMBOTELLAMIENTO QUE DEBE HABER EN LA AUTOPISTA DEL MAL!...
©QUINO

1638
¡RACISTAS!
©QUINO

1639
¿TE ACORDÁS, MANOLITO, QUE EN ENERO TODOS PENSAMOS QUÉ A LO MEJOR ESTE AÑO SE ACABABAN TODOS LOS LÍOS, SE ARREGLABA EL MUNDO Y EL AÑO TERMINABA MEJOR DE LO QUE EMPEZÓ?
SÍ, ¿POR?
¡PORQUE DE AQUÍ A FIN DE AÑO NOS QUEDAN TODAVÍA DOS SEMANAS DE EMOCIÓN, INTRIGA Y SUSPENSO HASTA SABER!
¿HASTA SABER QUÉ?
SI TENÍAMOS, O NO TENÍAMOS RAZÓN. ¿NO TE CARCOME LA DUDA?
¿SENTIDO DEL HUMOR? ALMACÉN "DON MANOLO"
©QUINO

1640
PADA EZTA TODTUGA YO DEBO ZED UNA EZPEZIE DE GIGANTE
...DE GIGANTE GANDOTAZO, ENODME...
...DEZCOMUNAL...
!?
"UNA EZPEZIE"
©QUINO

1641
ACABO DE DESCUBRIR QUE UNAS REVISTAS DE HISTORIETAS QUE ME PRESTÓ FELIPE LAS TIRÉ AL INCINERADOR JUNTO CON LOS DIARIOS VIEJOS
¡QUÉ MALA PATA, DIOS MÍO!... JUSTAMENTE A FELIPE, QUE ES TAN BONACHÓN!..
¡Y BUENO, SUSANITA, ¿QUÉ VAS A HACERLE?
¡JURARLE QUE SE LAS DEVOLVÍ, POR SUPUESTO! ¡¿O QUERÉS QUE ADEMÁS DE LAS REVISTAS PIERDA MI DIGNIDAD?!
©QUINO

1642
PAPÁ, ¿QUÉ TAL TE PARECE QUE ANDARÁN LAS FINANZAS DE LOS REYES MAGOS ESTA VUELTA?
ESTEMM... ¿POR QUÉMM?
PORQUE PENSABA ESCRIBIRLES YA MI PEDIDO. ¿VOS TENDRÍAS PAPEL Y SOBRE?
EEH... SSI, AHORA TE TRAIGO
©QUINO

1643
OH, FELIPE, ¿NO SERÍA MARAVILLOSO QUE ENTRETEJIÉRAMOS NUESTRAS VIDAS?
DEPENDE, ¿CON QUÉ PUNTO?
¡ESTÚPIDO!
©QUINO

1644
LEA ESTA SEMANA EN REVISTA **IMPACTO** LA APASIONANTE NOTA «¿ES TABÚ EL SEXO?»
¿QUÉ DIZEN ÉZTOZ QUE QUÉ COZA EZ QUÉ?
©QUINO

SÍ YO FUERA UN AGITADOR, LA POLICÍA ENGORDARÍÍÍÍA...

1645
MI PAPÁ PIENSA QUE DEBIÉRAMOS SER MÁS COMPASIVOS Y TENER UN PRESIDENTE EXTRANJERO
¡¿EXTRANJ.... NO LE DIJISTE A TU PAPÁ QUE ESTÁ LOCO?!
LE DIJE, SÍ
PERO ÉL SIGUE PENSANDO QUE ES UNA CRUELDAD DARLE, A ALGUIEN NACIDO EN ESTE PAÍS, UN PUESTO DESDE EL CUAL EL POBRE NO PUEDE PROTESTAR CONTRA EL GOBIERNO
©QUINO

1646
¡OJALÁ!
ESO, ¡OJALÁ!
LA GENTE ESPERA QUE ESTE AÑO QUE EMPIEZA SEA MEJOR QUE EL ANTERIOR
APOSTARÍA QUE POR SU PARTE, ESTE AÑO QUE EMPIEZA ESPERA QUE LO QUE SEA MEJOR SEA LA GENTE
©QUINO

1647
MAFADDA
CUANDO UN PAÍZ ZE GAZTA, ¿ADÓNDE LO TIDAN?
©QUINO

1648
TODAVÍA NO SOY UN JOVEN DE CUARENTA Y YA TENGO COSAS DE UN VIEJO DE TREINTAYNUEVE
©QUINO

1649
EN MI CASA SIEMPRE LA MISMA HISTORIA: CADA DOS POR TRES SE DESCOMPONE EL LAVARROPAS
VIENE EL HOMBRE, LO ARREGLA, MI MAMÁ DICE: *"QUÉ BARBARIDAD, UD. CADA VEZ ME COBRA MÁS"*, Y EL OTRO CONTESTA: *"QUÉ QUIERE, SEÑORA, COMO ANDAN LAS COSAS"*, Y TERMINAN LOS DOS HABLANDO DE LO MAL QUE ESTÁ TODO
LA CUESTIÓN ES QUE CADA VEZ QUE ME PONGO ROPA LIMPIA SIENTO COMO QUE ANDO POR AHÍ TODA VESTIDA DE CRISIS
©QUINO

1650
¡AQUÍ LOS
SON TODOS IGUALES: MUCHO BLÁ-BLÁ, MUCHO BLÁ-BLÁ, PERO NINGUNO PIENSA EN EL PAÍS!
TODOS PIENSAN EN EL PAÍS, QUE NO SE LES OCURRA NADA ES OTRA COSA, PERO TODOS PIENSAN EN EL PAÍS
©QUINO

1651
¡SOPA EN VERANO! ¿A QUIÉN SE LE OCURRE HACER SOPA EN VERANO? ¡A NADIE! ¡SOLO A VOS SE TE OCURRE HACER SOPA EN VERANO!
¿VERDAD QUE SOY ORIGINAL?
...ÉSTA POR DARLE ARGUMENTOS AL ENEMIGO, ¡GULP!... ÉSTA POR TARADA, ¡GLÚP!.. ÉSTA POR NO SABER QUÉ CONTESTAR, ¡GÚLP!...ÉSTA POR
©QUINO

1652
ESTOY EMPEZANDO A SOSPECHAR QUE PARA EDUCARNOS LOS GRANDES SON UNOS CÓMODOS, FELIPE
¿UNOS CÓMODOS?
Y, SÍ: ELLOS VIENEN Y TE ENSEÑAN QUÉ ES BUENO Y QUÉ ES MALO
PERO LUEGO TE LARGAN PARA QUE VOS SOLITO TE LAS REBUSQUÉS COMO PODÁS EN APECHUGAR CON LO BUENO QUE TIENE LO MALO Y LO MALO QUE TIENE LO BUENO
©QUINO

1653
¿USTEDES CUÁNDO SE VAN DE VERANEO?
TODAVÍA NO SABEMOS, LIBERTAD
NOSOTROS NOS VAMOS CATORCE DÍAS DE VERANEO, AUNQUE NO SABEMOS SI REALMENTE NOS IREMOS CATORCE DÍAS DE VERANEO
¿POR?
PORQUE TENEMOS PLATA SUFICIENTE PARA DOS SEMANAS, PERO NO SABEMOS SI REALMENTE LA PLATA QUE TENEMOS SERÁ SUFICIENTE PARA DOS SEMANAS, ¿ENTENDÉS?
SÍ, CLARO, ENTIENDO
YO TAMBIÉN
¿NO ES TRISTE QUE ENTENDAMOS?
©QUINO

1654
EL PUEBLO AL PODER
U.J.R.
¡PARA QUÉ!..¿PARA QUE DESPUÉS QUEDE TODO EL PODER LLENO DE CÁSCARAS DE NARANJA, PAPELES USADOS Y MANCHAS DE SÁNDWICHES DE CHORIZO?
©QUINO

1655
©QUINO
¿QUÉ PASA?
NADA, ME PARECIÓ QUE EL MUY CRETINO SE SONREÍA

1656
¡MECACHO, QUÉ CALOR HACE!
¡FÚF!..
EZ POD EL GOBIEDNO, ¿VEDDAD?
NO, GUILLE; ES POR EL VERANO
AH
EL POBRE TODAVÍA NO SABE REPARTIR MUY BIEN LAS CULPAS
©QUINO

1657
¡BROOOOOMM!
¡BROOOOOMM!
¡BRUUN
NUNCA ENTENDÍ ESA MANÍA DE PROMOCIONARSE QUE LES DA A LAS TORMENTAS EN VERANO
©QUINO

1658
¡MMMMMMMMHHH! ¡QUÉ HERMOSA LLUVIA!
¡QUÉ HERMOSO RESFRÍO!
¿POR QUÉ NO VAS A TU CASA?
ASÍ ES COMO LUEGO SE ENFERMAN
¡DAR TRABAJO! ¡PARECE QUE LES GUSTARA DAR TRABAJO!
LO QUE NOS FALTABA: ¡¡COMANDOS PARAMATERNALES.!!
©QUINO

1659
LA VERDAD, SER CHICO TAMBIÉN TIENE SUS VENTAJAS
SÍ, CLARO
UNO NO TIENE QUE TRABAJAR...
LOS PADRES ESTÁN TODO EL TIEMPO CUIDÁNDOTE LA SALUD...
Y ADEM....
©QUINO
¿VAMOS A CALLARNOS A MI CASA?

¿QUÉ EZ EZTO TODO LLENO DE CAÑITOZ?
1660
ES UN AVISO DE UNA PLANTA DE GAS
¿DE GAZ?
SÍ, DE GAS DEL ESTADO
¿Y EL EZTADO UZA EZTO PADA INFLAD QUÉ?
PARA INFLAR NADA, GUILLE; ESE ES EL GAS QUE SE USA EN LAS CASAS Y ESO
AAH
©QUINO
CREO QUE LE CONTESTÉ LA VERDAD, ¿NO?

¿ME PRESTÁS UNA PARTE DEL DIARIO, PAPÁ?
1661
TOMÁ
GRACIAS
LA FRASE DE HOY: "MÁS CONOZCO A LOS HOMBRES, MÁS QUIERO A MI PERRO" Diógenes
¡PERO!...
¿QUÉ CLASE DE PERIODISMO ES ÉSTE? ¡FALTA LA OPINIÓN DEL PERRO!
©QUINO

VOS ERAS MARY, LA MUCHACHA QUE HABÍA HEREDADO "RODEO RANCH" CON CIENMIL CABEZAS DE GANADO
OKEY
1662
VOS ERAS PETE JOE, Y CON UNA TRIQUIÑUELA HABÍAS DESPOJADO A MARY DE "RODEO RANCH"
VERISGÜEL
YO ERA EL SHERIFF, DESCUBRÍA TODO Y LUEGO DE UN TIROTEO TE CAPTURABA EN TU GUARIDA ¿ENTENDIDO? ¡VAMOS!
¡ENTRÉGATE, PETE! ¡BANG! ¡BANG! ¡BANG! ¡BANG! ¡BANG!
¡POR FIN LA JUSTICIA ME DARÁ A MÍ LO QUE ES MÍO
Y A PETE JOE SU MERECIDO!
NO SERÁ TAN FÁCIL, MARY: LA GUARIDA Y "RODEO RANCH" ESTÁN A NOMBRE DE UN TESTAFERRO
©QUINO

1663
¡¡PE... PERO... EL PRECIPICIO, MIGUELITO, CUIDADO, POR DIOS!!
¿SE ROMPE?

1664
¡MIENTRAS TODO EL MUNDO VERANEA FELIZ..... MI PRIMITA, MI POBRE PRIMITA MABEL!....
¿QUÉ LE OCURRE, SUSANITA?
¡JUSTAMENTE AHORA, MIRÁ VOS!
¡ELLA NO MERECÍA ESTO, NO LO MERECÍA!
¿ES ALGO GRAVE?
¡GRAVE, DECÍS!..
¡NUEVE AÑOS Y YA ENVIUDAR DEL APÉNDICE! ¿HAY DERECHO?

1665
ESTA MISMA TARDE COMPRO UNA POSTAL Y SE LA MANDO
Querida Mafalda: desde estas hermosas playas.....
NO, ESO ES MUY VULGAR. A VER....
Querida Mafalda:
¿QUERIDA MAFALDA QUÉ?
MEJOR PENSAR TRANQUILO ESTA NOCHE EN EL HOTEL CÓMO ESCRIBIR ESA TARJETA
AL FIN DE CUENTAS LLEGUÉ HOY; TENGO TIEMPO, PUEDO ENVIÁRSELA MAÑANA, POR EJEMPLO
¡CÓMO!..¿ASÍ QUE NO RECIBISTE NAD.... ¡¡QUÉ DESASTRE ESTÁ HECHO EL CORREO.!!

1666
¡AAAAH! ¡UNOS DÍAS MÁS Y NOS VAMOS DE VACACIONES!
¿PADA QUÉ?
¡LA PREGUNTA!... ¡PARA DESCANSAR, GUILLE! ¡¡PARA DES-CAN-SAR!!
© QUINO
MAFADDITA, ¿DE QUÉ EZTAMOZ CANZADOZ?

1667
© QUINO

1668
¿TODO EZTE AGUA VINO A PADAD AQUÍ CUANDO ZE PINCHÓ QUÉ COZA?
© QUINO

1669
SÍ, BUENO PERO ¿CON QUÉ RÉGIMEN SE ADELGAZA REALMENTE?
CONOZCO UNO QUE PARECE EFICAZ, PERO MEJOR NO ESTROPEARSE EL VERANEO RECORDANDO CÓMO ANDAMOS EN POLÍTICA

1670
¿NO ES UN ABUSO DE AUTORIDAD?

1671

1672
¡¡"CON PEDMIZO"!! ¿EHÉÉ?
¡HAY NUBEZ QUE NO ZÉ DÓNDE APRENDIEDON EDUCAZIÓN!
©QUINO

1673
EL INSPECTOR CARSON, DE SCOTLAND YARD, MORDISQUEÓ SU QUÉ BIEN ESTÁ LA MÁS BAJITA DE SCOTLAND YARD, MORDISQUEÓ SU PIPA Y ESE GORDO TENÍA QUE PARARSE JUSTO DELANTE
EL INSPECTOR CARSON, DE SCOTLAND YARD, MORDISQUEÓ SU PIPA Y AHÍ SE VA EL GORDO, BÁRBARA ESTÁ PECTOR CARSON, DE SCOTLAND YARD, MORDISQ TAMBIÉN CON ESA BIKINI EL INSPECTOR CARSON, DE SCOTLAND ZÁS, AHORA PARECE QUE ESTÁN POR IRSE SU PIPA Y MIRÓ A TRAVÉS DE LA VENTANA
LA SEXTA SEÑAL
¿SE IRÁN? CARSON, DE SCOTLAND YARD, MORDIS SE VAN NOMÁS, QUÉ LÁSTIMA, CON LO BIEN QUE ESTABA.... Y, BUÉH...
EL INSPECTOR CARSON, DE SCOTLAND YARD, MORDISQUEÓ SU PIPA Y MIRÓ A TRAVÉS DE LA VENTANA
PERO ESTO.....
¡¡A VER SI HICE LA MACANA DE COMPRAR UNA NOVELA POLICIAL QUE YA LEÍ!!...
©QUINO

1674
¿Y ESO?
NADA, QUERÍA PROBAR LA SENSACIÓN DE SENTIRME UNA CHICA SEXY
©QUINO

1675
¡TUP!
¿PUEDO DESTAPARME O POR CENTÉSIMA VEZ VAS A REVISAR LA CUENTA PARA CONVENCERTE DE QUE YA SE NOS ACABAN LOS DÍAS DE VACACIONES?
©QUINO

1676
¡PZT! ¡A PAPÁ ZE LE EZTÁ PELANDO LA EZPALDA! ¿POD QUÉ?
POR EL SOL, GUILLE, ¡POR QUÉ VA A SER!...
QUÉ ZÉ YO..... MALA CALIDAD
©QUINO

1677
¡QUÉ DULCE, CON SU HIJITO A CASSETTE!
©QUINO

1678
¡BUÁÁÁH!
¡TODOS QUISIÉRAMOS QUEDARNOS, GUILLE, PERO NO PODEMOS!
¿POD QUÉ NO?
PORQUE YO TENGO QUE VOLVER A TRABAJAR
Y YO A PREPARARME PARA LA ESCUELA
Y YO A OCUPARME DE LA CASA, ¿ENTENDÉS?
ZÍ
HOTEL
¡BUUÁÁÁÁÁH!..

1679
¿QUÉ HACÉS, PAPÁ?
FUMO UN CIGARRILLO, ¿POR QUÉ?
NO, POR NADA
ME PARECIÓ QUE ERA EL CIGARRILLO EL QUE TE ESTABA FUMANDO A VOS, PERO NO ME HAGÁS CASO

1680
¡LO ZIENTO, EZTE LÁPIZ EZ MÍO!
¡ZOMOZ HEDMANOZ Y NOZ QUEDEMOZ MUCHO, PERO LO QUE EZ DE CADA UNO EZ DE CADA UNO!
¡QUE VOY A HACERLE! ¡YA ESTOY CASI RESIGNADA A QUE ÉL SEA MI PAÍS LIMÍTROFE!

1681
ME PUSE A IMAGINAR QUE EL SUELO NO EXISTE Y QUE ESTOY PARADO EN EL AIRE
¿Y?
¡QUE NO ENTIENDO CÓMO NO ME CAIGO!
MUY FÁCIL: SI EL SUELO NO EXISTE ¿ADÓNDE VAS A CAERTE?
¡LO QUE ES SER REALISTA!
©QUINO

...Y TODO PARA COBRAR UNA MISERABLE JUBILACIÓN!
¡ESO!
1682
ES QUE LOS JUBILADOS DEBERÍAN MANDARSE UNA BUENA HUELGA, ¡SÍ SEÑOR! ¡HUELGA GENERAL DE JUBILADOS POR TIEMPO INDETERMINADO EN TODO EL PAÍS, Y NO AFLOJAR!
¡NO PASARÍA NADA, LIBERTAD!
©QUINO
¿QUE NO? ¡JÁH! ¡EL GOBIERNO TENDRÍA QUE LLAMAR AL EJÉRCITO PARA CUBRIR LA FALTA DE JUBILADOS, Y LOS SOLDADOS TENDRÍAN QUE LEER EL DIARIO EN LAS PLAZAS, CRUZAR MAL LAS CALLES, PROTESTAR CONTRA LOS JÓVENES!...
¿Y DE ABUELOS? ¿QUIÉNES HARÍAN DE ABUELOS? ¿CREÉS QUE ALGUIEN AGUANTARÍA TENER EN SU CASA A UN SOLDADO DE INFANTERÍA HACIENDO DE ABUELO? ¿EHÉ?

1683
¡CHIIISS!
SALUD
¡MENOS MAL! LLEGABA A DECIRME *GRACIAS* Y DESPACHURRO EL PRESUPUESTO FAMILIAR PAGANDO PSICOANALISTAS
©QUINO

1684
¿MMMMMH? ¡QUÉ LINDA MI TODTUGA!
TODTUGA NO, GUILLE: TORTUGA
¿TODTUGA?
NO, NO
TORTUGA
TODTUGA
¡PERO NO! PROBÁ OTRA VEZ:
TORRRTUGA
¿Y ZI MEJOD LA PATEO?

1685
¡SÑF!
¡SÑIG!
¡SNÍF!
Y ESO QUE LOS LIBRETISTAS DE TELENOVELAS TIENEN LA DELICADEZA DE NO MOSTRARNOS A LOS PROTAGONISTAS CUANDO EN MEDIO DE SU DRAMA DE PASIONES LES CAE ADEMÁS LA FACTURA DE LA LUZ, EL TELÉFONO, IMPUESTOS MUNICIPALES, GAS, OBRAS SANITA

1686
¡VAMOS, FELIPE!... ¡HAY QUE MIRAR EL LADO POSITIVO DE VOLVER A EMPEZAR UN NUEVO AÑO DE CLASES!
HAY QUE PENSAR EN EL REENCUENTRO CON VIEJOS COMPAÑEROS, EN LO LINDO DE CONOCER NUEVOS AMIGOS...
...Y EN LA ALEGRÍA DE LOS RECREOS
SÍ, CLARO, TENÉS RAZ.... ¡CÓMO!... ¿LO TENÍAS ANOTADO EN UN PAPELITO?
Y, SÍ, SI HAY QUE VER EL TRABAJO QUE ME COSTÓ, ¡TODA LA MAÑANA PARA ENCONTRAR ESOS TRES ESTÚPIDOS ARGUMENTOS DE PORQUERÍA!

1687
U¡¡ÚÚÚJUUUH!..
¡M CHUIK!

LO BUENO DE ESTOS PRIMEROS DÍAS DE CLASE ES QUE LA MAESTRA TODAVÍA NO CONOCE BIEN A CADA ALUMNO
1688
PARA ELLA POR AHORA SOMOS TODOS MÁS O MENOS IGUALES. NO HAY MEJORES, NI PEORES, NI NADA
HASTA ES CAPAZ DE PENSAR QUE TAL VEZ YO PUEDO LLEGAR A SER EL PRIMERO DEL GRADO
¡LA MUY BESTIA! ¡YO!...¡YO EL PRIJÁH-JÁH-JÁH-JÁH DEL GRAJÁH-JÁH-JÁH

1689
¡SSSHHH!... LOGRAMOS ACERCARNOS AL CAMPAMENTO COMANCHE SIN SER DESCUBIERTOS
¡PST, HEY, FELIPE! ESTABA PENSANDO... ¿POR QUÉ YA QUE TENEMOS ARMAS NO DEJAMOS ESTA ESTUPIDEZ Y JUGAMOS A LA REVOLUCIÓN SOCIAL?

1690
¡SE CREE EL REY DE LA OFICINA! ¡SE CREE QUE PUEDE LLEVARNOS A TO-DOS POR DELANTE! ¡SE CRE
¿Y POR QUÉ VOS NO VAS, LO AGARRÁS Y LO MOLÉS A PATADAS?
¡MÁH, CALLATE!... ¡QUÉ ENTENDÉS VOS!..
¿YO? NADA, ¿VOS SÍ?
¡CLARO QUE ENTIENDO!
AH, ¿Y DE QUÉ TE SIRVE SI NO PODÉS IR, AGARRARLO Y MOLERLO A PATADAS?
© QUINO

1691
VEAMOS LOS PUNTOS CARDINALES, ¿EL SOL SALE POR....
LA MAÑANA
¡PERO NO! ¡LA MAÑANA NO ES UN PUNTO CARDINAL!
AH, ESO AL SOL NO LE IMPORTA. ÉL SALE IGUAL
SÍ, BUENO, PERO ¿POR DÓNDE?
POR LA VENTANA DEL LIVING
¡ESO VISTO DESDE TU CASA!
Y, SÍ. A MI EDAD NO TENGO MUCHAS POSIBILIDA-DES DE AMANECER EN OTRO LADO
ANDÁ A TU ASIENTO, POR FAVOR
LÁSTIMA; CHAR-LAR CON USTED ME FASCINA
© QUINO

1692
SALUD, MANOLITO ¿POR QUÉ TAN CABIZBAJO?
¿TE ACORDÁS QUE YO DECÍA QUE LO BUENO DE LOS PRIME-ROS DÍAS DE CLASE ES QUE LA MAESTRA TODAVÍA NO CONOCÍA BIEN A SUS ALUMNOS?
SÍ
¿Y QUE PARA ELLA POR AHORA ÉRAMOS TODOS IGUALES, SIN MEJORES, NI PEORES, NI NADA?
SÍ
BUENO, HOY ME CORRIGIÓ EL PRIMER DICTADO.... ¡Y SE ACABÓ LA DEMOCRACIA!
© QUINO

MAFALDA, ¿PODÉS IR A COMPRAR EL PAN?
¿CON EL SUDOR DE MI FRENTE?
VOY
¿DE DÓNDE SALIÓ ESO DE "GANARÁS EL PAN CON EL SUDOR DE TU FRENTE", MAMÁ?
ESO SE LO DIJO DIOS A ADÁN
AH
¿Y ME EQUIVOCO, O LA INVASIÓN DE DESODORANTES EMPEZÓ CUANDO DESPUÉS TODO EL MUNDO TUVO QUE IR GANÁNDOSE LA HELADERA, EL LAVARROPAS, EL TELEVISOR, EL AUTO, EL DEPARTAME

¡CUANDO SEA GRANDE VOY A SER JEFE! ¡NO SÉ DE QUÉ, PERO VOY A SER JEFE!
¡PERMISO! ¿EH?
¿EH? ¡AH! ¡SÍ, SÍ, YA!
¡EN FIN!...

¡BUÉH!... UN POCO DE RESPONSABILIDAD Y A EMPEZAR EL DEBER DE GEOMETRÍA
"RESPONDE: ¿CUÁNDO UN TRIÁNGULO ES ISÓSCELES?"
CUANDO FELIPE KID LLEGA JUSTO A TIEMPO DE IMPEDIR QUE CARROÑA JOE SE ALCE CON LA HIPOTENUSA
¡YA TUVE QUE DEJARME INFLUENCIAR POR MÍ!

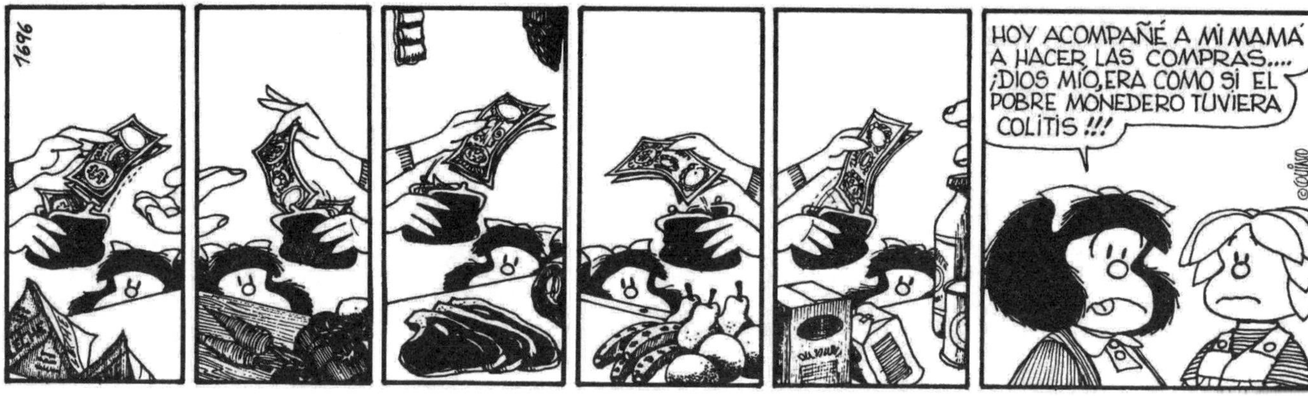
1696
HOY ACOMPAÑÉ A MI MAMÁ A HACER LAS COMPRAS.... ¡DIOS MÍO, ERA COMO SI EL POBRE MONEDERO TUVIERA COLITIS !!!
© QUINO

1697
AQUÍ HABLAN DEL *ESPERANTO* ¿QUÉ CORCHOS SERÁ ESO?
ES UN IDIOMA UNIVERSAL
AH, ¿BÁNG?
© QUINO

1698
¡AH! ¡A MÍ LO QUE ME GUSTARÍA SERÍA PERTENECER A LA SOCIEDAD!
A LA SOCIEDAD PERTENECEMOS TODOS, SUSANITA
NO ME ENTENDÉS. YO TE DIGO A LA QUE TIENE APELLIDO
APELLIDO TENEMOS TODOS, SUSANITA
¡PERO NO, TARADA! ¡YO TE DIGO A LA QUE TIENE LA SARTÉN POR EL MANGO!
© QUINO
DALE, ¿A VER?, DALE: *"LA SARTÉN POR EL MANGO LA TENEMOS TODOS, SUSANITA"*. DALE, ¿EH? DECILO, ANDÁ, ¿A VER?, DALE...

1699
...Y ASÍ CONCLUYE LA PRIMERA EMISIÓN DE ESTA SERIE TITULADA: CADA HOGAR UN MUNDO
¡LINDA COMPARACIÓN! ¿SERÁ UNA CAMPAÑA PSICOLÓGICA PARA DESPRESTIGIAR HOGARES?
©QUINO

1700
LAS HORMIGAS VIVEN HOY EXACTAMENTE DE LA MISMA MANERA EN QUE VIVÍAN HACE MILES DE AÑOS, Y TAN CAMPANTES
LA HUMANIDAD EN CAMBIO MUCHA EVOLUCIÓN, MUCHA TÉCNICA, MUCHA CIENCIA, Y CADA VEZ CON MÁS LÍOS
©QUINO
ES TAN CIERTO ESO QUE ACABÁS DE DECIR QUE NO SIRVE ABSOLUTAMENTE PARA NADA

1701
¿NO EZ INCREÍBLE TODO LO QUE PUEDE TENED DENTRO UN LÁPIZ?
©QUINO

1702
¡LOS CUENTOS PARA CHICOS NO ESTÁN ESCRITOS POR CHICOS, SINO POR GENTE GRANDE!
¡¡ES UNA VERGÜENZA!!
¡TAMPOCO LOS JUGUETES, NI LAS GOLOSINAS, NI LA ROPA NI NADA DE LO QUE ES PARA NOSOTROS ESTÁ HECHO POR NOSOTROS, SINO POR GENTE GRANDE!
¡COMERCIAN CON NOSOTROS!
¿POR QUÉ TENEMOS QUE SEGUIR AGUANTANDO ESTO?
¡ESO! ¿POR QUÉ?
SENCILLAMENTE PORQUE TAMPOCO NOSOTROS ESTAMOS HECHOS POR NOSOTROS, SINO POR GENTE GRANDE ¡PUCHA DIGO!...
DEMASIADO SINCERO PARA SER LÍDER
©QUINO

¡LOS PRINCIPALES RÍOS DEL MUNDO! ¿PARA QUÉ CORCHOS TENEMOS QUE APRENDER LOS PRINCIPALES RÍOS DEL MUNDO?
1703
¡TODO POR ESA MALDITA MANÍA QUE TIENEN DE ANDAR PONIÉNDOLE NOMBRES AL AGUA!
TODA LA TARDE DE AYER ESTUDIANDO ¿Y PARA QUÉ? ¡SÍ, YA SÉ: LA CULTURA ESTO Y LA CULTURA AQUELLO!
PERO EL DÍA DE MAÑANA... ¿QUÉ UTILIDAD PUEDE REPORTARLE A UNO HABER APRENDIDO QUE EL EVEREST ES NAVEGABLE?
©QUINO

1704
MÑBSBS - BMÑSBSBS MBSÑ - ÑBSBSMÑSB ¡CADAMBA, QUÉ BIEN!
¿A QUIÉN QUERÉS HACER CREER QUE SABÉS LEER, GUILLE?
¡TENGO IMAGINAZIÓN! ¿VEDDAD? ¡PUEDO IMAGINADME QUE EL DIADIO TRAE LAZ NOTIZIAZ QUE A MÍ ME DA LA GANA ZOBRE EL MUNDO Y LA POLÍTICA Y LOZ CADAMELOZ Y EL GOBIEDNO Y TODO!
¿AJHÁ? ¿Y DEL PRESIDENTE, POR EJEMPLO, QUÉ DICE HOY EL DIARIO?
¡POD FAVOD!... ME PONE POD LAZ NUBEZ, COMO ZIEMPRE
©QUINO

TENGO UNA DUDA CON UN TIEMPO DE VERBO. ¿PODRÍA CONSULTAR TU LIBRO?
POR SUPUESTO, VENÍ
VEAMOS... YO ME AMO TÚ ME AMAS ÉL ME AMA NOSOTROS NOS... ¿VES? ¡FALTA!
¿FALTA QUÉ?
NOSOTROS ME AMAMOS
¡PERO SUSANITA, ESO NO EXISTE!
¡¿CÓMO NO VA A EXISTIR "NOSOTROS ME AMAMOS"?!
Y NO. ¿NO VES QUE NO?
TOMÁ. LO QUE VEO ES QUE EL QUE HIZO LOS VERBOS SERÍA MUY DUCHO EN GRAMÁTICA, ¡PERO EN EGOÍSMO ERA UN ZOQUETE!

HOLA, HIJITA
¡HOLAMMCHUÍK!
CANSADO, ¿NO?
¡ÉH!... LA LUCHA POR LA VIDA...
LO PEOR ES QUE LA VIDA CREE QUE UNO ES SU SPARRING

MAFADDITA, ¿CUANDO YO SEA GRANDE QUÉ ALTUDA VOY A TENED?
NO SÉ, GUILLE ¿PERO POR QUÉ QUERÉS SABERLO DESDE AHORA?
PODQUE SI SOY BAJITO TENDRÉ QUE MIDAD TODO ASÍ Y VOY A ENSUCIAD LOS CUELLOS DE MIS CAMISAS POD ATRÁS
EN VEZ SI SOY ALTO TENDRÉ QUE MIDAD TODO ASÍ Y LOS VOY A ENSUCIAD POD ADELANTE
QUISIEDA SABED POD CULPA DE CUÁL DE LAS DOS CANTILENAS VOY A TENED QUE SEPADADME DE MI MUJED

¿JHABÉS PHOR GUÉ LA GHENTE SE QUEJHA EN ESDE PHAÍS?
PHORGUE NO HA PASAHO NUNGA HAMBRHE ¡PHOR EHSO!
¡HAMBRHE!¡HAMBRHE!... ¡EHSO É LO GUE LA GHENTE NECEHITA EN ESDE PHAÍS!
1708
©QUINO

ESTE FÓSFORO LO ENCIENDE UN SABOTEADOR Y VUELA UN GASODUCTO. LO ENCIENDE UN COCINERO Y HACE UN RISOTTO
1709
LO ENCIENDE UN DISTRAÍDO E INCINERA UN PARQUE NACIONAL. LO ENCIENDE UN OPERARIO Y PONE EN MARCHA UN COMPLEJO SIDERÚRGICO
LO ENCIENDO YO, ¿Y QUÉ PASA?
¿QUÉ MIRÁS? ¡EN ESTE MUNDO CADA CUAL TIENE SU IDIOSINCRASIA! ¿NO?
?
©QUINO

MADE IN JAPAN ¿AJHÁ?
1710
¡LA FUERZA DEL DINERO ES FABULOSA! PENSAR QUE UN JAPONÉS, A QUÉ SÉ YO CUÁNTOS MILES DE KILÓMETROS DE AQUÍ INVIERTE SU CAPITAL EN FABRICAR SACAPUNTAS...
Y QUE PARA TRAER ALGO TAN SIMPLE HAY INVERTIDOS MILLONES Y MILLONES DE DÓLARES EN AGENCIAS EXPORTADORAS, COMPAÑÍAS DE TRANSPORTE, AGENCIAS IMPORTADORAS, EMPRESAS DISTRIBUIDORAS.....
Y TODO PARA QUE YO PUEDA SACARLE PUNTA A MÍ LÁPIZ Y AGREGAR MI ESLABÓN A TODA ESA INMENSA CADENA DE PODERÍO COMERCIAL
Señora Tota debe un envase Pecsicola
©QUINO

1711
¿A QUÉ VELOCIDAD VOLARÁN LAS MOSCAS?
¿NO TE PARECE QUE LAS COSAS ESTÁN COMO PARA PREOCUPARSE POR ALGO MÁS IMPORTANTE QUE ESO, MIGUELITO?
©QUINO
SI HOY PARA VIVIR COMO LA MONA UN OBRERO DEBE DESLOMARSE DIECISÉIS HORAS DIARIAS, ¿CUÁNTOS KILÓMETROS RECORRERÁ UNA MOSCA EN ESE TIEMPO?

1712
¡HMMM!....NO
©QUINO
¡ÑIC!
QUEDO MUCHO MEJOD CON EL BIGOTE AFEITADO

1713
¿CÓMO HABRÁ SIDO EL ASUNTO? ¿LAS DOS COSAS SERÁN OBRA DE UN MISMO SÁDICO?
¿O POR PURO GUSTO DE FASTIDIAR EN EQUIPO, UN CRETINO INVENTÓ LA CUCHARA Y AHÍ NOMÁS A OTRO DEPRAVADO SE LE OCURRIÓ LA SOPA?
©QUINO

1714
¡AAAH!...NO HAY MEJOR COSA QUE TERMINAR DE ACOSTUMBRARSE A QUE TODO ANDA MAL, PARA EMPEZAR A SER FELIZ
©QUINO

1715
"NADIE VALE POR LO QUE TIENE, SINO POR LO QUE ES"
¡VAMOS!...¡SI EL QUE NO TIENE, NI SIQUIERA ES!
©QUINO

1716
A MI PAPÁ LE DIERON DE VUELTO UNA MONEDA CON UN AGUJERO Y ME LA REGALÓ
¿CON UN AGUJERO? ¿A VER?
NO SÉ SI GUARDARLA COMO AMULETO O COMO RECUERDO DEL DETERIORO ECONÓMICO
©QUINO

1717
LUCHADOR INCANSABLE
DE PRECLARAS IDEAS
ASÍ, CUALQUIERA.
EL MÉRITO ES ESTAR CANSADO Y SEGUIR LUCHANDO
©QUINO

¡ATCHIÍÍSS!
1718
¡DIOS MÍO, MAFALDA! ¿ESTORNUDASTE?
NO, ES QUE AHORA ME DA POR OPINAR POR LA NARIZ, PARA NO COMPROMETERME
¡HACETE LA CÁUSTICA, TARADA! ¡TODAVÍA QUE ME PREOCUPO POR TU SALUD!....
©QUINO

1719
BIEN, AHORA GUARDEN TODOS SUS ÚTILES
MENOS LÁPIZ, GOMA DE BORRAR Y UNA HOJA EN BLANCO EN LA QUE ANOTARÁN: "PRUEBA ESCRITA"
PERDÓN, ¿Y SI APELÁRAMOS A LA SENSATEZ Y DEJÁRAMOS LA COSA PARA OTRO DÍA?
DIGO..... PARA EVITAR UN INÚTIL DERRAMAMIENTO DE CEROS
©QUINO

1720
HOLA, FELIPE. VENÍA PENSANDO... ¿QUÉ ACTITUD CONVENDRÁ ADOPTAR ANTE LA GENTE?
¿LA DE SEGURO DE UNO MISMO, PARA QUE TODOS TE RESPETEN?
¿LA DE INDIFERENTE, PARA PASAR INADVERTIDO Y QUE NADIE TE MOLESTE?
¿LA DE DESPROTEGIDO, PARA QUE TODOS TE AYUDEN?
DE LA QUE UNO ELIJA DEPENDE CÓMO LE IRÁ EN LA VIDA, ASÍ QUE ES MUY IMPORTANTE DECIDIR DESDE YA, Y NO EQUIVOCARSE
¡MECACHO!...¡Y TAN TRANQUILO QUE ESTABA YO!...
©QUINO

1721
PARECERÁ CRUEL, PERO ES UNA VERDAD
MÁS QUE UNA VERDAD: ES UNA LEY DE LA NATURALEZA
"NADIE PUEDE AMASAR UNA FORTUNA SIN HACER HARINA A LOS DEMÁS"
©QUINO

1722
¡Y DALE CON LA POLÍTICA! ¡Y DALE CON LA POLÍTICA! ¡¡ME TENÉS PODRIDA CON LA POLÍTICA!!
"¡LA POLÍTICA ES UN DESASTRE!..." "¡LA CULPA DE TODO LA TIENE LA POLÍTICA!..." "¡LA POLÍTICA ESTO, LA POLÍTICA AQUELLO!..."
¿SABÉS LO QUE PARECÉS? ¡LA NUERA DE LA POLÍTICA! ¡ESO PARECÉS!
©QUINO

LOS DIRIGENTES POLÍTICOS PASAN SU VIDA PENDIENTES UNOS DE OTROS
1723
SE JUNTAN, SE PELEAN, SE SEPARAN, VUELVEN A JUNTARSE....
SI ESO NO ES AMOR, NO SÉ QUÉ ES
©QUINO

POBRE, QUÉ MOLESTO DEBE SER PARA VOS NO PODER RASCARTE CUANDO TE PICA ALGÚN LUGAR
1724
¿NO QUERÉS QUE TE RASQUE EL ULSTER, POR EJEMPLO?
©QUINO
¡NO SÉ QUIÉN ME MANDA A PREGUNTARLE NADA!
SGRACH
SGRACH
GRACH
GRACH
SGRACH
GRACH
SGRACH
GRACH

¡PERO MAMÁ, LOS HIJOS NO PODEMOS SER TAN MONSTRUOS Y BAÑARNOS SIN OPONER RESISTENCIA!
1725
¡LOS HIJOS NO PODEMOS SER TAN DEGENERADOS Y COMER SIN CHISTAR!
¡LOS HIJOS NO PODEMOS SER TAN DESALMADOS Y PORTARNOS BIEN!
¡¡SERÍA CERRARLES A NUESTRAS PROPIAS MADRES SUS FUENTES DE TRABAJO!!
©QUINO

1726
¿QUÉ ESTÁS VIENDO, MAFALDA?
LA PELEA
PERO....¡SI ES UN TELETEATRO! ¿QUÉ PELEA?
LA DEL LIBRETISTA; ES APASIONANTE VER CÓMO HA LUCHADO EL LIBRETISTA PARA NO CAER EN LAS GARRAS DE LA INTELIGENCIA
©QUINO

1727
¿Y ESTE CAMIÓN CON MANGUEDA?
ES POR SI HAY SEMBRADA VIOLENCIA, GUILLE. PARA ARRANCARLA DE RAÍZ, APENAS APARECEN BROTES ESTOS SEÑORES VAN Y LOS RIEGAN
COMO MÉTODO AGRÍCOLA ES ALGO CONTRADICTORIO, PERO HAY TANTAS COSAS CONTRADICTORIAS QUE NO VALE LA PENA PREOCUPARSE
©QUINO

EN MI CASA TODOS LOS MESES LO MISMO
1728
ENTRA MI PAPÁ CON EL SUELDO, SE LO PASA A MI MAMÁ, MI MAMÁ LO RECIBE, CONTROLA BIEN...
AVANZA MI MAMÁ UNOS DÍAS, VA MIDIENDO EL SUELDO, APARECE UNA CUENTA, LA PAGA, SIGUE AVANZANDO MI MAMÁ, SIEMPRE PAGANDO ATRAVIESA LA MITAD DEL MES....
UN COBRADOR TRATA DE INTERCEPTARLA, ENFRENTA A MI MAMÁ... ¡MI MAMÁ LO ELUDE! ¡SIGUE SU AVANCE SIEMPRE CON SUELDO DOMINADO!; ¡TRATA DE LLEGAR A FIN DE MES!...
¡GRAN EMOCIÓN!... ¡SE VA ACERCANDO MI MAMÁ CON EL SUELDO!...¡PUEDE SER! ¡VA LLEGANDO! ¡PUEDE SER!... ¡LO ESTIIIRAAAA!...
... ¡CUANDO SE INTERPONE EL DÍA 26 Y ENVÍA EL SUELDO AL CORNER!
©QUINO

1729
¡NO SÉ POR QUÉ, PERO A VECES ME AGARRAN POR DENTRO CADA INCOMPATIBILIDADES CON MI NIÑEZ, QUE NO TE CUENTO!

1730
Cuando un cliente compra una cosa está comprando dos:
una, la que él cree que está comprando, y otra la que realmente uno le está vendiendo.
¡MECACHO!... ¡MIS APUNTES TÁCTICOS!...

1731
PAPÁ, ¿LOS CHICOS FORMAMOS PARTE DEL PUEBLO?
¡POR SUPUESTO!
¡MECACHO!.. YA QUE NO TENÍAMOS ACCESO A CASI NADA POR SER CHICOS...¡ENCIMA ESO!

1732
¡MIRÁ VOS QUÉ LINDO, CÓMO SE AMAN EL ÁRBOL Y LA ENREDADERA! ¿NO?
AJHÁ
CLARO QUE ANDÁ A SABER SI NO SON COMO LOS DE ENFRENTE DE CASA, QUE SE DICE QUE ÉL LA AGUANTA PORQUE NO SABE CÓMO SACARSELA DE ENCIMA

1733
YA MISMO ME LEVANTO Y VOY A HACER LOS DEBERES
ESTO ES LO QUE SE LLAMA DISPARIDAD DE CRITERIOS

1734
¡LA BANDA IMPLACABLE SE PREPARA PARA UN NUEVO GOLPE!
¡DEJÉMONOS DE MACANAS! ¿A QUIÉN VAMOS A IMPRESIONAR CON ESTA FACHA DE AUTOCENSURADOS?

1735
¿TE CONTÉ QUE MI PAPÁ A SU SUELDO LO LLAMA "EL CONCORDE"?
¿EL CONCORDE?
SÍ, POR LO RÁPIDO QUE VUELA
AH
TIENE MUCHO SENTIDO DEL HUMOR TU PAPÁ
BUENO, NO SÉ. ¿DECIR LAS COSAS LLORANDO ES TENER MUCHO SENTIDO DEL HUMOR?
©QUINO

1736
¡USE" "COMPRE" "TOME" "COMA" "PRUEBE"!... ¡EEEEEEEH!... ¿QUÉ CREEN QUE SOMOS?
¡CLACK!
¿Y QUÉ SOMOS?
¡CLICK!
LOS MUY MALDITOS SABEN QUE TODAVÍA NOSOTROS NO LO SABEMOS
©QUINO

1737
¿ADÓNDE VAS TAN APURADO, GUILLE?
NO SÉ, PERO HOY EN DÍA NO HAY TIEMPO QUE PERDED
¡MECACHO, QUÉ GENERACIÓN!
©QUINO

1738
HACER LOS DEBERES, ¡BIEN, ADMITIDO!
PORQUE LOS DEBERES SE HACEN EN LA CASA, LA MAESTRA LOS CORRIGE EN SU CASA, Y TODO ES MÁS DISCRETO
¡¡PERO PASAR AL FRENTE A DECIR LA LECCIÓN!!...
¿HAY DERECHO A QUE LO TENGAN A UNO AHÍ, PROTAGONIZANDO SU CERO DELANTE DE TODO EL MUNDO?
©QUINO

¡BÁNG! ¡BÁNG! ¡BANG! ¡BÁNG! ¡BÁNG! ¡BANG! ¡BÁNG! ¡BANG! ¡BÁNG! ¡BÁNG! ¡BÁNG! ¡BÁNG! ¡BÁNG! ¡BÁNG! ¡BÁNG! ¡BÁNG! ¡BÁNG!
1739
¡ÉÉÉÉÉÉÉH!... ¿DÓNDE VISTE QUE UN REVÓLVER DISPARE TANTAS BALAS SIN RECARGARLO? ¡UN POCO MÁS DE REALISMO, CARAMBA!
BUENO, SI ES POR ESO TAMPOCO ES HORA DE ESTAR TIROTEÁNDONOS EN UN SUPUESTO DESFILADERO DE ARIZONA, SINO DE IR A TOMAR LA LECHE
REALISMO, DIJE, NO REALIDAD
©QUINO

1740
SEGÚN DICE MI PAPÁ, DESDE HACE AÑOS LO ÚNICO QUE SABEN HACER LOS GOBIERNOS ES OPRIMIR AL PUEBLO
¡VIENE UN GOBIERNO Y OPRIME AL PUEBLO!...
¡VIENE OTRO Y OPRIME AL PUEBLO!...
¡VIENE OTRO Y OPRIME AL PUEBLO!...
¡TAMBIÉN EL PUEBLO, CHÉ! ¡QUÉ VOCACIÓN DE TIMBRE! ¿NO?
©QUINO

1741
PAPÁ...
¿SÍ?
DECIME, CUANDO UNO LLEGA A TU EDAD.....
... ¿LOGRA DISTINGUIR UNA LÍNEA POLÍTICA DE UN GARABATO IDEOLÓGICO, O TAMPOCO?
© QUINO

1742
¡SALUD, SUSANITA! ¿QUÉ CONTÁS DE BUENO?
ME ALEGRA TU PREGUNTA PORQUE JUSTAMENTE HOY ME SIENTO AUTOBIOGRÁFICA. YA DESDE MI MÁS TIERNA INFANCIA DEMOSTRÉ MI CARÁCTER; TENDRÍA YO COSA DE AÑO Y MEDIO CUANDO CIERTA MAÑANA EN QUE ME ENCONTRABA..
© QUINO

1743
¿NO QUERÉS QUE TE TRAIGA MEJOR UN PALO, MANOLITO? ¿CÓMO DIABLOS PODÉS ESCRIBIR CON ESA PUNTA?
TENÉS RAZÓN, MIRÁ VOS, NO ME DABA CUENTA, ¡SOY DE BRUTO, A VECES!
¡JRAP! ¡JRAP! ¡JRAP!
¡A VECES!
© QUINO

1744
LA VIDA NO DEBIERA ECHARLO A UNO DE LA NIÑEZ SIN ANTES CONSEGUIRLE UN BUEN PUESTO EN LA JUVENTUD
©QUINO

1745
MAMÁ, ¿VOS DEJASTE UNA GUISERA CON TODO UN GUISO EN LA HELADERA?
SÍ, ¿POR?
PORQUE FUÍ A TOMAR UN VASO DE NARANJADA Y... MIRÁ
¿Y ESO QUÉ ES?
DEPENDE; PARA VOS, ES UN PEDACITO DE LOZA CON SALSA; PARA UN DIARIO, SERÍA UNA MUESTRA QUE REFLEJA LA MAGNITUD DE LO ACAECIDO
©QUINO

1746
MIRÁ VOS, EL SEÑOR DEL DEPARTAMENTO DE ABAJO DE MI CASA, ANTES TENÍA SU EMPLEO....
¿Y QUÉ LE PASÓ?
Y, QUE COMO NO LE ALCANZABA EL SUELDO PARA VIVIR, TUVO QUE BUSCARSE OTRO EMPLEO PARALELO, PERO COMO ENTONCES NO LE ALCANZABA EL TIEMPO LLEGABA SIEMPRE TARDE A LOS DOS EMPLEOS. Y COMO SI LO ECHABAN DE UN EMPLEO, CON EL OTRO NO PODÍA VIVIR, PARA CONSERVAR LOS DOS TUVO QUE COMPRARSE UN AUTO EN CUOTAS, QUE PAGA CON LO QUE GANA EN EL EMPLEO QUE TUVO QUE BUSCARSE CUANDO CON UN SOLO EMPLEO NO PODÍA VIVIR, O SEA QUE AHORA PARA VIVIR SÓLO LE QUEDA EL SUELDO DEL PRIMER EMPLEO, PERO CLARO, CON EL AUTO, LLEGA TEMPRANO A LOS DOS, ESO SÍ
©QUINO

1747
♪A LA MEEEEESAAA♪
AH, PERO... ¡CÓMO!...
¿HOY TAMBIÉN ES SAN ESTÓMAGO MÁRTIR?
©QUINO

1748
MIENTRAS UNO ES CHICO, PUEDE SER HIJO, SOBRINO, PRIMO O NIETO, QUE SON PALABRAS LINDAS
PERO CUANDO UNO ES GRANDE..., ¡PUEDE SER COSAS ESPANTOSAS!
¡TE JURO: SI UN DÍA YO LLEGO A SER EL CONCUÑADO DE LA NUERA DE ALGUIEN, ME SUICIDO DE ASCO!
©QUINO

1749
¡¡DIJE QUE NO ME VOY A BAÑAD Y NO ME VOY A BAÑAD!!
©QUINO

1750
....Y UN PAQUETE DE ARROZ, ¿ALGO MÁS?
NADA MÁS
FFFSSSSSS¡BLOP!
MIRÁ VOS, YA NI EN EL INSTINTO DE CONSERVACIÓN DEL TOMATE SE PUEDE CONFIAR

1751
HOY, QUE VIVIMOS EN UNA SOCIEDAD MODERNA...
¿SUCIEDAD MODERNA?
¡SOCIEDAD MODERNA!
¿ZOOCIEDAD MODERNA?

1752
ESTUVE LEYENDO EN ESTA REVISTA UNA NOTA EN LA QUE HABLAN DE UN *SELF-MADE MAN*
¿Y ESO QUÉ ES?
TODAVÍA NO PUDE ENTERARME BIEN
PERO PARECE SER QUE SI EMPEZÁS EN UNA CUNA MISERABLE Y TERMINÁS EN UN ATAÚD DE LUJO, HAS TRIUNFADO EN LA VIDA

1753
"LLUEVE, HIJO. SERÁ MEJOR QUE TE QUEDES EN CASA EN LUGAR DE IR A LA ESCUELA, ¿EH?"
LLUEVE, HIJO. SERÁ MEJOR QUE TE LLEVES EL IMPERMEABLE, ¿EH?
SI NO FUERA POR UN LEVE MATIZ, DIRÍA QUE CONOZCO A MI MAMÁ COMO A LA PALMA DE MI MANO

1754
¿ME ALCANZÁS LA GOMA, GUILLE?
YO NO SOY TU SIDVIENTE
NO TE LO PIDO COMO A UN SIRVIENTE, SINO COMO A UN AMIGO
GRACIAS, INGENUOTE

1755
SÍ, BUENO, TRABAJAR PARA GANARSE LA VIDA, CLARO
¿PERO POR QUÉ ESA VIDA QUE UNO SE GANA TIENE QUE DESPERDICIARLA EN TRABAJAR PARA GANARSE LA VIDA?

1756
MAMÁ, CUANDO CONOCISTE A PAPÁ ¿SENTISTE QUE TE DEVORABAN LAS LLAMAS DE LA PASIÓN, O APENAS QUE ALGO SE TE TOSTABA?

1757
HOLA, ¿CÓMO TE LLAMÁS?
MAFALDA
QUÉ BIEN, ¿Y VAS A LA ESCUELA?
SÍ, CLARO. ¿Y UD. PAGA TODOS SUS IMPUESTOS?
ÉL EMPEZÓ A HABLAR DE OBLIGACIONES

1758
SÍ, BUENO, PERO ¿Y EL ENCANTO DE VER LA ENVIDIA DE LAS AMIGAS DE LA NOVIA, Y QUE A LA MADRINA LE QUEDAN CHICOS LOS ZAPATOS, Y MIRÁ ESTOS ROÑAS LA BARATIJA QUE REGALARON, Y A ESTE ENGRUDO LLAMAN TORTA DE BODAS

1759
CADA VEZ QUE LLEGA LA CUENTA DE LA LUZ A MÍ PAPÁ TAMBIÉN LE DA POR OPINAR SOBRE EL ASUNTO
©QUINO

¡BASTA DE CENSU
1760
ENSU
O SE LE ACABÓ LA PINTU, O NO PU TERMI POR RAZO QUE SON DEL DOMIN PUBLI
©QUINO

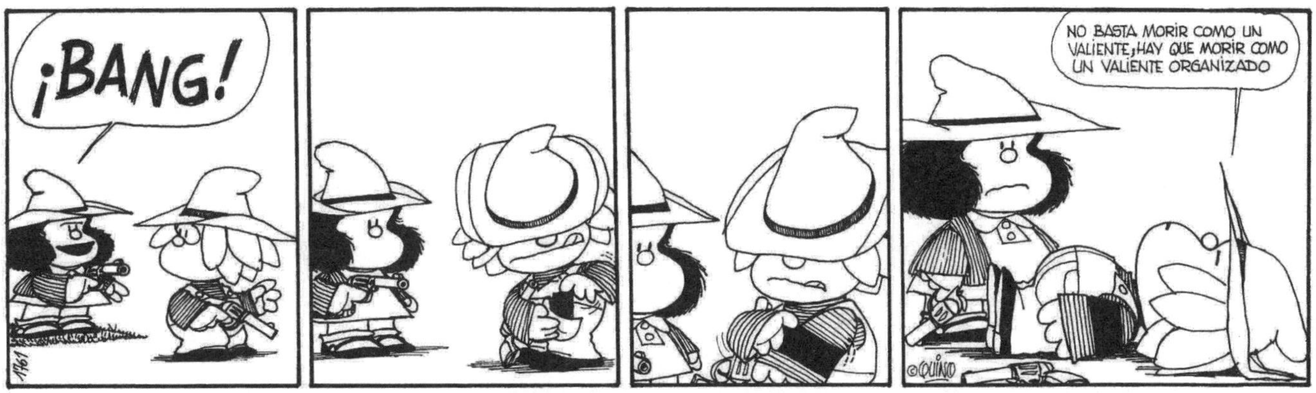
¡BANG!
1761
©QUINO
NO BASTA MORIR COMO UN VALIENTE, HAY QUE MORIR COMO UN VALIENTE ORGANIZADO

ODIA EL ÉXITO FÁCIL

PARECIERA QUE HOY MI IMAGINACIÓN PIENSA HACERME PASAR UNO DE ESOS DÍAS MOVIDITOS

USTED TAMBIÉN HA SIDO CHICO, SR. JUEZ, Y DEBE RECORDAR QUE A MEDIDA QUE UNO SE ACERCABA A LA ESCUELA IBA SINTIENDO COMO PLOMO EN LOS ZAPATOS, SR. JUEZ
CADA VEZ MÁS Y MÁS PLOMO EN LOS ZAPATOS, SR. JUEZ
POR ESO LE ECHÉ LOS TRES LITROS DE NAFTA Y EL FÓSFORO, SR. JUEZ. ¡PORQUE NO LO AGUANTABA, SIEMPRE AHÍ, CON SU MALDITO SARCASMO!
DESPACIO
ESCUELA
Y EL JUEZ NO PODRÁ CONDENARME, PORQUE DE TODAS MANERAS NUNCA ME ANIMARÉ A HACERLO

PLATO DEL DÍA
SOPA DE VERDURAS
INGREDIENTES: 2 LITROS DE CALDO, 1 ATADO DE ACELGAS, 4 ZANAHORIAS, 2 CEBOLLAS, 1 NABO, 2 TOMATES, 1 AJÍ, ½ REPOLLO, 2 RAMITAS DE APIO, SAL A GUSTO.- PREPARACIÓN: EN UNA CACEROLA SE PONEN JUNTOS TODOS ESTOS INGREDIENTES....
¡¡Y SE LOS PROCESA POR ASOCIACIÓN ILÍCITA!!

HOY EN EL DIARIO SALE UNA NOTICIA DEPRIMENTE: EN TODO EL MUNDO TRABAJAN 43 MILLONES DE CHICOS EN CONDICIONES DEFICIENTES
¿TE DAS CUENTA? ¡Y ES UN INFORME DE LA ORGANIZACIÓN INTERNACIONAL DEL TRABAJO Y QUÉ SÉ YO! ¡43 MILLONES DE CHICOS DEBEN TRABAJAR PARA VIVIR!
¿Y? ¿TENEMOS NOSOTROS LA CULPA? ¡NO! -¿PODEMOS NOSOTROS SOLUCIONAR SEMEJANTE PROBLEMA? ¡NO! LO ÚNICO QUE PODEMOS HACER ES INDIGNARNOS Y DECIR QUÉ BARBARIDAD!
¡QUÉ BARBARIDAD!
LISTO. DECÍ VOS TAMBIÉN TÚ QUÉ BARBARIDAD, ASÍ NOS DESPREOCUPAMOS DE ESE ASUNTO Y PODEMOS IR A JUGAR EN PAZ

?
?
¿OÍSTE HABLAD DE UNA NUEVA EMPRESA DE MOSCAS QUE TIENE VUELOS CON AZAFATA?

1768
ES DIVERTIDO BUSCAR FORMA DE QUÉ TIENEN LAS NUBES
AQUÉLLA, POR EJEMPLO, TIENE FORMA DE...
DE....
DE...
DE...
¿DE IDEALES DEMOCRÁTICOS?
©QUINO

1769
¡PERO A QUE EN MÍ LUGAR NO TENDRÍAS EL CORAJE DE AFRONTAR EL PAPELÓN DE SER UN COBARDE!
©QUINO

1770
©QUINO
TIENE LA TEORÍA DE QUE PEINARSE CON PEINE PINCHA LAS IDEAS

SE ACERCA EL 12 DE OCTUBRE Y CADA AÑO LA MISMA HISTORIA
Composición Tema: Cristóbal Colón
1771
Hace muchísimos años Colón inbentó que la Tierra era toda redonda
Entonces agarró y empezó a machacar con que la Tierra es redonda y con que la Tierra es redonda, pero nadie le creía
Lo triste es que al final resultó que era redonda no más y el pobre nunca vio un centavo de "ROYALTY". Fin
©QUINO

LARÁ-LARÍ LAA
LADÍ LADÓÓÓ
1772
POPÓM POPÓM
TADÓDA DÍÍÍÍDA
PADÍM-PODÓM POPÓM-PAPÁM
POPOÓM
¿NO LES ENSEÑARON SUS PADRES UN POCO DE URBANIDAD?
LADÁA LADÍÍÍ
SÍ, PERO POR SUERTE NOS URBANIZARON SIN PAVIMENTARNOS LA NATURALIDAD
LA DÁ-TA
©QUINO

1773
TLÍNG
TLÍNG
LO PEOR ES QUE ESTE FINAL INDECISO ME HA HECHO OLVIDAR QUÉ TENÍA QUE DECIDIR
©QUINO

1774
UN INFORME BRITÁNICO DA CUENTA DE QUE DURANTE LOS PRIMEROS CINCUENTA AÑOS DE ESTE SIGLO HUBO 117 GUERRAS EN LAS QUE MURIERON 42 MILLONES Y MEDIO DE PERSONAS
MIRÁ VOS A LA MUERTE.... ¡QUÉ ÉXITO DE TAQUILLA, QUE LA TIRÓ!
©QUINO

1775
¿QUE NO ME INTERESA LA POLÍTICA? ¡SI NO ME INTERESARA LA POLÍTICA NO ME HABRÍA PUESTO A ESCUCHAR LO QUE DECÍA HOY MI PAPÁ!
¿Y QUÉ DECÍA?
¡QUE PESE A TODO LO QUE SE HA HECHO HASTA EL MOMENTO, AÚN NO ESTÁN DADAS LAS CONDICIONES, AHÍ TENÉS!
¿LAS CONDICIONES PARA QUÉ?
©QUINO
AH, AHÍ DEJÉ DE PRESTAR ATENCIÓN, PORQUE TOTAL, SI NO ESTÁN DADAS LAS CONDICIONES, ¿QUÉ CUERNOS IMPORTA PARA QUÉ?

...Y LUEGO LA FAMILIA, AL DIVIDIR LA HERENCIA....
1776
HAY QUE EXPRESARSE CON PROPIEDAD, SEÑORA; UNA FAMILIA JAMÁS DIVIDE UNA HERENCIA: LA DESCUARTIZA
©QUINO

UN HACENDADO POSEE UNA ESTANCIA DE 5.000 METROS DE FRENTE POR 6.000 DE FONDO
PARA ALAMBRARLA EN TODO SU PERÍMETRO ENCARGÓ AL CORRALÓN LOS POSTES QUE IRÁ COLOCANDO, UNO CADA 20 METROS. ¿CUÁNTOS POSTES COMPRÓ?
REVISA, ¿TE PARECE QUE COMPRÓ TANTOS?
AH, ¿POR QUÉ? ¿ADEMÁS DE OLIGARCA, AMARRETE?

farmacia
¿TE CONTÉ QUE MI PAPÁ FUE AL MÉDICO?
¿AL MÉDICO?
SÍ, PARA VER SI LE RECETABA UNAS PÍLDORAS O ALGO CONTRA SU CANSANCIO, INTRANQUILIDAD, PREOCUPACIÓN, NERVIOSISMO, DESEQUILIBRIO Y ANSIEDAD
PERO SEGÚN EL MÉDICO TODAVÍA NO SE INVENTÓ NADA CONTRA LA NORMALIDAD

Y, CLARO, EL DRAMA DE SER PRESIDENTE ES QUE SI UNO SE PONE A RESOLVER PROBLEMAS DE ESTADO NO LE QUEDA TIEMPO PARA GOBERNAR

¡NO SOS ABIERTA AL MONÓLOGO!
1780
©QUINO

MAMÁ, ¿VOS QUÉ FUTURO LE VES A ESE MOVIMIENTO POR LA LIBERACIÓN DE LA MUJNO, NADA, OLVIDALO
1781
©QUINO

¡MOVIMIENTO POR LA LIBERACIÓN DE LA MUJER!.... ¡VÁLGAME DIOS, YA NO SABEN QUÉ INVENTAR!
SI QUERÉS A TU MARIDO, ¿ES ESCLAVITUD VIVIR COCINANDO, LAVANDO, PLANCHANDO Y FREGANDO PARA ÉL? ¡NO!
Y SI NO LO QUERÉS, ¿TENÉS DERECHO A SENTIRTE LIBRE Y ABANDONARLO? ¡TAMPOCO! PRIMERO PORQUE SERÍA ATENTAR CONTRA LA FAMILIA, BASE DE LA SOCIEDAD
Y SEGUNDO PORQUE SERÍA DESPERDICIAR LA VENTAJA DE TENERLO SIEMPRE A MANO PARA AMARGARLE LA VIDA CADA VEZ QUE TE DÉ LA GANA
©QUINO
1782

¿Y, AL FINAL TE VAS O NO TE VAS A ESTUDIAR?
SEGURO QUE ME VOY A ESTUDIAR, SI YO EN REALIDAD TENGO MUCHÍSIMA VOLUNTAD
CLARO QUE....¡LO DE SIEMPRE, ESTOY GOBERNADO POR UNA MINORÍA!

FRANCAMENTE NO ME EXPLICO CÓMO PUEDE HABER TIPOS CAPACES DE SUBIRSE A UN BOMBARDERO Y LIQUIDAR A MILES DE PERSONAS DE UN SOLO SAQUE
OJALÁ TODO EL MUNDO PENSARA COMO VOS, MIGUELITO
PORQUE HACERLO CON UN FUSIL....¡BUENO!..AL MENOS TIENE EL MÉRITO DE LA COSA ARTESANAL

YO ERA ASÍ, Y YA OÍA DECIR QUE EL PAÍS ESTABA EN CRISIS
YA VOY POR ACÁ Y SIGO OYENDO DECIR QUE EL PAÍS ESTÁ EN CRISIS
¿LA CRISIS TENDRÁ HORMONAS DE CRECIMIENTO COMO PARA LLEGAR HASTA DÓNDE?

1786
BUENAS, MANOLITO, ¿TENÉS ESE JABÓN EN POLVO QUE ANUNCIAN POR TELEVISIÓN?
¿CUÁL, EL DE BLÍN-BLÍN "PULCRILIMP"?
NO, ESE OTRO DE
SE COOOMEN SE COOOMEN
SE COOOMEN LA MUGRECITA
LAS BURBUJITAS DE "SAVONEX"
Y PENSAR QUE HAY PROFESIONES EN LAS QUE SE PUEDE ESTAR ACTUALIZADO SIN NECESIDAD DE ESTAR RIDÍCULAMENTE ACTUALIZADO
©QUINO

1787
¡Y DALE! ¿NO ENTENDÉS QUE SON POBRES PORQUE QUIEREN? ¡USÁ LA CABEZA, PAPAFRITA, USÁ LA CABEZA!
¡DIOS MÍO!
¡PENSÁ EN QUÉ CASUCHAS VIVEN, QUÉ CACHIVACHES DE MUEBLES COMPRAN, QUÉ ROPA USAN!
¿NO TE DAS CUENTA QUE SI ADEMÁS DE GANAR POCO ENCIMA TIENEN LA MANÍA DE INVERTIR EN COSAS DE MALA CALIDAD, SIEMPRE VAN A SER POBRES?
¡NO HAY CASO, CON GENTE QUE NO RAZONA, NO SE PUEDE!
©QUINO

1788
A MÍ NUNCA VA A PASADME NADA MALO PODQUE VOS SIEMPRE VAS A PROTEGEDME, ¿VERDAD, PAPÁ?
¡CLARO, HIJITO!
©QUINO

ESTE POLVO QUE SACAN TODOS LOS DÍAS, ¿DE DÓNDE SALE?
¿CÓMO DE DÓNDE SALE? ES HOLLÍN Y TIERRA QUE ENTRAN DE AFUERA, GUILLE
1789
¡¡IIIIÚÚÚÚJU!..
¡YO SIEMPRE PENSÉ QUE SALÍA DE NOSOTROS, QUE NOS ÍBAMOS GASTANDO DE A POQUITITO!

EL COMBUSTIBLE SE HACE CON PETRÓLEO NACIONAL, ¿NO?
SÍ, CLARO
1790
BUENO, AL MENOS ES UN ALICIENTE FOLKLÓRICO SENTIR QUE A UNO SE LE LLENA EL PECHO DE ALGO QUE VIENE DE LA ENTRAÑA MISMA DE LA PATRIA

LOS DIARIOS HABLAN CADA VEZ MÁS DE LA CONTAMINACIÓN DEL AIRE
¡LOS DIARIOS!... ¡LOS DIARIOS INVENTAN LA MITAD DE LO QUE DICEN!
1791
¡Y SI A ESO SUMAMOS QUE LOS DIARIOS NO DICEN LA MITAD DE LO QUE PASA, RESULTA QUE LOS DIARIOS NO EXISTEN!

¿CONTAMINACIÓN DEL AIRE? ¡VOS SIEMPRE LA MISMA PESIMISTA!
1792
¿Y SI TUVIERAS RAZÓN?
¿Y SI UNAS MALDITAS PARTÍCULAS DE AIRE PURO VINIERAN A ROMPER NUESTRO NORMAL EQUILIBRIO PORQUERIOLÓGICO? ¡DIOS MÍO! ¿QUÉ SERÍA DE NOSOTROS?
©QUINO

1793
LÁSTIMA SUIZA, UN PAÍS CON TANTOS RELOJES Y QUE LOS BARCOS NO PUEDAN LLEGAR NI TEMPRANO NI A HORARIO NI TARDE NI NADA, PORQUE NO TIENE MAR
¡MIRÁ QUE SE LE OCURREN TONTERÍAS!... ¿EH?
¡FRANCAMENTE!...
©QUINO
IBA A COMENTAR ADEMÁS SI LA MARCHA OFICIAL DE LA MARINA SUIZA SERÁ UN HIMNO A LA CLAUSTROFOBIA, PERO PARECE QUE NO HAY MUCHO CLIMA

¡VOS Y TU FAMOSA IGUALDAD!
¿QUÉ TE PASA, SUSANITA?
¡QUE ESTOY CON DOLOR DE ESTÓMAGO, ZANAHORIA! ¿LE DUELE EL ESTÓMAGO A ESTE PAPAFRITA? ¡NO! ¿TE DUELE EL ESTÓMAGO A VOS? ¡TAMPOCO, CLARO, TE RESULTA MÁS CÓMODO QUE EL ESTÓMAGO ME DUELA A MÍ!
1794
¡PORQUE ES MUY CÓMODO HABLAR DE IGUALDAD CUANDO LA DESIGUALDAD LA SUFRE OTRO! ¿NO?
¿POR QUÉ HOY NO LE DUELE EL ESTÓMAGO A TODO EL MUNDO, YA QUE SOMOS TODOS TAN IGUALES?
©QUINO

¡PERO LIBERTAD, LO ESTÁS PONIENDO AL REVÉS!
¿AL REVÉS RESPECTO DE QUÉ? LA TIERRA ESTÁ EN EL ESPACIO, Y EL ESPACIO NO TIENE NI ARRIBA NI ABAJO
ESO DE QUE EL HEMISFERIO NORTE ES EL DE ARRIBA ES UN TRUCO PSICOLÓGICO INVENTADO POR LOS QUE CREEN QUE ESTÁN ARRIBA, PARA QUE LOS QUE CREEMOS ESTAR ABAJO SIGAMOS CREYENDO QUE ESTAMOS ABAJO. Y LO MALO ES QUE SI SEGUIMOS CREYENDO QUE ESTAMOS ABAJO VAMOS A SEGUIR ESTANDO ABAJO. ¡PERO DESDE HOY, SAN SEACABÓ!
¿DÓNDE ESTABAS, MAFALDA?
NO LO SÉ, PERO ALGO ACABA DE SANSEACABARSE

QUIENES SABEN VIVIR BEBEN WHISKY BLACK GROG
Y LOS QUE SABEMOS VIVIR PERO EL SUELDO NO NOS LO PERMITE, ¿QUÉ?
PERDÓNENLO, EL POBRE TIENE LA MANÍA DE CREER QUE LA VIDA SE PARECE MÁS A LA VIDA QUE A LOS AVISOS

A VECES TENÉS RAZÓN EN DECIR QUE EN ESTE MUNDO HAY INJUSTICIAS, MAFALDA
MIENTRAS OTRAS AUTOESTIMAS LLEVAN UNA VIDA REGALADA, LA AUTOESTIMA DE MANOLITO SUDANDO LA GOTA GORDA PARA TRATAR DE AUTOESTIMAR ESTO. ¿HAY DERECHO?

1798
¿QUÉ LE PASA A TU MAMÁ?
QUE EL GUILLE ESTUVO COMIENDO UNA REBANADA DE PAN CON MIEL
¿Y?
¿VOS VISTE ALGUNA VEZ IMPRESIONES DIGITALES?
SÍ, CLARO
BUENO, SI VAS AL LIVING VERÁS LOS DEDOS DEL GUILLE A NIVEL DE BOOM EDITORIAL
©QUINO

¿NO TE DIGO? ¡EN LOS DIARIOS NO SE PUEDE CREER!
¡PERO NO, LIBERTAD, DEBE SER UN ERROR DE IMPRENTA!
AH, ESO PODRÍA SER
IMPORTANTE ESTUDIO CONTABLE
NECESITA
JOVEN PERITO MERCANTIL
edad 25/30 años
Escribir detallando antecedentes a Oficina Personal C.C. 00271
¿ERROR DE IMPRENTA? NO HAY NINGÚN ERROR DE IMPRENTA
1799
¡VAMOS! ¿AHORA RESULTA QUE HASTA TAN VIEJO UNO ES JOVEN?
©QUINO

AVENIDA
¿QUÉ HACÉS, MIGUELITO?
PENSABA: ¿QUÉ LES HUBIERA COSTADO PONERLE MI NOMBRE A ESTA AVENIDA?
¿QUÉ LES HUBIERA COSTADO VENIR Y DECIRME: VEA, MIGUELITO, COMO TENEMOS FE EN UD. Y NO DUDAMOS QUE LLEGARÁ A SER UNA FIGURA EXCEPCIONAL HEMOS RESUELTO LLAMAR A ESTA AVENIDA AVENIDA MIGUELITO, PARA IR GANANDO TIEMPO
1800
PERO NO
¿VES CÓMO, DE ENTRADA NOMÁS, YA LO DESANIMAN A UNO?
©QUINO

LA PRIMAVERA, CON SU ACOSTUMBRADO STOCK

EN TODAS PARTES SE CUECEN HABAS, PERO NADIE SE ANIMA A ESTRANGULAR AL "MAÎTRE"

1801
¡PERO A QUE YO SOY MÁS INTELIGENTE!
©QUINO

UNO PROTAGONIZA UNA RABIETA EN SU CASA Y LOS PADRES LE ARMAN UN LÍO ESPANTOSO CON ENOJOS, GRITOS, AMENAZAS Y QUÉ SÉ YO
1802
PERO RESULTA QUE DESPUÉS ANDAN POR AHÍ CONTANDO LA COSA MUY DIVERTIDOS
¿HAY DERECHO A QUE UN PAR DE INCOHERENTES ANDEN DESVALORIZANDO DELANTE DE TODO EL MUNDO UN BERRINCHE EN EL QUE UNO PUSO SERIAMENTE TODO SU OFICIO?
©QUINO

1803
©QUINO
¿Y EL PASTOR QUE LAS CUIDA A USTEDES ES CASADO? ¿TIENE HIJITOS? ¿QUÉ TAL ES LA MUJER? ¿CÓMO SE LLEVAN? ¿Y A USTEDES QUÉ TAL LAS TRATAN? ¿A LO MANOLITO, NOMÁS, O BIEN? ¿SABÍAN QUE EN LA ESCUELA NOS HABLAN SIEMPRE DE USTEDES? POR LO DE LA LANA Y TODO ESO, CLARO. MI MAMÁ SIEMPRE TEJE CON LANA. ES GENIAL, LA LANA. MEJOR QUE EL NYLON. CLARO QUE UNA NOVIA CON VELO DE LANA SE VERÍA RIDÍCULA, Y ADEMÁS EL NOVIO NO SABRÍA CON QUIÉN SE ESTÁ CASANDO, AUNQUE ESO LES PASA A MÁS DE CUATRO, QUE LA NOVIA TIENE CARA DE UNA COSA Y DESPUÉS RESULTA OTRA, COMO
LE OCURRIÓ AL HIJO

1804
SI ESO LO HUBIERA HECHO UN TIPO, YA LA HUMANIDAD ESTARÍA JACTÁNDOSE DE QUE EL GENIO DEL HOMBRE FUE CAPAZ DE VENCER AL ZAPATO
©QUINO

1805
EN LA MADRUGADA DE AYER, EN CIRCUNSTANCIAS EN QUE TRANSITABA A GRAN VELOCIDAD POR AVENIDA PIRULETES EL AUTOMÓVIL CHAPA MMBSDOSMMBSIETE CONDU-
VIOLENTA
SÍ LOS AUTOS QUIEREN SUICIDARSE, ALLÁ ELLOS; LO QUE NO ENTIENDO ES ESA MANÍA QUE TIENEN DE HACERLO CUANDO LLEVAN GENTE ADENTRO
©QUINO

1806
Toda LAS gentes que están en lo nuevo
agarran y compran en Almacén Don Manolo
¿POR QUÉ?
PORQUE SÓLO ALMACÉN DON MANOLO TIENE "PICHÍNCHING-SYSTEM"
©QUINO

MIRÁ QUE SE TE OCURREN TRIQUIÑUELAS PARA VENDER, MANOLITO, ¿QUÉ DIABLOS ES ESO DEL *"PICHINCHING SYSTEM"* QUE INVENTASTE AHORA?
ES UN SISTEMA EXCLUSIVO DE ALMACÉN *"DON MANOLO"* PARA GENTE QUE ESTÁ EN LO NUEVO.- SI ESTÁS EN LO NUEVO, CON EL *"PICHINCHING-SYSTEM"* PODÉS COMPRAR ALGUNOS ARTÍCULOS A PRECIOS TAN BAJOS QUE SON REALMENTE UNA PICHINCHA
SÍ, BUENO, PERO ¿DE QUÉ CALIDAD?
¡SI EMPEZÁS CON **PREJUICIOS** NO ESTÁS EN LO NUEVO!

PARECIERA QUE EN LOS REPORTAJES DE LA TV, ESTÁ COMO DE MODA PREGUNTARLE A LOS POLÍTICOS SI ESTÁN EN FAVOR O EN CONTRA DE LA PROPIEDAD PRIVADA, ¿NOTASTE?
SÍM
¿Y VOS, SUSANITA, QUÉ PENSÁS: HAY QUE ESTAR EN CONTRA O A FAVOR DE LA PROPIEDAD PRIVADA?
DEPENDE.... ¿DE LA PROPIEDAD PRIVADA DE **QUIÉN**?

ANOCHE POR TV PASARON UNA DEMOSTRACIÓN DE ESOS TIPOS QUE PONEN VARIOS LADRILLOS Y ¡ZÁS! LOS PARTEN CON LA MANO
AH, LOS KARATEKAS ¿QUÉ TAL, INTERESANTE?
SÍ, TANTO QUE ESTA MAÑANA, APENAS NOS SENTAMOS A DESAYUNAR MI MAMÁ TRAJO LA MANTECA Y......
¡¡¡¡AÁÁÁH!.....
TRES TARROS DE QUITAMANCHAS EN AEROSOL

BUENO, ¿QUÉ LES PASA? VIVIMOS EN UN PAÍS EN EL QUE HAY LIBERTAD DE CULTOS, ¿NO?

PAPÁ, ¿VOS ALGUNA VEZ GANASTE UNA MEDALLA POR ALGO?
¿YO?
¿UNA MEDALLA, YO? ¡NO! ¿A QUIÉN LE INTERESAN LAS MEDALLAS?
AL FIN DE CUENTAS, ¿QUÉ ES UNA MEDALLA?
UN PEDAZO DE METAL CON UNA RIDÍCULA FIGURA ALEGÓRICA Y UNA RIDÍCULA INSCRIPCIÓN
¡¡QUE DECÍA "IV INTERCOLEGIAL DE BÁSQUET", Y BAÑADA EN ORO, ERA!! ¡¡Y TODO POR EL BOLITA GÓMEZ, QUE SI EL BOLITA GÓMEZ NO HUBIERA SIDO PRIMO DEL CELADOR NO NOS LO ENCAJABAN EN EL EQUIPO, AL BOLITA GÓMEZ!!

¡ESTÁ BIEN! ¡¡NO TOMÁS LA SOPA: NO COMÉS POSTRE!!
¡NO LA TOMO Y NO LA TOMO! ¡Y YO SERÍA UNA REPUGNANTE SI HUBIERA ALGÚN SOBORNO CAPAZ DE HACERME DESERTAR DE MIS PRINCIPIOS, TRAICIONAR MIS CREENCIAS Y VENDER MIS CONVICCIONES!
PANQUEQUES
¡¡QUÉ ASCO ME DOY A VECES!!

PODEROSOS GRUPOS FINANCIEROS INTERNACIONALES DECIDIERON REALIZAR FUERTES INVERSIONES DE CAPITAL EN PAÍSES NO DESARROLLADOS
ACTUALMENTE ANALIZAN QUÉ NACIONES EN VÍAS DE DESARROLLO SERÍAN LAS MÁS ADECUADAS AL EFECTO
O SEA, ESTÁN ESTUDIANDO EL MENÚ, DIGAMOS

SEGÚN LA FAMILIA DE MI PAPÁ, TENGO LOS OJOS DE MI ABUELO, LA CAMINADA DE MI TÍO FERNANDO Y EL MENTÓN DE MI PAPÁ
SEGÚN LA FAMILIA DE MI MAMÁ, TENGO LA NARIZ DE MI OTRO ABUELO, LA FRENTE DE MI MAMÁ Y LA SONRISA DE MI TÍA MARTITA
MIRÁ VOS LA DE GENTE QUE HACE FALTA PARA QUE AL FINAL UNO NI SIQUIERA SE PAREZCA A UNO, ¿NO?

¡SOY UN CONVENCIDO DE QUE ESTE AÑO QUE VIENE SERÁ SENSACIONAL!
¿POR QUÉ, FELIPE?
¡VOS SIEMPRE CON ARGUMENTOS PARA DERRUMBARLE EL OPTIMISMO A UNO!

¡FELICES FIESTAS PARA TODOS!
¿NO CONVENDRÍA ACLARAR QUE ESE ***TODOS*** LO DECIMOS SIN ASCO A LA PROMISCUIDAD DE MEZCLAR NUESTRA FELICIDAD CON LA DE CUALQUIERA? DIGO, PARA NO ARRUINAR EL MENSAJE DE NUESTRO SALUDO DE AMOR, ¿EH? PARA QUE NADIE VAYA A PENSAR QUE ALGUNO DE NOSOTROS TIENE PREJUICIOS, ¿EH? SERÍA UNA PENA NO DEJAR BIEN EN CLARO QUE EN FECHAS COMO ESTAS UNA TIENE SENSIBILIDAD SOCIAL Y TODO, ¿EH?

MAFALDA, ¿VOS ME SACASTE EL CENTÍMETRO DEL COSTURERO?
¡SONAMOS!... ¡UNA VEZ QUE NOS HABÍAMOS ACOSTUMBRADO A JUGAR CON RELOJ, TENER QUE DESARMARLO!
¡LÁSTIMA!

¿VOS QUÉ OPINÁS DEL AMOR, MANOLITO?
¿DEL AMOR A QUÉ?
¡PERO NO!... ¡NO TE HABLO DEL AMOR A *QUÉ*, SINO A *QUIÉN*! ¿NUNCA SENTISTE AMOR POR ALGUNA CHICA?
¡JOROBAR!... ¿AMOR? NO SÉ, HABÍA EN LA ESCUELA UNA REGORDETA SIMPATICONA, PERO NO SÉ... ¡JOROBAR!... ¡QUÉ SÉ YO SI ESO ERA AMOR O QUÉ!
ES MUY FÁCIL: SI CUANDO LA VEÍAS TE SENTÍAS COMO FLOTANDO ENTRE TULES MIENTRAS OÍAS MÚSICA DE VIOLINES, ¡ESO ERA AMOR, MANOLITO! **¡AMOR!**
ENTONCES NO DEBÍA SER, PORQUE LA COSA ERA COMO COLUMPIARME EN UNA HAMACA DE LONETA MIENTRAS LE TIRABA CASCOTAZOS A UN TAMBOR

1819
¡ÁNIMO, QUE ESTE QUEDÓ ASÍ PORQUE HAY QUE VER LAS QUE TUVO QUE PASAR, PERO VAS A VER QUE A VOS TE VA A IR MEJOR!
REZAR NO SABÉS, ¿NO?
©QUINO

¿ME ESCRIBÍS LA CARTA PARA LOS REYES MAGOS, PAPÁ?
¡CLARO, HIJITO! DAME
QUERIDOS REYES MAGOS
QUERIDOS REYES MAGOS:
¿QUÉ LES PEDÍS, GUILLE?
1820
TODO
¿CÓMO TODO? ¿TODO QUÉ?
TODO LO QUE TENGAN
¡PERO, GUILLE! ¿CÓMO VAN A TRAERTE A VOS TODO LO QUE TENGAN? ¡DEBEN REPARTIRLO ENTRE TODOS LOS CHICOS DEL MUNDO! PODÉS PEDIRLES UNA O DOS COSAS, PERO NO TODO, ¿ENTENDÉS?
©QUINO
ENTIENDO, TACHÁ QUERIDOS

¿QUÉ TE PASA, SUSANITA?
QUE ENCONTRÉ EN MI CASA UN LIBRITO DE CATECISMO, Y LEÍ UNA ORACIÓN QUE TODO EL TIEMPO DICE MEA CULPA POR ESTO, MEA CULPA POR AQUELLO, MEA CULPA POR LO DE MÁS ALLÁ...
¿Y?
1821
¡Y ENTONCES TODA LA NOCHE LEYENDO!
¡TODA LA NOCHE QUEMÁNDOME LAS PESTAÑAS BUSCANDO A VER SI HAY UNA ORACIÓN QUE SIRVA PARA ENDILGARLE LA CULPA A OTRO!... ¡PERO NADA!
©QUINO

¡CAMBIAR EL MUNDO! ¡JÁH!...¡COSAS DE LA JUVENTUD!
1822
TAMBIÉN YO CUANDO ERA ADOLESCENTE TENÍA ESAS IDEAS, Y YA VE.....
¡SONAMOS, MUCHACHOS! ¡RESULTA QUE SI UNO NO SE APURA A CAMBIAR EL MUNDO, DESPUÉS ES EL MUNDO EL QUE LO CAMBIA A UNO!

MAMÁ, A VOS LA POLÍTICA TE IMPORTA UN PITO, ¿NO?
1823
NO ES QUE ME IMPORTA UN PITO, MAFALDA, SINO QUE YO DE POLÍTICA NO ENTIENDO NADA
BUENO, PERO SI NO TE INTERESÁS, NUNCA VAS A ENTENDER
SÍ, CLARO, PERO ¡JUSTO ESO ME FALTARÍA A MÍ! ¡¡ADEMÁS DE TODAS LAS TAREAS DE LA CASA, ENCIMA LA POLÍTICA!!
¡AH! ¿Y TE PARECE BONITO QUE MIENTRAS VOS MANEJÁS BIEN TU CASA, OTROS MANEJEN TU PAÍS COMO LES DA LA GANA?
NO, PERO SI ADEMÁS DE LIMPIAR, LAVAR, PLANCHAR, HACER LA COMID... SNIF, SNIF
¡LA COMIDA!!
PIZZA
PAPÁ, ¿A VOS LA POLIT... NO, NADA

CUANDO UNO ESTÁ EN UN DILEMA, LO MEJOR ES PEDIR CONSEJO A LOS AMIGOS
1824
SI YO FUERA VOS, LO QUE HARÍA ES
YO EN TU LUGAR NO DEJARÍA DE
YO QUE VOS, AGARRARÍA Y CA
AL FINAL NO LOGRÉ ENTERARME QUÉ CUERNOS HARÍA YO QUE YO, EN MI LUGAR, SI YO FUERA YO

DOCTOR, HOY SE HABLA MUCHO DE MADUREZ POLÍTICA, ¿A QUÉ GRADO JUZGA UD. QUE LLEGA ESA MADUREZ EN EL CASO DE NUESTRO PAÍS?
1825
PODEMOS AFIRMAR SIN TEMOR A EQUIVOCARNOS QUE, HOY, MÁS QUE NUNCA ESTAMOS, POLÍTICAMENTE HABLANDO, REALMENTE MADUROS
¿PARA QUE NOS COMA QUIÉN, POLÍTICAMENTE HABLANDO?
©QUINO

¡ES ABSURDO! ¿POR QUÉ LOS CHICOS NO PODEMOS VOTAR?
¡BIEN DICHO!
¡AHÍ ESTÁ!
¡ESO! ¿POR QUÉ?
1826
¿ACASO NOSOTROS NO FORMAMOS TAMBIÉN PARTE DEL PAÍS?
¡SÍ SEÑOR!
¡MUY BIEN!
¡BRAVO!
¿ACASO NO SOMOS TAN CIUDADANOS COMO EL QUE MÁS?
¡SÍ QUE SOMOS!
¡CLARO QUE SÍ!
¿Y TAN DEL PUEBLO COMO CUALQUIERA?
¡AH, NO! ¡A MÍ, INSULTOS NO!
©QUINO

1827
HOY
HOY
©QUINO
¿SABÍAS QUE ESTÁN DANDO UN FESTIVAL DEL PAPAFRITA ESE DE PLUTO? ¡MIRÁ QUE HAY QUE SER PAPAFRITA PARA DAR UN FESTIVAL CON SEMEJANTE PAPAFRITA! PORQUE SÍ HAY UN PAPAFRITA, ESE PAPAFRITA ES PI

¡FÚF!... ¡POR FIN!..
1828
©QUINO
¿A LOS ALMOHADONES LOS FABRICAN CON POLLOS EN OTOÑO?

1829
¡CÓMO!... ¿MURIÓ? PERO... ¿CUÁNTOS AÑOS TENÍA?
©QUINO
¿QUÉ IMPORTAN LOS AÑOS? LO QUE REALMENTE IMPORTA ES COMPROBAR QUE AL FIN DE CUENTAS LA MEJOR EDAD DE LA VIDA ES ESTAR VIVO

PROHIBIDO PISAR EL CÉSPED
1830
¡MALDITAS LAS GANAS QUE TENÍA DE PISARLO, PERO ME ENFERMA QUE ME ESTÉN DICIENDO QUE NO HAGA LO QUE YA SÉ QUE NO DEBO HACER!
PROHIBIDO PISAR EL CÉSPED
©QUINO

1831
¡PST!
¿QUÉ PASA, GUILLE?
¡SOY EL HOMBRE INVISIBLE!
¡UY, CIERTO! ¡ES INCREÍBLE!
¡FHUIUH!
©QUINO

1832
ALLÁ VA DOÑA PEPA
PARECE MENTIRA, CON EL ASUNTO DE QUE COBRA UNA MISERIA DE JUBILACIÓN, NOS DEBE YA COMO SIETE MESES, POBRE DOÑA PEPA
¿Y QUÉ HACE EL MINISTERIO, O LO QUE SEA, POR DOÑA PEPA? **¡NADA!** TOTAL, ESTAMOS NOSOTROS PARA QUE DOÑA PEPA NO SE MUERA DE HAMBRE
¡DENLE NOMÁS!..
...POSEN SUS CABECITAS OFICIALES SOBRE SUS ALMOHADAS RELLENAS CON FIDEOS DE ALMACÉN *DON MANOLO* Y DUERMAN TRANQUILOS NOMÁS!
©QUINO

1833
¡DIOS MÍO, QUÉ ASCO DE PROGRAMA!
DISCULPAME, ES LA COSTUMBRE
©QUINO

A PARTIR DE AHORA, EN VEZ DE LLAMARLOS A USTEDES "NIÑOS, CHICOS O NENES", LOS LLAMAREMOS "SERES HUMANOS EN VÍAS DE DESARROLLO" ¿DE ACUERDO?
¡SÍ!
1834
¿SÍ, QUÉ?
SÍ, SEÑOR
SÍ, SEÑOR
ASÍ SUENA MEJOR, ¿VERDAD?
ESTO MERECE QUE LO FESTEJEMOS, ¡CAMARERO!... UN WHISKY PARA MÍ Y OTRO PARA MÍ
EL SUYO, MIGUELITO, LO BEBO POR USTED; SERÍA LAMENTABLE QUE UN SER HUMANO EN VÍAS DE DESARROLLO COMENZARA A INTOXICARSE CUANDO AÚN NO ESTÁ CAPACITADO PARA ELLO. ¡SALUD!
SALUD, SEÑOR
BIEN, ESO ES TODO. GRACIAS Y FELICITACIONES A USTED Y A TODOS LOS AHORA LLAMADOS SERES HUMANOS EN VÍAS DE DESARROLLO. PUEDE RETIRARSE
GRACIAS, SEÑOR
ANOCHE SOÑÉ QUE SEGUÍAMOS SIENDO EL ÚLTIMO OREJÓN DEL TARRO, ¡PERO QUÉ RESPETO!

DECIME, MAMÁ ¿VOS EN TU NIÑEZ....
1835
SÍ, TE ESCUCHO, MAFALDA
NO, DEJÁ, MEJOR ME PREOCUPO POR MI NIÑEZ, NOMÁS, QUE TODAVÍA LA TENGO A MANO

MANOLITO....
¿SÍ?
¿ES BUENA ESTA NUEVA MARCA DE DURAZNOS?
1836
AH, SEÑORA... ¡DÁTIS!
¿DÁTIS? NO ENTIENDO, ¿QUÉ ES DÁTIS?
DECUÉSTION ¿NUNCA OYÓ DECIR DÁTIS DECUÉSTION?
HOY VINO TU MAMÁ POR EL ALMACÉN; A PROPÓSITO, MUY CULTA NO ES, TU MAMÁ ¿NO?

1837
MAMÁ, ¿LOS AUTOS SON SERES QUE ATACAN AL HOMBRE PARA DEFENDERSE DE QUÉ?
©QUINO

1838
©QUINO

¿Y TU PAPÁ, LIBERTAD, A QUIÉN PIENSA VOTAR EN LAS PRÓXIMAS ELECCIONES?
CALLATE... ¡ANDA CON UNA CARA, POBRE!
1839
AH, ¿TODAVÍA NO SE DECIDIÓ POR NINGÚN CANDIDATO?
SÍ, SE DECIDIÓ, ¡Y ANDA CON UNA CARA, POBRE!
¿POR QUÉ? ¿PIENSA QUE ESE CANDIDATO VA A PERDER?
NO, PIENSA QUE VA A GANAR, ¡Y ANDA CON UNA CARA, POBRE!
©QUINO

NO ENTIENDO A TU PAPÁ, LIBERTAD: SABE A QUIÉN VOTAR EN LAS PRÓXIMAS ELECCIONES, PIENSA QUE ESE CANDIDATO VA A GANAR... ¿Y NO ESTÁ CONTENTO?
NO, ¡ANDA CON UNA CARA, POBRE!
1840
PERO.... ¿POR QUÉ? ¿ACASO SUPONE QUE AL CANDIDATO NO LO VAN A DEJAR GOBERNAR?
A VECES SUPONE ESO, ¡Y ENTONCES ANDA CON UNA CARA, POBRE!
OTRAS VECES SUPONE QUE SÍ, QUE LO VAN A DEJAR GOBERNAR, ¡Y TAMBIÉN ANDA CON UNA CARA, POBRE!
¡PERO JOROBAR! ¡SI TANTO LE FASTIDIA ESE CANDIDATO, POR QUÉ CUERNOS NO SE LE OCURRIÓ VOTAR A CUALQUIERA DE TODOS LOS OTROS!
SE LE OCURRIÓ, ¡Y ANDUVO CON UNAS CARAS, POBRE!
©QUINO

ANOCHE MIRANDO EL CIELO LLEGUÉ A UNA CONCLUSIÓN: HAY MUCHAS MÁS ESTRELLAS DE LAS QUE SE NECESITAN
1841
¿DE LAS QUE SE NECESITAN PARA QUÉ?
©QUINO

1842
¡FAP!
¡FAP!
¡FAP!
©QUINO
SI QUERÉS ECHARLE UN PRIMER VISTAZO, APROVECHÁ AHORA QUE LAS NOTICIAS ESTÁN MEDIO ATONTADAS

1843
¡PECHUGA DE PAVITA CON CHAMPIGNONS, PECHUGA DE PAVITA CON CHAMPIGNONS! ¡EN CADA VUELO ESPACIAL... PECHUGA DE PAVITA CON CHAMPIGNONS!!!
¡VEAN LO QUE HAGO CON SU MALDITA PECHUGA DE PAVITA CON CHAMPIGNONS!!
¡PLOSHP!
©QUINO

1844
¡SUNESCÁ'N! ¡¡DALÚNA BÚSO!!
¡SLAM!
¿Y ESO?
"ES UN ESCÁNDALO, UN ABUSO" EN DIALECTO DE MADRE VOLVIENDO DEL MERCADO
©QUINO

SALUD, MAFALDA, ¿SIEMPRE PREOCUPADA PENSANDO ADÓNDE VA LA HUMANIDAD?
1845
NO, TOTAL... SE SUPONE QUE NO HAY NADIE ESPERÁNDOLA EN NINGUNA PARTE, ¿NO?
©QUINO

1846
¿QUIÉN ES ESTE SEÑOR DE ESTE CARTEL?
UN SR. QUE QUIERE SER PRESIDENTE, GUILLE
¿Y ESTE OTRO SEÑOR?
OTRO SR. QUE TAMBIÉN QUIERE SER PRESIDENTE
¿Y AQUEL OTRO?
TAMBIÉN
¿Y ÉSE?
TAMBIÉN
¿Y ÉSTE?
TAMBIÉN
¿Y AQUÉL?
TAMBIEN
PERO...¿NO HAY YA UN PRESIDENTE?
SÍ, CLARO
¡MECACHO!...¡NOS TIENEN RODEADOS! ¿VERDAD?
©QUINO

MÁS DE UNA VEZ ME HE PREGUNTADO CÓMO SIENDO TAN DISTINTAS PODEMOS SER AMIGAS
1847
BUENO, HAY QUE RECONOCER QUE A VECES LA PASAMOS BIEN, SERÁ POR ESO QUE SOMOS AMIGAS
SÍ, CLARO, PERO ¿Y CUANDO VOS TE PONÉS ESTÚPIDA?
¿Y VOS TARADA?
¿Y VOS ZANAHORIA?
¿Y VOS PAPAFRITA?
¿CÓMO PODEMOS SER AMIGAS CUANDO NO NOS AGUANTAMOS?
¡QUÉ SÉ YO!... PERO ANTES DE NO AGUANTAR A UN EXTRAÑO... ¡QUÉ QUERÉS QUE TE DIGA!... PREFIERO TODA LA VIDA NO AGUANTARTE A VOS
©QUINO

1848
BUENAS NOCHES, ¿SUBE?
¿EH? ¡AH, SÍ, GRACIAS!
©QUINO
¿SU SEÑORA, LOS CHICOS, BIEN?
¿BIEN? SÍ, MUY BIEN, SÍ
ME ALEGRO, DELES SALUDOS MÍOS
RECIÉN EN EL OMBLIGO ME ENCONTRÉ CON LA SEÑORA DE ARRIBA; ME DIO OMBLIGOS PARA USTEDES

ESTEEEM....PAPÁ, ESO DE "¿A QUIÉN QUERÉS MÁS, A FULANO O A MENGANO?" A MÍ ME FASTIDIA, PERO... ESTEE... DECIME, ¿VOS A QUIÉN QUERÉS MÁS, A MAMÁ O A MÍ?
1849
¿YO? ¿A MAMÁ O A VOS? ¡LA PREGUNTA!... ¡A MAMÁ Y A VOS IGUAL! ES DECIR.... DISTINTO, CLARO, PERO A LAS DOS IGUAL
¡LO QUE SOSPECHABA: BIGAMIA!
©QUINO

¡HEY, MANOLITO! ¿QUÉ PASA?
1850
¡PASA QUE NO TENGO MILLONES DE PESOS! ¡ESO PASA!
BUENO, YA LOS VAS A TENER. ¿ACASO NO ESTÁS SEGURO DE QUE ALGÚN DÍA LOS VAS A TENER?
¡SÍ, CLARO QUE LOS VOY A TENER!
PERO, Y TODOS LOS INTERESES QUE ME ESTOY PERDIENDO DE GANAR SOBRE LOS MILLONES QUE NO TENGO AHORA, ¿QUIÉN ME LOS VA A DAR?
©QUINO

¿Y ESE OTRO?
1851
¡AH, ESE, UN MONITO VIOLINISTA, A CUERDA!
ME LO REGALÓ MI TÍO FERNANDO EL AÑO PASADO, QUE LA VERDAD, A MI TÍO FERNANDO LO QUIERO MUCHÍSIMO
CON DECIRTE QUE ESTE ES UNO DE LOS JUGUETES QUE CON MÁS CARIÑO HE DESTROZADO EN MI VIDA
©QUINO

1852
¡PST! ¿QUÉ HACÉS, GUILLE?
¡VAS A DESPERTAR A MAMÁ!
¿CELOSO PORQUE VOS NO LA CONOCÉS DESDE QUE NACISTE Y YO SÍ?
©QUINO

1853
¿TU PAPÁ HABLA CON LAS PLANTAS?
TIENE LA TEORÍA DE QUE HABLÁNDOLES, LAS PLANTAS SE PONEN MÁS LINDAS
SÍ, CONOZCO LA TEORÍA ESA, PERO CON EL MALVONCITO DE CASA, NO SÉ, PARECE QUE MUCHO NO RESULTA
PERO ¿LE HABLAN, AL MALVONCITO?
¡CRECE DE UNA MALDITA VEZ, RAQUÍTICO CONDENADO!
SÍ, PERO NO SÉ, PARECE QUE MUCHO NO RESULTA
©QUINO

¿LARGÁS O NO?
¡NO LARGO NADA! ¡YO ESTABA PRIMERO!
1854
¡VOS ESTABAS PRIMERO, PERO YO SOY MUJER!
¡MUJER! ¿Y CON ESO, QUÉ
¡CÓMO "QUÉ", DEGENERADO! ¡QUE ESTÁS DESCOLUMPIANDO A TUS MADRES, ESPOSAS, NOVIAS, HERMANAS
©QUINO

1855
UNA DE LAS SUTILEZAS DEL AJEDREZ ES SABER PONER NERVIOSO AL ADVERSARIO
VOS PENSÁ TRANQUILA, NOMÁS, ¿EH? ¡TOTAL, PODEMOS PASARNOS MESES ENTEROS AQUÍ SENTADOS JUGANDO!
LO DUDO; APENAS UNAS SEMANAS MÁS, Y YA TENDREMOS QUE LEVANTARNOS PARA IR DE NUEVO A LA ESCUELA
VEAMOS: SI YO LE COMO EL ALFIL CON MI CUADERNO...
©QUINO

¡CAPITALISTA! ¡SEGÚN TU ESQUEMA, SÓLO IMPORTA QUE LOS RICOS TENGAN PLATA, PORQUE TOTAL, EL DINERO HACE LA FELICIDAD! ¿NO?
1856
¡POR CULPA TUYA Y DE TODOS LOS CAPITALISTAS COMO VOS, ANDA EL MUNDO COMO ANDA!
DECÍ LA VERDAD, ¿A VOS TE PARECE QUE PUEDO HACER CASO A LAS TONTERÍAS QUE DICE?
Y, UNA PARTE DE RAZÓN TIENE, MANOLITO... VOS VIVÍS DÁNDOLE IMPORTANCIA SÓLO AL DINERO, CUANDO EN EL FONDO, HAY COSAS MUCHO MÁS IMPORTANTES
¡REACCIONARIA! ¡SEGÚN TU ESQUEMA, NO IMPORTA QUE LOS POBRES NO TENGAN PLATA, PORQUE TOTAL, EL DINERO NO HACE LA FELICIDAD! ¿NO?
©QUINO
¡POR CULPA TUYA Y DE TODOS LOS REACCIONARIOS COMO VOS, ANDA EL MUNDO COMO ANDA!

TRRRT TRRRRRR
1857
TTRRRRR
TRRRK
LA TÉCNICA AVANZA TARDE. ¿QUÉ NO HUBIERA DADO UN POBRE DINOSAURIO POR TENER QUIÉN LE ARREGLARA UNA CARIES?
©QUINO

1858
¡AAAH! ¡¡AHORA, LO DICEN! ¿¿POR QUÉ NO LO DIJERON CUANDO ESTABAN EN EL GOBIERNO?
¡ELLOS, JÍH-JÍH, ELLOS SANEAR LA ECONOM. JÍH-JÍH-JÍH!
¡PERO HAY QUE SER CARADUR...! ¡PERO POR FAV...
?
¡TENÍAS RAZÓN, ES GENIAL!
¡Y NO HAY QUE AGUANTAR LA PUBLICIDAD!
¡NI GASTAR CORRIENTE!
¿NO LES DIJE QUE ES MEJOR QUE LA TV?
©QUINO

¿POR QUÉ A ESTE SR. LE HICIERON UN MONUMENTO?
DEBE HABER HECHO MUCHO POR EL PAÍS
1859
¿NO BASTABA CON DECIRLE "GRACIAS"?
BUENO, LEVANTARLE UN MONUMENTO ES UNA MANERA DE ESTAR SIEMPRE DICIÉNDOLE "GRACIAS"
NO TIENE MUCHA CARA DE "UDS. LAS MERECEN", QUE DIGAMOS
©QUINO

1860
SALUD, MANOLITO, ¿SIEMPRE CON LOS CINCO SENTIDOS PUESTOS EN GANAR PLATA?
NO ENTIENDO, ¿CUÁLES SON LOS OTROS CUATRO?
©QUINO

¿Y NO SERÁ, DIGO YO.....
...QUE CONFUNDÍS *ALIMENTACIÓN* CON *ALIMENTAJE* ?

MIRÁ QUÉ LINDA PIEDRA ENCONTRÉ, MANOLITO
¿LINDA? ES UNA PIEDRA, ¿QUÉ TIENE DE LINDO?
Y, EL COLOR, LA FORMA... ¡ES LINDA!
PERO... TIENE COLOR Y FORMA DE PIEDRA. ¿ESO ES LINDO?
PARA MÍ, SÍ
¿PARA VOS SÍ?
NO?
¡POBRE!...

¿HAY DERECHO? EL VERDULERO AUMENTA LAS PAPAS, EN MI CASA PONEN CARA DE PACIENCIA, Y SEGUIMOS COMIENDO PAPAS
EL LECHERO AUMENTA LA LECHE, Y SEGUIMOS TOMANDO LECHE
EL CARNICERO AUMENTA LA CARNE, Y SEGUIMOS COMIENDO CARNE
YO ME PORTO MAL GRATIS, Y HAY QUE VER LA QUE SE ARMA!

1864
©QUINO
DECÍ LA VERDAD, ¿SE ME NOTA MUCHO UN AIRE COMO DE FOJA CERO?

SI CUANDO NUESTROS POBRES PADRES ERAN CHICOS NO EXISTÍAN LOS TELEVISORES, NI LOS LAVARROPAS, NI LAS HELADERAS, NI LAS LICUADORAS, NI TODAS ESAS COSAS...
1865
...Y NUESTROS POBRES PADRES TUVIERON LUEGO QUE DESLOMARSE PARA COMPRAR TODAS ESAS COSAS EN CUOTAS....
¿TE IMAGINÁS LA DE PORQUERÍAS QUE ESTARÁN INVENTANDO YA, PARA VENDERNOS EN CUOTAS, LOS ORGANIZADORES DE NUESTRO FUTURO DESLOME?
©QUINO

¡ESTE AÑO DECIDÍ ENCARAR LA ESCUELA AL REVÉS!
¿CÓMO AL REVÉS?
1866
¡CLARO; ANTES ME LA TOMABA COMO QUE ERA ELLA LA QUE MANDABA, ELLA LA QUE ME OBLIGABA A ESTUDIAR A MÍ!
EN CAMBIO ESTE AÑO PIENSO TOMÁRMELA COMO QUE SOY YO EL QUE MANDO, YO EL QUE LE EXIJO A ELLA QUE ME ENSEÑE!
©QUINO
¡JÁH!..
"¡JÁH!" ¿Y SI LA MUY OBSECUENTE ME OBEDECE?

1867
NO TE PREOCUPES, QUE EN ESTE MISMO MOMENTO HAY MILES DE TIPOS ESTUDIANDO TODOS TUS PROBLEMAS: SUPERPOBLACIÓN, HAMBRE, CONTAMINACIÓN, RACISMO, ARMAMENTISMO, VIOLENCIA.... ¡TODOS!
SÍ, YA SÉ, HAY MÁS PROBLEMÓLOGOS QUE SOLUCIONÓLOGOS, PERO ¿QUÉ VAMOS A HACERLE?
©QUINO

1868
¿EL DÍA DE MAÑANA QUÉ SERÁ MÁS SANO PARA UNA? ¿CUIDARSE DE ESTE MUCHACHO PORQUE TAL COSA, DE AQUEL PORQUE TAL OTRA, DEL DE MÁS ALLÁ PORQUE PATATÍN, Y ASÍ?
¿O AGARRAR Y PONERSE A FUMAR NOVIOS SIN FILTRO, NOMÁS?
©QUINO

BUEN DÍA, MANOLITO. QUISIERA UN PAN DE MANTEC... ? ¡EH, MANOLITO, BUEN DÍA, DIJE!
1869
¡EH, MANOLITO!
¡MANOLITO!
¿EH? ¡AH, HOLA!
¿QUÉ CUERNOS TE PASA?
NADA, ES QUE CADA VEZ QUE ME PONGO A MIRAR LA LISTA DE PRECIOS... NO SÉ..
ME QUEDO RECORDANDO, ¡PENSAR QUE YO A ESTOS PRECIOS LOS CONOCÍ DE PEQUEÑOS, Y AHORA VERLOS YA TAN CRECIDOS!.. ¿QUÉ QUERÉS?! ¡ME EMOCIONA!
©QUINO

1870
PAPÁ...
¿SÍ?
VOS QUE ESTÁS SENTADO JUNTO AL GLOBO TERRÁQUEO, ¿PODRÍAS DECIRLE QUE A VER SI ESE PAÍS DE AHÍ SE DEJA DE FASTIDIAR, POR FAVOR?
¿QUÉ PAÍS DE DÓNDE?
ESO NO IMPORTA. VOS DECILE, TOTAL, SIEMPRE HAY ALGÚN PAÍS FASTIDIANDO EN ALGUNA PARTE
©QUINO

1871
ENCONTRÉ ALGO ESPECIAL PARA VOS, SUSANITA. ESCUCHÁ
"DESDICHADO DE AQUEL A QUIEN SÓLO LE IMPORTA EL QUÉ DIRÁN"
¡POR SUPUESTO, SI EN REALIDAD LO QUE IMPORTA ES EL QUÉ DIJERON, QUIÉNES LO DIJERON, CÓMO LO DIJERON, CUÁNDO LO DIJERON, DE QUIÉN LO DIJERON, POR QUÉ LO DIJ
©QUINO

1872
¿Y ESE BICHO CON ESOS OJAZOS, GUILLE?
ES EL GATOLUPA
¿EL GATOLUPA? ¿Y QUIÉN ES EL GATOLUPA?
UN GATO QUE VE TODO MUY-MUY-MUY GRANDE
¡A LAS RATITAS LAS VE COMO VACAS!
¡¿COMO VACAS?! ¡POBRE GATOLUPA!
NO CREAS, ABRIÓ UNA LECHERÍA PARA VENDERLES LECHE DE RATITA A LAS HORMIGAS, Y NO LE VA NADA MAL
©QUINO

¡¡MANOLITO, SI ESTO QUE ME VENDISTE ES CAFÉ, YO SOY BRIGITTE BARDOT!!
1873
¿USTED? ¿USTED BRIGITTE BARDOT?
¡BRIJÍH-JÍH-JÍH! ¡BARJÓH-JÓH-JOH!
?
©QUINO

¿Y NO SERÁ UN TIPO QUE NUNCA JUEGA AL AJEDREZ CON LAS NEGRAS, O ALGO ASÍ?
¡PERO NO! ¡NO VES QUE ES UNA NOTICIA POLICIAL?
¿Y ENTONCES?
Y... NO SÉ
1874
MAMÁ, ¿QUÉ ES UN TRATANTE DE BLANCAS?
¡FFRRP!
¡TÓSJ! ¡TÓSJ!
©QUINO
¡AJHÉM! ¡AJHÉM!
¿VISTE CÓMO EL AJEDREZ NO TIENE NADA QUE VER?
¡TÓSJ! ¡TÓSJ!

¿QUÉ GANO CON ESTAR AQUÍ SENTADO ESQUIVÁNDOLE EL BULTO A LOS DEBERES? ¡TENGO QUE IR Y HACERLOS! ¡AL FIN DE CUENTAS ES POR MI PROPIO BIEN!
1875
¡MECACHO, QUÉ ANGUSTIAS ME ACARREA MI PROPIO BIEN!
©QUINO

¿SABÉS LO QUE SOS? ¡UNA COMADRONA CHISMOSA CORREVEIDILE QUE SE PASA LA VIDA METIENDO SU REPUGNANTE NARIZ EN LA VIDA DE TODO EL MUNDO PARA LUEGO IR Y DESPARRAMAR PONZOÑA POR TODOS LADOS! ¡ESO SOS!
1876
© QUINO
¡LO QUE FALTABA: QUE AHORA UNA NO PUEDA TENER UN HOBBY!

1877
¿QUIÉN FUE EL GRACIOSO QUE LE SACÓ EL FILTRO A MIS CIGARRILLOS?
© QUINO

¡MAMÁ, LA LECHE QUE ME MANDASTE A COMPRAR...
SÍ, TESORITO, ¿QUÉ?
1878
¡QUE TROPECÉ!
¡YA ESTÁ EN TODAS LAS LIBRERÍAS: "CÓMO PASAR DE TESORITO DE LA CASA A SIEMPRE EL MISMO ESTÚPIDO", POR MIGUELITO... USTED NO PUEDE DEJAR DE LEER ESTA OBRA APASIONANTE!
© QUINO

1879
¡CHÁ QUE LO TIRÓ! ¡TODA LA TARDE LUCHANDO CON ESTE MALDITO DIBUJO DE LA PLANTA DE PAPA PARA EL DEBER DE BOTÁNICA!
¡Y AHORA A ESTUDIAR LA LECCIÓN: "LA PAPA: LA PAPA ES UNA PLANTA DE LA FAMILIA DE LAS SOLANÁCEAS, DE RAÍZ FIBROSA Y HOJAS COMPUESTAS. SUS TUBÉRCULOS, RICOS EN FÉCULA, SON MUY
'A BABA: 'A BABA EH UHA BLANTHA 'E 'A BAMILIA 'E 'AS HOLANA'HEAS, 'E HAIZ FIBROHA Y HOHAS HOMBUESDAS. HUS DUBÉRGULOS, HICOS EN HÉCULA, HON HUY...
"LA PAPA: LA PAPA ES UNA PLANTA DE LA FAMILIA DE LAS SOLANÁCEAS, DE RAÍZ FIBROSA Y HOJAS COMPUESTAS. SUS TUBÉRCULOS, RICOS EN FÉCULA, SON
¡PUFFA, QUERIDA! ¿¡OTRA VEZ PURÉ!?
©QUINO
ANOCHE SOÑÉ QUE ENVIUDABA DE MOTU PROPRIO, MIRÁ VOS

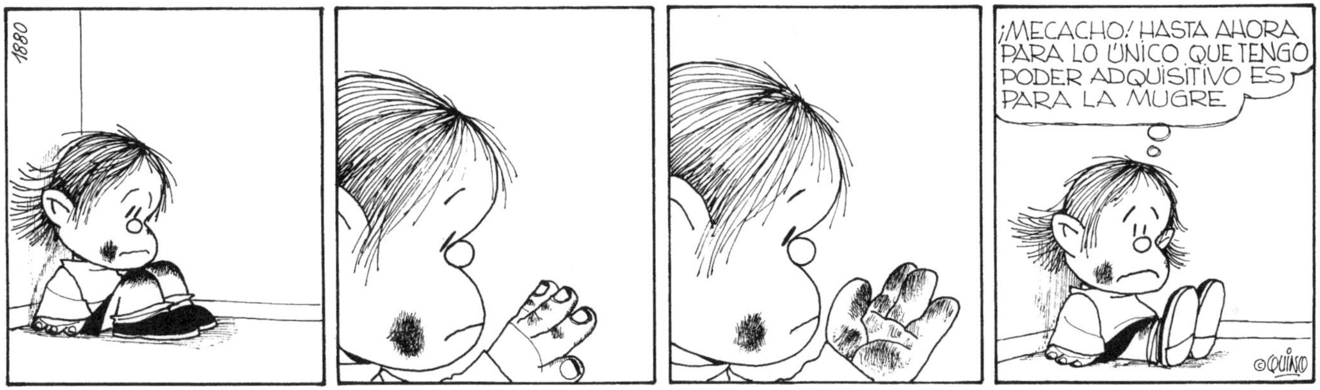
1880
¡MECACHO! HASTA AHORA PARA LO ÚNICO QUE TENGO PODER ADQUISITIVO ES PARA LA MUGRE
©QUINO

1881
EL CIELO ES IMPORTADO, ¿VERDAD?
¿EL CIELO? ¿IMPORTADO? ¿CÓMO VA A SER IMPORTADO EL CIELO, GUILLE?
AH, ¿ESTÁ HECHO ACÁ EN EL PAÍS?
¡PERO NO!...
¡ENTONCES ES IMPORTADO!
¡Y DALE!... ¡NO, PORQUE TAMPOCO ESTÁ HECHO EN NINGÚN OTRO PAÍS!
AH, ¿NO?
NO
ENTONCES EL CIELO ES MÁS IMPORTADO DE LO QUE YO CREÍA, Y TUS IDEAS SON MÁS CHIQUITAS DE LO QUE VOS CREÉS
©QUINO

1882
¡QUÉ CARA! ¿QUÉ TE ANDA PASANDO?
QUE TENGO UN PROBLEMA
¿UN PROBLEMA?
¡ES IMPOSIBLE QUE VIVAS TAN DESUBICADO, MIGUELITO!
HOY LA GENTE TIENE MILES DE PROBLEMAS, Y SI REALMENTE QUERÉS LLEGAR A ALGO TENDRÁS QUE CONSEGUIRTE... NO SÉ, DIGAMOS SEIS, O CINCO PROBLEMAS, COMO MÍNIMO
PERO TENER UN SOLO, ÚNICO PROBLEMA AHÍ PELADO.... ¡VÁLGAME DIOS, ES UN PAPELÓN!
©QUINO

1883
¡POBRES, LAS MONJAS!.. LA RELIGIÓN ME PARECE MUY BIEN, PERO VIVIR PARA LA RELIGIÓN EN VEZ DE VIVIR PARA UN MARIDO.... NO SÉ, YO PREFIERO VIVIR PARA UN MARIDO
©QUINO
CLARO QUE A DIOS NUNCA SE LE VA A OCURRIR SALIRTE CON QUE SU MAMÁ COCINA MEJOR

1884
?
¡¡MMMMMH!!.. SU INCONFUNDIBLE, AÑEJO SABOR, LO DELATA....
¡ES LA TIERRA, EL PLANETA DE LOS ELEGIDOS!
¡¡ÚNICO CON SABOR A CONFLICTO!!
©QUINO

1885
¿Y SI LE DECIMOS A PAPÁ DE CAMBIAR EL AUTO JUSTO EN ESTE MOMENTO?¡VAMOS!..
©QUINO

1886
¡SI CREEN QUE SOY UNO DE ESOS ARRIBISTAS QUE POR DINERO SON CAPACES DE CUALQUIER COSA, SE EQUIVOCAN!
¡YO, PARA QUE SEPAN, TENGO MI FILOSOFÍA! ¡Y POR DINERO, DE LO ÚNICO, ESCUCHEN BIEN, DE LO ÚNICO QUE SOY CAPAZ ES DE GANAR DINERO!
©QUINO

1887
SI PEPITO TENÍA UNA DOCENA DE CARAMELOS Y DIO SEIS A UN AMIGUITO, ¿SE QUEDÓ CON...?
CON...
¿CON...
... FLICTUADO POR ESTÚPIDO?
©QUINO

1888
COMO DE UN LAVARROPAS QUE MARCHA SIN CESAR
LA ESPUMA DE LA DICHA DESBORDARÁ EN MI HOGAR
TENDRÉ UN BELLO MARIDO NO FALTARÁ EL DINERO VIVIREMOS UNIDOS CUAL EL PELO AL RULERO
¡¡QUÉ SABRÁN USTEDES DE POESÍA, MANGA DE INSENSIBLES!!
©QUINO

1889
¡SENSACIONALES, LOS ZAPALLITOS RELLENOS, MAMÁ! ¿QUÉ HAY DE POSTRE?
PANQUEQUES
¡MMMMMMH!
PERO ANTES......
¡NO!
¡SÍ!
¿POR QUÉ? ¿POR QUÉ SIEMPRE TIENE QUE APARECER LA *COSA NOSTRA* EN LA MESA?
©QUINO

¡ES ESPANTOSO! ¡CAPITALES INTERNACIONALES METIDOS EN LA ELABORACIÓN DE SOPAS EN CUBITOS, SOPAS ENLATADAS, SOPAS DESECADAS, SOPAS ENSOBRADAS!...
1890
¡MONTONES DE FÁBRICAS EMPEORANDO LA COSA CON CABELLOS DE ÁNGEL, FIDEOS FINOS, ENTREFINOS, DEDALITOS, MUNICIONES, MOÑITOS Y MIL CLASES MÁS DE PORQUERÍAS!
¿CÓMO LUCHAR CONTRA TODO ESO, SI SON NUESTRAS MADRES, NUESTRAS PROPIAS MADRES, LAS QUE MANTIENEN EN FUNCIONAMIENTO SEMEJANTE MAQUINARIA?
¿CÓMO? ¡ARMÁNDOLES A ELLAS UN ESCÁNDALO MAYÚSCULO CADA VEZ QUE NOS VIENEN CON SOPA! ¡RECORDARLES SU EDAD Y ESAS COSAS!
¡ESO NO SIRVE DE NADA!
¿QUE NO? ¡JÁH! ¡UNA PULGA NO PUEDE PICAR A UNA LOCOMOTORA, PERO PUEDE LLENAR DE RONCHAS AL MAQUINISTA!
©QUINO

1891
PARECE EL TAXI EN EL QUE VIAJAN LAS SOLUCIONES
©QUINO

1892
EL PAN NUESTRO DE CADA DÍA DÁNOSLE HOY
Y PERDÓNANOS NUESTRAS DEUDAS
ASÍ COMO NOSOTROS PERDONAMOS A NUESTROS DEUDORES
Y NO NOS DEJES CAER EN LA TENTACIÓN, MAS LÍBRANOS DE MAL, NO VAYAS A METERNOS EN LÍOS COMO EL QUE TIENE LA GORDITA DE LA PANADERÍA, QUE VINO A ENTERARSE QUE SU NOVIO ES TAMBIÉN NOVIO DE LA PRIMA CASADA CON EL FLACO QUE ANDUVO ANTES CON LA HERMAN
©QUINO

SALUD, MIGUELITO. RECIÉN FUI A BUSCARTE A TU CASA Y ESTUVE UN RATO TOCANDO EL TIMBRE, PERO PARECE QUE NO HABÍA NADIE
1893
HABÍA; SÓLO QUE MI MAMÁ Y YO ESTÁBAMOS NEGOCIANDO CIERTOS DESACUERDOS
SENTATE Y CONTAME
DE PIE, GRACIAS, ¿O CUÁL TE IMAGINÁS QUE FUE LA MESA DE CONFERENCIAS?
©QUINO

1894
PARECE UNA TONTERÍA, PERO IR A COMPRAR EL PAN ES MUCHO MÁS QUE IR A COMPRAR EL PAN
ES COMUNICARSE TODOS LOS DÍAS CON LA GENTE, PARTICIPAR EN LA SOCIEDAD, O SEA, HACERSE UN LUGAR EN EL MUNDO
ES TAMBIÉN PAGAR, Y RECIBIR UN VUELTO, O SEA, CONTRIBUIR UN POQUITO EN UNA DE LAS TANTÍSIMAS OPERACIONES COMERCIALES QUE, SUMADAS, FORMAN LA ECONOMÍA NACIONAL
¡LO QUE NO ENTIENDO ES POR QUÉ TENGO QUE SER YO EL ÚNICO IMBÉCIL QUE TIENEN A MANO EN MI CASA PARA MANDARLO A LA REMALDITA PANADERÍA!
©QUINO

1895
JAQUE MATE, SUSANITA
"¡TE HICE MORDER EL POLVO DE LA DERROT....
NO, ESPERÁ, ÉSE ERA POR SI YO....
"ME GANASTE, SÍ. ¿Y CON ESO, QUÉ? ¿ES MÉRITO GANARLE A QUIEN, COMO YO, JUEGA CON LA SANA DESPREOCUPACIÓN DE NO ALIMENTAR EL BAJO APETITO DEL FUGAZ TRIUNFO, GERMINADOR DE ENGAÑOSAS VANIDADES QUE
©QUINO

1896
¿SNÍF? ¿SNÍF?
SNÍF SNÍF
¡MECACHO! ¿SE HABRÁN PODRIDO DE VERAS, O ESTARÁN SOMATIZANDO?
©QUINO

ESCRIBIR EN LETRAS LA SIGUIENTE CIFRA:
754.305
BEDDÓN...
¿OS GUE ESDAMOS DESFRIADOS BODEMOS ESGRIBID sedediendos dingiiendayguadromil dreciendos dingo?

¡DIOS MÍO! ¡LÍOS EN TODOS LADOS! ¿POR QUÉ ANDA TAN MAL LA HUMANIDAD?
¿LA CONOCÉS?
SÍ, ES TU INMADUREZ. YA ME LA PRESENTASTE VARIAS VECES

¡POBRE, AHÍ PRESO!
¡Y BUEH!...TIENE QUE PAGAR SU DELITO, GUILLE
¿POR QUÉ? ¿QUÉ HA HECHO?
HA COMETIDO NACIMIENTO EN ÉPOCA ACTUAL CON INTENTO PREMEDITADO DE PERPETRAR NIÑEZ EN DOMICILIO DE RADIO URBANO

¡A LOS COW-BOYS, SIEMPRE A LOS COW-BOYS!... ¿POR QUÉ NO JUGAMOS A LOS PIRATAS?
1900
¡YA ESTÁ! ¡ÉRAMOS LOS MIEMBROS DEL DIRECTORIO Y DECIDÍAMOS AUMENTAR UN 55% LA TASA DE INTERÉS A COBRAR SOBRE PRÉSTAMOS HIPOTECAR
¿A **QUÉ** PIRATAS?
©QUINO

¿NO TENEMOS OTRO DICCIONARIO, PAPÁ? ¡ÉSTE ES UNA PORQUERÍA!
1901
DICE QUE *MUNDO* VIENE DEL LATÍN *MUNDUS*
¿Y?
QUE LO QUE INTERESA SABER NO ES DE DÓNDE VIENE SINO ADÓNDE VA!
©QUINO

MAMÁ, ¿PUEDO COMER UNOS CARAMELOS?
1902
NO, PORQUE DESPUÉS NO ALMORZÁS
¿Y CUÁNTO FALTA PARA ALMORZAR?
MEDIA HORA, MÁS O MENOS
DOMÁ, VIVÍ VOS DAMBIÉN EL PRESENDE
©QUINO

¡LOS ESTÚPIDOS VERTEBRADOS SON ANIMALES DE ESQUELETO INTERNO, ÓSEO O CARTILAGINOSO!
1903
¡QUE COMPRENDE: EL MALDITO CRÁNEO, LA COLUMNA VERTEBRAL Y SUS MALDITOS ANEXOS!
©QUINO
¡EL IMBÉCIL SISTEMA NERVIOSO DORSAL ABARCA EL MALDITO ENCÉFALO Y LA MÉDULA
¿SE PUEDE SABER QUÉ DIABLOS TE PASA, MIGUELITO?
NADA, QUE ME DA TANTA RABIA TENER QUE ESTUDIAR LAS LECCIONES QUE SI NO ME DESAHOGO MIENTRAS LAS ESTUDIO, NO PUEDO ESTUDIARLAS

¿A JUGAR A LA PLAZA? PERO ¿NO TENÍAS QUE ESTUDIAR?
¡SÍ, MAMÁ, PERO SI JUEGO UN RATO, LUEGO ESTUDIO CON LA CABEZA BIEN DESPEJADA!
1904
¡RÍNDETE YA, PETE JOE! ¡TE TENEMOS RODEADO!
¿RENDIRME? ¡NÉVER! ¡ESTOY DISPUESTO A VENDER CARO MI PELLEJO!
¡A PROPÓSITO DE VENDER CARO: ME DIJO MI MAMÁ QUE LE DIGAS A TU PAPÁ QUE EL QUESO, ADEMÁS DE COBRÁRNOSLO UNA BARBARIDAD, RESULTÓ UN ASCO!
¡CLARO, COMO SI EL QUESO LO FABRICARA MI PAPÁ!
¡LO QUE FABRICA TU PAPÁ ES LA MEJOR MANERA DE DESPLUMAR A LA GENTE!
¡SON TODOS IGUALES, UNA MANGA DE DE NERADOS
¡ANDÁ, VOS SIEMPRE CON TUS ESTU
©QUINO
¡CON LA CABEZA BIEN DESPEJADA!

1905
¡MAMÁ, VENÍ! ¡LOS BANDIDOS HAN RODEADO AL MUCHACHO! ¡LO VAN A MATAR!!
¡PERO NO, HIJITO! ¡VAS A VER QUE NO LO MATAN!
¿NO?
SEGURO QUE NO
¡GANAS DE HACERLE PERDER TIEMPO A LA GENTE, CARAMBA!
©QUINO

1906
¡YÍÍÍÍÍÍÍÍÍÍÍK!
¡CRASH!
YÍÍÍÍÍÍÍÍÍÍK-CRASH: PREPOSICIÓN INSEPARABLE QUE SUELE ANTEPONERSE A CIERTAS EXPRESIONES IDIOMÁTICAS
©QUINO

1907
MIRÁ VOS, Y EN LA ETIQUETA LOS MUY CRETINOS LE PONEN COGNAC TIPO FRANCÉS
©QUINO

¡HOY EN DÍA LA COSA NO TIENE VUELTAS: HAY QUE ESTAR CON EL PUEBLO!
1909
¡Y YO VOY A ESTAR CON EL PUEBLO!
POR FAVOR, ¿PARA IR A ESTAR CON EL PUEBLO, QUÉ ME DEJA BIEN?
©QUINO

PAPÁ, CUANDO VOS ERAS CHICO, ¿QUÉ CANTANTE TE GUSTABA?
¿A MÍ? ¡BING CROSBY!
¿BING CROSBY? ¿Y ERA BUENO, ESE?
¿QUE SI ERA BUENO? ¡JAH!
JUÉN DE BLUUUU OF DE NÁAAIIIIIIT MITS DE GOOOUUL OF DE DÉEEEEIIIIII
SÁMUUAAAN GÜEITS FOOOR MIIIIIIIIII
MAFALDA, ¿PODRÍAS...
(¡SSSSHHHHH!...)

NO ANDABA MUY BIEN, PARECE QUE LE CAYÓ UNA INSPECCIÓN DE LA DIRECCIÓN GENERAL IMPOSITIVA
¡HÚM!
¡MECACHO!
¿QUÉ PASA? ¿ALGO EN EL ZAPATO, MANOLITO?
¡NO, QUÉ SÉ YO!... VENÍA LO MÁS BIEN, Y DE PRONTO... NO SÉ.... ES COMO UNA NEURALGIA AQUÍ, EN EL BOLSILLO!

LO IMPORTANTE ES QUE NOS QUEREMOS, MAMITA; VOS NO TE FIJES EN LO ANECDÓTICO

MIGUELITO, PASA AL FRENTE
1913
GRACIAS, SEÑORITA, PERO PRE-
FIERO LUCHAR DESDE EL LLANO
¡LOS POLÍTICOS PUEDEN DARSE EL LUJO DE DECIR CIERTAS FRASES PORQUE NO TIENEN UNA MAESTRA QUE LOS CLASIFIQUE; POR ESO PUEDEN DARSE EL LUJO DE DECIR CIERTAS FRASES, LOS POLÍTICOS!!
©QUINO

1914
¡CUIDADO! HOMBRES TRABAJANDO
©QUINO
¡CUIDADO! HOMBRES TRABAJANDO

1915
HOLA
HOLA
MGUGUI MAMMMÁ
¡JAMÁS!
?
©QUINO

1916
Sr. Juez

1917
...Y CAMBIE!¡CAMBIE POR LA ULTRAMODERNÍSIMA LÍNEA DE COCINAS, LAVARROPAS,HELADERAS, CALEFONES,SECARROPAS, ACONDICIONADORES DE AIRE,TELEVISORES, LICUADORAS,ELECTRO-EXPRIMIDORAS,ENCERADORAS,ASPIRADORAS, RADIOCASETTES....
...GRABAD....
¡CLÍCK!
BUENO,¿Y CUANDO LA SOCIEDAD DE CONSUMO LLEGUE A LA SACIEDAD DE CONSUMO, QUÉ?

1918
VITA MINAS

¡HOLA!
¡SALVADO! ¡GRACIAS, MANOLITO!
¡MMMCHUÍÍÍÍK!
¿!?
¿♡?

MI PAPÁ DICE QUE NUESTRO PROBLEMA ES QUE AQUÍ LA GENTE VIVE IMITANDO LO QUE ESTÁ DE MODA EN EUROPA O ESTADOS UNIDOS
PERO QUE POR SUERTE LA SOLUCIÓN ES MUY SIMPLE: TENEMOS QUE EMPEZAR A SER COMO NOSOTROS Y NO COMO LOS EUROPEOS O LOS NORTEAMERICANOS, PORQUE A ELLOS LES IMPORTA UN PITO DE NOSOTROS
Y ESO ES LO QUE TENEMOS QUE HACER NOSOTROS: SER COMO ELLOS, QUE SÓLO SE OCUPAN DE ELLOS; PORQUE EL DÍA QUE NOSOTROS DEJEMOS DE IMITARLOS Y LOGREMOS SER COMO ELLOS VAMOS A EMPEZAR A SER COMO NOSOTROS
SÍ, POR SUERTE LA SOLUCIÓN ES MUY SIMPLE
¡ESO!

¡TARADA! ¡TENÉS PESADILLAS Y ENCIMA TE REÍS?

¡GRANDULÓN! ¡LEYENDO HISTORIETAS, AHÍ!

¿PENSARON ALGUNA VEZ QUE SI NO FUERA POR TODOS NADIE SERÍA NADA?

Papel certificado por el Forest Stewardship Council®

FSC
www.fsc.org
MIXTO
Papel procedente de
fuentes responsables
FSC® C117695